böhlau

QUELLEN UND STUDIEN
ZUR BALTISCHEN GESCHICHTE

Herausgegeben im Auftrag der Baltischen Historischen Kommission
von Karsten Brüggemann, Matthias Thumser und Ralph Tuchtenhagen

Band 31

Tilman Plath

Peters »unsichtbare Hand«?

Außenhandelspolitik und ökonomisches Denken im Russland des 18. Jahrhunderts

BÖHLAU

Die Beauftragte der Bundesregierung
für Kultur und Medien

Veröffentlicht mit freundlicher Unterstützung durch:
Die Beauftragte der Bundesregierung für Kultur und Medien

Zgl. Habilitationsschrift / Universität Greifswald

Bibliografische Information der Deutschen Nationalbibliothek:
Die Deutsche Nationalbibliothek verzeichnet diese Publikation in der Deutschen Nationalbibliografie; detaillierte bibliografische Daten sind im Internet über https://dnb.de abrufbar.

Umschlagabbildung: Michail I. Machaev. Blick flussabwärts der Neva zwischen Winterpalast und Akademie der Wissenschaften, Kupferstich (1753).

Korrektorat: Sara Horn, Düsseldorf
Einbandgestaltung: Michael Haderer, Wien
Satz: Michael Rauscher, Wien
Druck und Bindung: Prime Rate, Budapest
Gedruckt auf chlor- und säurefreiem Papier
Printed in the EU

Vandenhoeck & Ruprecht Verlage | www.vandenhoeck-ruprecht-verlage.com
E-Mail: info@boehlau-verlag.com

ISBN 978-3-412-53286-4

Inhalt

Vorwort

Ein besonderer Dank geht an Mathias Niendorf, der mein Interesse auf die Epoche der Frühen Neuzeit innerhalb der osteuropäischen Geschichte gelenkt hat. Inspiriert durch Michael North und die Greifswalder Umgebung und eine enge Partnerschaft mit der Staatlichen Universität St. Petersburg ist der Ostseeraum und seine Bedeutung für Russland zum gesondert hervorgehobenen Thema meiner Arbeit geworden. Der erfolgreiche Abschluss eines Habilitationsverfahrens hängt wesentlich von dem selbstlosen Einsatz von auswärtigen Expertinnen und Experten ab. In meinem Fall bin ich entsprechend zu großem Dank verpflichtet gegenüber: Roger Bartlett (London), Anuschka Tischer (Würzburg), Elise Wirtschafter (Los Angeles). Im Prozess des Forschens und Schreibens habe ich eine Vielzahl von Anregungen auf Kolloquien und Konferenzen von Historikerinnen und Historikern aus verschiedensten Ländern erhalten, die ich hier leider nicht im Einzelnen aufzählen kann.

Zum Schluss danke ich für die finanzielle Unterstützung zur Ermöglichung der Publikation der Bundesbeauftragten für Kultur und Medien sowie der Baltischen Historischen Kommission, deren Beitrag erheblich über das hinausging, was ursprünglich geplant war. Die Herausgeber der Reihe »Quellen und Studien zur baltischen Geschichte« Karsten Brüggemann, Matthias Thumser und Ralph Tuchtenhagen haben schließlich wesentlich dazu beigetragen, dass die Arbeit nun gedruckt vorliegt, auch ihnen mein herzlicher Dank!

Tilman Plath
im März 2025

Bemerkungen zu Maßeinheiten, Ortsnamen und Transliteration

Die Begriffe Import/Export werden im gesamten Text durchgängig aus der russischen Perspektive verwendet. Getreidetransporte werden zu dieser Zeit häufig in četverik (ca. 26,24 Liter) bemessen. Gewichtsangaben erfolgen zumeist in pud (ca.16,38 Kilogramm) oder funt (ca. 409,5 Gramm).

Die Hauptwährungseinheit im Russischen Reich, zunächst als Silbermünze, später als Rechnungseinheit eingeführt, war der Rubel. Der Rubel wurde wiederum in 100 Kopeken unterteilt. Ein Rubel entsprach im 18. Jahrhundert etwa dem Wert von 20 Gramm Silber. Aufgrund der Einführung von Kupfer- und Papiergeld sowie Inflation variierte der tatsächliche Wert jedoch erheblich.

Der Ostseehandel wurde durch den aus den Niederlanden stammenden Albertusthaler geprägt, der entsprechend im 18. Jahrhundert auch in den russischen Ostseeprovinzen dominierte, insbesondere in Städten wie Riga. Sein Wert im Verhältnis zum russischen Rubel variierte je nach Zeit und Region. Ein Albertusthaler enthielt etwa 24,65 Gramm Feinsilber. Der russische Silberrubel, der ab 1704 geprägt wurde, wog circa 28 Gramm, davon etwa 25 Gramm Silber.

Aufgrund der unterschiedlichen Silbergehalte und regionalen Handelspraktiken gab es keinen festen Wechselkurs zwischen Albertusthalern und Rubeln. Allerdings lässt sich anhand des Silbergehalts abschätzen, dass ein Albertusthaler etwa 0,98 Rubel entsprach.

Das Russische wird auf Grundlage der wissenschaftlichen Transliteration ins Deutsche übertragen. Ausnahmen bilden Eigennamen, wie Peter I. oder Katharina II., die im Deutschen etabliert sind. Das Gleiche gilt auch für Ortsnamen. Ortsnamen aus dem Gebiet der heutigen Ukraine werden aus politischen Gründen in ihrer heute gültigen ukrainischen Orthographie wiedergegeben. Ortsnamen aus den russischen Ostseeprovinzen werden in ihrer damals üblichen deutschen Variante geschrieben.

Verzeichnis der Abbildungen und Tabellen

1. Einleitung

1.1 Einführung – Konzept

> Reval und Riga hätte man eigentlich zu den neuen Hauptstädten Russlands machen müssen. [...] Aber als Reval und Riga zu russischen Städten wurden, existierte St. Petersburg bereits seit sieben Jahren, wofür man bereits eine solch ungeheure Summe an Staatsgeldern ausgegeben hatte, solche unsäglichen Mühen verwandt hatte, und das zusammen mit der vorgelagerten Insel Kotlin und den vier Mündungsarmen der Neva eine solch günstige Lage besaß, dass es bereits zu spät war, über einen anderen Platz für die neue Hauptstadt nachzudenken[1].

Aus gegenwärtiger Sicht scheint diese Überlegung des russischen Philosophen und Literaturkritikers Vissarion G. Belinskij (1811–1848) zunächst überraschend und ungewöhnlich zu sein, handelt es sich doch bei Reval, dem heutigen Tallinn, und bei Riga um Hauptstädte von heute eigenständigen Staaten, die schon aufgrund ihres kulturellen Erscheinungsbildes und ihrer viel geringeren Größe kaum für einen Vergleich mit der russischen Metropole St. Petersburg in Betracht kommen. Vergegenwärtigt man sich jedoch die von Belinskij beschriebene Situation zu Beginn des Großen Nordischen Krieges, wirkt die Vorstellung von Reval oder Riga als Hauptstadt des russländischen Imperiums schon sehr viel weniger abwegig als aus heutiger Perspektive. Denn auch das damals gerade neu gegründete St. Petersburg lag schließlich an der absoluten Peripherie des Imperiums, umgeben von einer nicht russischen, in dem Fall ostseefinnischen Bevölkerung. Geht man weiter davon aus, dass es Peter I. im Großen Nordischen Krieg vor allem darum ging, »ein Fenster nach Europa« aufzustoßen, wie es 1739 von Francesco Algarotti bezeichnet und später von Aleksandr S. Puškin[2] popularisiert wurde, dann stellt sich in der Tat die Frage, ob nicht eines der alten Fenster, namentlich Riga oder Reval, um im Bild zu bleiben, diese Funktion besser erfüllt hätten. Oder, anders formuliert, ob nicht bei einem für Russland erfolgreichen Ausgang der Schlacht von Narva 1700 vielleicht Reval, Riga oder sogar auch Narva selbst zur Hauptstadt des Russländischen Reiches

1 Belinskij, Peterburg, S. 386.

2 Außer den Herrschernamen werden russische Namen hier wissenschaftlich transliteriert wiedergegeben. Das gilt auch für Ortsnamen, es sei denn, es existiert eine zeitgenössisch verbreitete deutsche Variante, wie im Fall von Reval (estn. Tallinn).

geworden wären, was vor dem Hintergrund der von Belinskij beschriebenen Ungeduld Peters jedenfalls nicht völlig abwegig erscheint.

1.1.1 Fragestellung

Doch sollen diese Gedanken über mögliche Alternativen zu St. Petersburg als russländischer Hauptstadt nicht in den Bereich der kontrafaktischen Geschichtsschreibung führen, zumal zumindest über die geographischen Vorteile und Voraussetzungen St. Petersburgs als neue Hafenstadt für das Reich bereits an anderer Stelle geschrieben wurde[3]. Vielmehr dienen sie dazu, den Blick auf das strategische Kalkül der Gründung eines neuen Hafens an der Neva in Konkurrenz zu bereits bestehenden zu lenken. Um zu verstehen, warum diese Hafenstadt gegründet wurde, reicht es nicht, nur geographische Gegebenheiten aufzuzählen oder die Persönlichkeit Peters I. und seine Vorliebe für alles Maritime zu analysieren[4]. Stattdessen muss zusätzlich das zeitgenössische ökonomische Denken berücksichtigt werden, um das handelspolitische Kalkül der Entscheidung besser zu erfassen. Natürlich ist die Gründung St. Petersburgs außerordentlich stark mit der Person Peters I. verbunden. Doch ist zu beachten, dass Peter fast ununterbrochen Krieg führte und dass erst ab 1721 in den letzten Jahren seines Lebens seine »Schöpfung« (Puškin) St. Petersburg ihre Funktion als Hafen ungehindert entwickeln konnte. Daher stellt sich die Frage, inwieweit das Kalkül Peters eigentlich aufging. Zur Beantwortung dieser Frage ist neben der Klärung der wirtschaftstheoretischen Grundannahmen seiner Zeit auch die Entwicklung nach seinem Tode zu berücksichtigen, und zwar nicht nur in Bezug auf die reelle wirtschaftliche Entwicklung, sondern auch unter Einbeziehung der potentiellen Veränderungen im ökonomischen Denken, welche wiederum die Handelspolitik beeinflusst haben. Die theoretische Ebene ist hierbei wichtig, da zur Beantwortung der Frage, ob Peters Ziele erreicht wurden, der Umstand entscheidend ist, ob seine Ziele überhaupt weiterhin als erstrebenswert galten und verfolgt wurden.

Um diese Grundfrage der russischen Geschichte des 18. Jahrhunderts nach dem Erbe Peters im Bereich der Wirtschafts- und Handelspolitik zu adressieren, kann auf die von Adam Smith stammende Metapher der »unsichtbaren Hand« aus der im letzten Drittel des 18. Jahrhunderts dominanten Lehre der Politischen Ökonomie rekurriert werden. Angewandt auf den russischen Kontext, eröffnet sie zwei miteinander verbundene Themenkomplexe: Zum einen

---

3 Meyer, St. Petersburg; Jones, Why St. Petersburg?; Zernack, Zu den regionalgeschichtlichen Voraussetzungen.

4 Burovskij, Peterburg; Hellebust, The Real St. Petersburg. Zur maritimen Seite von Peters Persönlichkeit siehe Pavlenko, Petr I, S. 33–63.

symbolisiert sie das mit der Stadt St. Petersburg verbundene Fortdauern der Petrinischen Reformen im Bereich der Wirtschafts- und Handelspolitik, also das Erbe Peters im Russland »ohne Peter«[5]. Und zum zweiten steht die Metapher für eine liberale Laissez-faire-Haltung in der Handelspolitik, die allgemein mit den Ideen Adam Smiths und der Lehre der Politischen Nationalökonomie in Verbindung gebracht wird und auf der Annahme gründet, dass die freiheitliche Verfolgung von Privatinteressen in der Summe unbeabsichtigt auch eine bessere Form des Gesamtwohls erreichen lässt, als es durch staatliche Steuerungsmaßnahmen möglich wäre. Auch wenn Smith selbst die Metapher insgesamt nur dreimal benutzte und sie in seinem »Wealth of Nations« nur einmal vorkommt[6], steht sie in der heutigen Rezeption seines Werkes an zentraler Stelle und wird in dieser Funktion auch in dieser Arbeit verstanden, da eine erschöpfende Exegese der Lehren Smiths hier nicht angestrebt wird[7]. Stattdessen berührt die Verwendung der Metapher die Frage, inwieweit es auch in Russland zu einer Liberalisierung der Handelspolitik kam.

Unabhängig davon, ob mit merkantilistischen Methoden oder nach Grundsätzen der Nationalökonomie Adam Smiths, stellte sich jedoch übergreifend für Russland die Frage, welchen Platz es in Europa in wirtschaftlicher und handelspolitischer Hinsicht einnehmen wollte und konnte. Dass es in politischer Hinsicht spätestens unter Katharina II. zur europäischen Großmacht geworden war, steht außer Frage. Dass in kultureller Hinsicht ein komplexer Prozess der Annäherung begonnen hatte, ist auch unzweifelhaft und Gegenstand einer Reihe von Forschungen und Kontroversen geworden[8]. Wie aber seine Rolle in der sich dynamisch entwickelnden frühneuzeitlichen globalen Handelswelt aussehen sollte, ist bisher kaum erforscht. Das gilt ebenso für die strategischen

---

5 Zur Frage »Russlands ohne Peter« siehe: ANISIMOV, Rossija bez Petra.

6 Das entsprechende Zitat aus Smiths »Wealth of Nations« lautet: »As every individual, therefore, endeavours as much as he can, both to employ his capital in the support of domestic industry, and so to direct that industry that its produce may be of the greatest value; every individual necessarily labours to render the annual revenue of the society as great as he can. He generally, indeed, neither intends to promote the public interest, nor knows how much he is promoting it. By preferring the support of domestic to that of foreign industry, he intends only his own security; and by directing that industry in such a manner as its produce may be of the greatest value, he intends only his own gain; and he is in this, as in many other cases, led by an *invisible hand* to promote an end which was no part of his intention. Nor is it always the worse for the society that it was not part of it. By pursuing his own interest, he frequently promotes that of the society more effectually than when he really intends to promote it«. SMITH, An inquiry, S. 184 [Hervorhebung T. P.].

7 Einschätzungen zu der »unsichtbaren Hand« im Werk Smiths und in der Geschichte des ökonomischen Denkens bei MITTERMAIER, The Hand, S. 27–30; REINERT, How Rich Countries, S. 52–54.

8 Genaueres hierzu im Überblick zum Forschungsstand.

Grundannahmen, welche die St. Petersburger Wirtschaftspolitik leiteten, um eben jene Ziele zu erreichen.

1.1.2 Gliederung

Die Schnittstelle, an der dieser Kontakt zum globalen Handel konkret erfolgte – die Hafenstädte im Nordwesten des Reiches –, wird Gegenstand des ersten Kapitels sein. Das zentrale Thema der Entwicklung der Außenhandelspolitik und ihrer theoretischen Grundannahmen wird somit eingerahmt durch einen empirischen Teil mit regionalem Fokus zu Beginn und abschließenden Überlegungen, in denen überregionale und globale Verbindungen gezogen werden. Beide Abschnitte verfolgen eher eine kontextualisierende Funktion.

Der historiographische Mehrwert des ersten Kapitels mit regionalem Fokus ist vor allem in dem Ansatz zu sehen, die genannten russländischen Hafenstädte als Teil eines Ganzen zu betrachten, was aus unterschiedlichen Gründen bisher in der Forschung eher selten der Fall war. Insbesondere die Ostseeprovinzen werden bis heute in der russischen Historiographie aufgrund ihres historisch-kulturellen Kontextes zumeist als Ausland betrachtet[9] und in der nicht russischen Forschung der Region selbst wird selten der imperiale russländische Kontext beachtet[10].

Im zweiten Hauptkapitel wird auf der Grundlage der empirischen Erkenntnisse des ersten Kapitels die Frage nach der Steuerung der Handelspolitik im politischen Zentrum gestellt, wobei es sich hier weniger um einen organisations- oder institutionsgeschichtlichen Ansatz handelt. Stattdessen sollen sowohl die konkrete Handelspolitik als auch ihre sozialen, außenpolitischen und theoretischen Bedingungen untersucht werden[11]. Die diskursgeschichtliche Ebene wird jeweils am Ende der drei chronologisch angelegten Teilkapitel mit exemplarischen Detailuntersuchungen zu einzelnen Autoren der Epoche vertieft. Die Miteinbeziehung und die Darstellung des ökonomischen Denkens im Russland des 18. Jahrhunderts ist insofern neu, als üblicherweise die Fachgeschichte des Ökonomischen Denkens in Russland erst mit der Lehrstuhlgründung für Politische Ökonomie 1805 in Moskau beginnt[12].

Ausgehend von der Überlegung, dass Außenhandel per se mindestens bilateral und transnational ist, soll im Fazit abschließend der Fokus nochmals um

9 Beispielsweise: Zacharov, Zapadnoevropejskie kupcy, S. 11; Repin, Vnešnjaja torgovlja, S. 22. Zur Rolle der Ostseeprovinzen im Russländischen Reich während des 19. Jahrhunderts siehe Brüggemann, Licht und Luft.

10 Brüggemann, Woodworth, Entangled Past.

11 Zur genaueren Begründung dieses Ansatzes siehe die Einleitung zum zweiten Hauptteil unter Kap. III.

12 Zweynert, Eine Geschichte, S. 58 f.

eine Dimension erweitert werden, um die russische Außenhandelspolitik in den globalen Kontext einzuordnen. Bisher unverbundene historiographische Ansätze, wie modernisierungstheoretische und marxistische sowie die Weltsystemtheorie Immanuel Wallersteins werden auf Grundlage der Ergebnisse der ersten beiden Kapitel abschließend diskutiert.

Der zeitliche Rahmen der Untersuchung findet seinen logischen Startpunkt mit der Gründung St. Petersburgs im Jahre 1703. Schwieriger bestimmbar hingegen ist das Ende des Untersuchungszeitraums, welches hier auf das Ende der Regierungszeit Katharinas II. 1796 festgelegt wird. In Anlehnung an die Gliederung lassen folgende Gründe diese Zäsur sinnvoll erscheinen: Mit Blick auf das erste Kapitel und die Geschichte der Hafenstädte ist zu bemerken, dass mit der Eroberung weiter Teile der Schwarzmeerküste und der Gründung Odesas und anderer Hafenstädte das Gesamtgefüge des russländischen Außenhandels hinreichend verschoben wurde, so dass von einer neuen Epoche gesprochen werden kann. Auch die Teilungen Polen-Litauens veränderten die Zuordnung des Hinterlandes, vor allem Rigas, so sehr, dass sich dessen Stellung innerhalb Russlands deutlich verschob[13]. Was das zweite Kapitel und die Handelspolitik bzw. die Entwicklung des ökonomischen Denkens betrifft, so wurde bereits auf die Gründung des Lehrstuhls für Politische Ökonomie 1805 in Moskau verwiesen, womit die Geschichte des Ökonomischen Denkens avant la lettre beendet ist.[14] Politisch und handelspolitisch markierte der Wechsel von Katharina II. zu Paul I., der sich von der Politik seiner Mutter abwandte, einen hinreichenden Grund für eine Zäsursetzung. Auch verwaltungstechnisch kann das 18. Jahrhundert als zusammenhängende Epoche aufgefasst werden, da die Handelspolitik in den Händen des durch Peter gegründeten Kommerz-Kollegiums lag, das entsprechend den Reformen Alexanders I. 1801 im neu geschaffenen Ministerium für Kommerz, so der offizielle Titel des Handelsministeriums, aufging. Dieser institutionelle Wandel vollzog sich zudem vor dem Hintergrund eines weitreichenden gesellschaftlichen, sozialen und kulturellen Wandels am Ende des Jahrhunderts unter dem Eindruck der Französischen Revolution, was Alexandr I. Gercen (Herzen dazu veranlasste, die 1790er Jahre auch als kulturelle Zäsur zu beschreiben: »Niemals zuvor war die menschliche Brust so voller Hoffnung, wie in dem Frühling der 90er Jahre: Alle erwarteten mit pochendem Herzen irgendetwas Ungewöhnliches«[15]. Schließlich könnte man mit Blick auf die Einordnung Russlands in den globalen Kontext die Napoleonische Kriege, einschließlich der Blockadepolitik, als hinreichende Zäsur anführen und auch

13 Ressel, The Impact.

14 Shirokorad, Russian Economic Thought, S. 37.

15 Übersetzungen aus dem Russischen stammen stets vom Autor, hier übersetzt aus: Gercen, Sočinenija, S. 270.

darauf verweisen, dass durch die schnelle Industrialisierung Englands neue Rollen im Weltsystem verteilt wurden, so dass auch hier eine Neubewertung im Hinblick auf Russland nötig wäre.

1.1.3 Quellen

Im ersten Teil stützt sich die Studie auf zeitgenössische Überblicksdarstellungen und statistische Materialien zum russischen Außenhandel von Autoren wie Heinrich von Storch[16], Wilhelm Christian Friebe[17], Michail D. Čulkov[18], Anton Friedrich Büsching[19], Benedikt Franz Johann Hermann[20], Johann Gotthilf Vockerodt[21] und Johann Benedikt von Scherer[22]. Ergänzt werden diese Angaben durch das seit 2013 online zugängliche Sundzollregister[23]. Weiter sind statistische Angaben zu Warenmengen und Schiffsbesuchen zu finden in den Akten der Petersburger Zollbehörde im Historischen Staatsarchiv Russlands (*Rossijskij gosudarstvennyj istoričeskij archiv*, RGIA) in St. Petersburg oder in den Akten der Kronstädter Hafenbehörden im Staatsarchiv der russischen Kriegsmarine (*Rossijskij gosudarstvennyj archiv voenno-morskogo flota*, RGAVMF), das sich ebenfalls in St. Petersburg befindet.

Wenn es um statistische Angaben zur Entwicklung des Handels in den einzelnen Hafenstädten geht, sind mindestens vier Möglichkeiten der Erfassung zu unterscheiden:

a) Zum einen bietet sich die Anzahl der Schiffe, die in einen Hafen eingelaufen sind, an, um die Entwicklung des Außenhandels zu beschreiben, zumal mit dem Sundzollregister diesbezüglich recht umfangreiches Material zur Verfügung steht. Doch ist der Hafen Archangel'sk damit nicht erfasst. Zudem liefen einige Schiffe mehrere Häfen in der Ostsee an, so dass der Binnenhandel innerhalb der Ostsee ebenfalls zu Ungenauigkeiten hinsichtlich dieser Quelle führen kann. Außerdem ist zu bedenken, dass die Schiffe durchaus von sehr unterschiedlicher Größe waren, so dass die reine Anzahl der Schiffe hinsichtlich des Handelsvolumens nicht unbedingt aussagekräftig ist.

16 Storch, Statistische Übersicht; Ders., Historisch-statistisches Gemälde; Ders., Gemaehlde von St. Petersburg; Ders., Supplementband.

17 Friebe, Ueber Rußlands Handel.

18 Čulkov, Istoričeskoe opisanie.

19 Büsching, Magazin für die neue Historie und Geographie.

20 Hermann, Statistische Schilderung.

21 Vockerodt, Russland.

22 Scherer, Geschichte und gegenwärtiger Zustand.

23 http://www.soundtoll.nl/index.php/en/welkom (letzter Zugriff 24.1.2020).

b) Zweitens wurde in den Häfen selbst der Wert der gehandelten Waren erfasst und ab 1742 regelmäßig durch das Kommerz-Kollegium koordiniert. Hierbei ist jedoch einerseits zu bedenken, dass es im Laufe des 18. Jahrhunderts, insbesondere an dessen Ende, eine beträchtliche Inflation gab, was die Vergleichbarkeit dieser Zahlen über das Jahrhundert hinweg stark einschränkt. Andererseits verkomplizieren sich diese Angaben auch dadurch, dass insbesondere in Riga die Joachimtaler (russ. *efimki*[24]) gegenüber den russischen Rubeln die bestimmende Währung blieben; zudem zeigten diese eine eigene Inflationsentwicklung, so dass die synchrone Vergleichbarkeit zwischen Riga und St. Petersburg oftmals problematisch ist. Selbst Rubel unterschieden sich seit der Einführung des Papiergeldes (Assignaten) in Silberrubel und Assignatenrubel[25]. Neben der Inflation und den unterschiedlichen Währungen tritt bei den fiskalischen Angaben der Zollbehörden noch das nicht zu unterschätzende Problem des Schwarzhandels oder des Schmuggels hinzu, was zusätzlich den Quellenwert dieser Angaben mindert[26]. Auch wurden zollfreie Waren nicht erfasst, was zu einer weiteren erheblichen Verzerrung dieser Angaben führt. Gleiches gilt für Ballastwaren, die aufgrund des starken Exportüberschusses Russlands nötig waren. Da es sich hier in der Regel um Baumaterialien für St. Petersburg handelte, welche gewinnbringend an russische Abnehmer verkauft wurden, bedeutete auch dieses Phänomen, dass die Zollangaben allein nicht hinreichend für das Verständnis des Außenhandels sind. Schließlich gab es auch gänzlich vom Zoll befreite Waren, wie die beispielsweise zur Zeit des Nordischen Krieges dringend benötigten Waffen, deren Wert auch nicht in die Angaben der Zollbehörden einflossen.
c) Drittens verzeichneten die Hafenbehörden auch das Handelsvolumen, gemessen in Gewicht, meist in den alten russischen Einheiten *pud* (etwa 16 kg) oder *četvert'* (etwa 130 kg)[27], vor allem beim Getreide; oder sie hielten die Stück- bzw. Mengenzahl der Waren fest. Diese Angaben sind natürlich nützlich, um die Entwicklung einzelner Waren im Laufe des Jahrhunderts zu analysieren, jedoch eignen sie sich kaum zum Vergleich unterschiedlicher Waren. Ersichtlich ist dies beispielsweise beim Verhältnis von Export- zu Importwaren, da beide von zu unterschiedlicher Beschaffenheit waren, als dass

24 Zum Begriff *efimki* siehe Hoffmann, Einführung, S. 208 f.

25 Polnoe Sobranie Zakonov (im Folgenden PSZ), Nr. 13219, Manifest o učreždenii v Sankpeterburge i Moskve Gosudarstvennych Bankov dlja vymenz assignacii [Manifest über die Behörden zur Ausgabe von Assignaten durch staatliche Banken in St. Petersburg und Moskau], 29.12.1768; Pokrovskij, Značenie S.-Peterburga, S. 46.

26 Zum Schmuggel ausführlich Semenova, Byt i naselenie, S. 120–135.

27 Hoffmann, Einführung, S. 209–212. *Četvert'* war auch als Volumenangabe in Gebrauch und besaß zudem regional unterschiedliche Maßeinheiten.

das reine Volumen oder Gewicht valide Aussagen zuließe. Auch die Praxis des Ballasthandels verzerrt an dieser Stelle die Vergleichbarkeit.

d) Schließlich können viertens noch die Kaufleute selbst betrachtet bzw. deren Anzahl bestimmt werden. Hier gilt, wie bei den Schiffen selbstverständlich, dass die Aktivität und Profitabilität sich erheblich unterscheiden konnte, so dass der quantitative Mehrwert dieser Angaben eher gering ist. Doch bietet es sich auf dieser Quellengrundlage an, etwas über die Netzwerke und Handelspraktiken der Kaufleute zu erfahren, wie es beispielsweise Viktor N. Zacharov oder Jan Veluwenkamp getan haben[28].

Grundsätzlich gilt bei all diesen Quellengattungen, dass im Russland des 18. Jahrhunderts die Behörden, welche diese Angaben sammelten, erst im Aufbau begriffen waren und daher die Angaben insbesondere in der ersten Hälfte des Jahrhunderts noch lückenhaft oder unvollständig sind oder nicht immer zuverlässig[29]. Doch geht es in dieser Arbeit nicht um die Korrektur von Einzelergebnissen bisheriger Forschung im Detail, sondern eher um die Interpretation von längerfristigen Entwicklungen in der *moyenne durée* des gesamten 18. Jahrhunderts, was ungeachtet der vielen Einschränkungen der Validität einzelner quantitativer Angaben in der Gesamtschau der oben genannten verschiedenen Quellengattungen durchaus möglich erscheint.

Im zweiten Teil der Studie werden handelspolitische Verordnungen und Gesetze herangezogen, welche sich vornehmlich in der (nicht immer) Vollständigen Gesetzessammlung des Russischen Imperiums (*Polnoe sobranie zakonov Rossijskoj Imperii*, PSZ) finden lassen, die zwischen 1825 und 1916 herausgegeben wurde und fast alle Gesetze und Erlasse des Russländischen Reiches zwischen 1649 und 1913 umfasst[30]. Zudem ist viel Material bezüglich des Handels im Fond Voroncov im Archiv des Historischen Instituts der Akademie der Wissenschaften in St. Petersburg (*Archiv Sankt-Peterburgskogo Instituta istorii Rossijskoj Akademii Nauk*, ASPBIIRAN) zu finden oder in den Akten des Kommerz-Kollegiums, welche im Archiv Alter Akten in Moskau (*Rossijskij gosudarstvennyj archiv drevnych aktov*, RGADA) einsehbar sind. Eine Reihe von Verordnungen, Gesetzen und Bestimmungen sind auch in dem umfangreichen Werk des Schriftstellers, Ethnographen und Historikers Mikhail D. Čulkov (1743–1792 zu finden, das noch eingehender untersucht werden wird[31].

---

28 Gollandcy na Russkom Severe; Veluwenkamp, Archangel'sk; Zacharov, Zapadnoevropejskie kupcy.

29 Zur Kritik an den Handelsbilanzen der Petersburger Zollbehörde siehe Hoffmann, Sankt Petersburg, S. 16–18.

30 Online einsehbar unter: http://nlr.ru/e-res/law_r/search.php (letzter Zugriff 17.9.2024).

31 Čulkov, Istoričeskoe opisanie. Vgl. den Abschnitt zu Katharina II. (Kap. III.4).

Unter den zeitgenössischen Autoren, die sich mit theoretischen Aspekten der Handelspolitik beschäftigt haben, ist für die petrinische Zeit vor allem Ivan T. Pososkov[32] zu nennen. Aber auch die Beobachtungen zum Handel der beiden Diplomaten Wilhelm Christian Weber[33] aus Hannover und Johann Gotthilf Vockerodt[34] aus Preußen sind eingehender berücksichtigt worden. Vereinzelt finden sich auch die Aussagen des bekannten Berichts über Russland unter Peter I. von dem englischen Spezialisten für Kanalbau John Perry[35] in der Forschung. Für die Mitte des Jahrhunderts wurden Texte von Vasilij N. Tatiščev[36] und Petr I. Ryčkov[37] herangezogen, die neben ihren vielseitigen Interessen auch theoretische Überlegungen zum Handel angestellt haben. Als Perspektive von außen, entsprechend zu den Texten von Weber, Vockerodt und Perry, diente für diese Zeit der Bericht von Francesco Algarotti und die in ihm enthaltenen Kommentare zum Handel[38]. Im letzten Drittel des Jahrhunderts verdichtete sich das Schrifttum zum ökonomischen Denken, und Autoren wie Aleksandr N. Radiščev[39] und Michail M. Ščerbatov[40] traten neben die bereits genannten Autoren Friebe, Storch, Čulkov, und Scherer. Sogar Katharina II. selbst verfasste im Unterschied zu ihren Vorgängerinnen und Vorgängern in Form ihres *Nakaz* (Instruktion)[41] von 1767 einen eigenen normativen Text, aus dem sich ihre Vorstellungen zum Handel ableiten lassen. Die Binnen- und Außenperspektive verschwimmt während dieser Zeit in einem gewissen Maße, da sich in St. Petersburg in dieser Zeit ein größeres Netzwerk deutschsprachiger Autoren herausbildete, das in engem Kontakt zu den deutschsprachigen Ländern stand[42]. In dieser Arbeit ist dieses Netzwerk vor allem anhand von Wilhelm Christian Friebes Texten berücksichtigt worden. Am ehesten in der Tradition der Diplomatenberichte Webers oder Vockerodts steht in dieser Zeit Johann Benedikt Scherer, der einige Jahre als französischer Gesandter in St. Petersburg war und seine Eindrücke zum russischen Handel anschließend niederschrieb[43].

---

32 Pososkov, Kniga o skudosti i bogatstve.
33 Weber, Das Veränderte Russland.
34 Vockerodt, Russland; zur Rezeption Vockerodts und seiner Rolle für das Russlandbild in Deutschland und Frankreich siehe Brüne, Johann Gotthilf Vockerodt.
35 Perry, The State of Russia.
36 Tatiščev, Predstavlenie.
37 Ryčkov, Perepiska.
38 Algarotti, Russische Reise.
39 Radiščev, Pis'mo o Kitajskom torge.
40 Ščerbatov, O povreždenii nravov.
41 Nakaz Ekateriny II (30.7.1767).
42 Plath, Nördlich, westlich oder östlich?
43 Scherer, Geschichte und gegenwärtiger Zustand.

1.1.4 Terminologie

Ein grundsätzliches Problem bei der Auswahl der Quellen besteht in dem Umstand, dass hier auf Deutsch zwar von Handelspolitik und ökonomischem Denken die Rede ist, die zeitgenössischen Autoren jedoch Begriffe wie Ökonomie und Statistik in einem anderen, teils erweiterten Bedeutungskontext verwendeten. Daher waren für die Auswahl der Texte eher die Begriffe Handel (*torgovlja*)[44] und Kommerz *(kommercija)* von zentraler Bedeutung[45], die mitunter synonym verwendet werden konnten, wie Čulkov gleich zu Beginn seiner Abhandlung klarstellt[46]. Meist jedoch umfasste *kommercija* ein über den Handel hinausgehendes Bedeutungsfeld, das alle mit Geld in Verbindung zu bringenden Aktivitäten beinhaltete[47]. Die zentrale Behörde, die sich mit der Handelspolitik befasste, war folgerichtig auch das von Peter gegründete Kommerz-Kollegium.

Des Weiteren ist der Begriff der Ökonomie essentiell, der in seiner zeitgenössischen Konnotation meist den Handel ausschloss[48], vor allem die Landwirtschaft oder mitunter das verarbeitende Gewerbe meinte und generell erst in der zweiten Hälfte des Jahrhunderts in Mode kam. Dies kann die Gründung der Kaiserlichen Freien Ökonomischen Gesellschaft in St. Petersburg 1765 verdeutlichen, deren Mitglieder sich über Innovationen in der Landwirtschaft und nicht zuletzt auch mit der Frage der Leibeigenschaft beschäftigten, solange eine solch kontroverse Debatte von Katharina II. noch geduldet wurde[49]. Auch die Vertreter der aus Frankreich stammenden wirtschaftstheoretischen Richtung der Physiokratie nannten sich selbst eigentlich »les économistes«[50]. Auffällig ist auch die recht häufige Verwendung des Begriffs »Industrie« *(promyšlennost')* im vorindustriellen Zeitalter im Sinne von handwerklichem Gewerbe, welcher wie der Begriff Ökonomie ebenfalls in einem gewissen Gegensatz zu dem Begriff Handel zu verstehen ist[51]. Da

44 Zeitgenössisch wurde im Deutschen häufig statt Handel auch bezeichnenderweise Handlung gebraucht.

45 Zum Begriff »kommercija« im 18. Jahrhundert siehe Tarlovskaja/Šanskij, K voprosu.

46 »Torgovlja, to est' kommercija« [Handel, das ist Kommerz]. So in Čulkov, Istoričeskoe opisanie I, 1, S. 21.

47 Istorija russkoj ėkonomičeskoj mysli, S. 492.

48 Siehe dazu die vielsagenden Passagen bei Wilhelm Christian Friebe: »Handel und Ökonomie sind wie zwei unzertrennliche Geschwister, die sich freundschaftlich, in dem großen oder kleinen Bezirk des Staats, die Hand bieten«. Oder: »Nur in den Ostseeprovinzen [...] wohnen deutsche Familien auf dem Lande und widmen sich der Ökonomie«. Friebe, Ueber Rußlands Handel, S. 3 f., 284.

49 Zur Ökonomischen Gesellschaft siehe Leckey, Patrons of Enlightenment. Zum Begriff der Ökonomie und der Konnotation siehe Ders., Patriotism, S. 233.

50 Mittermaier, The Hand, S. 32.

51 »[...] Holland, wo der Geist der Industrie und Handlung den höchsten Gipfel erreicht hatte«. Friebe, Ueber Rußlands Handel, S. 98.

»Ökonomie« im zeitgenössischen Gebrauch den Handel in der Regel ausschloss, müsste der Titel der vorliegenden Arbeit, die sich zentral mit dem Handel und nicht mit er Landwirtschaft beschäftigt, anstelle von ökonomischem eigentlich – im Duktus der behandelten Zeit – von kommerziellem Denken sprechen[52]. Folgendes Schema verdeutlicht den zeitgenössischen Zusammenhang von Kommerz, Ökonomie, Handel, Gewerbe und Landwirtschaft:

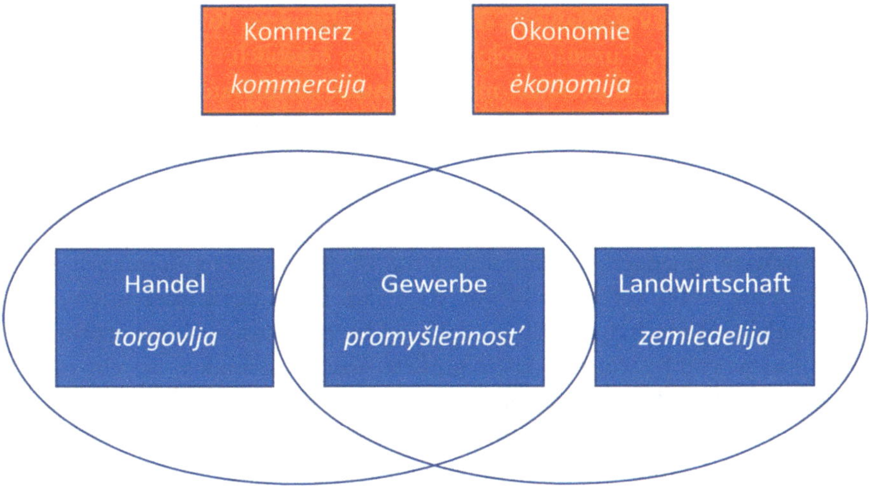

Abb. 1: Begriffsfeld Kommerz – Ökonomie (Eigene Darstellung)

Natürlich ist auch der Begriff des Reichtums *(bogatstvo)* zentral für eine auf die Anhäufung von Edelmetallreserven abzielende Politik. Schließlich verweisen auch die Titel der beiden Schlüsselwerke von Adam Smith (»The Wealth of Nations«) und Ivan Pososkov (»Kniga o skudosti i bogatstve«) auf die zentrale Rolle des Reichtum-Begriffs. Doch wird sich zeigen, dass das Verständnis von Reichtum zum Teil weit über die rein monetäre Dimension hinausging.

1.1.5 Forschungsstand

Wie bereits angedeutet, besteht der historiographische Mehrwert der vorliegenden Arbeit vor allem in der Verknüpfung bisher unverbundener Schulen und Strömungen, wie es sich für eine auf die *moyenne durée* angelegte Studie ohnehin anbietet. Generell möchte die Studie einen Beitrag zu einer neuen Form der Wirtschaftsgeschichte liefern, die sich zum Ziel setzt, den diskursgeschichtlichen Hintergrund des ökonomischen Denkens stärker einzubeziehen, es handelt sich

52 Dieser Umstand ist auch der Grund dafür, warum in der Zeitschrift der Ökonomischen Gesellschaft »Trudy« (Arbeiten) leider keine relevanten Texte für diese Arbeit zu finden waren.

somit um eine Ideengeschichte der Wirtschaftspolitik. Das wiederbelebte Interesse an wirtschaftsgeschichtlichen Aspekten der russischen Geschichte sowie an der handelspolitischen Beziehungsgeschichte zwischen Russland und dem Westen ist vor dem Hintergrund des jüngsten Scheiterns des zur Zeit des Kalten Krieges erfolgreichen Konzeptes »Wandel durch Annäherung« aktuell und stellt im Übrigen keinen Einzelfall in der Forschung dar.

Thematisch eng verwandt mit der vorliegenden Arbeit ist die 2019 erschienene Studie von Matthew Romaniello »Enterprising Empires: Russia and Britain in Eighteenth-Century Eurasia«, welche allerdings erheblich stärker kulturwissenschaftlich geprägt und dezidiert nicht an statistischen Daten interessiert ist[53]. Einschlägiger sind die Forschungen von Werner Scheltjens, der auf Grundlage von Online-Datenbanken zum dänischen Sundzoll Handelsströme untersucht und somit ebenfalls eine neue Wirtschaftsgeschichte betreibt – in seinem Fall auf Grundlage der Digital History und der Globalgeschichte[54]. Auffällig an beiden Ansätzen ist jedoch der hinsichtlich des 18. Jahrhunderts ahistorisch anmutende Bezug zu Eurasien anstelle von Russland. Da in der vorliegenden Arbeit die staatliche Wirtschaftspolitik im Fokus steht, ist Eurasien als konzeptioneller Begriff nicht von Bedeutung. Etwas größere Anschlussfähigkeit besteht zum intensiv erforschten Begriff des Imperiums[55].

Symptomatisch für die mutmaßliche Renaissance des wirtschaftlichen Interesses in der Geschichtsschreibung zum 18. Jahrhundert ist die »Wiederaufnahme« der Debatte zum Merkantilismus[56] oder die von Olaf Asbach angestoßene Diskussion zum Begriff des »Doux Commerce«[57]. Mit Bezug zur russischen Wirtschaftsgeschichte wären noch die Autoren Michael Wagner, Erika Monahan und Maria Salomon Arel zu nennen, deren Publikationen vor allem an dem derzeit besonders populären Forschungsfeld der Wirtschaftsgeschichte interessiert sind – den Netzwerken der Kaufleute oder deren Organisationsformen[58]. Auch Magrit Schulte Beerbühl gehört in diesen Kontext. Zwar beschäftigt sie sich mit deutschen Kaufleuten in London, doch hat sie heraus-

---

53 ROMANIELLO, Enterprising Empires.

54 SCHELTJENS, The Impact; VELUWENKAMP/DERS., Early Modern Shipping and Trade.

55 VULPIUS, Die Geburt; BRÜGGEMANN, Licht und Luft; LIEVEN, Empire; Russian Empire; KAGARLICKIJ, Periferijnaja imperija.

56 ISENMANN, Merkantilismus. Weitere, vielleicht etwas weniger prominente Beispiele: FÖSTE, Das Geld; Cameralism in Practice.

57 ASBACH, Der moderne Staat.

58 WAGNER, The English Chartered Trading Companies; MONAHAN, The Merchants of Siberia; AREL, English Trade. Das verstärkte Interesse an Kaufleuten und ihren Netzwerken in der Frühen Neuzeit lässt sich in jüngerer Zeit vermehrt auch außerhalb des Themas des Russlandhandels beobachten, wie z. B. bei POETTERING, Migrating Merchants; LENG, Fellowship and Freedom; Merchants and Trade Networks.

gearbeitet, dass viele von ihnen insbesondere in den englischen Russlandhandel involviert waren[59].

Auch in Russland selbst scheint das Interesse an Wirtschaftsgeschichte in jüngster Zeit erneut zu wachsen, wie die im Zusammenhang der vorliegenden Arbeit wesentliche Studie von Aleksej V. Koval'čuk unter Beweis stellt[60]. Auch ihm geht es um die Beziehung der ökonomischen Ideen zu ihrer Umsetzung, jedoch betrachtet er nur den Zeitraum der Regierungszeit Katharinas II. und beschäftigt sich sehr viel weniger mit dem Handel, da er »ökonomisch« sehr viel stärker im zeitgenössischen Sinne versteht. Die Arbeiten von Romaniello, Scheltjens, Wagner, Monahan und Koval'čuk zusammengenommen weisen somit auf einen internationalen Trend in jüngster Zeit hin, dem auch diese Arbeit folgen möchte.

Sieht man von diesem aktuellen Trend ab, sind die meisten für diese Arbeit relevanten Studien jedoch schon etwas älter und entstammen meist der Welle der Wirtschafts- und Sozialgeschichte im Westen oder noch der sowjetischen Historiographie in der zweiten Hälfte des 20. Jahrhunderts. Beispiele der westlichen Wirtschafts- und Sozialgeschichte sind u. a. die Publikationen von Autoren wie Arcadius Kahan, Elisabeth Harder-Gersdorff, Klaus Heller, Walter Kirchner oder Alexander Gerschenkron[61]. Mit Ausnahme Gerschenkrons, dessen Schriften eher synthetisch das große Ganze im Blick haben und daher eher einen interpretatorischen Anspruch stellen, zeichnen sich die anderen genannten Arbeiten dieser Zeit durch geradezu akribische Quellendichte und -nähe aus. Daher sind sie insbesondere für die empirischen Darstellungen des Handels in seiner statistischen Dimension von großem Wert.

Ähnliches trifft auch für die sowjetischen Forschungen zu, die ebenfalls auf der empirischen Ebene zuverlässig und nützlich sind, was nicht zuletzt über die sogenannte Pokrovskij-Schule der frühen Sowjetunion zu sagen ist, die hier besonders berücksichtigt wird[62]. Entsprechendes gilt für wirtschaftsgeschichtliche Studien mit regionalem Fokus aus der sowjetischen Zeit, die für die Entwicklung in den jeweiligen Hafenstädten von übergeordneter Bedeutung sind[63].

Auch was die Geschichte des ökonomischen Denkens und ihrer Protagonisten betrifft, sind einige Grundlagen in der sowjetischen Historiographie zu finden, doch sind hier die marxistisch-leninistischen Interpretationsvorgaben hinderlicher als in Werken, die sich der statistischen Darstellung des Han-

---

59 Schulte Beerbühl, The Forgotten Majority.

60 Koval'čuk, Ėkonomičeskaja politika.

61 Kahan, The Plow; Harder-Gersdorff, »… habe die Ehre«; Heller, Die Geld- und Kreditpolitik; Gerschenkron, Europe; Kirchner, Commercial Relations.

62 Zur Pokrovskij-Schule und ihrem Ende siehe Brandenberger, Politics Projected into the Past.

63 Nekrasov, Vnešnjaja torgovlja Rossii; Repin, Vnešnjaja torgovlja Rossii; Vnešnjaja torgovlja Rossii.

dels widmen[64]. Eine Besonderheit der Literatur zum ökonomischen Denken besteht darin, dass sie im Unterschied zu der allgemeinen zahlenorientierten Wirtschaftsgeschichte nach 1991 in Russland noch einen Aufschwung erlebte, wie zahlreiche Überblicksdarstellungen zum Thema belegen[65]. In jüngerer Vergangenheit sind auch im Westen ähnliche Studien erschienen, welche durchaus als Teil des konstatierten anwachsenden Interesses an wirtschaftsgeschichtlichen Themen verstanden werden können[66].

Insgesamt jedoch wäre es zu eng gegriffen, die vorliegende Arbeit einzig als Teil einer Renaissance wirtschaftsgeschichtlicher Perspektiven auf die russische Geschichte zu sehen. Indem sie ihren Fokus insbesondere auf den maritimen Außenhandel und die darin involvierten Hafenstädte legt, versteht sie sich auch als Beitrag zu den Ansätzen einer Maritime History, die ebenfalls jüngst sowohl innerhalb der Historiographie zu Russland als auch der zum Ostseeraum im Aufwind begriffen ist[67]. Schließlich richtet sich ihr Blick auf die Hafenstädte der Ostseeküste, wovon das ersten Kapitel Zeugnis ablegt[68].

1.2 Einführung – Kontext

1.2.1 Epochenüberblick: Russland im 18. Jahrhundert

Der Historiker Aleksandr B. Kamenskij beginnt seine Überblicksdarstellung zur russischen Geschichte des 18. Jahrhunderts überzeugend mit der Diskussion des Gemäldes »Ritter am Scheideweg« (*Vitjaz' na raspute*, 1882) von Viktor M. Vasnecov[69]. Tatsächlich kann die Geschichte Russlands im 18. Jahrhundert als eine Geschichte am Scheideweg gedeutet werden, die vor allem die Frage nach dem Verhältnis zu Europa aufwarf. Die Diskussion dieser Frage ist in ihrer politischen und insbesondere in ihrer kulturellen Dimension schon mehrfach geführt[70] worden und ist nicht Gegenstand der vorliegenden Untersuchung. Hier geht es um die wirtschaftlichen Beziehungen Russlands zum Westen und

64 Istorija russkoj ėkonomičeskoj mysli.

65 Abalkin, Očerki; Bogomazov, Istorija; Karamova, Istorija.

66 Zu denken wäre hier vor allem an Joachim Zweynert und Vincett Barnett. Siehe Barnett/Zweynert, Economics in Russia; Zweynert, Eine Geschichte; das von Barnett herausgegebene Routledge Handbook of the History of Global Economic Thought; Barnett, A History; siehe zudem Deutsche und russische Ökonomen.

67 Zu Russland siehe Leikin, Across the Seven Seas; zur Ostsee siehe North, Geschichte der Ostsee; Palmer, Northern Shores; Müller, Das Entstehen neuer Freiräume; Driesner, Bürgerliche Wohnkultur.

68 Port Towns and Urban Cultures; zum theoretischen Hintergrund besonders Land, Doing Urban History.

69 Kamenskii, The Russian Empire, S. 3–5.

70 Dixon, The Modernisation of Russia; Schippan, Die Aufklärung in Russland.

den Handel mit Westeuropa, doch soll zunächst ein sehr knapper politischer Überblick über die Epoche erfolgen, da nicht zuletzt die Herrschaftsfolge im 18. Jahrhundert hinreichend verwirrend ist[71].

Peter I. wurde bereits 1682 zum Zaren von Russland gekrönt, konnte aber erst nach dem Tod seiner Mutter Natal'ja K. Naryškina 1694 und dem Tod seines Halbbruders Ivan V. 1696 allein regieren[72]. Das erste Augenmerk seiner Regierungstätigkeit zeugte bereits von seiner maritimen Zielsetzung, richtete sich aber gen Süden gegen das Osmanische Reich: beim zunächst fehlgeschlagenen Versuch der Eroberung Asovs am Schwarzen Meer 1895. Der zweite Angriff war jedoch im Jahr darauf erfolgreich, so dass sich Peter zur Fortsetzung des Feldzuges auf der Suche nach Verbündeten gegen das Osmanische Reich anschließend auf den Weg nach Europa machte – eine Reise, die unter dem Namen Große Gesandtschaft (1697–98) bekannt geworden ist[73]. Im Ergebnis dieser in jeder Hinsicht außergewöhnlichen Reise verfestigte sich Peters Anerkennung Westeuropas im Allgemeinen und seine Vorliebe für die Niederlande im Besonderen. Diese Vorliebe zeigte sich auch im Ergebnis der Reise durch die Anwerbung von mehreren Hundert westlichen Spezialisten zumeist aus den Generalstaaten. In kultureller Hinsicht zeichnete sich damit eine Verwestlichung des Reiches ab, in diplomatischer Hinsicht kam statt eines Bündnisses gegen das Osmanische Reich ein Bündnis gegen Schweden zustande. So führte die Reise letztlich dazu, dass aus dem anvisierten Persepolis am Schwarzen Meer stattdessen St. Petersburg an der Ostsee wurde[74].

Damit dies gelingen konnte, musste allerdings Schweden besiegt werden, was 1700 zum Großen Nordischen Krieg führte, der bei wechselndem Kriegsglück immerhin bis 1721 andauerte. Nicht zuletzt um die gewaltigen Kraftanstrengungen, die der Krieg Russland abverlangte, stemmen zu können, begann Peter mit einem umfassenden Reformprogramm – den sogenannten Petrinischen Reformen. Zwar wird die fiskalische Seite der Reformen im entsprechenden Kapitel noch genauer betrachtet werden, doch sei schon hier darauf verwiesen, dass zu ihren wesentlichen Komponenten die Umwandlung des Steuersystems, darunter die Einführung der Kopfsteuer, sowie eine Erhöhung der Effizienz der Verwaltung durch die Gründung von Behörden nach westlichem Vorbild (Senat, Gouvernements, Kollegien) gehörten. Im Bereich des Handels kam es so vor allem zur Gründung des Kommerz-Kollegiums. Neben dem fiskalischen Bereich und der Verwaltung betrafen die Reformen aber auch das Militärwesen,

71 Gemäß dem Überblickscharakter dieses Abschnitts verweisen die Fußnoten lediglich auf Einstiegs- und Überblicksliteratur.

72 Hughes, Russia, S. 11–20.

73 Ebenda, S. 22–26.

74 Kirby, Peter the Great; Pavlenko, Petr I, S. 33–63.

die Justiz und den weiten Bereich der Kultur, darunter die Kirchen-, Kalender-, Schrift- und Bildungsreformen. Somit waren fast alle Lebensbereiche von den Veränderungen betroffen, weshalb der Zäsurcharakter von Peters Regierungszeit weitgehend unumstritten ist. Im Ergebnis war Russland also nicht nur geographisch durch die Hinzugewinnung der sogenannten Ostseeprovinzen und Altfinnlands näher an Europa herangerückt, sondern vor allem auch durch die innere Umgestaltung, für die westliche Modelle, nicht selten das des Kriegsgegners Schweden, zum Vorbild genommen wurden.

Diese Umwälzungen bewirkten auch einen sozialen Wandel, der durch die Einführung der auf Leistung bezogenen Rangtabelle noch befördert wurde. Nicht zuletzt im persönlichen Umfeld Peters erschienen berühmte soziale Aufsteiger wie Aleksandr D. Menšikov[75] und Petr P. Šafirov[76], aber auch seine zweite Frau Katharina I., welche als Marta Elena Skavronskaja bäuerlicher Herkunft war und aus den eroberten Ostseeprovinzen stammte. Diese soziale Mobilität führte zusammen mit der Beschäftigung einer Reihe von Ausländern in der höheren Verwaltung (Franz Lefort, Patrick Gordon, Heinrich von Ostermann, James Daniel Bruce, Heinrich Claus von Fick[77] u.a.) zu einer Konkurrenzsituation mit den alten Eliten des Reiches, z. B. den Adelsfamilien der Dolgorukijs, Apraksins, Šeremetevs oder Golycins, die aber auch unter Peter I. weiterhin Teil der Elite des Landes blieben[78].

Unter dem Stichwort der sozialen Mobilität ist jedoch auch zu betonen, dass sich das Schicksal der Bevölkerungsmehrheit der Leibeigenen keineswegs verbesserte, sondern sich im Zuge der gewaltigen Kraftanstrengungen sogar noch verschlechterte. Auch die Situation der Kaufleute gestaltete sich bestenfalls ambivalent, wie noch zu zeigen sein wird[79].

Da das Verhältnis Peters I. zu seinem Sohn Aleksej angespannt war und dieser 1718 in Haft verstarb, verfügte Peter, dass die Nachfolge durch den amtierenden Herrscher bestimmt würde[80]. Doch da er selbst überraschend und schnell verstarb, hatte er keine Nachfolgeregelung getroffen, und somit begann die sogenannte Epoche der »Palastrevolten«[81]. Nach Peters unerwartetem Tod Anfang 1725 übernahm seine zweite Frau Katharina I. die Regierungsgeschäfte; Peter hatte sie schon zu Lebzeiten zur Mitregentin gemacht. Vor allem aber stand der einflussreiche Aleksandr D. Menšikov hinter ihrem Anspruch auf den Thron,

75 Zu Menšikov siehe Pavlenko, Aleksandr Danilovič Menšikov.

76 Zu Šafirov siehe Bazarova, Pervyj rossijskij vice-kancler.

77 Zu Fick siehe Prokopenko, Političeskij inžener.

78 Zur Elite Russlands im frühen 18. Jahrhundert siehe Pravjaščie ėlity i dvorjanstvo Rossii.

79 Zur Sozialgeschichte Russlands im 18. Jahrhundert siehe Hartley, A Social History; Mironov, The Social History; zu den Kaufleuten im Besonderen siehe Kozlova, Rossijskij absoljutizm.

80 Bushkovitch, Peter the Great, S. 339–390; Pavlenko, Petr I, S. 224–250.

81 Als Einstieg zu dieser Epoche Kamenskii, The Russian Empire, S. 122–164.

da er gute Beziehungen zu ihr hatte. Er konnte seinen Einfluss auch nach ihrem recht frühen und plötzlichen Tod 1727 noch unter Peters Enkel Peter II. zunächst sichern, doch gelang es seinen Widersachern – vor allem den beiden Dolgorukij-Cousins Aleksej G. und Vasilij L. –, Menšikov ins sibirische Exil zu verbannen. Allerdings verstarb auch Peter II. unerwartet früh 1730 an Pocken, und die erneute Erbfolgefrage löste eine Krise aus. Angehörige des Obersten Geheimen Rates, der nach Peters I. Tod zum wichtigsten politischen Entscheidungsorgan geworden war, versuchten am 15. (26.) Februar 1730 mit der Ernennung Anna Ivanovnas, der Herzogin von Kurland und Nichte Peters I., zur Herrscherin die autokratische Macht dieser Position einzuschränken. Doch konnte Anna sich mithilfe einiger Adliger – darunter auch der bereits genannte Heinrich Friedrich Ostermann – durchsetzen und am 1. (12.) März die alten Privilegien für sich sichern[82].

Anschließend zog sich Anna selbst jedoch weitgehend aus der tagespolitischen Arbeit zurück und überließ die Staatsgeschäfte ihren Vertrauten, vor allem Ernst Johann von Biron. Da neben ihm auch andere deutschsprachige Männer wie Heinrich Ostermann und Burkhard Christoph von Münnich zu den zentralen politischen Entscheidungsträgern wurden, etablierte sich das Paradigma der »Deutschenherrschaft« bzw. russisch *Bironovščina.* Allerdings herrscht heute weitgehend Konsens, dass es keine »Deutschenherrschaft« im Sinne einer Herrschaft einer einheitlichen deutschen Partei gegeben hat, da die genannten Personen vor allem untereinander in Konkurrenz standen. Das wird sehr deutlich daran ersichtlich, dass sie sich nach Annas Tod nacheinander gegenseitig verrieten – und somit letztlich dann doch das gemeinsame Schicksal des politischen Falls teilten[83].

Mit dem Tod Annas am 17. (28.) Oktober 1740 trat erneut das Problem der Herrschaftsfolge auf den Plan, das zunächst durch die Thronübernahme durch Ivan VI., dem Großneffen von Anna Ivanovna gelöst wurde. Da er noch im Kleinkindalter war, übernahm zunächst Biron, nach seinem Sturz dann die Mutter Ivans VI., Anna Leopol'dovna (die Nichte Anna Ivanovnas), die Regierungsgeschäfte. Doch gelang es 1741 der Tochter Peters I., Elisabeth, erfolgreich mit ihren Unterstützern Anna Leopol'dovna und ihren Mann Anton Ulrich von Braunschweig zu stürzen, zu verbannen und selbst die Macht zu übernehmen. Auch sie hielt sich eher aus der Politik zurück und überließ vieles ihrem persönlichen Umfeld, worunter die Šuvalov-Cousins (Petr I., Ivan I.), Aleksej P. Bestužev-Rjumin und ihr Liebhaber Aleksej G. Razumovskij die bekanntes-

82 Zu diesem Regierungswechsel aus österreichischer Sicht MÜLLER, Eine Aristokratie für Russland?.

83 KAMENSKII, The Russian Empire, S. 122–164; WAGNER, Ein Deutscher; FENSTER, Das Erbe Peters I.

ten Vertreter sind[84]. Die letzte »Palastrevolte« ereignete sich nach ihrem Tod zu Weihnachten 1761, nachdem zunächst Peter III. 1762 zum Herrscher gekrönt worden war, der sich aber durch seinen unerwarteten Friedenschluss mit Preußen im Siebenjährigen Krieg viele Gegner gemacht hatte, so dass es seiner Frau Katharina II. leichter fiel, ihren Ehemann mithilfe ihrer Verbündeten zu stürzen[85].

Dominierte die ungelöste Erbfolgefrage die Epoche zwischen 1725 und 1762, so sollte nicht vergessen werden, dass es Russland trotz der teilweise instabilen innenpolitischen Verhältnisse gelang, seine von Peter I. gewonnene außenpolitische Stärke in einer Reihe von Kriegen erfolgreich zu verteidigen. Dazu zählten der Polnische Thronfolgekrieg (1733–1738), der Russisch-Österreichische Türkenkrieg (1736–1739), der Russisch-Schwedische Krieg (1741–1743) und nicht zuletzt der Siebenjährige Krieg (1756–1763). Gemeinsam war diesen Kriegen eine erfolgreiche Kriegsführung, gepaart mit einer oftmals weniger vorteilhaften Friedensschließung aus russischer Sicht, was nicht zuletzt für den Siebenjährigen Krieg gilt, der bereits in die Regierungszeit Katharinas II. überleitete[86].

Gemäß der Inschrift *(Petro Primo – Catharina Secunda – MDCCLXXXII)* auf dem von Katharina II. in Auftrag gegebenen Peter-Reiterdenkmal von Étienne-Maurice Falconet am Senatsplatz in St. Petersburg wird deren Herrschaft häufig in Beziehung zu Peter I. gesetzt, so dass die beiden gewissermaßen eine Klammer in der russischen Geschichte des 18. Jahrhunderts bilden; dies geschieht im Grunde auch in dieser Untersuchung. Doch wie der Hinweis auf das Denkmal verdeutlichen soll, ist diese Traditionslinie von Katharina bewusst inszeniert worden und daher im Einzelfall kritisch zu hinterfragen.

Teil ihrer Selbstinszenierung war es auch, sich der Strömung der Aufklärung verbunden und Russland Europa zugehörig zu präsentieren. Zu diesem Zweck korrespondierte sie mit führenden Vertretern der französischen Aufklärung wie Voltaire, Cesare Beccaria und Denis Diderot, den sie 1773 sogar persönlich zu einem Besuch in St. Petersburg bewegen konnte (und dessen Bibliothek sich noch heute in der Nationalbibliothek in St. Petersburg befindet). Des Weiteren rief sie 1767 eine gesetzgebende Kommission ins Leben zur Abfassung einer Gesetzkodifikation des Russländischen Reiches und veröffentlichte zur feierlichen Eröffnung dieser Kommission ihren *Nakaz* (Instruktion), der als programmatische Zielvorgabe für deren Arbeit gedacht war. Bei der Abfassung des

84 Zu Elisabeth siehe Rice, Elisabeth von Rußland.

85 Zur Einführung Pavlenko, Strasti u trona; Anisimov, Anna Ioannovna; Curtiss, A Forgotten Empress.

86 Zur Außenpolitik unter Elisabeth Anisimov, Rossiija v sisteme velikich deržav; zur Außenpolitik unter Anna Schulze Wessel, Zur Frage.

Textes kopierte sie große Abschnitte aus den Werken der bereits genannten Philosophen Beccaria, Diderot, aber auch von Montesquieu undd'Alembert. Darin stellt Katharina II. gleich zu Beginn programmatisch und mit Nachdruck fest: »Russland ist eine europäische Macht«[87].

Dieser Satz, wie auch die Tatsache, dass Katharina weite Teile von französischen Aufklärern abgeschrieben und den russischen Vertretern zur Orientierung vorgesetzt hatte, zeigte deutlich den programmatischen Anspruch und weniger den realen Zustand im Lande. Bezogen auf das ökonomische Denken heißt dies, dass Katharina II. auch in dieser Hinsicht den Anspruch hatte, wie noch zu zeigen sein wird, die modernsten Ansätze in Russland anzuwenden[88].

Da sie aber die Kommission schon kurze Zeit, nachdem ihr der Beinamen »die Große« angetragen worden war, wieder auflösen ließ und in ihren letzten Lebensjahren zur glühenden Gegnerin der Französischen Revolution wurde, gilt ihre Regierungszeit als Beispiel für das Konzept des »aufgeklärten Absolutismus«[89], wenn darunter eine ambivalente spezifische Spannung zwischen fürstlichem Herrschaftsanspruch auf der einen und aufklärerisch motiviertem Kodifizierungsbestreben politischen Handelns auf der anderen Seite verstanden wird. Auch in der Frage der Leibeigenschaft, die zu ihrer Zeit viel diskutiert wurde, bewegte sich unter ihr nichts zum Wohle der Leibeigenen, obwohl sie immerhin eine Diskussion darüber in Maßen zuließ und durch die Gründung der Freien Ökonomischen Gesellschaft 1765 sogar beförderte[90]. Neben der Französischen Revolution verschärfte sich ihre reformfeindliche Haltung auf innenpolitischer Ebene vor allem aufgrund des Pugačev-Aufstandes von 1773–1775 sowie der Pestunruhen von Moskau im Jahre 1771[91]. Auch die Bestrafung des in der vorliegenden Arbeit behandelten Autors Aleksandr N. Radiščev aufgrund seiner Veröffentlichung der »Reise von St. Petersburg nach Moskau« im Jahre 1790 gehört in diesen Kontext[92].

Weitere Gründe dafür, sie als Nachfolgerin oder sogar Vollenderin Peters I. zu sehen, liegen in ihrer erfolgreichen Außenpolitik und den territorialen Erweiterungen während ihrer Herrschaft. Hierunter spielen die Teilungen Polen-Litauens 1772–1795 eine wichtige Rolle, da sie die Grenzen des Reiches nach Westen verschoben und somit auch das Hinterland der Ostseehäfen tangierten. Als Vollenderin Peters konnte sie sich aber vor allem aufgrund ihrer erfolgrei-

87 Nakaz Ekateriny (30.7.1767), S. 4.

88 Zu ihren aufklärerischen Bestrebungen zu Beginn ihrer Regierungszeit und zum *Nakaz* siehe Dixon, Catherine the Great, S. 156–183.

89 Russland zur Zeit Katharinas II.

90 Leckey, Patrons of Enlightenment. Zur Geschichte der Leibeigenschaft in Russland Wirtschafter, Russia's Age of Serfdom.

91 Madariaga, Russia, S. 239–255.

92 Hoffmann, Aleksandr Nikolaevič Radiščev, S. 172–184.

chen Kriegszüge gegen das Osmanische Reich (1768–1774, 1787–1792) und der Eroberung der Krim (1783) sowie der nördlichen Schwarzmeerküste präsentieren. Gleichwohl sollte ihr das sogenannte »Griechische Projekt«, die Eroberung der Dardanellen und Konstantinopels, und damit die Kontrolle des Seeweges ins Mittelmeer, nicht mehr gelingen[93]. Jedoch konnte auch ein letzter Angriff Schwedens auf St. Petersburg zu ihrer Zeit siegreich abgewehrt werden (1788–1790)[94].

Anders als Elisabeth und Anna engagierte sich Katharina II. deutlich stärker selbst in der Führung der Regierungsgeschäfte, doch hatte auch sie einflussreiche Berater, welche in wechselnder Gunst bei ihr standen und damit weniger einflussreich waren als die Berater ihrer Vorgängerinnen. Die bekannteren Personen darunter waren die Brüder Aleksej und Grigorij Orlov, Grigorij A. Potemkin und Nikita I. Panin. Selbst deutscher Herkunft, waren in ihrem Umfeld Würdenträger ausländischer Herkunft weniger sichtbar als bei Peter I. oder auch bei Anna. Doch konnten immer noch besonders Angehörige aus den Ostseeprovinzen in St. Petersburg Karriere machen, wie das Beispiel von Jacob Johann Sievers zeigt. Er stand u.a. als Gouverneur von Novgorod im Staatsdienst und beteiligte sich an der Gouvernementsreform Katharinas II, die ihrerseits als Fortführung der petrinischen Bemühungen gesehen werden kann[95].

Fasst man diesen kurzen Überblick zu Katharinas II. Herrschaftszeit in Russland zusammen, bieten sich – bei aller Selbstinszenierung – die altbekannten Sujets des petrinischen Erbes sowie der westlichen Aufklärungsbestrebungen an. Doch wohnt insbesondere Katharinas Verhältnis zur Aufklärung eine gewisse Ambivalenz inne. Folglich ist auch im Hinblick auf westliche ökonomische Ideen die Anwendung und Diskussion derselben in Russland unter Katharina zu diskutieren.

1.2.2 Einführung in ökonomisches Denken

»Die Aufgabe ist nicht, sich mit den Irrtümern bekannt zu machen, sondern dieselben zu vergessen«[96]. So urteilte Jean-Baptiste Say, ein Schüler Adam Smiths und selbst bekannter französischer Ökonom, über den Nutzen, sich mit der Geschichte des ökonomischen Denkens, insbesondere der als veraltet betrachteten Theorien, zu beschäftigen. Anders als Say intendiert, geht es im Folgenden jedoch nicht um die eine »richtige« wirtschaftswissenschaftliche Lehre, sondern um die Entwicklung handelspolitischer Grundannahmen in Russland und da-

93 Zum »Griechischen Projekt« siehe Koršunova, Vostočnyj vektor.

94 Zur Außenpolitik Katharinas Kamenskii, The Russian Empire, S. 244–264.

95 Zu Jacob Sievers und Katharina II. Jones, Provincial Development.

96 Zit. n. Föste, Das Geld, S. 1.

mit durchaus auch um eine Geschichte der Irrtümer und potentiellen Fehler einer solchen Politik und ihrer Axiome.

Es geht auch nicht um eine reine Geschichte des ökonomischen Denkens in Russland, die tatsächlich den Charakter einer Geschichte von Irrtümern bekommen könnte, sondern eher um eine Geschichte der konkreten Handelspolitik und die sie begleitenden ökonomischen Theorien. In diesem Sinne ist dem norwegischen Wirtschaftswissenschaftler Erik Reinert zuzustimmen, der hinsichtlich der historiographischen Situation das Desiderat nicht nur mit Blick auf Russland treffend benannt hat: »Unlike the history of economic thought (what theorists said ought to happen), the history of economic policy (what policies were actually followed) is a non-existent academic discipline«[97]. Die Frage ist also, wie eingangs ausgeführt, die nach den Maßnahmen, welche die russische Regierung bei der Handelspolitik ergriff. Welche Ziele hatte sie? Wurden die Ziele erreicht? Und wenn sie nicht erreicht wurden, woran lag es?

Die Verknüpfung von Theorie und Praxis macht auch insofern Sinn, als die dominierende handelspolitische Strömung der Frühen Neuzeit – der Merkantilismus – selbst ein Konzept ist, das zwischen konkreten Maßnahmen und theoretischen Grundannahmen changiert. Aber was ist unter dem Begriff zu verstehen und wie wird er im Folgenden verwendet?

1.2.3 Merkantilismus

»Is Mercantilism a useful concept still?« Diese Frage stellt der schwedische Wirtschaftshistoriker Lars Magnusson als Experte auf diesem Gebiet, um sie mit ausführlichen Verweisen auf die höchst unterschiedlichen Definitionsverssuche der zurückliegenden über 200 Jahre von Autoren wie Gustav Schmoller, Walter Roscher, William Cunningham, Eli Heckscher, Hermann Kellenbenz und anderen – unter Einschränkungen – zu bejahen[98]. Auch im hier Folgenden wird nicht der Anspruch erhoben, diese fortdauernde Diskussion zu einem zufriedenstellenden Abschluss zu bringen. Der Begriff wird verwendet, weil er trotz aller berechtigten Bedenken sinnvoll erscheint, um einen graduellen Wandel im ökonomischen Denken und in den Prinzipien der Handelspolitik des Russländischen Reiches während des 18. Jahrhunderts besser beschreiben zu können. Er fungiert also als unscharfe Kontrastfolie zu einer sich wandelnden Handelspolitik und ihren Grundsätzen im Laufe des 18. Jahrhunderts. Der Begriff Merkantilismus ist nicht zuletzt deshalb umstritten, weil er keine Selbstbezeichnung ist, sondern von den Anhängern der nachfolgenden wirtschaftstheoretischen Strömung in pejorativer Konnotation eingeführt wurde. Zunächst wurde er von den

97 Reinert, How Rich Countries, S. 23 f.

98 Magnusson, Is Mercantilism a Useful Concept Still?.

französischen Physiokraten um Victor Riquetti und Marquis de Mirabeau in Umlauf gebracht, die von einer »merkantilen Seuche« bzw. einem »Système mercantile« sprachen. Kurz darauf übernahm auch Adam Smith in seinem »Wealth of Nations« den Begriff, was dessen Verwendung endgültig in pejorativer Weise verfestigte[99].

Eine weitere zentrale Schwierigkeit besteht darin, dass Merkantilismus weder eine Theorie noch eine Handelspraxis bezeichnet, sondern beides zugleich umfasst, und somit per se eine gewisse Unschärfe besitzt, die allerdings dem Wesen der im Entstehen begriffenen Wirtschaftswissenschaft dieser Zeit entspricht. Daher werden im Folgenden sowohl die konkrete Handelspolitik als auch zentrale theoretische Schriften betrachtet, wobei der direkte Einfluss der Theorie auf die Praxis nur schwer nachzuweisen ist[100]. Diese Überlegungen folgen weitgehend der Konzeption von Magnusson, der sich ebenfalls für einen allgemeinen, aber an die Epoche der Frühen Neuzeit gebundenen Definitionsbegriff ausspricht: »Hence if we look for a term which covers this historical moment when foreign trade was connected to Machiavellianism and reason of state in the early modern period »mercantilism« may still be a useful concept«[101].

In diesem Sinne wird im Folgenden ein bewusst breit gefasster Merkantilismus-Begriff verwendet, welcher gleichwohl folgende Komponenten umfassen soll:

1. Das übergeordnete Ziel der Erhöhung eigener Edelmetallreserven durch:
2. Eine positive Handelsbilanz
3. Die Förderung einheimischer Manufakturen mit dem Ziel der Substitution ausländischer Importe
4. Eine protektionistische Zollpolitik
5. Die Förderung des eigenen Bergbaus
6. Eine zentralistisch-dirigistische Wirtschaftspolitik
7. Die Gleichzeitigkeit von Theorie und Praxis

Wichtig ist dabei nicht zuletzt der letzte Punkt, die Gleichzeitigkeit von Theorie und Praxis. Daher wird im Folgenden auch dann etwas als merkantilistisch bezeichnet, wenn die eigentlichen Ziele durch die ergriffenen Maßnahmen nicht

99 Isenmann, Einleitung, S. I.

100 In den Worten Lars Magnussons: »It would furthermore mean perhaps to over-emphasize a direct and reflective causal relationship between historical conjuncture and written texts. Surely, the conditions of the day were mediated by language and idiom also reflecting contemporary views and beliefs.« Magnusson, Is Mercantilism a Useful Concept Still?, S. 28.

101 Ebenda, S. 38.

erreicht wurden. Entscheidend ist die normative Absicht, die den oben genannten Punkten entsprechen muss.

Die Frage, ob es in Russland eine Form von Merkantilismus gegeben hat, wird im zweiten Kapitel untersucht. Ein Hinweis auf merkantilistische bzw. zumindest eine ambitionierte Handelspolitik in Russland war ohne Zweifel die Gründung der neuen Hafen- und Hauptstadt St. Petersburg 1703, weshalb zunächst der Blick auf diese Stadt und ihre potentiellen Konkurrenzhäfen gelenkt wird[102].

102 Der enge Zusammenhang zwischen der Gründung St. Petersburgs und einer russischen Form des Merkantilismus wird schon im Titel der kurzen Überblicksdarstellung Šejnin, Peterburg i rossijskij merkantilizm, deutlich.

2. Zu viele Fenster nach Europa?

Die Zahl derjenigen Städte, die unmittelbar mit dem Auslande in Handelsverbindungen stehen, ist in Verhältnis der Größe des Reichs sehr klein (Wilhelm Christian Friebe)[1].

2.1 Einleitung

Wie Wilhelm Christian Friebe hier treffend feststellt, standen die Größe des Russländischen Imperiums und das beeindruckende Handelsvolumen, das zum Ende des Jahrhunderts – zum Zeitpunkt der Bemerkung Friebes – Russland mit Europa verband, in einem bemerkenswerten Missverhältnis zu der Anzahl an Hafenstädten, in denen sich dieser Handelskontakt konkret abspielte. Dieses Missverhältnis verstärkt sich umso mehr vor dem Hintergrund, dass über die Hälfte des Handelsvolumens allein über St. Petersburg abgewickelt wurde.

Das folgende Kapitel möchte diese »Fenster nach Europa« und ihre Bedeutung für den Handel vergleichend betrachten. Zunächst wird ein knapper chronologischer Überblick die Entwicklung der Städte in konkurrierender Perspektive betrachten. Anschließend werden die Städte im Einzelnen etwas genauer analysiert. Dafür sollen die Parameter der naturräumlichen Gegebenheiten, die Ausmaße des Hinterlandes, die rechtliche Situation des Handels und der Kaufleute, die Zusammensetzung der Export- und Importwaren sowie abschließend die Dynamik und Entwicklung des Handels vor Ort untersucht werden. Schließlich werden die regionalen Besonderheiten zusammengefasst und in den Kontext des gesamten Reiches gestellt, womit zugleich eine Überleitung zum zweiten Kapitel, das sich der staatlichen Lenkungsperspektive zuwenden wird, hergestellt ist.

2.2 Zu viele Fenster? – Die Entwicklung der Häfen in vergleichender Perspektive

Wie Belinskij im eingangs der Studie verwendeten Zitat, so öffnete auch Friebe die Perspektive auf die alternativen Handelsplätze zu dem späteren St. Petersburg: »Und hätte der stolze Karl XII. Narva oder den Ausfluss der Neva an seinen so gering geschätzten Feind abgetreten, so wären Livland und Estland

1 Friebe, Ueber Rußlands Handel, S. 178.

sicher gerettet und Schweden nicht in ein solches labyrinthisches Unglück gestürzt worden«[2]. Narva, aber auch die livländischen Hafenstädte boten sich dafür an. Tatsächlich war die Gründung St. Petersburgs an der Mündung der Neva wohl eher dem Verlauf des Nordischen Kriegs geschuldet, als dass man sie als ein Ergebnis langfristiger Planung bezeichnen könnte. Denn noch direkt nach der Niederlage in der Schlacht von Narva benannte Peter den diplomatischen Vermittlern des Wiener Hofes den Besitz der Orte Kopor'e, Ivangorod, Narva und Kolyvan' (Reval/Tallinn) als Bedingung für einen Frieden mit Schweden, die alle an der südlichen Küste des finnischen Meerbusens lagen (wobei Kopor'e rein militärische Bedeutung zukam). Von Nyenschanz, dem Vorgänger von St. Petersburg, war jedenfalls zu diesem Zeitpunkt noch nicht die Rede[3].

Doch spielte Nyenschanz neben Narva im 17. Jahrhundert innerhalb des Ostseehandels mit russischen Waren durchaus eine aufstrebende Rolle im Vergleich zu den beiden älteren Hansestädten Riga und Reval. Dies brachte Nyen/Nyenschanz und Narva wiederum in Konkurrenz zu der einzigen russischen Hafenstadt Archangel'sk am Weißen Meer[4]. Es ist daher auch kein Zufall, dass Peters ersten militärischen Aktionen im Großen Nordischen Krieg eben diese beiden Hafenstädte zum Ziel hatten. Gleich zu Beginn im Jahre 1700 erfolgte die Niederlage von Narva und wenig später, als Karl XII. einen Großteil seiner Truppen aus der Region abgezogen hatte, 1702 der erste Sieg bei der strategisch wichtigen Festung von Nöteburg. Die Festung diente dazu, die Neva zu kontrollieren, was Peter veranlasste, sie in Schlüsselburg umzubenennen. Da die Schweden nach dieser Niederlage die Stadt Nyen an der Mündung der Neva nicht nur fluchtartig verließen, sondern auch niederbrannten, erklärt sich der spätere Mythos von der völligen Neugründung St. Petersburgs durch Peter[5].

Direkt nach der Gründung St. Petersburgs wurde in der ersten Zeitung der Stadt, den »Vedomosti«, verkündet, dass die russischen Kaufleute, die bisher ihre Waren zum Export nach Riga gebracht hatten, von nun an den Petersburger Hafen zu nutzen hätten. Diese Anordnung hatte noch wenig sichtbare Folgen für den neuen Hafen in St. Petersburg[6], so dass weitere Maßnahmen folgten: »Im Jahre 1714 ward den Russen befohlen, ihre Waren nirgends anders als nach Riga, Archangel'sk und St. Petersburg zu bringen«[7]. Die beiden wichtigen Exportartikel Hanf und Juchtenleder durften schon ab 1713 nur aus St. Petersburg ausgeführt werden, was sich allerdings angesichts des fortdauernden Krieges

2 Ebenda, S. 99.

3 Šejnin, Peterburg i rossijskij merkantilizm, S. 15.

4 Šaskol'skij, Russkaja morskaja torgovlja; Kotilaine, Russia's Foreign Trade; Troebst, Narva, Libau oder Danzig?.

5 Hoffmann, Sankt Petersburg, S. 41; Očerki istorii Leningrada, Moskva 1955, S. 30 f.

6 Repin, Vnešnjaja torgovlja, S. 14.

7 Scherer, Geschichte und gegenwärtiger Zustand, S. 75.

und der schwedischen Blockade der Ostsee nicht vollumfänglich durchsetzen ließ[8]. Peter war schon 1714 gezwungen, den Handel in Archangel'sk wieder zuzulassen[9] und bis zum Ende der 1710er der Stadt einen Anteil von zwei Dritteln des Exports zuzugestehen[10].

Dennoch ist etwa ab der Mitte der 1710er Jahre eine deutliche Steigerung der Handelstätigkeit in St. Petersburg bei gleichzeitigem Rückgang in Archangel'sk zu beobachten. Dies war zum einen der Förderung des jungen Hafens zu verdanken[11], zum anderen aber auch auf die erhöhte Präsenz und Bedeutung der russischen Flotte auf der Ostsee nach dem Sieg vor Hangö (finn. Hanko; russ. Gangut) 1714 zurückzuführen[12]. Schließlich wurde durch das Ende des Spanischen Erbfolgekrieges auch die globale Handelstätigkeit insgesamt wieder befördert, wovon auch der russische Außenhandel profitierte. Dennoch waren im Jahre 1719 nur 29 ausländische Kaufleute in St. Petersburg gemeldet, während es zur gleichen Zeit in Archangel'sk noch 83 waren[13].

Nach dem Ende des Großen Nordischen Krieges, als der Ostseehandel uneingeschränkt möglich wurde, spezifizierte sich das Verhältnis der drei Haupthafenstädte St. Petersburg, Archangel'sk und Riga dahingehend, dass St. Petersburg die herausgehobene Stellung erhielt[14]. Peter wies den Senat an, Bestimmungen zu erlassen, die St. Petersburg zum Haupthafen des Russländischen Reichs machen sollten. Nur Waren aus dem unmittelbaren Hinterland der anderen Ha-

---

8 Pod flagom Rossii, S. 53.

9 PSZ, Nr. 2784, Vysočajšaja rezolucija na donošenie Russkich i inostrannych kupcov. O pozvolenii kupcam, po pričine voennogo vremeni, tovary vezti k Archangel'skomu portu [Allerhöchste Resolution zu den Eingaben der russischen und ausländischen Kaufleute. Über die Erleichterungen für die Kaufleute. Über die Gründe kriegerischer Zeiten. Über den Hafen Archangel'sk eingeführte Waren], 15.3.1714.

10 Anisimov, Petr Pervyj, S. 99.

11 Siehe weitere Verordnungen dieser Zeitspanne, die auf eine Stärkung St. Petersburgs als Hafen ausgerichtet waren: PSZ, Nr. 3051, Ob otpravlenii čerez S.Peterburgskii port šestoj doli vsech tovarov, otpuskaemych za granicu, isključaja jufti [Über die Entsendung des sechsten Teils aller Waren über den St. Petersburger Hafen, die ins Ausland gehen, mit Ausnahme des Juchtenleders], 12.12.1716; PSZ, Nr. 3151, O privoze jufti i vsjakich tovarov dvuch dol' dlja prodaži v Sanktpeterburge, i odnoj doli v Archangel'ske [Über die Lieferung des Juchtenleders und aller Waren zum doppelten Verkaufspreis in St. Petersburg und zum einfachen Preis in Archangel'sk], 15.11.1717; PSZ, Nr. 3268, Ob objazannosti kupcam iz čisla tovarov, posylaemych v čužie krai, otpravljat' tret' čerez Sanktpeterburgskoj port, i o nečinenii otpuska tovarov čerez inostrannye porty [Über die Verpflichtung der Kaufleute von allen Waren, die für andere Gebiete bestimmt sind, ein Drittel über den St. Petersburger Hafen zu entsenden, und über die Unzulässigkeit der Entsendung von Waren über ausländische Häfen], 07.1.1719.

12 Repin, Vnešnjaja torgovlja, S. 16 f.

13 Zacharov, Zapadnoevropejskie kupcy, S. 55 f.

14 Erste Anregungen für einen vergleichenden Blick auf die Stadtgeschichte St. Petersburgs und Rigas bei Meyer, Riga und St. Petersburg.

fenstädte sollten über diese abgewickelt werden[15]. Trotz liberalerer Ansichten im Kommerz-Kollegium und im Senat setzte sich Peter mit seiner Vorgabe durch, so dass übereinstimmend mit seiner Richtlinie ab 1721 nur Waren aus dem Hinterland der Nördlichen Düna (russ. Severnaja Dvina) nach Archangel'sk gebracht werden durften. Entsprechendes galt für die Westliche Düna und Riga[16]. Alle weiteren Exportwaren sollten über St. Petersburg ausgeführt werden[17].

Für den Import galt ab 1724 in Archangel'sk ein 25 % höherer Zoll als in St. Petersburg.[18] Solche Bestimmungen waren nötig, da 1718 erst 41 Schiffe St. Petersburg angelaufen hatten. Riga war 1713 von 171 Schiffen und 1721 sogar von 238 besucht worden[19]. Außerdem gab es – wenig überraschend – Widerstand gegen diese Eingriffe in die etablierten Handelswege, und das sowohl vonseiten der ausländischen als auch durch russische Kaufleute. Zunächst sprachen viele infrastrukturelle Gründe (bzw. die Gewohnheit) noch für die alten Handelswege, wie schon Weber urteilte[20]. Um dem entgegenzuwirken, veranlasste Peter gleichwohl 1724 die Festnahme derjenigen, die unerlaubt in Archangel'sk russische Waren an westliche Kaufleute verkauften[21]. Im Jahr zuvor hatte er das Hinterland Rigas minimal eingegrenzt, um im Gegenzug das von St. Petersburg möglichst groß zu gestalten[22]. Auf der anderen Seite sollten laut einer Anweisung von 1722 Rechtsstreitigkeiten möglichst schnell bearbeitet werden, um insbesondere den Ausländern in St. Petersburg keine Hindernisse für einen reibungslosen Handel in den Weg zu legen[23].

Dass derartige Maßnahmen recht schnell Wirkung zeigten, wird aus den Einnahmen der Zollbehörden deutlich, welche 1724 in St. Petersburg bereits

---

15 »Čtoby bol'šaja čast' rossijskich tovarov vyvozilas' iz Sankt-Peterburga, a k protčim portam opredelit' nekotoruju čast' iz tech mest, kotorye po udobnosti puti i po blizosti k tem portam podležat, i sdelat' raspisanie, iz kakich gorodov vodjanym putem i kakimi rekami kuda vozit'.« [Um den größten Teil der russländischen Waren von St. Petersburg aus zu exportieren, und aus den anderen Häfen nur einen gewissen Anteil zu bestimmen, der entweder aus nahegelegenen oder über bequeme Wege zu befördern ist, wird eine Liste erstellt, aus welchen Städten auf dem Wasserwege und über welche Flüsse wohin Waren befördert werden dürfen]. Čulkov, Istoričeskoe opisanie IV, 1, S. 377.

16 Čulkov, Istoričeskoe opisanie V, 2, S. 58 f.

17 PSZ, Nr. 3860, O traktach k portovym gorodam [Von den Bestimmungen über die Hafenstädte], 2.12.1721; Čulkov, Istoričeskoe opisanie IV, 1, S. 378.

18 PSZ, Nr. 4475, O vzimanii v Archangel'skom porte s privoznych inostrannych tovarov pošlin četvertuju doleju bol'še protiv S.Peterburgskago porta [Über die Erhebung des vierfachen Zolls auf eingeführte ausländische Waren in Archangel'sk im Vergleich zum St. Petersburger Hafen], 15.2.1724.

19 Nekrasov, Russko-švedskie otnošenija, S. 49 f. Siehe auch die Tabelle mit Schiffsbesuchen.

20 Weber, Das Veränderte Russland, S. 117.

21 Anordnung Peters I., betr. illegaler Handel in Archangelsk, 3.6.1724, in: ASPBIIRAN, f. 270, d. 107, Bl. 143.

22 Ob«javlenie [Verlautbarung], 1723, in: RGIA, f. 1329, op. 1, d. 24, Bl. 231.

23 PSZ, Nr. 3956, O veršenii del prošeniem škiperach bez očeredi [Über den Abschluss der Angelegenheit der Eingaben der Skipper ohne Reihenfolge], 17.4.1722.

185.203 *efimki* einnahmen, in Riga immerhin noch 101.251 und in Archangel'sk nur noch 21.713[24]. Was die Anzahl der Schiffe betrifft, so ist für 1724 noch eine Dominanz Rigas gegenüber St. Petersburg festzustellen, die sich noch bis in die zweite Hälfte des Jahrhunderts fortsetzen sollte. So besuchten den Rigenser Hafen 1724 noch 304 Schiffe, St. Petersburg 240, Reval 49 und Archangel'sk sogar nur noch 23[25].

Nach Peters Tod wurde grundsätzlich an der Bevorzugung Petersburgs gegenüber Archangel'sk und anderen Häfen festgehalten, trotz Forderungen vonseiten der Holländer, freien Handel in allen Häfen zu gleichen Konditionen zuzulassen.[26] Der Kompromiss von 1727 sah den freien Handel jeglicher Waren in St. Petersburg und Archangel'sk vor, bei gleichzeitig vorteilhafter Binnenbesteuerung für St. Petersburg von 3 % Binnenzoll in St. Petersburg gegenüber 7 % in Archangel'sk[27], was im Tarif von 1731 nochmals bestätigt wurde. Dieser Kompromiss konnte aber den schnellen Erfolg St. Petersburgs nicht aufhalten, der unmittelbar nach 1721 einsetzte und sich bis zur Jahrhundertmitte stetig fortsetzte. 67 % des Exports und sogar 70 % des Imports wurden zur Jahrhundertmitte über St. Petersburg abgewickelt[28]. Das Kommerz-Kollegium achtete auch weiterhin genau darauf, dass St. Petersburg gegenüber den anderen nordwestlichen Häfen wie Riga, Reval, Archangel'sk, aber auch Arensburg (auf der Insel Ösel, estn. Saaremaa), Wiburg und Narva seine privilegierte Stellung nicht verlor. Es wies die jeweiligen Gouverneure 1749 ausdrücklich an, die Tarifbestimmungen von 1731 umzusetzen und den inneren Grenzschmuggel aus den Ostseeprovinzen ins Innere Russlands zu unterbinden[29]. Als die Benachteiligung der anderen Hafenstädte zu Beginn des letzten Drittels des Jahrhunderts schließlich vollständig aufgehoben wurde, hatte sich St. Petersburg bereits als wichtigster Hafen etabliert[30].

Die relativen Höchstwerte für den Anteil St. Petersburgs am Gesamtaußenhandel gegenüber den anderen Hafenstädten war somit zu Beginn der Regierungszeit Katharinas II. erreicht[31]. Den unangefochtenen ersten Platz konnte

---

24 Zacharov, Zapadnoevropejskie kupcy, S. 61.

25 Krotov, Peterburgskij port, S. 429. Siehe auch die Tabelle zu Schiffsbesuchen.

26 Repin, Ot diskriminacii k fritrederstvu, S. 238 f. Zu den Auswirkungen der Gründung St. Petersburgs auf den holländischen Russlandhandel siehe Scheltjens, The Impact.

27 O dozvolenii vsem svobodnoj torgovli u goroda Archangel'ska s platoju pribavočnych na tovary vnutrennich pošlin [Über die Gewährung von Freihandel für alle in der Stadt Archangel'sk bei einer Zahlung von überschüssigen Zöllen auf Waren des Binnenhandels], 9.1.1727, in: RGADA, f. 276 op. 1, d. 1506, Bl. 6–7.

28 Zaozerskaja, Torgovlja i kupečestvo Rossii, S. 167.

29 Promemorija [Memorandum], 06.04.1749, in: RGADA, f. 276, op. 2, d. 69, Bl. 1.

30 PSZ, Nr. 11630, O raznych postanovlenijach kasatel'no torgovli [Über verschiedene Bestimmungen den Handel betreffend], 31.7.1762. Siehe dazu auch Repin, Ot diskriminacii k fritrederstvu, S. 239; Kulišer, Očerk istorii, S. 187.

31 Gidion, Sankt-Peterburg, S. 19.

St. Petersburg bis zum Ende des Jahrhunderts trotz zeitweiliger Rückschläge und wachsender Konkurrenz Rigas verteidigen. So erreichte St. Petersburg 1772 nochmals einen Höhepunkt des Anteils am Exportumsatzes von 60 %, doch sank der Wert 1781 bereits auf 57 %, um sich gegen Ende des Jahrhunderts der 50%-Marke zu nähern. Auch beim Import erreichte die Stadt 1772 einen Höhepunkt von 77 %. Im Jahre 1781 lag der Wert nur noch bei 59 %[32].

Langfristig verteidigte St. Petersburg jedoch den ersten Platz deutlich gegenüber Riga und Archangel'sk. In Zahlen ausgedrückt liest sich das Handelsgleichgewicht der beiden russischen Häfen St. Petersburg und Archangel'sk im 18. Jahrhundert folgendermaßen: Während im Jahre 1742 das Jahreshandelsvolumen St. Petersburgs für Exporte bereits auf den Wert von 2.479.650 Rubel angewachsen war (etwa 54 % des gesamten russländischen Exportvolumens), belief sich der Vergleichswert für Archangel'sk auf nur 411.256 Rubel (9 %). Zum Ende des Jahrhunderts konnte St. Petersburg seinen Vorsprung auf folgendes Verhältnis ausbauen: 38.169.935 Rubel in St. Petersburg (55 %) gegenüber 2.555.252 Rubel für Archangel'sk (4 %). Auch bezüglich der Importe hängte St. Petersburg Archangel'sk deutlich ab, wobei das Missverhältnis die Proportionen des Exporthandels noch übertraf[33].

Im letzten Drittel des Jahrhunderts wurde etwa die Hälfte sowohl des Exports als auch des Imports über St. Petersburg abgewickelt, wie die Auflistung in Tab. 1 verdeutlicht.

Tab. 1: Auflistung des Außenhandels russländischer Hafenstädte im Jahre 1770 in Tausend Rubel (St. P.= St. Petersburg)

STÄDTE	EXPORT	%	IMPORT	%	GESAMT	%
Russland, gesamt	14.989	100	11.374	100	26.363	100
St. P.	7523	50	6547	58	14.069	53
Archangel'sk	879	6	351	3	1229	5
Riga	3175	21	1171	10	4345	16
Reval	21	–	329	3	350	1
Narva	304	2	38	–	342	1
Wiburg	71	–	89	1	160	–
Pernau	129	1	58	–	187	–

Quelle: Handelsstatistik 1770. Angaben in Tausend Rubel, in: ASPBIIRAN, f. 115, Nr. 429, Bl. 27 f.

32 Pokrovskij, Značenie S.-Peterburga, S. 42.

33 Storch, Supplementband, S. 3.

Zum Ende des Jahrhunderts verzeichnete die Dominanz gegenüber den anderen Häfen letztmalig einen relativen Höhepunkt, wie aus den Jahresdurchschnittswerten zwischen 1793 und 1797 (Tab. 2) hervorgeht.

Tab. 2: Auflistung der Jahresdurchschnittswerte für den Außenhandel in Hafenstädten in den Jahren 1793–1797 in Millionen Rubel (St. P.= St. Petersburg)

STÄDTE	EXPORT	%	IMPORT	%	GESAMT	%
Russland, gesamt	53,4	100	34,8	100	88,2	100
St. P.	29,9	56,1	21,00	59,9	50,9	57,7
Archangel'sk	3,1	5,6	0,64	1,8	3,73	4,2
Riga	10,9	20,5	1,90	5,5	12,8	14,6
Reval	0,34	0,6	1,67	4,8	2,0	2,3

Quelle: Quelle: Zeids, Feodālā Rīga, S. 267. Angaben in Millionen Rubel, was zugleich auf die starke Inflation zum Ende des Jahrhunderts hinweist. Vgl. Kulišer, Očerk istorii, S. 188.

Auch ein Blick auf das Sundzollregister und die dort registrierte Zahl an Schiffen bestätigt grundsätzlich die Dominanz St. Petersburgs, wenn auch in viel geringerem Maße, da Riga es lange Zeit hinter sich lassen konnte (Abb. 2). Da aber die englischen Schiffe, die nach St. Petersburg fuhren, erheblich größer waren, erklärt sich diese Differenz zu den Zollangaben der beiden Städte. Außerdem ist anzumerken, dass die Schiffsmeldungen in den beiden Hafenstädten grundsätzlich höher waren, als im Sundzollregister angegeben, was zum einen daran lag, dass Schiffe mehrere Zielhäfen in der Ostsee ansteuerten und beim Passieren des Sunds nicht alle Zielhäfen angegeben wurden. Zum anderen ergeben sich beim Sundzollregister auch Ungenauigkeiten durch uneindeutige Schreibweisen, was insbesondere für St. Petersburg (Sankt Peterburg, Saint Petersburg, St. Petersburg usw.) gilt.

Die Zahlen des Sundzollregisters werden im Wesentlichen auch durch die etwas lückenhafteren Zahlen aus den Hafenzollbehörden der russländischen Hafenstädte selbst bestätigt (Abb. 3). Diese Zahlen liegen tendenziell etwas höher als die Angaben des Sundzolls, da Schiffe, die den Sund passierten, wie bereits angemerkt, nicht immer exakt alle Zielhäfen in der Ostsee angaben, da sie häufig mehrere ansteuerten. Aber deutlich wird auch aus Heinrich von Storchs Übersicht, wie St. Petersburg am Ende des Krieges Archangel'sk überholte und im Laufe des Jahrhunderts Riga ebenfalls hinter sich lassen konnte. Reval wiederum bewegte sich konstant auf niedrigem Niveau.

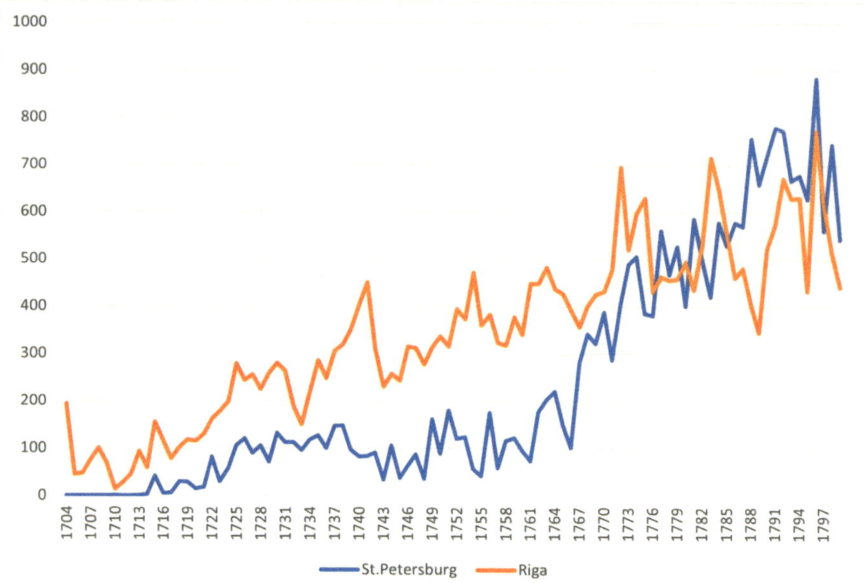

Abb. 2: Anzahl der jährlichen Schiffsbesuche in St. Petersburg und Riga von 1704–1797
Quelle: Soundtoll Registers Online, Tabelle der jährlichen Schiffsbesuche in Riga und St. Petersburg, in: http://dietrich.soundtoll.nl/public/index.php?periode= (letzter Zugriff 14.12.2020).

Gegen Ende des Jahrhunderts verringerte sich die Dominanz St. Petersburgs, zum einen wegen der stagnierenden Handelstätigkeit in der Stadt selbst, zum anderen aber auch wegen der nun spürbaren Konkurrenz der Schwarzmeerhäfen. So sank der Anteil St. Petersburgs am Export in Rubel zwischen 1797 und 1801 von 58 % auf 47 % und beim Import in derselben Zeit von 58 % auf 51 %, was einmal mehr die Epochengrenzen dieser Arbeit gerechtfertigt erscheinen lässt[34]. Bis 1805 war der Wert sogar noch tiefer gefallen – beim Export auf 39 % und beim Import auf 38 %[35].

Es bleibt schließlich zu fragen, wie bedeutsam der Seehandel im Vergleich zum Handel auf dem Landweg war. Die Präsenz russischer Kaufleute auf der Messe in Leipzig beispielsweise verdeutlicht die Bedeutung dieser Frage[36]. Auch Breslau in Schlesien stellte ein Ziel russischer Kaufmannskarawanen dar[37]. Doch war der Handel zu Lande aufgrund der schlechten Transportmöglichkeiten wesentlich unbedeutender als der Seehandel. Ein Grund, diese beschwer-

34 Pokrovskij, Značenie S.-Peterburga, S. 51.
35 Ebenda, S. 124.
36 Hoffmann, Sankt Petersburg, S. 118; Ders., Probleme, S. 110 f.
37 Kulišer, Očerk istorii, S. 212 f.

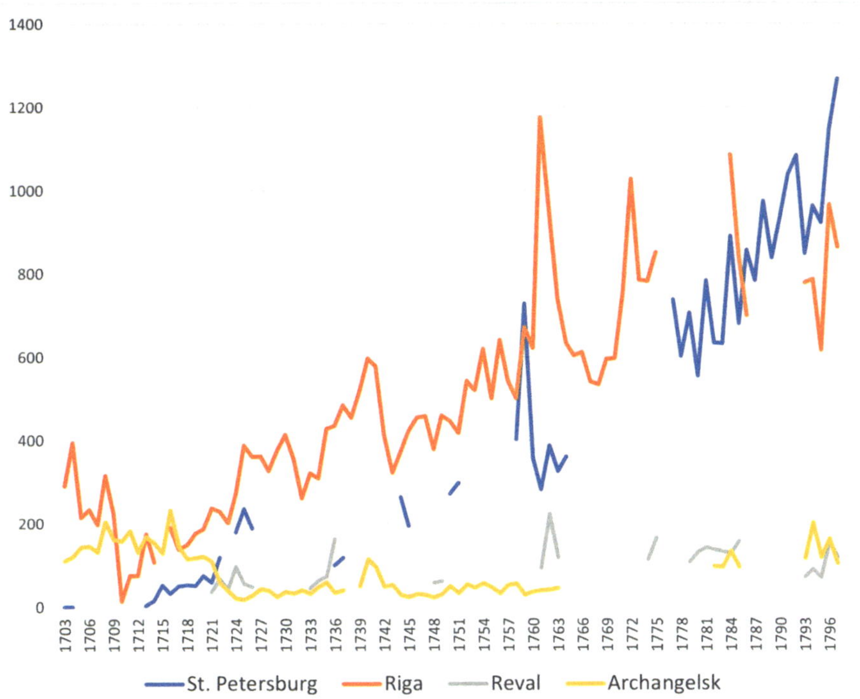

Abb. 3: Anzahl der jährlichen Schiffsbesuche in St. Petersburg, Riga, Reval und Archangel'sk von 1703 bis 1796

Quellen: Storch, Supplementband, S. 27. Ergänzt durch Angaben aus Dunsdorfs, Latvijas vēsture, S. 442; Zeids, Feodālā Rīga, S. 257; Nekrasov, Vnešnjaja torgovlja, S. 72, 76, 78, 142 f., 252; Kulišer, Očerk istorii, S. 186, 188; Kozlovskij, Kratkij očerk, S. 53; Repin, Vnešnjaja torgovlja, S. 16, 18, 21; Zacharov, Zapadnoevropejskie kupcy, S. 49, 58; Krotov, Peterburgskij port, S. 429; Hoffmann, Sankt Petersburg, S. 152, 154 f.; Pokrovskij, Značenie S.-Peterburga, S. 44 f.; Pod flagom Rossii, S. 67; Mettig, Geschichte, S. 383.

lichere Reise dennoch aufzunehmen, bestand u. a. darin, die Zollbehörden in den Hafenstädten zu umgehen und auf diese Weise Kosten zu sparen, also Schmuggel zu betreiben. Trotz strenger Kontrollmaßnahmen gelang es dem Kommerz-Kollegium nicht, den Schwarzhandel über Land zu unterbinden[38]. Dieses Phänomen verstärkte sich mit der Aufhebung der Binnenzölle ab 1754

38 »Und obwohl das Commerzcollegium alle Mittel angewandt, selbiges zu unterbrechen, hat es doch bis dato darunter nicht reussieren können. Indessen ist diese Handlung hart verboten, und diejenigen so man darüber ertappet, werden ohne alle Consideration auf das schärfste bestrafet, wie dann bereits verschiedene wohlhabende Kaufleute dadurch gänzlich ruinirt worden«. Vockerodt, Russland, S. 67.

noch[39]. Heinrich von Storch führt an, dass zum Ende des Jahrhunderts nur 4,5 % der Zolleinnahmen des Westhandels an den Landgrenzen erhoben wurden, was aber eben wegen des Schmuggels entschieden zu gering angesetzt sein dürfte[40]. Wichtiger waren die innerrussischen Handelsstädte, die über Fluss- und Kanalverbindungen mit den nordwestlichen Hafenstädten verbunden waren. Darunter waren neben Moskau die Städte Vologda, Jaroslavl', Tula und Kaluga die bedeutendsten[41].

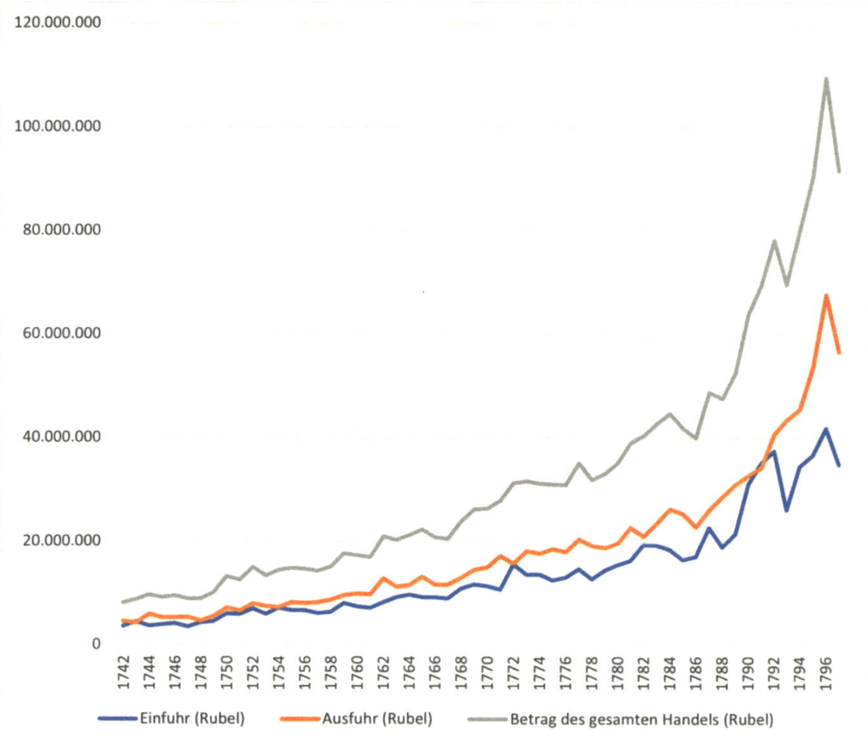

Abb. 4: Der Außenhandel des Russländischen Reiches von 1742 bis 1796 in Rubel
Quelle: Storch, Supplementband, S. 1 f.

Schließlich gilt es noch zu betonen, dass die in dieser Arbeit im Zentrum stehenden Häfen nicht nur für den Handel mit Westeuropa bedeutsam waren, sondern auch insgesamt der Handel Russlands im 18. Jahrhundert so stark wie nie zuvor oder danach auf den Westen ausgerichtet war. Zugleich ist diese Epoche gekennzeichnet durch einen fast ununterbrochenen Aufschwung des russ-

39 Hoffmann, Sankt Petersburg, S. 230.
40 Zacharov, Zapadnoevropejskie kupcy, S. 74.
41 Repin, Vnešnjaja torgovlja, S. 49.

ländischen Außenhandels, der noch dazu praktisch durchgehend im 18. Jahrhundert durch eine positive Handelsbilanz geprägt war, wie die Statistik von Heinrich von Storch deutlich macht (Abb. 4). Der starke Anstieg im letzten Drittel des Jahrhunderts ist dabei zumindest teilweise durch die ebenfalls stark wachsende Inflation zu erklären. Der deutliche Rückgang des Imports ab 1790 wiederum erklärt sich mit den Importbeschränkungen aus Frankreich im Zuge der Französischen Revolution[42].

Obwohl insbesondere die Frage des Transithandels immer wieder vor allem noch zu Beginn des 18. Jahrhunderts die Phantasie der Handelspartner und Kaufleute beschäftigte, setzte sich der Landhandel Richtung China oder Persien nie als entscheidender Faktor im Außenhandel Russlands während dieses Jahrhunderts durch[43]. Jucht bezifferte den Anteil des Handels mit innerasiatischen Gebieten im Verhältnis zum gesamten Außenhandel in der Mitte des Jahrhunderts auf knapp 15 %[44]. Und trotz der neuen Konkurrenz der Schwarzmeerhäfen am Ende des Jahrhunderts dauerte es noch, bis diese vergleichbare Handelsvolumina verschiffen konnten. Selbst im letzten Jahrzehnt des Jahrhunderts entfielen auf die Schwarzmeerhäfen nur 2 % des Gesamthandelsumsatzes aller Hafenstädte, wie Pokrovskij berechnet hat (Tab. 3):

Tab. 3: Handelsvolumen in Millionen Rubel 1793–1797

Gesamthandelsvolumen über Hafenstädte	76,9
Ostsee	71,3 (davon 51 St. Petersburg)
Weißes Meer	3,7
Schwarzes Meer	1,9

Quelle: Pokrovskij, Vnešnjaja torgovlja, S. 125.

Die hier im Fokus stehenden Häfen bildeten also nicht nur ein »Fenster nach Europa«, sondern sie stellten eher Russlands »Fenster zur Welt« dar.

42 Vgl. dazu genauer den Abschnitt zur Handelspolitik unter Katharina II. (Kap. III.4.2).

43 Und doch sei auf Troebsts Antwort auf seine eigene Frage »Narva, Libau oder Danzig?« hingewiesen: »Weder noch – sondern St. Petersburg.« Allerdings stellt auch er mit Blick auf St. Petersburg fest, dass der Transithandel nicht den Erwartungen entsprochen habe. Troebst, Narva, Libau oder Danzig?, S. 351.

44 Jucht, Torgovlja, S. 143.

2.3 Riga

Riga anjetzo wirklich ein so florissantes Commercium hat, als sie vielleicht niemals zu schwedischen Zeiten gehabt haben mag (Johann Gotthilf Vockerodt)[45].

2.3.1 Einleitung

Von allen russländischen Exporthäfen besaß ohne Zweifel nur Riga neben Archangel'sk die Qualität, St. Petersburg halbwegs ernstzunehmende Konkurrenz zu bieten, was durch das von der westlichen Düna erschlossene Hinterland bedingt war. Dieser Fluss war auch der Grund für die lange Tradition dieser alten Hansestadt als Knotenpunkt zwischen Ost- und Westeuropa. Nach dem Rückgang der Bedeutung der Hanse im 16. Jahrhundert begannen ab dem 17. Jahrhundert vor allem holländische Kaufleute davon zu profitieren[46].

Die staatliche Bevorzugung St. Petersburgs unter russischer Herrschaft sollte auch nicht unbedingt eine aktive Benachteiligung Rigas bedeuten. In diesem Sinne hatte der Gouverneur von Riga Petr A. Golicyn bereits 1715 die Anordnung erhalten, die alten schwedischen Rechte für die Rigensischen Kaufleute aufrecht zu erhalten[47]. Dies wurde im Frieden von Nystadt 1721 noch einmal ausdrücklich bestätigt und machte somit die Wett- und Handelsordnung von 1690 zur normativen Grundlage des Handels[48].

Eine derartige Rücksicht war umso mehr geboten, da Riga während der russischen Belagerung 1709 von der Pest heimgesucht worden war. Nach der Eroberung durch die Russen war die Einwohnerzahl auf ein Minimum dezimiert; 40 % der Bevölkerung waren an der Pest gestorben[49]. Julius Eckardt vermerkt, dass direkt nach der Übernahme nur noch 900 Personen in Riga gelebt hätten[50]. Auch wenn der lettische Historiker Teodors Zeids die Zahl auf immerhin 5000 beziffert, besteht an dem desolaten Zustand der Stadt nach Belagerung und Epidemie kein Zweifel[51]. Der ungeheure Einschnitt, den der Krieg und die Pest bedeuteten, wird auch anhand der Zahl der den Hafen besuchenden Schiffe

45 Vockerodt, Russland, S. 68.

46 Kotilaine, Riga's Trade.

47 Hughes, Russia, S. 148.

48 »Se. Czar. Maj. versprechen darneben, dass die sämmtlichen Innwohner der Provinzen Lief- und Ehstland, wie auch Oesel, Adelige und Unadelige, und die in selbige Provinzen befindliche Staedte, Magistrate, Gilden und Zünfte, bey ihren unter der schwedischen Regierung gehabten Privilegien, Gewohnheiten, Rechten und Gerechtigkeiten beständig und unverrückt conserviret, gehandhabet und geschützt werden sollen«. Zit. n. Handrack, Der Handel, S. 14.

49 Zutis, Ostzejskij vopros, S. 630; Dunsdorfs, Latvijas vēsture, S. 275 f.

50 Eckardt, Livland im achtzehnten Jahrhundert, S. 111.

51 Zeids, Feodālā Rīga, S. 253.

deutlich. Im Jahre 1704 hatten Riga noch 359 Schiffe aufgesucht, im Jahre der Pestepidemie 1710 waren es nur noch 15[52]. In den Jahren darauf sank die Zahl aufgrund der fortgesetzten Kriegstätigkeit auf der Ostsee sogar noch weiter[53]. Da sich die Landbevölkerung größtenteils aus Leibeigenen zusammensetzte, blieb der Zuwachs in den folgenden Jahrzehnten gering. Der Zuzug aus der Umgebung fiel – ganz im Gegensatz zur dynamischen Entwicklung im 19. Jahrhundert nach der »Bauernbefreiung« – nur unwesentlich aus[54]. Die alten Handelskontakte jedoch blieben intakt, so dass 1725 schon wieder 388 ausländische Handelsschiffe Riga besuchten[55].

2.3.2 Hinterland und Organisation

Im Gegensatz zu Reval besaß Riga aufgrund der Düna ein enormes Hinterland, das durch Fluss- und Kanalsysteme bis ans Schwarze Meer reichte. Die Stadt konnte folglich auf Handelswege zurückgreifen, die schon die Waräger gekannt und genutzt hatten, wenn auch die Düna ein Fluss war, der durchaus Gefahren für den Schiffs- und Handelsverkehr bereithielt, wie etwa die zahlreichen Streitfälle um die Bergung von Handelswaren an den Ufern des Flusses verdeutlichen[56]. Der Handel mit Waren aus der unmittelbaren Umgebung – also aus der Provinz Livland – spielte dagegen nur eine untergeordnete Rolle[57].

Aus der geographischen Lage resultierte zudem eine entscheidende Besonderheit des Rigaer Hafens für den russländischen Außenhandel: Ein Großteil des Hinterlands der Stadt befand sich nahezu das gesamte 18. Jahrhundert hindurch außerhalb des Russländischen Reiches. So kamen beispielsweise im Jahre 1767 nur etwa ein Drittel der Exportwaren Rigas aus dem Inneren des Reiches. Der Mehrheit der Waren stammte aus Polen-Litauen[58]. Erst durch die Teilungen Polens im letzten Drittel des Jahrhunderts wurde das gesamte Hinterland des Rigaer Hafens innerhalb des russischen Machtbereichs vereinigt. Dieser Umstand hatte entscheidenden Einfluss auf die Bedeutung Rigas für den russischen Außenhandel. Die Stadt mitsamt Hafen war zwar der russischen Zentralgewalt untergeordnet, sie erhielt jedoch wesentliche wirtschaftspolitische Impulse zum

52 Kulišer, Očerk istorii, S. 187.

53 Zeids, Feodālā Rīga, S. 257. Siehe auch die Tabelle zu Schiffsbesuchen in Riga.

54 Zur dynamischen Entwicklung der Handelsverbindungen Rigas vor dem Ersten Weltkrieg sei auf das Forschungsprojekt von Katja Wezel verwiesen: Wezel, Projekt.

55 Zeids, Feodālā Rīga, S. 257.

56 Handrack, Der Handel, S. 10.

57 Bei Vockerodt heißt es dazu: »Dann was Livland in die Stadt liefert oder aus derselben ziehet, ist in Proportion des polnischen Handels nur von geringer Importanz«. Vockerodt, Russland, S. 67.

58 Kahan, The Plow, S. 250.

großen Teil und über weite Strecken des 18. Jahrhunderts von einem territorialen Hinterland, das nicht unter dem direkten politischen Einfluss dieser Zentralgewalt stand.

Durch diese Besonderheit ergab sich für die Regulierung und Gestaltung des Handels in Riga eine außergewöhnliche Situation. Die regionalen Interessen der in den traditionellen Gilden organisierten deutschen Kaufleute (St. Marien oder Große Gilde) trafen nicht nur auf die russischen Zentralbehörden in St. Petersburg und ihre Vertretung in Riga, den Generalgouverneur und den Oberinspektor für Zollangelegenheiten. Dieses Beziehungsgeflecht stand zudem in einem kausalen Wirkungszusammenhang mit einer extern bestimmten Nachfrage, die jenseits der machtpolitischen Reichweite der beiden erstgenannten Akteure generiert wurde. Ein häufig beobachtetes Problem war z. B. der Umstand, dass Kredite, die an Kaufleute aus Polen-Litauen vergeben worden waren, nicht zurückgezahlt wurden, da sich die Verfolgung der Schuldner als kompliziert erwies.[59]

Diese Situation gereichte Riga durchaus eher zum Nachteil. Denn die Zentralbehörden des Reiches waren tendenziell bemüht, die Konkurrenz zwischen den russländischen Hafenstädten durch Einmischungen in der Zollpolitik zum Vorteil St. Petersburgs zu gestalten. Dabei berücksichtigten sie nicht, dass die erhöhten Zollabgaben weniger eine Abwanderung des Handels nach St. Petersburg zur Folge hatten als vielmehr eine Verschiebung der Handelsströme in Richtung der südlichen Ostseehäfen[60]. Danzig und vor allem Königsberg und Memel waren die Häfen, die mit Riga um das gemeinsame polnisch-litauische Hinterland stritten[61]. Dies hatte Johann Gotthilf Vockerodt schon zu Beginn des Jahrhunderts bemerkt: »Obenerwähnte Erhöhung der Seezölle hat ferner ein neues clandestines Commercium von Toropez und andern im smolenskischen Gouvernement liegenden Städten nach Königsberg und Danzig veranlasst«[62].

In ähnlicher Weise, allerdings mit geringerem Erfolg, warben auch die kurländischen Häfen Windau und Libau um die Kaufleute aus Riga[63]. Die kurländischen Hafenstädte hatten jedoch – ähnlich wie Reval – vergleichsweise schlechte Anbindungen an schiffbare Wasserwege. Dass sich eine solche Verfahrensweise gegenüber Riga nachteilig auf den Handel auswirken musste, wusste bereits der systemkritische russische Schriftsteller Aleksandr N. Radiščev, der

---

59 Zeids, Feodālā Rīga, S. 271.

60 Nolte, Zur Stellung Osteuropas, S. 170.

61 Zu Memel siehe Groth, Żegluga i handel morski Kłajpedy. Zu Königsberg und Memel Straubel, Die Handelsstädte.

62 Vockerodt, Russland, S. 67.

63 Zu Kurland und Libau Jakovļeva, Mythos und Realität.

die Zollpolitik der russischen Zentralbehörden scharf kritisierte[64]. Immerhin wurde unter Katharina II. ein Zolltarif für Riga eingeführt, der Zollerleichterungen für Kaufleute aus Polen-Litauen vorsah, um dieser Entwicklung entgegenzuwirken[65].

Doch gibt es auch Beispiele für eine Förderung des Handels in Riga durch die russische Zentralregierung. So schenkte Peter der Stadt Handelsschiffe, was allerdings keinen langfristigen Erfolg haben sollte, worauf noch an späterer Stelle eingegangen wird. Aber auch darüber hinaus bescheinigt Heinrich von Storch Peter I. eine durchaus positive Haltung gegenüber Riga:

> Bemerkenswert ist die Sorgfalt, mit welcher der große Kaiser [Peter I.; T. P.] die russischen Produkte aus allen in der Nähe von Livland gelegenen Provinzen und selbst aus einigen entfernteren, nach Riga zu leiten suchte, um den Handel dieser Stadt wieder empor zu bringen, und ihre Verbindung mit dem Staatskörper selbst durch den Reiz des kaufmännischen Interesses zu befördern[66].

Die Herrscherin Anna zahlte wiederum 1734 100.000 Albertusthaler in die in diesem Jahr begründete »Handlungs Cassa«, welche als erste Bank Rigas fungierte[67]. Doch auch diese Maßnahme konnte die Finanzschwäche der lokalen Kaufleute nicht nachhaltig beheben[68]. Elisabeth sicherte 1758 den Rigenser Kaufleuten Unterstützung im Kampf gegen polnische Kaufleute zu, die durch Mittelsmänner in Riga Zollgebühren umgingen und so den einheimischen Kaufleuten unredlich Konkurrenz machten[69]. Katharina II. wiederum ermöglichte durch staatliche finanzielle Unterstützung während der 1760er Jahre einen dringend benötigten Hafenausbau, der aus eigenen lokalen Mitteln nicht bezahlbar gewesen wäre[70]. Zusätzlich gewährte sie Rigenser Kaufleuten einen Kredit von 500.000 Albertusthalern, um sie aus der finanziellen Abhängigkeit von holländischen und englischen Kaufleuten zu befreien[71].

Zudem hatte es auch Vorteile, dass die Ostseeprovinzen bis 1781 nicht zum russischen Zollgebiet gehörten. So konnten russische Adlige, die in den Ostseeprovinzen über Besitztümer verfügten, Luxusgüter über Riga oder Reval einführen und diese anschließend auf dem Landwege nach St. Petersburg oder ins Innere Russlands transportieren. Waren mit unversehrten Zollsiegeln aus Riga

64 Radiščev, Pis'mo, S. 8.
65 PSZ, Nr. 12518, Ustav o Rižskoj kommercii [Der Stadt Riga Handelsordnung], 7.12.1765.
66 Storch, Historisch-statistisches Gemälde, Theil 5, S. 35.
67 Mettig, Geschichte, S. 393.
68 Handrack, Der Handel, S. 21 f.
69 Ob«javlenie [Bekanntmachung], 6.3.1758, in: RGIA, f. 796, op. 39, d. 77, Bl. 2.
70 Handrack, Der Handel, S. 12.
71 Clendenning, The Anglo-Russian Trade Treaty, S. 505.

konnten unverzollt die innere Grenze zwischen den Ostseeprovinzen und Russland passieren, was im Einzelfall profitabel sein konnte[72].

Darüber hinaus bedeutete die Gründung St. Petersburgs nicht ausschließlich Konkurrenz für Riga. Denn umgekehrt konnte die Stadt nun, wie auch Reval in noch deutlich stärkerem Maße, als Transithafen auf dem Weg in die Hauptstadt dienen, die sich immer stärker zu einem neuen Handelsmagneten im Nordosten der Ostsee entwickelte. Davon profitierte Riga durchaus, wie sogar der ansonsten gegenüber der russischen Zentralregierung kritische Constantin Mettig in der Hochzeit der sogenannten »Russifizierung« Ende des 19. Jahrhunderts schreibt:

> Mit der Gründung Petersburgs und der Verlegung der Residenz in die Neva-Stadt und der Zugehörigkeit Russlands zum europäischen Staatenkonzerte bildete sich ein äußert reger Verkehr zwischen Osten und Westen aus, und auf diesem Wege war die wichtigste Station Riga[73].

2.3.3 Kaufleute

Diese besondere geographische Lage Rigas bewirkte, dass sich die alteingesessene Kaufmannschaft der Stadt während des 18. Jahrhunderts von drei Seiten unter Druck gesetzt sah. Die städtischen Kaufleute profitierten bisher von dem Diktum: »Gast handle nicht mit Gast«[74]. Doch gab es genügend auswärtige Gegner dieser traditionellen Maxime. Neben der Konkurrenz der westlichen Kaufleute vornehmlich aus Holland und England – den sogenannten »fremden Negocianten« – und der russischen Zentralregierung nahmen auch die Handelspartner aus Polen-Litauen Einfluss auf das Handelsgeschäft in Riga.

Aus Polen-Litauen und dem Herzogtum Kurland und Semgallen, das von Polen lehensabhängig war, gelangten jüdische Kaufleute nach Riga, denen eine permanente Anwesenheit in der Stadt allerdings erst unter Katharina II. ab 1764 unter Einschränkungen erlaubt wurde. Zuvor hatten sie aus dem unter kurländischer Herrschaft stehenden Schlock (lett. Sloka, Teil des heutigen Jūrmala), einem Vorort Rigas, Handel getrieben[75]. Doch gelang es den deutschbaltischen Kaufleuten der Stadt, ihre noch aus schwedischer Zeit stammenden Handelsprivilegien bis 1765 zu verteidigen[76]. Entsprechend vertrat der Magistrat der Stadt bis zur Verlängerung des Englisch-Russischen Handelsvertrags 1766 den

72 Kulišer, Očerk istorii, S. 233.
73 Mettig, Geschichte, S. 384.
74 Zeids, Feodālā Rīga, S. 276.
75 Buchholtz, Geschichte der Juden, S. 54–70.
76 Dorošenko, Quellen zur Geschichte, S. 6.

Standpunkt, dass die Privilegien für englische Kaufleute, die diese 1734 erhalten hatten, nur im Innern des Reiches, also vor allem in St. Petersburg, nicht aber in Riga zur Geltung kamen. Dies war einer der Gründe für den relativen Erfolg der Niederländer gegenüber der englischen Konkurrenz in Riga sowie in Reval[77].

Schließlich führte die für die deutschen Kaufleute Rigas ungünstige Position zwischen russischer Zentralregierung, »fremden Negocianten« und polnisch-litauisch-jüdischen Kaufleuten dazu, dass, wie der deutschbaltische Historiker Udo Handrack feststellte, »am Ende des 18. Jahrhunderts der ausschließlich deutsche Charakter des Handelslebens in Riga verloren gegangen war«[78]. Entsprechend dominierte eine defensive Haltung unter den lokalen Kaufleuten gegenüber der russischen Regierung, wie auch Johann Gottfried Herder anlässlich des Endes der Handelsprivilegien von 1765 feststellte[79]. Herder war selbst von 1764 bis 1769 in Riga als Lehrer an der Domschule beschäftigt und somit Augenzeuge dieses Vorganges: »Damals bekamen wir 1765 im Dezember eine neue Handelsordnung. Ich erinnere mich auch sehr gut der allgemeinen Niedergeschlagenheit, die sie über Riga verbreitete«[80]. Der Hintergrund dieser Äußerung bezog sich auf die unter Katharina II. zunehmende und mit der Einführung der Statthalterschaftsverfassung 1787 gipfelnde Tendenz, die Sonderrechte Rigas abzuschaffen und die Ostseeprovinzen den anderen Gouvernements Russlands anzugleichen[81].

Der erste russische Kaufmann, der 1775 in der Innenstadt Rigas das Recht auf Hauserwerb vom Rat zugesprochen bekam und sich in der Rigenser Kaufmannschaft etablieren konnte, war Ivan Fatov aus Vjaz'ma[82]. Ihm folgten vor allem in der Zeit der Statthalterschaftsepoche (1787–1797) noch über 100 weitere, von denen viele jedoch nach der Aufhebung der Statthalterschaftsverfassung durch Paul I. 1797 Riga wieder verließen[83]. Viele von ihnen neigten wiederum dazu, sich in das deutsche Kaufmannsmilieu zu assimilieren, was zumindest die kulturelle Attraktivität der traditionellen deutschsprachigen Gilden unterstreicht[84]. Gefährlicher als die lokalen russischen Kaufleute waren für deren deutsche Kollegen aber Angehörige der Petersburger Behörden, die sich selbst Handelsmonopole in Riga sicherten, ohne die örtlichen Handelsprivilegien des Stapelrechts zu beachten. So erlangte 1757 der Oberprokureur des Petersburger Senats Ivan

77 Kaplan, Russian Overseas Commerce, S. 13; Clendenning, The Anglo-Russian Trade Treaty, S. 503 f. Vgl. unten den Abschnitt zum Englisch-Russischen Handelsvertrag in Kap. III.3.4.

78 Handrack, Der Handel, S. 12.

79 PSZ, Nr. 12518, Ustav o Rižskoj kommercii [Der Stadt Riga Handelsordnung], 7.12.1765.

80 Zit. n. Mettig, Geschichte, S. 399.

81 Handrack, Der Handel, S. 30; Brüggemann, The Baltic Provinces, S. 108 f.

82 Zeids, Feodālā Rīga, S. 273.

83 Ebenda, S. 274.

84 Ebenda.

F. Glebov zeitweilig ein Monopol auf den Leinsaathandel, während sich Vizekanzler Michail I. Voroncov das Monopol auf den Getreideexport sicherte[85].

Neben den russischen Kaufleuten etablierte sich mit der Familie Steinhauer auch eine erste lettischstämmige Kaufmannsdynastie, deren Kapital aus dem Holzhandel stammte. Hinsichtlich der Partizipation der lettischen Bevölkerung am Handel in Riga war sie jedoch eher eine Ausnahme von der Regel[86]. Allgemein waren Versuche lettischsprachiger Einwohner, die wie die Steinhauers zu Wohlstand gekommen waren und das Bürgerrecht Rigas beantragten, selten. Selbst die wenigen, die es versuchten, konnten in der Regel von den deutschbaltischen Stadteliten abgewehrt werden[87].

Diese Abwehrhaltung gegenüber der als »Pöbel« wahrgenommenen nicht deutschen (»undeutschen«) Bevölkerung durchzieht sich als Motiv wie ein roter Faden über weite Strecken der deutschbaltischen Historiographie, in der Katharinas Politik als Vorbote der »Russifizierungspolitik« des späten 19. Jahrhunderts gesehen wurde. Ähnlich wie Udo Handrack beschreibt auch Constantin Mettig insbesondere die Politik Katharinas gegenüber den Privilegien Rigas und den damit verbundenen Wandel des »deutschen« Charakters der Kaufleute außerordentlich negativ:

> Von den Schattenseiten der Einführung der neuen Institutionen sind in erster Linie das Eindringen des rohen Pöbels in die Bürgerschaft, die sich steigernde Frechheit der niederen Volksklassen, das Herabsinken ihrer Moral und die Schwäche der Polizei zu nennen[88].

Es ist jedoch zu hinterfragen, inwieweit die scharfen Urteile Handracks und Mettigs eher die Sichtweise der deutschbaltischen Historiographie des späten 19. bzw. frühen 20. Jahrhunderts widerspiegeln, als ausgeprägt kritisch auf Maßnahmen der russischen Zentralregierung geblickt wurde[89].

Denn auf der anderen Seite öffneten sich, nicht zuletzt im vermeintlichen Konkurrenzhafen St. Petersburg, neue Möglichkeiten für die großen Handelsfamilien Rigas, wie u.a. die Berens, Barclay de Tolly, Schwartz[90] und Porten, Berkholtz oder Sengbusch, so dass die negative Sichtweise Handracks sicherlich überzeichnet ist[91]. Generell hatten deutschsprachige Kaufleute im Innern Russlands schon eine längere Tradition und waren aufgrund ihrer Kenntnisse

---

85 Handrack, Der Handel, S. 31.

86 Zauers, Šteinhaueri un viņu laiks; Dunsdorfs, Latvijas vēsture, S. 124 f.

87 Čerpinska, Attempts; Handrack, Der Handel, S. 45.

88 Mettig, Geschichte, S. 403.

89 Hirschhausen, Die Grenzen, S. 102–119, 274 f.

90 Zur Geschichte der Familie Schwartz siehe Buchholtz, Geschichte der Rigaischen Familie Schwartz.

91 Zeids, Feodālā Rīga, S. 268, 272.

und Fähigkeiten dort auch geschätzt, wenn auch nicht unbedingt beliebt. Doch konnten aufgrund dieser Tradition deutschbaltische Kaufleute aus den Ostseeprovinzen vergleichsweise problemlos in der neuen Hauptstadt Kontakte knüpfen und ihre Handelstätigkeit aufnehmen[92]. So zählten der aus Narva stammende Jakob Wolff und der Rigenser Matthias Schiffner, die mit Tuchlieferungen für die russische Marine zu Geld gekommen waren, um 1750 zu den reichsten Bürgern St. Petersburgs[93].

In ähnlicher Weise kam es auch durchaus häufig vor, dass Deutsche oder Deutschbalten in St. Petersburg Karriere machten und von dort aus die Interessen der Ostseeprovinzen wirkungsvoll vertreten konnten[94]. Ein solches Beispiel war Timotheus Merzahn von Klingstädt, der zwar selbst aus Pommern stammte, aber als Vizepräsident des Justizkollegiums für Livländische, Estländische und Finnländische Angelegenheiten über gute Kontakte in die Ostseeprovinzen verfügte und sich später als Angestellter des Kommerz-Kollegiums in St. Petersburg für die Senkung von Tarifen und die Erleichterung von Getreideexporten für Riga einsetze[95]. Zweimal während des 18. Jahrhunderts wurde das Kommerz-Kollegium von einem Deutschbalten geleitet: 1740–1741 von Karl Ludwig von Mengden und 1764–1788 von Ernst Johann von Münnich, dem Sohn Burkhard Christoph von Münnichs[96]. Auch auf niedrigerer Ebene fanden Kaufleute aus den Ostseeprovinzen im Hafen St. Petersburg leicht Arbeit. So stammten viele der sogenannten Kommissionäre, also der Vertreter ausländischer Handelsfirmen in der Hauptstadt, die für die Handelsgeschäfte mit den russischen Kaufleuten verantwortlich waren, häufig aus den Ostseeprovinzen. Sprachlich und kulturell standen sie den westlichen Kaufleuten nahe, waren aber zugleich auch Angehörige des Russländischen Reichs[97].

Entsprechend waren die Maßnahmen der Zentralregierung nicht immer gegen die lokale Kaufmannschaft gerichtet. Da die Übermacht westlicher Kaufleute ein Problem darstellte, das man auch in St. Petersburg kannte, wurde dort nach längerem Zögern 1756 und in einer neuen Handelsordnung 1765 immerhin der Grundsatz des Rigensischen Zwischenhandelsmonopols gegen die Interessen der westlichen Kaufleute bestätigt; zugleich schloss dies eine gleichzeitige Förderung russischer Kaufleute in Riga allerdings nicht aus. Dennoch gelang es westlichen Kaufleuten zum Ende des Jahrhunderts vermehrt, meist

---

92 HELLER, Der wirtschaftliche Beitrag, S. 77 f., 81.

93 Ebenda, S. 86.

94 Generell zu diesem Thema, allerdings populärwissenschaftlich und mit etwas unklarem Fokus auf der Schleswig-Holstein-Frage: GAVRILOV, Ostzejskie nemcy v Sankt-Peterburge.

95 LECKEY, Patriotism, S. 237.

96 Zu Burkhard Münnich siehe BERG, Burchard Christoph Reichsgraf von Münnich; HALEM, Lebensbeschreibung.

97 STORCH, Historisch-statistisches Gemälde, Theil 8, S. 254 f.

über bezahlte Mittelsmänner, doch in direkten Kontakt mit dem Hinterland Rigas Handel treiben zu können[98].

Auf der anderen Seite gelang es den deutschbaltischen Kaufleuten Rigas im Unterschied zum 17. Jahrhundert nicht[99] – ähnlich ihren russischen Kollegen in St. Petersburg –, eine eigene aktive Handelsflotte aufzubauen und zu betreiben[100]. Aus den Angaben der Sundzollbehörde wird entsprechend deutlich, dass die höchste Anzahl Rigenser Schiffe, die zwischen 1700 und 1783 den Sund passierten, noch zu schwedischer Zeit erreicht wurde: 1704 segelten 31 Schiffe nach Riga und 32 stammten von dort. Fast während der gesamten folgenden Zeit blieben diese Werte im einstelligen Bereich, erst ab den späten 1770er Jahren bewegten sie sich wieder im zweistelligen Bereich[101]. Zur Förderung der Rigenser Handelsflotte hatte Peter selbst zwischen 1721 und 1724 der Stadt zwölf Handelsschiffe vermacht, die allerdings innerhalb kürzester Zeit entweder Schiffbruch erlitten oder zwischen 1729 und 1731 allesamt verkauft wurden[102].

2.3.4 Handelspartner und -waren

Trotz dieser Schwierigkeiten der örtlichen Kaufleute, beim Außenhandel selbst aktiv zu partizipieren, waren die Erfolge des Rigaer Außenhandels beachtlich, so dass Vockerodt der Stadt schon kurz nach dem desaströsen Nordischen Krieg bereits wieder ein »florissantes Commercium« bescheinigte[103]. Wie bereits erwähnt, war Riga durchgehend die Nummer zwei des russländischen Außenhandels, noch vor Archangel'sk.

Was die Zusammensetzung der in Riga gehandelten Waren betrifft, so entsprach diese weitgehend dem Muster der russischen Ostseehäfen im Allgemeinen: erstens wies Riga eine massive positive Handelsbilanz auf und zeigte zweitens eine Dominanz von Agrarprodukten beim Export und von Kolonialwaren und Luxusgütern beim Import[104]. Besonderheiten des Rigaer Handels ergaben sich aus den spezifischen Bedingungen der Handelstraditionen der Stadt und den Gegebenheiten des Hinterlandes. Im Gegensatz zu Reval war Riga eindeutig eine Hafenstadt mit einer stark positiven Handelsbilanz, welche den ohnehin schon starken Exportüberschuss des Russländischen Reiches relativ gesehen

98 Handrack, Der Handel, S. 28 f.

99 Dorošenko, Torgovlja, S. 240 f.

100 Friebe, Ueber Rußlands Handel, S. 198 f.

101 Tabelle in Dunsdorfs, Latvijas vēsture, S. 448 f.

102 Ebenda, S. 450 f.

103 Vockerodt, Russland, S. 68.

104 Ein exemplarisches Schlaglicht auf die Zusammensetzung der Importe und Exporte in Riga gibt die von Anton Büsching zusammengestellte Auflistung. Büsching, Magazin für die neue Historiographie und Geographie, S. 356 f.

übertraf. Das Verhältnis von Import- zu Exportwertigkeit blieb in Riga bis zum Ende des Jahrhunderts bei parallelem Wachstum mit einem Verhältnis von eins zu zwei relativ stabil[105]. Teilweise fiel es sogar deutlich höher aus, wie im Jahre 1739, als insgesamt Waren ein Wert von 2.501.869 Albertusthalern umgesetzt wurden, 1941879 davon aber auf den Export und nur 559.990 auf den Import entfielen[106].

Eines der wichtigsten Exportgüter Rigas war traditionellerweise Getreide, das wie auch in Reval als Folge des Nystädter Friedens zu vergünstigten Konditionen an Schweden zu verkaufen war. Daneben spielte vor allem der Export von Hanf, Flachs und Leinen aus den heute belarussischen Gebieten eine prominente Rolle (ca. 50–60 % am Gesamtexport). Von nachgeordneter Bedeutung, dafür aber von überregionaler Bekanntheit waren die Holzexporte (30 %) und hier insbesondere die Rigenser Masten[107]. Deutlich unterrepräsentiert war hingegen der Export von russischem Eisen, da dieses nur über das innerrussische Flusssystem transportiert wurde[108].

Auch die Zusammensetzung der Importwaren wies große Ähnlichkeiten zu Reval auf. Salz, Wein, Textilien und Hering sowie Kolonialwaren wie Gewürze, Tee, Kaffee und Tabak bestimmten den Importhandel[109]. Da die Ostseeprovinzen nicht dem staatlichen Salzmonopol unterlagen, spielte der Salzimport in Riga eine relativ gesehen größere Rolle als im Innern des Reiches. Er stellte somit zugleich auch eine Ausnahme hinsichtlich der sonst eher benachteiligten Stellung der Stadt innerhalb der staatlichen Zollpolitik dar[110]. Teilweise wurde Salz direkt gegen Exportwaren ohne die Verwendung von Geld getauscht[111]. In einem zeitgenössischen Bericht von 1799 heißt es über die Zusammensetzung der Importwaren:

> Feine schlesische und holländische Leinwaren, wollenes Tuch von feiner und mittlerer Gattung, Mußeline und Schleyer von allen Arten, baumwollene Waaren nah ihrer grenzenlosen Verschiedenheit, Fayance, Porcellan und Töpferwaare, Hüte, Frauenzimmerputz, allerhand seidene und wollene Zeuge, Uhren und mathematische Instrumente, Weine

105 Zeids, Feodālā Rīga, S. 259.

106 Donošenie [Eingabe], 1739, in: ASPBIIRAN, f. 36, op. 1, d. 572, Bl. 75.

107 Dunsdorfs, Latvijas vēsture, S. 476; Kahan, The Plow, S. 253. Etwas abweichende Werte liefert Zeids, Feodālā Rīga, S. 261.

108 Vgl. die Tabelle des lettischen Historikers Dorošenko auf Grundlage des Sundzolls mit weitgehend ähnlichen Werten bei: Kahan, The Plow, S. 251.

109 Zeids, Feodālā Rīga, S. 262 f.

110 Kahan, The Plow, S. 251.

111 Predstavlenie o kommercii goroda Rigi [Vorstellung über den Kommerz der Stadt Riga], 18.06.1744, ASPBIIRAN, f. 36, op. 1, d. 548, Bl. 197.

> von allen Gattungen und Farbmaterial, nebst hundert anderen Dingen, die wir ungenannt lassen[112].

Aufgrund der im Vergleich zu St. Petersburg geringeren Größe der Stadt war die Einfuhr von Luxusgütern jedoch deutlich geringer.

Wichtigste Handelspartner waren wie in Reval die Niederländer, welche sich hier länger und hartnäckiger behaupten konnten als in St. Petersburg. In der ersten Hälfte des 18. Jahrhunderts lag ihr Anteil in Riga etwa bei 50 % des gesamten Handelsvolumens, in der zweiten Hälfte bei etwa 30 %. An zweiter Stelle rangierten die Engländer, welche allerdings in den letzten 20 Jahren des 18. Jahrhunderts die Niederländer von der Führungsposition verdrängen konnten. Schließlich folgten die Kaufleute aus den norddeutschen Städten (etwa 25 %)[113]. Bemerkenswert unter den deutschen Städten war der starke Rückgang der Bedeutung Lübecks im Vergleich zum 17. Jahrhundert zugunsten der nun wichtiger werdenden Städte Hamburg und Bremen[114].

2.3.5 Entwicklung

Die prozentuale Zusammensetzung der Exporte und Importe blieb im Falle Rigas weitgehend stabil, jedoch erhöhte sich der Anteil des Hanf-, Leinen-, Flachs- und Holzexports kontinuierlich – mit Ausnahme der letzten beiden Jahrzehnte des Jahrhunderts –, während Pelze und Wachs an Bedeutung abnahmen[115]. Generell ist die Entwicklung in Riga wie andernorts auch von Wachstum gekennzeichnet, allerdings in deutlich moderaterer Form als in St. Petersburg. Insbesondere die 1740er Jahre markierten für Riga einen Tiefpunkt der Wachstumsgeschwindigkeit[116]. In den 1760er Jahren wiederum profitierte Riga mehr als andere russländische Hafenstädte von den schnell wachsenden Getreidepreisen in Westeuropa, so dass sich sein Exporthandel stark erholte[117]. Die partiellen Rückschläge zum Ende des Jahrhunderts führt Handrack auf die Folgen der Einführung der Statthalterschaftsverfassung von 1787 zurück[118]. Die genauere

112 Zit. n. Pistohlkors, Die Ostseeprovinzen, S. 292. Zur Wohnkultur Rigas Driesner, Bürgerliche Wohnkultur.

113 Dunsdorfs, Latvijas vēsture, S. 443.

114 Zeids, Feodālā Rīga, S. 264. Zum Handel zwischen Lübeck und Riga im 18. Jahrhundert siehe Harder-Gersdorff, Mitteleuropäische Gewerbezonen.

115 Zeids, Feodālā Rīga, S. 258 f.

116 Handrack, Der Handel, S. 24.

117 Newman, The Russian Grain Trade, S. 57.

118 Handrack, Der Handel, S. 25. Wobei Handrack gemäß seiner oben geschilderten Linie auch nicht versäumt zu erwähnen, dass nicht nur die Quantität des Handels unter der Statthalterschaftszeit Schaden nahm, sondern auch die traditionell vorbildliche Rigenser Bracke ihren

Entwicklung der Zusammensetzung der Exporte Rigas im Verlaufe des Jahrhunderts werden in der von Zeids erarbeiteten Tab. 4 ersichtlich.

Tab. 4: Zusammensetzung der Exporte Rigas im 18. Jahrhundert (Angaben in Tausend Albertusthalern, A. T.)

WAREN	1711 – 1720	1721 – 1730	1741 – 1750	1751 – 1760	1781 – 1790	1791 – 1800
Hanf	39,2	47,2	47,4	40,3	25,2	32,1
Leinen	21,4	21,1	22,4	29,3	24,3	29,5
Leinsamen	7,6	7,0	5,8	5,1	5,9	5,3
Getreide	3,7	1,1	1,1	2,0	12,4	10,6
Pottasche	6,9	2,7	1,8	1,4	0,7	0,5
Holz	7,7	5,9	6,3	8,6	18,9	9,1
Felle	0,9	0,6	0,3	0	0,14	0,14
Wachs, Talg	0,8	0,5	0,4	0,6	0,4	0,4
Eisen	0	0	0	0	0,4	1,3
Tücher	0	0	0	0	0,5	0,3
Gesamt (A. T.in Tsd.)	625	1381	1608	1682	3341	3670

Quelle: Zeids, Feodālā Rīga, S. 261.

Import- und Exportwerte wuchsen im Verlaufe des Jahrhunderts stetig in etwa im Verhältnis eins zu zwei an, doch nahm der Exportüberschuss im letzten Drittel des 18. Jahrhunderts noch signifikant zu, wie die folgende Auflistung in Tab. 5 verdeutlicht.

Tab. 5: Importe und Exporte Rigas im 18. Jahrhundert

JAHR	IMPORT (IN RUBEL)	EXPORT (IN RUBEL)
1766	1.211.914	2.266.193
1775	1.950.803	4.619.798
1792	2.756.328	8.656.416
1799	2.803.000	12.514.000

Quelle: Dunsdorfs, Latvijas vēsture.

Nur die Kriegsjahre, allen voran der Große Nordische Krieg, aber auch die nachfolgenden Kriege gegen Schweden in den 1740ern und um 1790 ließen

guten Ruf verloren habe. Ebenda, S. 73.

den gesamten Ostseehandel (nicht nur) in Riga einbrechen[119]. Auch waren die Exportwerte selbstredend von der Nachfragesituation in Westeuropa abhängig, so dass es zum Teil zu heftigen Schwankungen kam, welche aber die grundsätzlich steigende Gesamttendenz nicht behinderten[120].

In Albertusthalern ausgedrückt steigerte sich der Exportwert von durchschnittlich 625.000 Talern zwischen 1711 und 1720 auf 3.670.000 Taler im letzten Jahrzehnt des Jahrhunderts[121]. Die durchgängig steigende Tendenz der Handelstätigkeit in Riga – ungeachtet der kriegs- oder krisenbedingten Schwankungen – spiegelt sich auch in der Statistik (Tab. 6) des durchschnittlichen Schiffsverkehrs pro Jahr wider.

Tab. 6: Jährliche Schiffsbesuche in Riga im 18. Jahrhundert

JAHRE	SCHIFFE PRO JAHR
1711–1720	147
1721–1730	328
1731–1740	416
1741–1750	431
1751–1760	549
1761–1770	697
1771–1780	749
1781–1790	831
1791–1800	869

Quelle: Zeids, Feodālā Rīga, S. 259.

Die teils größeren Schwankungen werden besser durch einen Blick ins Sundzollregister wiedergegeben (Abb. 5), der aber der von Zeids herausgearbeiteten steigenden Tendenz, die Tab. 6 zeigt, nicht widerspricht.

Im Gegensatz zu Reval stellte Riga damit für St. Petersburg eine ernstzunehmende Konkurrenz dar. Vor allem die Anzahl der Schiffsbesuche im Hafen lag über weite Strecken des Jahrhunderts sogar über dem Wert des hauptstädtischen Hafens. Doch ist auf den eingeschränkten Quellenwert der Anzahl von Schiffsbesuchen bereits verwiesen worden. Dessen ungeachtet spielte Riga insbesondere bei den Exporten eine

119 Zum Einfluss der Kriege auf der Ostsee auf die Handelstätigkeit siehe: Snapper, Commerce, S. 406. Zum allgemeinen Zusammenhang von Krieg und Handel auf der Ostsee siehe: Ostsee. Kriegsschauplatz und Handelsregion.

120 Dunsdorfs, Latvijas vēsture, S. 442 f.

121 Zeids, Feodālā Rīga, S. 259.

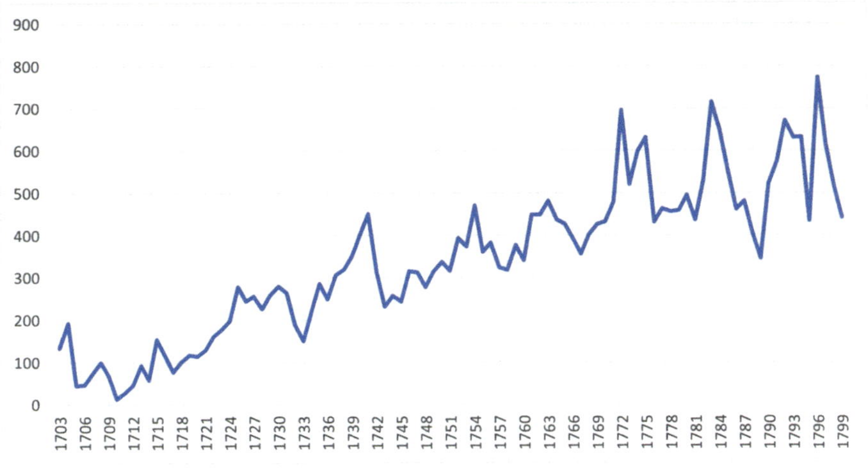

Abb. 5: Anzahl der jährlichen Schiffsbesuche in Riga von 1703–1799
Quelle: Soundtoll Registers Online, Tabelle der jährlichen Schiffsbesuche in Riga, in: http://dietrich.soundtoll.nl/public/extra.php?k=1 (letzter Zugriff 14.12.2020).

hervorgehobene Rolle, bei denen die Stadt einen Anteil von etwa einem Fünftel des Gesamtvolumens der russischen Exporte erreichte und auch halten konnte. Zum Ende des Jahrhunderts baute Riga seinen Anteil sogar auf ein Viertel aus[122].

Bei den Importen war der Anteil Rigas mit etwa 10 % entsprechend niedriger, damit aber immer noch deutlich über den Werten von Reval und Archangel'sk. Somit war die Stadt auch hier die Nummer zwei innerhalb des russländischen Außenhandels.

2.3.6 Fazit

Da die Rigenser Kaufleute einen großen Handelsüberschuss erzielten, waren die Einnahmen aus den Zollabgaben in Albertusthalern eine willkommene und wichtige Einnahmequelle an Devisen und Silbertalern für die russischen Zentralbehörden. Noch 1756 wurde ausdrücklich bestimmt, dass sämtliche Zahlungen in Riga und Reval ausschließlich in ausländischer Währung zu erfolgen hatten[123]. Riga entwickelte sich auf diese Weise zu einem Finanzhandelsplatz, an dem neben den Geschäften mit dem einfachen Handel auch lukrative Gewinne mit Wechselgeschäften nicht zuletzt mit Amsterdam erzielt wurden[124].

122 Dunsdorfs, Latvijas vēsture, S. 485. Dorošenko beziffert den Anteil Rigas am russischen Außenhandel allerdings nur auf 15 %. Dorošenko, Quellen zur Geschichte, S. 3.

123 Čulkov, Istorija kratkaja rossijskoj torgovli, S. 223.

124 Dazu siehe: Harder-Gersdorff, »Bullion Flow«; Dies. Western Trade; vgl. auch Pistohlkors, Die Ostseeprovinzen, S. 292; Dunsdorfs, Latvijas vēsture S. 482 f.

Diese Konstellation blieb bis zum Ende des Jahrhunderts eine ergiebige Einnahmequelle für Rigenser Kaufleute, wie Friebe berichtet:

> In den letzten Jahren von 1783 etwa bis 1793 überstieg in St. Petersburg die Einfuhrsumme die der Ausfuhr jährlich um drei bis fünf Millionen Rubel. Riga hatte fast eben so viel Überschuss. St. Petersburg konnte daher seine Remitten nicht anders als über Riga machen. Natürlich wurde dadurch der rigische Kaufmann, als Remittent, Bestimmer des Cours, gegen russische Münze. Je mehr sich nun die remittierten Summen häuften, desto niedriger wurde der Preis der Silberrubel und Bankassignationen[125].

Auch bei Čulkov finden sich Zahlen, die die Dominanz Rigas auf diesem Gebiet verdeutlichen. Im Jahre 1777, als also St. Petersburg schon deutlich die anderen Hafenstädte dominierte, wurden Gold und Silber im Wert von insgesamt 1.822.749 Rubeln nach Russland eingeführt. Ganze 1.416.295 Rubel davon entfielen allein auf Riga[126].

Schließlich ist Rigas Bedeutung innerhalb des russländischen Handels im 18. Jahrhundert nicht nur rein quantitativ relevant gewesen. Ebenso sticht auch die kulturelle und rechtliche Besonderheit der Stadt hervor und nicht zuletzt die Rolle als Modellhafenstadt für St. Petersburg. Beispielsweise galt das Modell der Rigensischen Wracke (auch »Bracken oder Braaken« genannt) als vorbildhaft für St. Petersburg und andere Hafenstädte. Dabei orientierte sich das Rigenser Modell aufgrund einer Anordnung Peters I. von 1724 selbst an dem Königberger Modell[127]. Es handelte sich um einer Art Qualitätskontrolle für Handelswaren, was wesentlich zu dem großen Erfolg russischer Exportprodukte gegenüber beispielsweise schwedischen Konkurrenzprodukten beitrug. Allerdings konkurrierte Riga hier mit Narva, was die genauen Bestimmungen des Systems betraf. Schlussendlich konnte sich das Rigenser Modell in St. Petersburg aber durchsetzen[128].

Ebenso ging die ab 1731 in Russland übliche Praxis der Zollfreiheit für Handelswaren, bei der das Schiffspersonal vom Kapitän bis zum Matrosen in abgestufter Warenmenge handeln durfte, auf hanseatische Traditionen zurück[129]. Sogar bei der Ausarbeitung des Zolltarifs von 1724, der ja nicht für Riga galt, regte Peter persönlich eine Orientierung am Zolltarif der Düna-Metropole an, was aber im Kommerz-Kollegium auf wenig Zuspruch stieß[130].

---

125 Friebe, Ueber Rußlands Handel, S. 133 f.

126 Čulkov, Istoričeskoe opisanie IV, 5, S. 638.

127 Handrack, Der Handel, S. 16.

128 Menke, Die wirtschaftlichen und politischen Beziehungen, S. 36, 54, 77; Hoffmann, Sankt Petersburg, S. 184 f.

129 PSZ, Nr. 5733, Morskoj pošlinoj reglament ili ustav [Reglament oder Bestimmung zum Seezoll], 31.3.1731.

130 Nekrasov, Vnešnjaja torgovlja, S. 59.

Obwohl Riga also eine gewisse Sonder- und sogar Vorbildrolle gegenüber St. Petersburg bewahrte, durfte die Unabhängigkeit der Düna-Stadt aber auch nicht zu weit gehen. Angeregt durch die besondere kulturelle Brückenfunktion Rigas zwischen Ost- und Westeuropa entwickelten Johann Georg Hamann und Johann Christoph Berens Pläne für eine autonome und neutrale Handelsrepublik Riga zwischen Ost- und Westeuropa, die allerdings aufgrund des mangelnden Interesses der russischen Seite keinerlei Chance auf Verwirklichung hatten[131].

Eine Besonderheit im Verhältnis der Städte St. Petersburg und Riga bestand schließlich darin, dass de facto beide ein weitgehend klar getrenntes Hinterland besaßen und somit nicht um dieselben Märkte konkurrierten. Die russische Zollpolitik gegenüber Riga ist daher als sehr unglücklich zu bezeichnen, da sie letztlich nicht St. Petersburg, sondern Königsberg bevorteilte[132].

Vier Fünftel der Zolleinnahmen aus Riga gelangten in die Staatskasse, was deren gesteigertes Interesse an der Zollpolitik der Stadt erklärt[133]. Die verstärkte Einbindung Rigas in den russischen Wirtschaftskreislauf, durch die territorialen Gewinne Russlands einerseits und die Stärkung russischer Kaufleute in Riga andererseits, hob die Bedeutung der Stadt als Hafen für das Russländische Reich im beginnenden 19. Jahrhundert. Diese Einbindung bildete die Grundlage für den enormen Aufschwung der Stadt bis zum Ersten Weltkrieg, als Riga St. Petersburg auf dem Gebiet des Außenhandels sogar überholt hatte[134].

2.4 Reval

Die Experten meinten, dass die Admiralität und das Arsenal besser in Reval als in Petersburg oder in Kronstadt untergebracht wären (Francesco Algarotti)[135].

2.4.1 Einleitung

Reval hatte zwar nach den zeitgenössischen Angaben Friebes und Algarottis den größten und besten Hafen der russländischen Ostseeküste, doch diente es aufgrund mangelnder Verbindungen ins Hinterland im Unterschied zu den meisten anderen Häfen weniger als Export-, sondern eher als Import- und Militärhafen[136]. Zwar

131 Bičevskis/Taimiņa, Johann Georg Hamanns kameralwissenschaftliche Studien, S. 130.

132 Zeids, Feodālā Rīga, S. 260.

133 Dorošenko, Quellen zur Geschichte, S. 6.

134 Siehe das bereits erwähnte Forschungsprojekt zu diesem Thema: Wezel, Projekt. Vgl. auch Fülberth, Riga, S. 145–150.

135 Algarotti, Russische Reise, S. 24.

136 Friebe, Ueber Rußlands Handel, S. 189 f. Vgl. auch das vollständige Algarotti-Zitat: »Aber von welchem Nutzen sind große Schiffe in diesem engen Meer, das nur in der Mitte auf einige

war es um einige Jahrhunderte älter als St. Petersburg und konnte auf eine große Vergangenheit als Hansestadt zurückblicken, sein Stern als Handelszentrum hatte jedoch schon unter der Schwedenherrschaft zu sinken begonnen. Ähnlich wie Riga hatte auch Reval unter den Auswirkungen des Großen Nordischen Kriegs und den Folgen einer verheerenden Pestepidemie zu leiden. Der vermeintliche »Vorsprung« gegenüber St. Petersburg fiel dadurch recht gering aus, wenn berücksichtigt wird, dass in Reval im Jahre 1710 nur noch 1962 Personen lebten[137]. Jedoch betrafen die katastrophalen Folgen nicht nur die Bevölkerung selbst. Auch die für den Außenhandel wichtige Handelsflotte der Stadt, die noch 1680 30 Schiffe stark war, verfügte nach dem Krieg nur noch über ein einziges Schiff[138], während es in Riga immerhin noch 15 waren[139]. Folglich musste auch Reval buchstäblich bei null beginnen, dies jedoch ohne die enorme Unterstützung, die der Neugründung St. Petersburg zuteilwurde. Es nimmt daher nicht Wunder, dass die Fortschritte in der Wiedererrichtung des Hafens und der Handelskontakte zwar bemerkenswert, doch vergleichsweise bescheiden waren.

Reval spielte in den Plänen Peters des Großen als Militärhafen vor allem eine strategische Rolle, was zu schnellen Unterstützungsmaßnahmen beim Ausbau der Hafenanlagen führte[140]. Die besondere Bedeutung, die Peter dieser Stadt beimaß, zeigte sich nicht nur darin, dass er sie allein elf Mal besuchte, sondern auch, dass er hier den Palast Catherinenthal zu Ehren seiner zweiten Frau unweit der Stadt errichten ließ[141]. Diese Maßnahmen halfen dabei, dass die Stadt relativ schnell zur Mitte des Jahrhunderts wieder eine Bevölkerungszahl von etwa 15.000 Personen erreichte, was angesichts der massiven Kriegsschäden beachtlich ist[142]. Parallel zu den militärisch motivierten Ausbauten im Revaler Hafen begannen Baumaßnahmen zur Errichtung eines Militärhafens im nahen Rogerwiek (später Baltischport, estn. Paldiski), dessen Fertigstellung sich jedoch nach dem Frieden von Nystadt verzögerte und dessen Ausbau sehr viel bescheidener ausfiel als ursprünglich geplant.

Meilen hin befahrbar ist? Gerade das war die beherrschende Leidenschaft des Zaren, Schiffe zu haben, sehr große Schiffe zu haben, sie nahebei zu bauen und da zu haben, wo sie am wenigsten zu gebrauchen waren. Die Experten meinten, dass die Admiralität und das Arsenal besser in Reval als in Petersburg oder in Kronstadt untergebracht wären, wo sie jetzt sind. Dort ist das Gewässer tatsächlich so salzig wie sonst in der Ostsee, und die Schiffe würden ein längeres Leben haben. Das Eis würde sich dort nicht solange halten wie in der Neva, und das offene Meer würde ihnen auch erlauben, in der guten Jahreszeit früher und mit weniger Gefahr auszulaufen«. Algarotti, Russische Reise, S. 24.

137 Pullat, History.

138 Brüggemann/Tuchtenhagen, Tallinn, S. 102.

139 Dunsdorfs, Latvijas vēsture, S. 441.

140 Nekrasov, Vnešnjaja torgovlja, S. 92.

141 Kuuskemaa, Petr I i Ekaterina I.

142 Nekrasov, Vnešnjaja torgovlja, S. 93.

2.4.2 Hinterland und Organisation

War die Ausgangslage zu Beginn des 18. Jahrhunderts für Reval auch schwierig, blieb zumindest ein geographisch bedingter Vorteil durch die Lage am Finnischen Meerbusen auch unter russischer Herrschaft bestehen. Reval hatte schon im Mittelalter als Zwischenstation am Finnischen Meerbusen für den Transithandel zwischen dem über die Neva, den Volchov und andere Flüsse erschlossenen Inneren Russlands und dem Ostseeraum fungiert. Diese Funktion konnte im 18. Jahrhundert teilweise aufrechterhalten werden, zumal einige Schiffe, die St. Petersburg ansteuerten, gezwungen waren, in Reval Station zu machen, da der östliche Teil des Meerbusens länger von Eis bedeckt war als der Hafen von Reval, in dem die Eisschmelze abgewartet werden konnte[143].

Seine herausragende Stellung als Handelsstadt hatte Reval indes bereits im 17. Jahrhundert weitgehend verloren. Die Probleme des Hafens der Stadt bestanden vor allem in dem fehlenden bzw. schlecht angebundenen Hinterland. Kein Fluss half hier bei der Anbindung an ein größeres Territorium. Aus diesem Grunde konnte sich im Laufe des 17. Jahrhunderts Narva zu einem ernstzunehmenden Konkurrenten Revals entwickeln. Hier bestanden über den gleichnamigen Fluss und den Peipussee weiterreichende und komfortablere Transportmöglichkeiten ins Landesinnere. Aus diesem Grunde schlugen Revaler Kaufleute Peter I. vor, einen Kanal vom Peipussee nach Reval zu bauen, doch lehnte dieser das Vorhaben aufgrund offensichtlich zu großer Kosten ab[144]. Das regionale Konkurrenzverhältnis zwischen Reval und Narva blieb so im 18. Jahrhundert bestehen, wenn es auch Reval zum Ende des Jahrhunderts gelang, wieder an Boden zu gewinnen, wie die Werte für den Exporthandel verdeutlichen.

Wie auch im Falle Rigas bestätigte Peter I. die besonderen Stadtrechte und -privilegien der Kaufleute in Reval nach der Kapitulation der Stadt am 29. August (10. September) 1710[145]. Gleich nach dem Krieg wies das Kommerz-Kollegium 1721 die Zollbehörden in Reval, Riga und Narva an, die Zölle nach schwedischen Sätzen einzufordern[146]. Gezahlt wurde weiterhin in Reval in *efimki* und nicht in Rubel. Die Zolltarife von 1724 und 1731 galten einschließlich Revals nicht in den Ostseeprovinzen, doch achtete das Kommerz-Kollegium in St. Petersburg darauf, dass bei Reimporten über Reval ins Innere Russlands eventuelle Differenzen der Zollsätze auszugleichen waren, um Nachteile für den Handelsplatz St. Petersburg zu vermeiden[147]. So beschwerte sich Peter I. 1722

143 Storch, Historisch-statistisches Gemälde, Theil 8, S. 40 f.

144 Nekrasov, Vnešnjaja torgovlja, S. 102.

145 Etzold, Seehandel, S. 12.

146 Čulkov, Istorija kratkaja rossijskoj torgovli, S. 75.

147 Čulkov, Istoričeskoe opisanie V, 1, S. 818 f.

beispielsweise darüber, dass in Narva Waren aus Reval über den Landweg illegal eingeführt worden waren, ohne in Narva selbst verzollt worden zu sein[148].

2.4.3 Kaufleute

Die ungünstige geographische Lage der Stadt wurde durch die Restitution der alten Handelsprivilegien für die traditionellen Kaufmannsfamilien durch Peter den Großen gewissermaßen ausgeglichen[149]. Mitglieder der Großen Gilde behielten so ihr Monopol im lukrativen Außenhandel. Zu den großen deutschen Kaufmannsfamilien Revals gehörten die Ooms, die Clayhills, die Blankenhagens, die Thierens, die Freeses, die Duborgs und einige andere[150]. Da der Handel der Stadt stark von der regionalen Landwirtschaft abhängig war, hatten viele der großen Handelshäuser enge Beziehungen zum örtlichen Adel oder waren sogar Teil desselben, wie beispielsweise die von zur Mühlens[151].

Viele Kaufmannsfamilien besaßen zudem enge Beziehungen zu anderen Ostseehafenstädten – häufig durch dort lebende Familienangehörige –, weshalb die vermeintliche Konkurrenz der Hafenstädte untereinander für die Vertreter der größeren Kaufmannsfamilien nicht so bedeutend war, da diese ohnehin recht flexibel an mehreren Standorten zugleich Handel trieben. Diese Verbindungen kamen häufig durch Heiratsverbindungen in andere Handelsfamilien zustande und ermöglichten so ein größeres Handelsnetzwerk[152]. Familien wie die Clayhills waren ebenfalls sehr aktiv in St. Petersburg vertreten[153].

Wie in Riga sahen sich die örtlichen Kaufleute durch Konkurrenz von zwei Seiten bedroht. Das waren zum einen die »fremden Negocianten« aus dem Westen und zum anderen die russischen Kaufleute aus dem Osten. Was die westliche Konkurrenz betraf, so mussten die Privilegien für die lokale Kaufmannschaft erst durchgesetzt werden, da einige westliche Kaufleute nach dem Machtwechsel annahmen, dass sie in den Ostseeprovinzen mit denselben Möglichkeiten rechnen konnten wie in St. Petersburg[154].

Auch die Anwesenheit russischer Kaufleute missfiel den einheimischen Kaufleuten, doch konnten sie deren stetig wachsenden Möglichkeiten zur Teilnahme am Handelsgeschehen in Reval langfristig nicht verhindern[155]. Entsprechend

148 Donošenie [Eingabe], 24.1.1722, in: RGADA, f. 276, op. 1, d. 1624, Bl. 1.
149 Hartmann, Zur Struktur des Revaler Magistrats, S. 310 f.
150 Zu den Clayhills und ihrem Anteil am Getreidehandel siehe Vinnal, Der baltische Getreidehandel, S. 106 f.
151 Nekrasov, Vnešnjaja torgovlja, S. 105.
152 Etzold, Seehandel, S. 184 f.
153 Nekrasov, Vnešnjaja torgovlja, S. 106.
154 Etzold, Seehandel, S. 35–42.
155 Ebenda, S. 47–57.

wuchs die Zahl russischer Kaufleute in Reval langsam, aber beständig; 1770 waren 68 russische Händler in der Stadt registriert. Zumeist hielten sie sich jedoch nur zeitweilig in Reval auf, um ihren Handel mit dem Inneren Russlands zu koordinieren. Weder die deutschbaltischen noch die russischen Kaufleute besaßen eine nennenswerte eigene Handelsflotte. Dennoch gab es regelmäßigen Schiffsverkehr auf eigenen Schiffen zwischen Schweden, Finnland (zumeist Wiburg) und St. Petersburg[156].

2.4.4 Handelspartner und -waren

Die Hauptexportware Revals war Getreide, insbesondere Roggen und Gerste, welches aus der unmittelbaren Umgebung der Stadt stammte[157]. Teilweise erreichte der Getreideexport aus Reval im 18. Jahrhundert 60 % des Gesamtexports der Stadt[158]. In besonderer Weise abhängig von den Getreideexporten aus dem Baltikum blieb Schweden. Nach dem Verlust der Region im Großen Nordischen Krieg ließ es sich daher besondere Konditionen in dem Friedensschluss mit Russland garantieren. Aber auch Flachs, Leinen, Talg und Wachs spielten hier, ähnlich wie in Riga, allerdings in viel geringerem Maße, eine Rolle als Exportgut. Eisen hingegen wurde im Gegensatz zu St. Petersburg, Riga und Archangel'sk nicht aus Reval ausgeführt. Zum Ende des Jahrhunderts kam noch Kornbranntwein als Exportware hinzu, der vor allem nach Schweden und Finnland verbracht wurde[159].

Darüber hinaus beherrschten die Holländer den Handel mit Reval im 17. Jahrhundert, wurden aber, parallel zum allgemeinen Trend in der Ostsee, im Laufe des 18. Jahrhunderts zunehmend von den Engländern verdrängt. Die deutschen Ost- und Nordseestädte verblieben als Handelspartner auf einem stabilen Niveau auf nachgeordneter Position. Schließlich spielte in Reval, mehr als in Riga oder St. Petersburg, auch der Handel mit Schweden eine wichtige Rolle, was vor allem an den Getreideexporten lag.

Die wichtigsten Importgüter der Stadt waren Salz aus Amsterdam und Lübeck sowie Luxusgüter aus den Niederlanden und England[160]. Aber auch Kolonialwaren, Metallwerkzeuge, Textilwaren sowie Tabak und Lebensmittel wurden nach Reval eingeführt[161]. Wie bereits angedeutet, zeichnete sich Reval im

---

156 Nekrasov, Vnešnjaja torgovlja, S. 110–116.

157 Zum Getreidehandel in Reval im 18. Jahrhundert siehe Vinnal, Der baltische Getreidehandel, S. 103–126.

158 Newman, The Russian Grain Trade, S. 49.

159 Vinnal, Der baltische Getreidehandel, S. 119. Zu den Exporten insgesamt Etzold, Seehandel, S. 113–134.

160 Brüggemann/Tuchtenhagen, Tallinn, S. 105 f.

161 Zur Zusammensetzung der Importe im Einzelnen Etzold, Seehandel, S. 84–112.

russländischen Außenhandel des 18. Jahrhunderts vor allem dadurch aus, dass es entgegen dem allgemeinen Trend eine negative Handelsbilanz aufwies, die Importe also die Exporte übertrafen[162] – und dies in etwa in einem Verhältnis von zwei zu eins[163]. Doch blieb Reval auch bei den Importen deutlich unter dem Niveau Rigas, da der »durchgehends blutarme esthnische Adel« keine allzu große Nachfrage generieren konnte[164].

Außerdem entwickelte sich Reval als Einfuhrhafen für den russischen Markt nach der Aufhebung der Binnenzölle und verzeichnete einen signifikanten Anstieg in den 1780er Jahren. Dies festigte seinen Vorsprung bei den Importen gegenüber Narva endgültig und stellte eine bedeutende Zäsur für die Stellung Revals innerhalb des russischen Handels dar[165].

Den massiven Anstieg des Imports in Reval zum Ende des Jahrhunderts erklärt Friebe mit dem Kursverfall der Assignaten im Verhältnis zum Albertusthaler, mit dem in Riga der Zoll auf ausländische Waren entrichtet werden musste. Es war günstiger, den für Riga vorgesehenen Import über Reval umzuleiten, wo der Zoll in Assignaten bezahlt werden durfte[166].

2.4.5 Entwicklung

Die für Reval bedeutenden Exporte von Getreide blieben ihrem Umfang nach auf niedrigem Niveau und konnten keine überregionale Bedeutung erlangen. Auch wenn die Zahlen des Sundzollregisters aufgrund uneindeutiger Schreibweisen sowie der Funktion Revals als Vorhafen St. Petersburgs tatsächlich höher liegen dürften als verzeichnet (Abb. 6), so verdeutlichen sie dennoch eindeutig das geringe Wachstum und das niedrige Niveau im Vergleich zu Riga oder St. Petersburg.

162 Nekrasov, Vnešnjaja torgovlja, S. 92, 135–140.

163 Etzold, Seehandel, S. 137.

164 »Das Revalische Commerce hingegen stehet lange nicht in so blühender Situation, ohngeachtet Petrus I. dieser Stadt gleichfalls alle Privilegien confirmiret, und die Zölle auf dem schwedischen Fuss gelassen. Dann weil sie keinen Strom hat, und die Zugänge, die sie vormals aus Russland gehabt, durch das Etablissement des Commercii zu St. Petersburg gänzlich abgeschnitten sind, so bekommt sie keine andere Waaren, als ein wenig Flachs und Getreide, welches ihr Esthland fouriret, und kann mehr nicht absetzen, als was der durchgehends blutarme Esthnische Adel etwa vonnöten hat, daher dann ihr Commerce nicht den zwanzigsten Theil des Rigischen beträget«. Vockerodt, Russland, S. 68.

165 Pullat, History, S. 123.

166 Friebe, Ueber Rußlands Handel, S. 190.

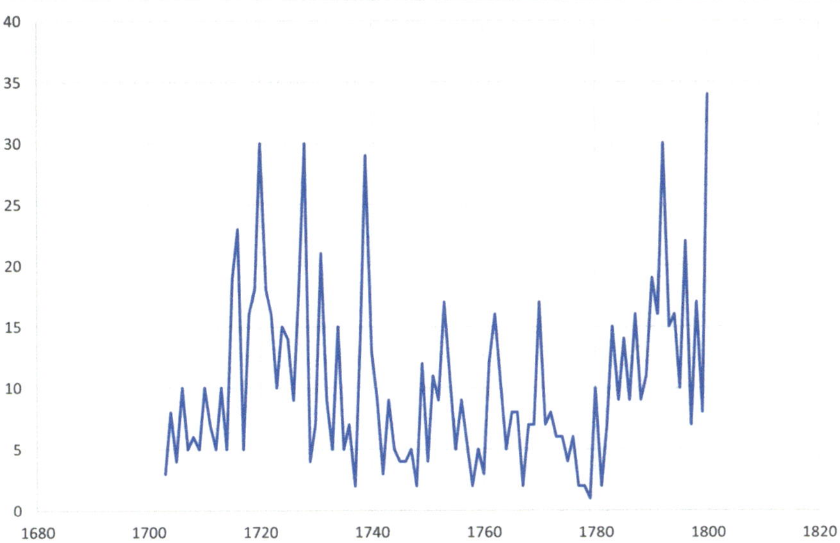

Abb. 6: Anzahl der jährlichen Schiffsbesuche in Reval 1703–1800
Quelle: Soundtoll Registers Online, Tabelle der jährlichen Schiffsbesuche in Reval, in: http://dietrich.soundtoll.nl/public/extra.php?k=1 (letzter Zugriff 14.12.2020).

Das Verhältnis zur Konkurrenz veränderte sich trotz eines Anstiegs im Laufe des Jahrhunderts kaum, da auch die übrigen Häfen Gewinne und Zuwachs zu verzeichnen hatten. Dies galt insbesondere für Pernau, das Reval im 18. Jahrhundert noch überholte. Für Pernau gab es im Übrigen ebenfalls Pläne für einen Kanalbau bis nach Dorpat, was nach Friebe den Standort ungemein attraktiver gemacht hätte[167]. Aber auch dieses Projekt war wie viele andere Kanalprojekte der Zeit nicht für die Verwirklichung bestimmt. Dementsprechend waren die Hauptkonkurrenzhäfen Revals weniger St. Petersburg oder Riga, sondern die näher gelegenen regionalen Häfen Pernau und Narva. Zwar konnte Reval gegenüber diesen Städten langsam an Bedeutung gewinnen, doch blieb es insgesamt betrachtet für den russländischen Außenhandel nur zweitrangig.

Reval konnte sich selbst bei den Importen, bei denen seine Bedeutung die Narvas übertraf, nicht wesentlich von Pernau absetzen, auch wenn relativ gesehen sein Anteil am russländischen Außenhandel höher lag als beim Exporthandel. Insgesamt betrachtet hatte Reval als Hafenstadt somit eher eine militärische als eine handelspolitische Bedeutung für das Russländische Reich.

167 Friebe, Ueber Rußlands Handel, S. 190 f.

2.5 Narva und Wiburg

Neben dem vornehmlich im Mittelalter bedeutsamen Reval war zu Beginn der Regierungszeit Peters vor allem Narva eine ernstzunehmende Alternative als Handelshafen zu St. Petersburg. Im Gegensatz zu Reval besaß Narva mit dem gleichnamigen Fluss und dem Peipussee eine deutliche bessere Anbindung an das russische Hinterland und war daher zusammen mit Nyen im 17. Jahrhundert ein wichtiger Umschlagplatz für den Russlandhandel unter schwedischer Herrschaft gewesen[168]. Doch spielte es nur in den Anfangsjahren des 18. Jahrhunderts noch eine Rolle als Alternativhafen zu St. Petersburg oder Archangel'sk und verlor nach dem Ende des Großen Nordischen Krieges an Bedeutung, als sich das Potential der neuen Hauptstadt zu entfalten begann. Noch im Jahr 1764 betrug der Jahresexportwert für Narva 630.341 Rubel, während Reval nur einen Wert von 155.198 erwirtschaftete. 1799 jedoch nivellierte sich die Differenz nahezu bei einem Verhältnis von 556.540 Rubel in Narva und 417.108 Rubel in Reval[169].

Die noch aus schwedischer Zeit stammenden Privilegien der Kaufleute Narvas wurden 1718 immerhin ausdrücklich bestätigt[170]. Doch gleichzeitig wurde Wert darauf gelegt, dass Narva den aufblühenden Handel in St. Petersburg nicht stören durfte. Daher wurde dem Hafen von Narva nur die Region Pskov als Hinterland zugeordnet[171]. Im Jahre 1722 wurde den Kaufleuten der Region Pskov wiederum sogar freigestellt, ob sie ihre Waren nach St. Petersburg oder Narva liefern wollten[172]. Zudem gelangte Narva im gleichen Jahr unter die Verwaltung des Gouverneurs von St. Petersburg, was es endgültig als Konkurrenzhafen zu St. Petersburg ausschaltete[173]. 1724 wurde es, anders als Reval oder Riga, unter innerrussische Zollverwaltung gestellt und verlor damit seine lokalen Privilegien[174].

Diese Entwicklung war aber nicht unbedingt zum Nachteil der Kaufleute aus Narva. Wie schon im Fall von Riga und Reval festgestellt, verlegten die Kaufleute ihre Geschäfte einfach in die Stadt, welche ihnen Vorteile versprach. Dies taten beispielsweise die Narvaer Kaufleute Heinrich Arp und Jakob Rolfink, deren umfangreiche und weitreichende Handelsaktivitäten in St. Petersburg im Jahre 1722 von dem russischen Wirtschaftshistoriker Viktor N. Zacharov untersucht worden sind[175]. Doch bleibt mit dem Petersburger Historiker Pavel Krotov festzuhalten, dass mittelfristig St. Petersburg den vormaligen Handel mit

168 Amburger, Das neuzeitliche Narva.
169 Storch, Supplementband, S. 3.
170 Čulkov, Istoričeskoe opisanie II, 1, S. 100, 109.
171 Čulkov, Istoričeskoe opisanie V, 2, S. 118 f.
172 Ebenda.
173 Ebenda, S. 123 f.
174 Svjatkovski, Vene valitsuse tollipoliitika, S. 66 f.
175 Zacharov, Der Außenhandel St. Petersburgs, S. 333.

russischen Waren über Narva übernehmen konnte[176], so dass Vockerodts Urteil bezüglich Narva zugestimmt werden kann: »So lange aber Petersburg subsistiret, und der russische Tarif bleibet, wird selbiges nimmermehr wiederum zu seinem vorigen Flor gelangen«[177].

Wie ein Blick auf das Sundzollregister verdeutlicht, erlebte Narva ab dem Ende des Nordischen Krieges in den 1720er Jahren eine Blütezeit. Es war dabei vor allem vom Holzexport vom östlichen Ufer des Peipussees abhängig, während als zweitwichtigstes Handelsgut dieses exportorientierten Hafens mittlerer Größe Hanf folgte[178]. Insgesamt wurde Narva aber als Hafen im Folgenden von St. Petersburg verdrängt (Abb. 7).

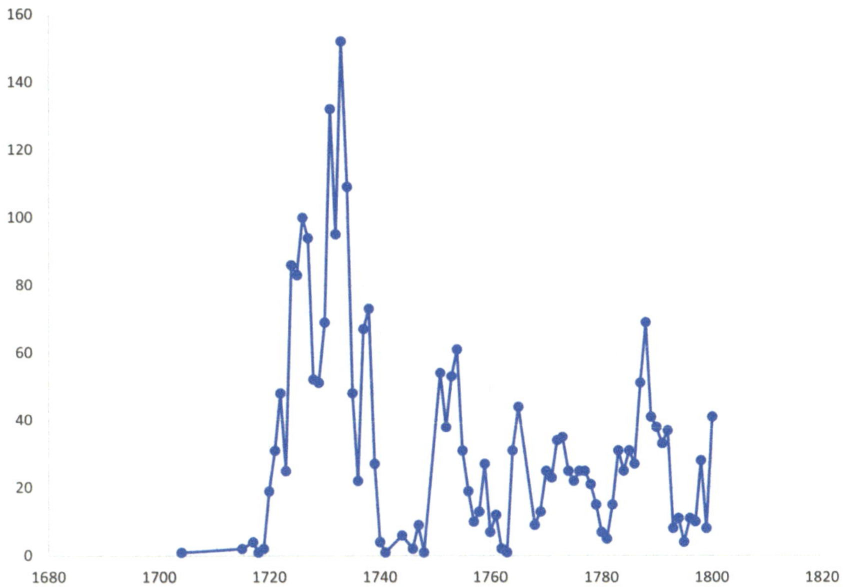

Abb. 7: Anzahl der jährlichen Schiffsbesuche in Narva 1703–1800
Quelle: Soundtoll Registers Online, Tabelle der jährlichen Schiffsbesuche in Narva, in: http://dietrich.soundtoll.nl/public/extra.php?k=1 (letzter Zugriff 20.12.2020).

Eine weitere Besonderheit der Stadt Narva war bedingt durch ihre exponierte geographische Lage zwischen den Ostseeprovinzen und dem Inneren Russlands. So wurde in der Stadt sowohl mit Albertusthalern als auch mit Rubeln gehan-

176 Krotov, Peterburgskij port, S. 429. Es wäre noch zu prüfen, was genau den kurzzeitigen Aufschwung der Stadt in den 1720er Jahren bewirkte, den auch Nekrasov konstatiert. Nekrasov, Vnešnjaja torgovlja, S. 80.

177 Vockerodt, Russland, S. 69.

178 Friebe, Ueber Rußlands Handel, S. 188 f.

delt[179]. Die Zugehörigkeit zum Währungsraum der Ostseeprovinzen war 1722 extra festgelegt worden[180].

* * *

Vergleichbar zu Narva ist das gegenüber gelegene Wiburg[181]. Auch dieses war im 17. Jahrhundert ein nicht unbedeutender Regionalhafen gewesen, verlor aber unter russischer Herrschaft aufgrund der Sogkraft St. Petersburgs schnell an Bedeutung[182]. Wiburg liefen während des ganzen 18. Jahrhunderts hindurch kaum je mehr als 10 Schiffe pro Jahr an, wobei die Tendenz, anders als im 17. Jahrhundert, auch noch rückläufig war[183].

Eine wenn auch geringe Geltung konnte die Stadt allerdings – wie Narva – beim Holzexport behaupten. Da hier wie in den Ostseeprovinzen schwedisches Recht unter russischer Herrschaft bestätigt wurde und deutsche Kaufleute den Handel in der Stadt bestimmten, ähnelte die Situation sehr den Zuständen in Narva oder Reval. Hier wie dort trafen schwedisches Recht, russische Herrschaft, deutsche urbane Kaufleute und finnougrische Bevölkerungsmehrheit aufeinander. Dieser Umstand hat allerdings bisher in der Forschung wenig Berücksichtigung gefunden[184].

2.6 Archangel'sk

2.6.1 Einleitung

Neben den hanseatischen Ostseestädten Reval und vor allem Riga kann auch Archangel'sk am Weißen Meer als Konkurrenzhafen zu St. Petersburg gesehen werden. Historisch gesehen war es als Hafenstadt bedeutsam, seit der Engländer Richard Chancellor im August 1553 die Mündung der Nördlichen Düna bei dem älteren Cholmogory auf der Suche nach einer Nordostpassage erreicht hatte[185]. Da damals der Handel über die Ostsee im Wesentlichen in den Hän-

179 Nekrasov, Vnešnjaja torgovlja, S. 82.

180 Čulkov, Istorija kratkaja rossijskoj torgovli, S. 94.

181 Deutsch Wiborg/Wiburg, schwedisch Viborg, finnisch Viipuri, russisch Vyborg. Hier wird wie andernorts auch der historisch am meisten gebräuchliche altmodische deutsche Name Wiburg verwendet, da die Kaufleute auch dieser Stadt deutschsprachig waren.

182 Vockerodt, Russland, S. 69.

183 Soundtoll Registers Online, Tabelle der jährlichen Schiffsbesuche in Wiburg, in: http://dietrich.soundtoll.nl/public/extra.php?k=1 (letzter Zugriff 20.12.2020).

184 Diese besondere Konstellation wird zumindest für Wiburg von Charlotte Henze untersucht: Henze, The Russo-Finnish Border. Von regionalgeschichtlicher Bedeutung, allerdings mit militärhistorischem Fokus und auch nur auf Wiburg beschränkt, siehe den Band Istorija Vyborga.

185 Bespjatych, Archangel'sk, S. 11.

den der Hanse, der Holländer und der Schweden lag, bot sich hier für die Engländer und Russen die Möglichkeit, direkt miteinander Handel zu treiben. Daher gründeten die Engländer kurz nach dem Treffen die Muscovy Company. Ivan IV. ließ 1583 Archangel'sk (damals noch als *Novye Cholmogory*) als neuen Hafen an der Mündung der Nördlichen Düna errichten[186]. Später folgten auch die Holländer nach Archangel'sk und verdrängten dort im 17. Jahrhundert die Engländer als wichtigsten westeuropäischen Handelspartner. Spätestens seit dem Frieden von Stolbovo 1617 wurde Archangel'sk zum einzigen russischen Hafen mit Ausrichtung nach Westeuropa, was der Stadt eine Blütezeit bis in den Großen Nordischen Krieg hinein bescherte[187].

Peter I. hatte Archangel'sk schon 1694 besucht. Zwei Jahre später begann hier der Bau der ersten sechs russischen Handelsschiffe, was zumindest den symbolischen Wert dieser Stadt innerhalb einer maritimen russischen Geschichtskultur erhöht, auch wenn diesen ersten sechs nicht so viele wie erhofft folgen sollten[188]. Zunächst blieben jedoch die schwedischen Ostseehäfen für russische Waren aufgrund der kürzeren Route attraktiver, was Schweden hohe Zolleinnahmen bescherte und zugleich das russische Interesse weckte, diese Region wieder für sich zu gewinnen[189]. Insbesondere taten sich hierbei Narva und auch Nyen hervor. Doch auch die ältere Handelsstadt Riga spielte als Konkurrenzstadt zum russischen Archangel'sk eine Rolle beim Export russischer Waren zu dieser Zeit[190].

Tatsächlich hatte es von schwedischer Seite Pläne gegeben, Archangel'sk zu erobern, um den gesamten Westhandel Russlands unter schwedische Kontrolle zu bringen[191]. Neben den russischen Waren ging es zudem um den Transithandel mit Asien, wie nicht zuletzt die Reise Chancellors selbst unter Beweis gestellt hatte. Die Bedeutung der Kontrolle dieser Seewege wurde dadurch nur noch erhöht[192]. Diese Komponente stellte Archangel'sk in einen Zusammenhang mit Astrachan', welches der Ausgangspunkt für den russischen Handel mit dem Süden und Osten war[193].

---

186 Popova, Archangel'sk, S. 11–13.

187 Zum russischen Außenhandel mit Westeuropa im 17. Jahrhundert siehe Kotilaine, Russia's Foreign Trade.

188 Pod flagom Rossii, S. 5. Diese Schiffe waren die ersten russischen Schiffe mit der späteren russischen Nationalflagge, die Peter nach holländischem Vorbild verordnet hatte. Kozlovskij, Kratkij očerk, S. 52.

189 Zur Rolle der Ostseehäfen für den schwedischen Handel Soom, Die merkantilistische Wirtschaftspolitik Schwedens.

190 Zacharov, Zapadnoevropejskie kupcy, S. 41.

191 Bespjatych, Archangel'sk, S. 22 f.

192 Zur Thematik des Transithandels mit Asien im 17. Jahrhundert und deren Auswirkung auf die Ostseehafenstädte siehe Troebst, Narva, Libau oder Danzig?.

193 Kotilaine, Russia's Foreign Trade, S. 447 f.

2.6.2 Hinterland und Organisation

Das Hinterland Archangel'sks wurde durch die Nördliche Düna erschlossen. Bis St. Petersburg einen Zugang zum Wolgabecken gewann, waren die Gebiete Zentralrusslands, darunter auch Moskau, Teil des Einzugsbereichs von Archangel'sk gewesen. Danach umfasste er immerhin neben dem Dünabecken noch das Uralgebirge und Teile Sibiriens.

Problematisch für den Hafen Archangel'sk war, wenn er von Mitteleuropa aus erreicht werden sollte, die notwendige Umsegelung Skandinaviens. Eine Fahrt beispielsweise von Hamburg nach Archangel'sk dauerte etwa fünf Wochen[194]. Jährlich sank etwa ein Schiff auf dieser Route, was den Hafen gegenüber den Ostseehäfen selbstverständlich benachteiligte[195]. Somit war die Umsegelung Skandinaviens zwar einerseits gefährlich und wegen des Eisgangs nur für eine kürzere Zeit im Jahr möglich, nicht so lange eisfrei wie die Ostsee, doch bot diese längere Route nach Westeuropa auch Vorteile. Zum einen bestand keine Abhängigkeit vom dänisch kontrollierten Sundzoll und zum anderen war diese Strecke vor allem in Kriegszeiten weniger riskant[196].

2.6.3 Handelspartner und -waren

Wie in Riga und St. Petersburg, aber anders als in Reval und Pernau, übertraf der Exporthandel den Importhandel in Archangel'sk. Grundsätzlich ähnelte die Zusammensetzung der Waren der Situation in den anderen Häfen, doch gab es aufgrund des Hinterlandes auch einige Unterschiede. So spielten in Archangel'sk wegen der größeren Nähe zu Sibirien Pelze als Exportware eine größere Rolle. Auch Eisen aus dem Uralgebirge blieb trotz der Förderung St. Petersburgs als Exporthafen in Archangel'sk ein wichtiges Handelsgut. Ebenso wurde mehr Getreide exportiert als in der vom Getreideimport abhängigen Hauptstadt. Darüber hinaus fanden sich in Archangel'sk Hanf, Flachs, Talg, Leinsamen, Juchtenleder und Teer an vorderer Stelle der Ausfuhrwaren. Während der Export von Rinderspeck und Getreide im Laufe des Jahrhunderts deutlich abnahm, erhöhte sich der Anteil von Hanf, Eisen und Leder in großem Maße[197]. Ähnlich wie in Riga wurden darüber hinaus auch Holzwaren aus dem nördlichen Dünabecken exportiert[198].

---

194 Donošenie [Eingabe], 1747, in: RGAVMF, f. 330, op. 1, d. 1113, Bl. 2.

195 Pod flagom Rossii, S. 65.

196 Kahan, The Plow, S. 259.

197 Repin, Ot diskriminacii k fritrederstvu, S. 245 f.

198 PSZ, Nr. 4379, Instrukcija Ober«val'dmejsteru [Instruktion für den Oberwaldmeister], 3.12. 1723.

Auf der anderen Seite waren Importe von Luxuswaren wegen der schwach ausgeprägten Urbanität der Stadt und des Hinterlandes weniger wichtig[199]. Dafür aber spielten vor allem während des Großen Nordischen Krieges, als Archangel'sk noch der wichtigste Handelshafen des Russländischen Reiches war, militärisch verwertbares Gerät und Waffen als Importgut eine wichtige Rolle[200]. Das Verhältnis von Export zu Import war wie in den anderen Häfen von einem starken Übergewicht des Exports gekennzeichnet und bewegte sich in etwa in einem Verhältnis von zwei zu eins hinsichtlich des Warenwerts. Zum Ende des Jahrhunderts verstärkte sich der Exportüberschuss noch in signifikantem Maße[201].

Was die ausländischen Handelspartner in Archangel'sk betraf, so blieben die Niederländer neben den Engländern und Hamburgern dominierend. Sie hatten schon das 17. Jahrhundert geprägt, wobei die Hamburger Kaufleute enge Beziehungen zu den Holländern besaßen und teils selbst von dort stammten[202]. Für alle drei Gruppierungen war vor allem die Umgehung des Sundzolls bei der Reise nach Archangel'sk attraktiv[203]. Im Jahre 1710 entfielen auf die englischen Kaufleute 43 % des Außenhandels in Archangel'sk, die Holländer erreichten einen Wert von 29 % und die Hamburger knapp 27 %[204]. Der Handel mit Archangel'sk erschien den Hamburgern derart attraktiv, dass sie 1703 sogar eine Gesellschaft der Archangel'sk-Fahrer gründeten[205]. Doch was die Anzahl an Kaufleuten betraf, so bestand noch lange ein holländisches Übergewicht in der Stadt. So kamen von den 83 ausländischen Kaufleuten, die 1719 in der Stadt waren, nur 14 aus England, 38 dagegen aus Holland, 20 aus Hamburg, zwei waren Dänen und nur zwei stammten aus Lübeck, einer aus Bremen. Die restlichen Kaufleute kamen aus anderen deutschen Handelsstädten[206]. Zum Ende des Jahrhunderts hatten sich die Engländer auch hier durchgesetzt. So waren von 114 Schiffen, die Archangel'sk in den 1780er Jahren jährlich besuchten, 40 % englischer Herkunft, 17 % kamen aus Hamburg und nur 11,5 % noch aus Holland[207].

199 Repin, Vnešnjaja torgovlja, S. 25–28; Kahan, The Plow, S. 260 f.

200 Pod flagom Rossii, S. 64.

201 Siehe Tabelle. Vgl. Repin, Ot diskriminacii k fritrederstvu, S. 241.

202 Zum Handel der Holländer in Archangel'sk siehe Ovsjanikov/Jasinskij, Gollandcy; Veluwenkamp, Gollanskie kupcy; Ders., Archangel'sk; Gollandcy na Russkom Severe.

203 Zacharov, Zapadnoevropejskie kupcy, S. 43.

204 Ebenda, S. 47 f., 560.

205 Heller, Der wirtschaftliche Beitrag, S. 82; Angermann, Hamburg und Rußland, S. 15 f.

206 Zacharov, Zapadnoevropejskie kupcy, S. 51.

207 Pod flagom Rossii, S. 67.

2.6.4 Fazit

Als einziger Hafen des Russländischen Reiches besaß Archangel'sk im 17. Jahrhundert eine Monopolstellung, was zu einem Aufblühen der Handelstätigkeit führte. Die Handelspolitik Peters I. bescherte dem Hafen einen massiven Aufschwung. Während im letzten Viertel des 17. Jahrhunderts zwischen 40 und 50 Schiffe jährlich nach Archangel'sk kamen, stieg diese Zahl 1699 auf 67, 1702 waren es 149, 1708 dann 208 und 1716 sogar 233 Schiffe. Hintergrund für diesen bemerkenswerten Anstieg war nicht zuletzt der Große Nordische Krieg, der den Handel auf der Ostsee stark behinderte und somit für Archangel'sk eine Art Monopolstellung für den Handel mit Russland sicherte[208].

Umso wichtiger für die Stadt war daher auch der erste russische Sieg gegen die Schweden 1701, als Karl XII. versuchte, diesen Zugang Russlands nach Westen durch die Entsendung von sieben schwedischen Kriegsschiffen ins Weiße Meer zu schließen. Da dieses Unternehmen jedoch scheiterte, blieb der Handelsweg nach Archangel'sk offen für holländische und englische Kaufleute, was dem kriegsführenden Russland dringend benötigtes Geld und moderne Waffen sowie westliche Spezialisten brachte[209].

Durch das Ende des Krieges und die Bevorzugung St. Petersburgs als Handelsplatz verringerte sich die Anzahl der Schiffe, die Archangel'sk erreichten, auf etwa 120 zum Ende des Krieges und sank dann in den folgenden Jahrzehnten auf wenige Dutzend ab[210]. Gewissermaßen als Ausgleich für die Benachteiligung gegenüber St. Petersburg ist der Versuch Peters 1723 zu werten, eine Walfanggesellschaft zu gründen[211]. Zu diesem Zweck wurden unter Beteiligung ausländischer Spezialisten drei Schiffe gebaut, von denen das erste auf den deutschen Namen »Walfisch« getauft wurde. Anscheinend war diese Unternehmung jedoch nicht von langfristigem Erfolg gekrönt, da sie keine weiteren Spuren hinterlassen hat[212].

Zwar gab es durchaus Bestrebungen, den Handel mit Archangel'sk nach Peters Tod wieder zu beleben. 1727 wurde der Handel aller Waren von und nach Archangel'sk wieder zugelassen[213]. Da allerdings zugleich die Zollpolitik den

208 WEBER, Das Veränderte Russland, S. 408 f.

209 BESPJATYCH, Archangel'sk, S. 8 f.

210 Zahlen aus FRIEBE, Ueber Rußlands Handel, S. 216.

211 PSZ, Nr. 4349, O zavedenii kompanii kitavoj lovli [Über die Gründung eines Walfangunternehmens], 8.11.1723.

212 OGORODNIKOV, Istorija Archangel'skogo porta, S. 52–54.

213 O dozvolenii vsem svobodnoj torgovli u goroda Archangel'ska s platoju pribavočnych na tovary vnutrennich pošlin [Über die Gewährung von Freihandel für alle in der Stadt Archangel'sk bei einer Zahlung von überschüssigen Zöllen auf Waren des Binnenhandels], 9.1.1727, in: RGADA, f. 276, op. 1, d. 1506, Bl. 6–7.

Hafen von Petersburg weiterhin begünstigte, konnte sich der Handel an der Nördlichen Düna nicht wesentlich erholen[214]. Daran änderte sich auch eine weitere Senkung des Zolls von 7 % auf 5 % in Archangel'sk 1735 nichts, da sie nur für Kaufleute aus Archangel'sk oder seinem Hinterland an der Nördlichen Düna galt[215]. Nur vereinzelt erreichten Archangel'sk wieder etwas mehr Schiffe, wie 1740 und 1741, als durch eine gute Ernte in Russland Getreideexporte in großen Mengen ermöglicht wurden und die Stadt erstmalig wieder über 100 – hauptsächlich holländische – Schiffe besuchten[216].

Die Benachteiligung von Archangel'sk gegenüber St. Petersburg endete schließlich endgültig mit dem Regierungsantritt Peters III., der die Privilegien der Hauptstadt aufheben ließ[217]. Auch Katharina setzte diese Politik im Zuge ihrer generell liberaleren Wirtschaftspolitik fort[218]. Dies war einer der Gründe für die erst in den letzten drei Jahrzehnten des 18. Jahrhunderts erreichte Erholung, die sich in steigenden Export- und Importzahlen des Archangel'sker Hafens ausdrückte[219] – entsprechend erreichten die Stadt auch wieder mehr Handelsschiffe. Ab den 1780er Jahren waren es erstmals wieder mehr als 100, nachdem diese Zahl sich in der ersten Hälfte des Jahrhunderts im niedrigen zweistelligen Niveau eingependelt hatte.[220] Zum Ende des Jahrhunderts wurde sogar der Wert von 200 Schiffen erreicht[221]. Insgesamt lässt sich somit die Entwicklungskurve der Hafenstadt Archangel'sk als konvexe Funktion beschreiben, die zu Anfang und zum Ende des Jahrhunderts ihre Höhepunkte hatte, und damit essentiell anders aussah als die Entwicklungskurven von Riga und St. Petersburg, die von stetigem Wachstum gekennzeichnet waren.

Diese Entwicklung ist trotz einiger Lücken gut erkennbar in einer aus verschiedenen Quellen zusammengetragenen Aufstellung der jährlichen Schiffsbe-

---

214 PSZ, Nr. 5000, O dozvolenii vsem svobodnoj torgovli u goroda Archangel'ska s platoju pribavočnych na tovary vnutrennich pošlin [Über die Erlaubnis zum Freihandel für alle bei der Stadt Archangel'sk mit Zusatzzahlungen auf Waren des Binnenzolls], 9.1.1727.

215 PSZ, Nr. 6810, O nevzimanii u goroda Archangels'kogo dvuch procentnych nakladnych pošlin s kupcov, živuščich v gorodach, priležaščich k sej Gubernii i sbore onych s pročich po prežnemu postanovleniju [Über die Erstattung von zwei Prozent des Zolls in Archangel'sk für Kaufleute aus der Stadt und dem Goevernement und die Aufrechterhaltung des Zolls für alle anderen], 20.9.1735.

216 Pod flagom Rossii, S. 66. Siehe auch die Tabelle.

217 PSZ, Nr. 11630, O raznych postanovlenijach kasatel'no torgovli [Über unterschiedliche Bestimmungen den Handel betreffend], 31.7.1762.

218 Friebe, Ueber Rußlands Handel, S. 113.

219 Repin, Ot diskriminacii k fritrederstvu.

220 Ekstrat, kolikoe čislo imelos' s 1724go po 1786j gody k Archangels'komu portu iz čjužich kraev korablej [Auszug über die Zahl der Schiffe, welche von 1724 bis 1786 im Archangel'sker Hafen aus anderen Regionen angelegt haben], 1786, in: ASPBIIRAN, f. 36, op. 1, d. 566, Bl. 129 f.

221 Pod flagom Rossii, S. 67.

suche, die zumindest rudimentär eine Vergleichbarkeit zum Sundzollregister gewährleisten soll (Abb. 8). Sehr deutlich ist der abrupte Abfall der Schiffsbesuche nach dem Ende des Großen Nordischen Krieges zu erkennen. Weniger gut zu erkennen ist, dass zum Ende des Jahrhunderts einmalig sogar wieder der Wert von 200 Schiffsbesuchen erreicht wurde.

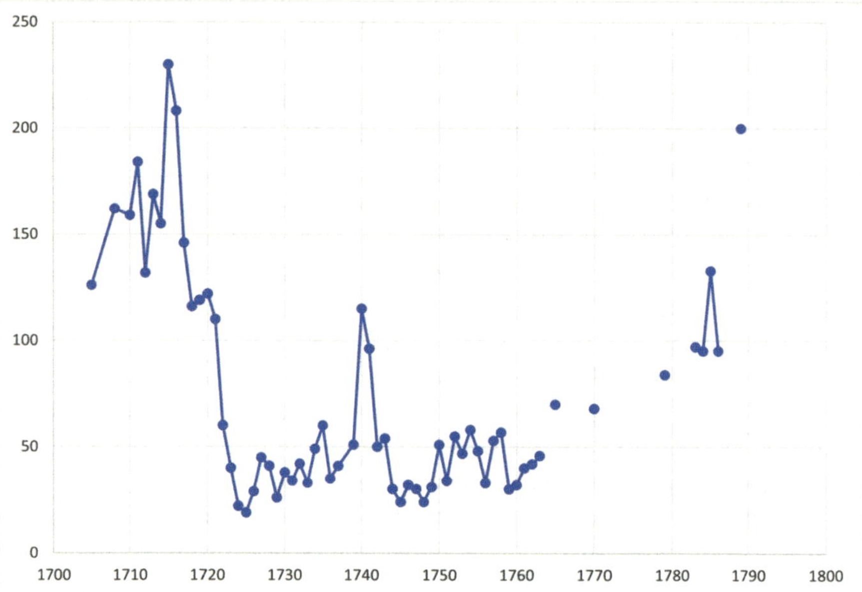

Abb. 8: Anzahl der jährlichen Schiffsbesuche in Archangel'sk 1703–1789
Quellen: Storch, Supplementband, S. 27; Kulišer, Očerk istorii, S. 186; Krotov, Peterburgskij port, S. 429; Nekrasov, Vnešnjaja torgovlja, S. 252; Pod flagom Rossii, S. 67.

Diese Entwicklungskurve wird durch einen Blick auf den Umsatz des Hafens bestätigt (Tab. 7).

Tab. 7: Exporthandel in Archangel'sk im 18. Jahrhundert (in Tausend Rubel)

JAHR(E)	EXPORT/RUBEL
1704	1581
1705	1696
1706	1212
1707	1558
1709	1775
1710	1760

JAHR(E)	EXPORT/RUBEL
1725–29 (Jahresmittel)	283
1730–34 (Jahresmittel)	–
1735–39 (Jahresmittel)	315
1740–44 (Jahresmittel)	428
1745–49 (Jahresmittel)	275
1750–54 (Jahresmittel)	311
1755–59 (Jahresmittel)	376
1760–64 (Jahresmittel)	573
1765–69 (Jahresmittel)	773
1770–74	1512
1775–79	1343
1780–84	1423
1785–89	1789
1790–94	2206
1795–99	2963

Quelle: Kahan, The Plow, S. 258.

Eine parallele Entwicklung auf niedrigerem Niveau ist auch beim Import zu beobachten (Tab. 8).

Tab. 8: Importhandel in Archangel'sk im 18. Jahrhundert (in Tausend Rubel)

JAHRE	IMPORT/RUBEL (JAHRESMITTELWERT)
1725–29	97
1730–34	–
1735–39	137
1740–44	236
1745–49	116
1750–54	178
1755–59	130
1760–64	262
1765–69	343
1770–74	317
1775–79	322
1780–84	401
1785–89	565

JAHRE	IMPORT/RUBEL (JAHRESMITTELWERT)
1790–94	770
1795–99	643

Quelle: KAHAN, The Plow, S. 258.

In gleicher Weise entwickelte sich auch das Handelssaldo, das durchgehend positiv war, aber ab der Regierungszeit Katharinas merklich anzuwachsen begann. Auch der Verkehr russischer Schiffe aus Archangel'sk entwickelte sich in ähnlicher Weise. Waren im zweiten Viertel des Jahrhunderts etwa zwei bis fünf russische Schiffe von Archangel'sk aus im Ausland unterwegs, zumeist nach Holland, England, Hamburg oder Norwegen, so waren es in den 1780er Jahren immerhin bis zu 15 Schiffe im Jahr, die nun auch Häfen im Mittelmeer anliefen[222]. Parallel zu dieser Entwicklung stieg der Anteil russischer Kaufleute am Handel in Archangel'sk und lag auch höher als in St. Petersburg. Waren 1725 noch nur 9–14 % des Exportes in den Händen russischer Kaufleute in Archangel'sk, so erreichter dieser Wert zum Ende des Jahrhunderts immerhin gut 30 % und lag damit höher als in St. Petersburg[223].

2.7 St. Petersburg

Petersburg – ein grandioser Fehler Peters des Großen! (Nikolaj M. Karamzin)[224]

2.7.1 Einleitung

> Diese seit ihrer Gründung zur Residenzstadt der Monarchen erwählte Stadt, gibt ihr nicht deshalb den Vorrang, sondern vielmehr die Größe ihres ausgebreiteten Handels. Wenn St. Petersburg seine Entstehung nicht dem Handel allein und absichtlich zu verdanken hat, so hat es doch seinen jetzigen Flor und seine Größe halb dem Handel, und halb der Gegenwart des Hofes zuzuschreiben[225].

Diese von Friebe angesprochene Doppelfunktion St. Petersburgs als Hafen und Hauptstadt begründet die hervorgehobene Rolle, die diese Stadt in der vorliegenden Arbeit einnimmt. St. Petersburg wurde innerhalb kürzester Zeit der mit

222 REPIN, Torgovlja Rossii, S. 159. Siehe auch den Abschnitt zur Entwicklung der Schifffahrt russischer Kaufleute in Kap. III.4.4.

223 MIRONOV, K voprosu, S. 135. Vgl. auch Kap. III.2.4, 3.4 und 4.4.

224 KARAMZIN, Zapiska o drevnej i novoj Rossii, S. 37.

225 FRIEBE, Ueber Rußlands Handel, S. 179.

Abstand bedeutendste Hafen des Russländischen Reiches und er wurde dies aufgrund der massiven Unterstützung einer in der Stadt selbst konzipierten merkantilistischen Handelspolitik. Und dennoch wird St. Petersburg nur selten in seiner Funktion als Hafen wahrgenommen. Daher spricht Peter Hoffmann zu Recht von einer »Ignorierung des Hafens«, was sicherlich mit der kulturellen und politischen Bedeutung der Stadt für die russische Geschichte zu tun hat[226].

Im Unterschied zu den zuvor behandelten potentiellen Konkurrenzhäfen handelte es sich um eine Neugründung ohne lange Handelstradition wie in den hanseatischen Ostseestädten oder im alten russischen Archangel'sk. Doch heißt das nicht, dass das Potential einer Handelsroute über die Nevamündung erst 1703 durch Peter entdeckt worden wäre. Im Gegenteil war diese Route bereits im Mittelalter in Gebrauch, so dass die berühmte mittelalterliche Handelsstadt Novgorod in funktionaler Hinsicht als Vorgänger St. Petersburgs gesehen werden kann. Der Handelsweg von Novgorod zur Ostsee über den Volchov, den Ladogasee bis schließlich zur Nevamündung war identisch zur späteren Anbindung St. Petersburgs in das russische Binnenland[227]. Auf die nicht unbedeutende Handelsstadt Nyen unter schwedischer Herrschaft im 17. Jahrhundert ist bereits hingewiesen worden, die ebenfalls von dieser Handelsroute profitierte und als Vorläufer St. Petersburgs zu betrachten ist[228].

Nach der Eroberung der schwedischen Festung Nyenschanz ließ Peter am 16. Mai 1703 an fast derselben Stelle, nur etwas weiter flussabwärts kurz vor der Mündung der Neva auf der Haseninsel die Peter- und Paul-Festung zur Verteidigung der Mündung errichten. Dieser Tag wird als Gründungsdatum der Stadt St. Petersburg angesehen[229]. Zunächst trug die Stadt jedoch den Namen Piterburch, was den frühen holländischen Einfluss und die Rolle Amsterdams als Vorbild unterstrich[230]. Im Jahr darauf wurde mit dem Bau der als Admiralität bezeichneten Werft für Kriegsschiffe das städtebauliche Zentrum der Stadt geschaffen, das noch heute den maritimen Charakter der Stadt hervorhebt[231].

Nach der Schlacht von Poltava 1709 und der Eroberung Estlands, Livlands und Teilen Kareliens 1710 war die neue Stadt hinreichend gesichert, dass sie ihrer Doppelfunktion als Hauptstadt und Hafen gerecht werden konnte. Zu diesem Zweck setzte ein massiver Ausbau der neuen Stadt ein, der erhebliche

---

226 Hoffmann, Sankt Petersburg, S. 71. Vgl. dazu auch Griese, Der Weg. Eine der wenigen Ausnahmen: Keller/Keller, Peterburg.

227 Choroškevič, Torgovlja Velikogo Novgoroda.

228 Mit diesem Dreiklang Novgorod, Nyenschanz und St. Petersburg als Traditionsfolge beginnt auch dieses Werk: Pokrovskij, Značenie S.-Peterburga, S. 20.

229 Zum genauen Ablauf der Eroberung und der anschließenden Errichtung der Festung Petrov, Istorija Sankt-Peterburga, S. 39–42; Keller/Keller, Peterburg, S. 17.

230 Gorbatenko, New Amsterdam.

231 Petrov, Istorija Sankt-Peterburga, S. 45 f.

Opfer aufgrund der harten Arbeitsbedingungen forderte. Christian Friedrich Weber berichtete sogar von 100.000 Toten, doch werden die Opferzahlen in der neueren Forschung deutlich geringer angesetzt[232]. Diese hohen Opferzahlen zusammen mit dem schnellen und prunkvollen Ausbau in kürzester Zeit sind es auch, die den Mythos der gänzlichen Neugründung der Stadt in unwirtlicher Umgebung begründen[233].

Mit dem Umzug des Senats und der Gründung der neu geschaffenen Kollegien in St. Petersburg erlangte die Stadt in funktionaler Hinsicht den Hauptstadtstatus, auch wenn es keinen formalen Ukaz Peters zum Umzug der Hauptstadt aus Moskau nach St. Petersburg gibt[234]. Die kurzzeitige Rückverlegung der Hauptstadtbehörden unter Peter II. nach Moskau blieb Episode und zeigte keine nachhaltige Auswirkung auf das kontinuierliche Wachstum der Stadt an der Neva, welches sich nach der Restitution der Hauptstadtfunktion unter Anna Ivanovna ungehindert fortsetzte[235]. Dieses Wachstum wirkte sich auf den Handel nicht nur insofern günstig aus, als es eine Nachfrage der Stadtbevölkerung an Waren aller Art hervorrief, darüber hinaus zog die Stadt in ihrer Funktion als Hauptstadt und als »Fenster nach Europa« in sehr großem Maße insbesondere Ausländer an. Dieses außerordentlich internationale Klima begünstigte wiederum die rechtliche und kulturelle Sicherheit und das Wohlbefinden auch der handeltreibenden Ausländer in der Stadt[236], was bereits die Zeitgenossen beeindruckte. Das wohl bekannteste Beispiel ist der italienische Gelehrte Francesco Algarotti, der 1739 in einem Brief an den britischen Politiker Lord John Hervey die Metapher des »Fensters nach Europa« prägte[237]. Aber auch bei August Ludwig von Schlözer heißt es diesbezüglich: »Welche Mannigfaltigkeit von Menschenarten nach Nation und Sprachen! [...] Hier stößt Asien und Europa zusammen«[238].

Insbesondere während der Regierungszeit Katharinas II. erlangte der imperiale Ausbau St. Petersburgs einen ersten Höhepunkt. Parallel hierzu erreichte die Handelsaktivität der Stadt ihren vorläufigen Gipfel, bevor sie durch die Koalitionskriege und die Kontinentalsperre erste Rückschläge zu erleiden hatte[239].

---

232 Weber, Das Veränderte Russland, S. 447; ausführliche Diskussion bei Hoffmann, Sankt Petersburg, S. 61, der allerdings selbst keine eigene Einschätzung abgibt.

233 Nikolosi [Nicolosi], Peterburgskij panegirik.

234 Petrov, Istorija Sankt-Peterburga, S. 76 f.

235 Bitter, St. Petersburg; Gidion, Sankt-Peterburg, S. 20.

236 Zum kulturellen Wirken der Ausländer in St. Petersburg im 18. Jahrhundert siehe Semenova, Byt, S. 29–93.

237 »Aber was soll ich Ihnen zuerst, was danach von dieser Stadt sagen, diesem großen Fenster sozusagen, durch das Russland auf Europa blickt?« Algarotti, Russische Reise, S. 27.

238 Schlözer, August Ludwig Schlözer's öffentliches und Privat-Leben.

239 Zum Ausbau der Stadt unter Katharina II.: Munro, The Most Intentional City.

2.7.2 Hinterland und Organisation

Im Vergleich zu Archangel'sk besaß St. Petersburg den offensichtlichen Vorteil, dass es länger eisfrei und besser zu erreichen war als die Stadt am Weißen Meer, die zudem nur nach einer gefährlichen Umsegelung Skandinaviens angesteuert werden konnte[240]. Doch war dieser Vorteil gegenüber Archangel'sk sogleich auch ein Nachteil gegenüber Riga, das auf 313 eisfreie Tage im Jahr kam, was noch einmal deutlich mehr war als die durchschnittlich 209 Tage in St. Petersburg[241]. Der Hafen selbst befand sich entlang des Nevaufers im Stadtgebiet mit einem Schwerpunkt für größere Handelsschiffe an der Spitze der Vasil'ev-Insel. Hier befanden sich auch die Börse und die Zollbehörde[242].

Schon 1703 wurden auf der vorgelagerten Insel Kotlin die Festung Kronšlot und die Siedlung Kronstadt errichtet, um die neue Stadt vor Angriffen von Seeseite aus zu schützen. Zugleich diente die Insel als vorgelagerter Hafen, da die Wassertiefe zwischen ihr und der Nevamündung nicht tief genug für große Handelsschiffe war[243]. Zwar war die Neva selbst breit und tief genug, doch waren im Mündungsbereich Untiefen und Sandbänke aufgrund der aus dem Fluss transportierten Sedimente entstanden. Kronstadt sollte daher nicht als eigenständiger Hafen betrachtet werden, da es eher die Funktion eines Vorhafens besaß und von Friebe demgemäß als Piräus von St. Petersburg betitelt wurde[244]. Dieser Umstand ist jedoch als durchaus nachteilig für St. Petersburg als Hafenstandort anzusehen, da nur Schiffe mit einem Tiefgang von bis zu 2,44 Metern Kronstadt in Richtung Neva verlassen durften. Das führte dazu, dass ein Großteil der größeren Handelsschiffe dazu gezwungen war, ihre Waren auf kleinen Lastenschiffen nach St. Petersburg zu bringen. 1720 wurde daher angeordnet, dass 14 Lastenschiffe in Petersburg und sieben in Kronstadt stationiert sein sollten, um die Waren hin- und herzutransportieren[245]. Schon im ersten Jahr nach dem Nordischen Kriege konnten nur 47 % der Schiffe nach St. Petersburg weiterfahren, die anderen hatten in Kronstadt zu verbleiben[246]. Neben der Funktion als Vorhafen St. Petersburgs wurde Kronstadt vor allem als Militärhafen für die neue Flotte genutzt[247].

Die Bedeutung des Hafens in Kronstadt/St. Petersburg wäre allerdings nichtig gewesen, wenn nicht die Neva und die angeschlossenen Fluss- und Kanalsysteme ein Hinterland bis zum Uralgebirge und ans Kaspische Meer erschlossen

---

240 Ljubimenko, Torgovlja v Peterburge, S. 75.
241 Meyer, Riga und St. Petersburg, S. 267.
242 Mamikov, Vo vremja tamožennogo dosmotra obnaruženy, S. 10–15.
243 Krotov, Peterburgskij port; Petrov, Istorija Sankt-Peterburga, S. 44.
244 Friebe, Ueber Rußlands Handel, S. 185 f.
245 Čulkov, Istorija kratkaja rossijskoj torgovli, S. 74.
246 Krotov, Peterburgskij port, S. 430.
247 Amburger, Ingermanland, S. 69; Keller/Keller, Peterburg, S. 20 f.

hätten. Dieser Umstand war für die Zusammensetzung der in der Stadt gehandelten Waren entscheidend.

2.7.3 Handelspartner und -waren

Das durch Flüsse und Kanäle erschlossene Hinterland St. Petersburgs war das größte, auf das eine russische Hafenstadt Zugriff hatte, so dass die in der Welt nachgefragten russischen Exportwaren hauptsächlich über diese Stadt abgewickelt wurden. Außerdem besaß die Stadt aufgrund ihres Hauptstadtstatus eine schnell wachsende Oberschicht, die finanzkräftig war und somit den Großteil des russischen Imports an Luxusgütern konsumierte[248]. Der Wandel von einer pietistisch-protestantisch inspirierten Konsumkultur unter Peter I. hin zu einer an Frankreich orientierten Hofkultur unter Katharina II. verstärkte die Nachfrage weiter[249]. Die Konsumkultur von Luxusgütern unter Adligen nahm dabei in St. Petersburg derartige Ausmaße an, dass schon Zeitgenossen wie u.a. Michail M. Ščerbatov dieses Verhalten scharf kritisierten[250]. Insbesondere der kontinuierliche Anstieg des Weinkonsums verdeutlicht diese Tendenz. Aber auch klassische Kolonialwaren wie Tee, Kaffee, Tabak, Zucker oder Gewürze sowie Seide und Metallwaren wurden in ihrer Bedeutung als Importwaren immer wichtiger[251].

Dabei war die stetig wachsende Stadtbevölkerung keineswegs nur Abnehmer von Luxusgütern aus dem Westen. Aufgrund der schlechten Bodenqualität der Umgebung war die Stadt auch auf die Getreideversorgung aus anderen Gebieten Russlands angewiesen[252]. Davon profitierten der russländische Binnenhandel sowie die Getreideexporthäfen Riga, Reval und Narva[253]. Zugleich erschwerte dieser Umstand aber den Export von Getreide aus St. Petersburg, was ein Nachteil im Vergleich zu anderen russländischen Hafenstädten war, die enorme Gewinne durch den Getreideexport generieren konnten. In St. Petersburg selbst blieb der Getreideexport aufgrund der prekären Versorgungslage der Stadt die meiste Zeit während des Jahrhunderts über verboten[254].

Schließlich erzeugte das schnelle Wachstum der Stadt neben dem Getreidebedarf und dem Konsum von Luxusgütern auch eine Nachfrage der sich hier

248 Kahan, The Plow, S. 248.

249 Friebe, Ueber Rußlands Handel, S. 105; Keenan, St Petersburg.

250 Ščerbatov, O povreždenii nravov, S. 130. Dazu auch Koval'čuk, Ėkonomičeskaja politika, S. 152 f.

251 Gidion, Sankt-Peterburg, S. 21.

252 Perry, The State of Russia, S. 262 f.

253 Newman, The Russian Grain Trade, S. 52.

254 Jones, Bread.

ansiedelnden Protoindustrie[255]. Dies betrifft vor allem den Bereich der Waffenproduktion sowie den Schiffbau. Nicht alle aus dem Inneren Russlands herbeigeführten sogenannten *Naval Stores*, also für den Schiffbau benötigte Rohstoffe, waren für den Weiterverkauf nach England oder anderswo bestimmt, sondern wurden teilweise – anders als in den kleineren russländischen Hafenstädten – an Ort und Stelle für die entstehenden eigenen Manufakturen gebraucht[256].

Tuche und Textilwaren wurden vor allem in der ersten Hälfte des 18. Jahrhunderts indes noch in größeren Mengen eingeführt, da die eigenen Manufakturen noch nicht leistungsfähig genug waren. Das galt insbesondere für den enormen Bedarf der Armee an Uniformen, wovon zwischen 1724 und 1738 die preußischen Tuchhersteller profitieren konnten[257]. Danach dominierten auch hier die Engländer diesen Markt[258]. In der zweiten Hälfte des Jahrhunderts nahmen vor allem Wollprodukte eine hervorgehobene Stellung der importierten Waren St. Petersburgs ein[259].

Was das Verhältnis von Import zu Export betrifft, so gab es hier wie in Riga einen beachtlichen Exportüberschuss, was in praktischer Hinsicht zu dem Problem der fehlenden Beladung der Schiffe, also zu dem Phänomen des Transports von Ballast führte. In St. Petersburg war dieser Ballast wiederum vor allem in Form von Ziegelsteinen oder Bauschutt für die schnell wachsende Stadt sehr willkommen und stellte somit eine pragmatisch-nützliche Lösung dar[260].

Die Liste der Exportwaren ähnelte in ihrem Schema dem der anderen Ausfuhrhäfen. Bevorzugte Artikel waren demzufolge Hanf, Flachs, Wachs, Talg, Holzprodukte, Pottasche, Leinsaat, Pech, Teer, Leinen, Leder und Eisen[261]. Insbesondere Letzteres nahm in seiner Bedeutung unter den Exportartikeln St. Petersburgs stetig zu[262].

Insgesamt liefen den Hafen von St. Petersburg hauptsächlich Schiffe aus dem Nord- und Ostseeraum an. Aber auch von der europäischen Atlantikküste, bis einschließlich Teneriffa, dem zentralen und westlichen Mittelmeerraum sowie aus Nordamerika gelangten Schiffe in die russländische Hauptstadt. Nur aus Asien, Afrika und Südamerika sind keine Schiffe verzeichnet[263]. Waren aus China gelangten über das Innere Russlands nach St. Petersburg und waren als Exportware für den Westen bestimmt. Doch erfüllten sich die zu Beginn des

255 Zum Begriff, allerdings mit Perspektive auf die russische Provinz, Gestwa, Proto-Industrialisierung, S. 17 f.

256 Hoffmann, Sankt Petersburg, S. 98 f.

257 Ostrouchov, Anglo-Russkij torgovyj dogovor, S. 47 f.

258 Hoffmann, Sankt Petersburg, S. 175.

259 Gidion, Sankt-Peterburg, S. 21.

260 Hoffmann, Sankt Petersburg, S. 147 f.

261 Eine detaillierte Auflistung der Handelswaren St. Petersburgs findet sich in: Georgi, Versuch einer Beschreibung, S. 166–170.

262 Gidion, Sankt-Peterburg, S. 20.

263 Zacharov, Zapadnoevropejskie kupcy, S. 71 f.

Jahrhunderts gehegten Hoffnungen für einen asiatischen Transithandel insgesamt nicht[264]. Dies galt auch für den englischen Transithandel mit Persien, der den englischen Kaufleuten im Vertrag von 1734 ausdrücklich zugesichert worden war, allerdings schon 1746 als Privileg ein Ende fand[265].

Unter den ausländischen Handelspartnern waren die Engländer insbesondere in der Hauptstadt tonangebend, was bis heute am »Englischen Ufer« (*Anglijskaja naberežnaja*, einer Straße in St. Petersburg) Spuren hinterlassen hat[266]. Neben London verfügte Newcastle über enge Kontakte mit St. Petersburg, da von hier Kohle nach St. Petersburg verschifft wurde[267]. Bereits 1726 kamen ebenso viele englische wie holländische Schiffe an die Neva – je 59 von insgesamt 189 Schiffen[268]. Spätestens nach dem Vertrag von 1734 setzten sich die Engländer endgültig gegen die Holländer und die deutschen Kaufleute durch, so dass sie schon zu Beginn der Regierungszeit Katharinas II. unangefochten an erster Stelle der russischen Handelspartner standen, wie Tab. 9 verdeutlicht.

Tab. 9: Herkunft der Schiffe in St. Petersburg 1759–1764

HERKUNFT DER SCHIFFE 1759–64	ANZAHL	ANTEIL IN %
Englische	821	39
Holländische	273	13
Lübische	207	10
Rostocker	140	7
Dän. und norwegische	158	8
Schwedische	377	18
Preußische	4	-
Spanische	3	-
Danziger	30	1
Bremer	1	-
Kurländische	1	-
Neapolitanische	1	-
Russische	70	3
Gesamt	2086	100

Quelle: Büsching, Magazin für die neue Historiographie und Geographie, S. 344.

264 Kafengauz, Očerki vnutrennego rynka Rossii, S. 53.

265 Reading, The Anglo-Russian Commercial Treaty, S. 220; Kagarlickij, Periferijnaja imperija, S. 252.

266 Dazu ausführlich Cross, By the Banks.

267 Zacharov, Der Außenhandel St. Petersburgs, S. 330.

268 Schiffsliste, 1726, in: RGIA, f. 138, op. 6, d. 3, Bl. 265.

Der hohe Anteil an schwedischen Handelsschiffen (immerhin ca. 18 %) ist dadurch zu erklären, dass allein im Jahre 1759 263 schwedische Schiffe in St. Petersburg waren, um einmalig Getreidetransporte über Schweden nach Ostpreußen zur Versorgung russischer Truppen zu verschiffen[269]. Dieser wenig bekannte Umstand macht einmal mehr deutlich, dass diese Zahlen immer auch großen Schwankungen unterlagen. Zudem waren die Schiffsgrößen höchst unterschiedlich, was den Quellenwert solcher Statistiken ebenfalls relativiert.

Die klare Dominanz der Engländer wird allerdings ersichtlich, wenn zusätzlich die überdurchschnittliche Größe ihrer Schiffe bedacht wird, ihr Übergewicht also noch einmal deutlich wird[270]. Überhaupt waren englische Kaufleute eher im Großhandel aktiv, während vor allem deutsche, aber auch holländische Kaufleute mit vergleichsweise kleineren Warenmengen Handel trieben[271]. Die Engländer waren auch für die ausgesprochen positive Handelsbilanz in St. Petersburg verantwortlich. Während die anderen ausländischen Kaufleute auch vergleichsweise stark mit ihren Waren am russischen Importgeschäft beteiligt waren, konzentrierten sich die englischen Kaufleute in sehr viel stärkerem Maße auf den Export[272] russischer *Naval Stores* nach England und importierten deutlich weniger nach Russland[273].

Unter den nicht englischen Handelspartnern St. Petersburgs waren die deutschen Kaufleute weit abgeschlagen. Der vergleichsweise niedrige Anteil deutscher Kaufleute am Russlandhandel ließ sich auch nicht wesentlich steigern, obwohl die Hansestädte Lübeck, Hamburg und Bremen in der Tradition des Novgoroder Peterhofes ab 1762 ein gemeinsames Konsulat in St. Petersburg zur Vertretung ihrer Handelsinteressen betrieben[274].

Zum Ende des Jahrhunderts verstärkte sich die englische Dominanz noch, wie Pokrovskij berechnet hat (Tab. 10).

---

269 Kulišer, Očerk istorii, S. 189; Hoffmann, Sankt Petersburg, S. 155.

270 Büsching, Magazin für die neue Historiographie und Geographie, S. 344.

271 Gidion, Sankt-Peterburg, S. 21. Zu englischen Kaufleuten in Russland im Allgemeinen siehe Demkin, Britanskoe kupečestvo.

272 Die Begriffe Export/Import beziehen sich im gesamten Buch auf die russische Perspektive.

273 Ostrouchov, Anglo-Russkij torgovyj dogovor, S. 43. Vgl. hierzu auch die Zahlen bei Hermann, Statistische Schilderung, S. 448.

274 Heller, Der wirtschaftliche Beitrag, S. 83.

Tab. 10: Herkunft der Schiffe in St. Petersburg 1775–1792

HERKUNFT DER SCHIFFE 1775–92	ANZAHL (JAHRESMITTEL)	ANTEIL IN %
Englische	387	50
Holländische	73	9
Lübische	46	6
Rostocker	31	4
Dän. und norwegische	50	6
Schwedische	42	5
Preußische	36	5
Spanische	21	3
Portugiesische	13	2
Bremer	2	–
Amerikanische	12	2
Italienische	15	2
Hamburger	8	1
Gesamt	777	100

Quelle: Pokrovskij, Značenie S.-Peterburga, S. 45.

Es fällt auf, dass die Tab. 10 russische Schiffe gar nicht mehr verzeichnet. Laut Tab. 9 waren aber zwischen 1759 und 1764 immerhin über 3 % der den hauptstädtischen Hafen anlaufenden Schiffe unter russischer Flagge gesegelt. Daher stellt sich die Frage nach den russischen Kaufleuten in St. Petersburg.

2.7.4 Kaufleute

Parallel zum Aufbau der Stadt selbst zogen die russischen Kaufleute zunächst nur zögerlich und unter Zwang in die neue Stadt. Semenova zufolge gab es 1725 erst 162 russische Kaufleute in der Stadt, die überwiegend aus Moskau, Kyiv, Jaroslavl', Kazan' und Archangel'sk stammten. Zur Mitte des Jahrhunderts lebten immerhin zwischen 1500 und 2000 russische Kaufleute in der Hauptstadt[275]. Zu den großen Kaufmannsfamilien, meist mit Wurzeln aus Moskau, gehörten die Familien Gusjatnikov, Surovščikon, Žuravlev, Dolgov, Batašev, Kondakov und Zemskij[276].

275 Semenova, Byt, S. 99.
276 Repin, Vnešnjaja torgovlja, S. 56.

Die Kaufleute unterteilten sich in die Großkaufleute *(gosti)*, die im Außenhandel tätig waren und sich ab 1724 in der ersten Gilde organisierten, und die im Binnenhandel aktiven Kaufleute der zweiten Gilde[277]. Ab 1742 existierte noch eine dritte Gilde für Händler aus dem Kleinhandel. Die Zugehörigkeit zu den Gilden war sowohl mit Privilegien im Handel, die 1775 und 1785 unter Katharina spezifiziert und erweitert wurden, als auch mit steuerlichen Zahlungsverpflichtungen verbunden[278]. Ausländischen Kaufleuten war es nicht gestattet, sich im Einzelhandel zu engagieren oder untereinander Handel zu treiben. Bei Friedrich Büsching heißt es hierzu: »Diese [die ausländischen Kaufleute; T. P.] aber dürfen ihre Waren nicht anders als im Großen an die Inländer verkaufen, ja es darf kein Ausländer an einen anderen Ausländer etwas verkaufen«[279].

Umgekehrt gelang es jedoch in St. Petersburg wie auch in Riga und andernorts kaum, ausländische Kaufleute aus dem Außenhandel zu verdrängen. Ähnlich wie in Riga missglückten in der Regel Versuche russischer Kaufleute, mit eigenen Schiffen Handel mit Westeuropa zu betreiben[280]. Erst in der zweiten Jahrhunderthälfte verstärkte sich die Anwesenheit russischer Schiffe auf der Ostsee, so dass Čulkov für das Jahr 1774 immerhin 153 Schiffe in St. Petersburg in russischem Besitz zählt[281].

Doch partizipierten auch die russischen Kaufleute St. Petersburgs an dem bemerkenswerten Aufschwung des Außenhandels der Stadt, da verallgemeinernd festgestellt werden kann, dass die Kaufleute der Hauptstadt sozial bessergestellt waren als ihre Kollegen in anderen russischen Städten. Sie mussten anders als diese Kollegen keine Binnensteuern für zu exportierende Waren zahlen, was sich zweifellos vorteilhaft für sie auswirkte[282]. Dennoch blieben vor allem Moskauer Kaufleute in St. Petersburg eine ernstzunehmende Konkurrenz für ihre lokalen Kollegen[283]. Doch gilt im Vergleich zu den ausländischen Kaufmannsfamilien und Handelsorganisationen, dass die Struktur der russischen Kaufleute sehr viel stärker von einem inneren Wandel gekennzeichnet war. Dies ist auf die schwierige soziale Lage der russischen Kaufleute im Innern Russlands zurückzuführen[284].

Nach der Reform der Gilden 1775 durch Katharina II. schrieben sich 1429 St. Petersburger Kaufleute in die drei neu strukturierten Gilden ein, was einem

---

277 PSZ, Nr. 4624, Instrukcija magistratam [Instruktion für die Magistrate], 1724.

278 Kozlova, Gil'dejskoe kupečestvo; Hildermeier, Bürgertum, S. 37 f.; Heller, Rechtliche Rahmenbedingungen, S. 94–98.

279 Büsching, Neue Erdbeschreibung, S. 663. Man beachte die Ähnlichkeit zur Richtlinie in Riga: »Gast handle nicht mit Gast!« Siehe den Abschnitt zu Riga (Kap. II.3).

280 Siehe die entsprechenden Abschnitte zur Handelspolitik (Kap. III.2.4, 3.4 und 4.4).

281 Čulkov, Istoričeskoe opisanie IV, 5, S. 627.

282 Repin, Torgovlja Rossii, S. 157.

283 Semenova, Byt, S. 110.

284 Repin, Vnešnjaja torgovlja, S. 50.

Anteil von 48 % an der Gesamtzahl der steuerpflichtigen Kaufleute der Stadt entsprach. Dieser Anteil lag im übrigen Russland nur bei 11 %, was auf den höheren sozialen Status der Petersburger Kaufleute hinweist[285]. Als 1785 noch die Kategorie der »angesehenen Bürger« *(imenitye graždane)* oberhalb der ersten Gilde für Kaufleute mit einem Vermögen von 50.000 Rubeln hinzukam, gehörten in St. Petersburg immerhin 36 Personen dieser Gruppe an. 275 Personen zählten zur ersten Gilde, 246 zur zweiten und 2 776 zur dritten Gilde. Als ausländische Kaufleute waren zu diesem Zeitpunkt in St. Petersburg 50 Personen in der ersten Gilde, drei in der zweiten und 53 in der dritten Gilde registriert[286], doch ist die Unterscheidung zwischen Ausländern und Russen bei diesen Angaben sehr problematisch, da insbesondere in der ersten Gilde die Grenzen sehr fließend waren[287].

Ein Beispiel für die fließenden Übergänge zwischen ausländischen und russischen Kaufleuten in St. Petersburg stellten Kaufleute russischer Staatsangehörigkeit, aber ausländischer Herkunft dar, die sich rechtlich in einer Zwitterstellung befanden. Allerdings hatte es in ähnlicher Form in Moskau die Kategorie der »Moskauer handeltreibende Ausländer« (*moskovskie torgovye inozemcy* oder *moskovskie torgovye nemcy*) bereits gegeben[288]. In diese Kategorie fielen z. B. auch die deutschbaltischen Kaufleute in St. Petersburg, welche von dieser unklaren Zuordnung sogar profitieren konnten[289]. Gerade sie traten häufig als sogenannte Kommissionäre auf, also örtliche Vertreter ausländischer, meist englischer Handelsfirmen, die den Handel mit russischen Kaufleuten organisierten[290]. Insbesondere im letzten Drittel des Jahrhunderts verschwammen die Grenzen zwischen ausländischen und russischen Kaufleuten nicht zuletzt auch dadurch, dass es für ausländische Kaufleute mitunter vorteilhaft war, in die russischen Kaufmannsgilden einzutreten, um die Vorzüge z. B. beim Binnenhandel nutzen zu können. Da diese Kaufleute häufig über familiäre oder geschäftliche Bindungen und Netzwerke zu anderen westlichen Kaufleuten verfügten, ergaben sich daraus sehr profitable Konstellationen[291].

Neben den in Gilden organisierten Kaufleuten muss aber auch auf die einfachen Stadtbewohner (*meščane, raznočincy*) verwiesen werden, die mit den Besatzungen der Schiffe Kleinhandel treiben durften, und die somit ebenfalls vom Hafenstandort St. Petersburg finanziell profitierten[292]. Schließlich stellten auch

285 Hildermeier, Bürgertum, S. 58.

286 Donošenie [Eingabe], 1785, in: ASPBIIRAN, f. 36, op. 1, Nr. 556, Bl. 100.

287 Vgl. hierzu auch Kap. III.4.4.

288 Heller, Der wirtschaftliche Beitrag, S. 79 f.

289 Zacharov, Zapadnoevropejskie kupcy, S. 47. Vgl. auch die Abschnitte zu Riga und Reval (Kap. II.3 und II.4).

290 Mémoire sur le commerce de Russie, S. 451.

291 Hoffmann, Sankt Petersburg, S. 114 f.

292 Repin, Učastie »raznočincev«. Auch Prostitution ist in diesem Milieu verankert gewesen.

die handeltreibenden Bauern in St. Petersburg eine ernstzunehmende Konkurrenz für die in den Gilden eingetragenen Kaufleute dar. Aus Angst, die Steuerpflichten der Kaufleute übernehmen zu müssen, war ein Übertritt in den Status eines städtischen Kaufmanns für diese mehrere Tausende zählende Gruppe von Leibeigenen wenig attraktiv[293].

2.7.5 Entwicklung

Ein Beispiel für die Dringlichkeit, die Peter der Förderung des Außenhandels insbesondere in St. Petersburg beimaß, ist schon in dem Empfang des ersten Handelsschiffes mit Namen »Jungfrau Cornelia« aus Holland 1703 zu sehen, dessen Besatzung reich beschenkt wurde und dessen Eigner für die Zukunft großzügige Privilegien versprochen wurden. Das Schiff hatte sich noch auf den Weg nach Nyen gemacht, um dann zufällig das erste Schiff im Petersburger Hafen zu werden[294]. Am 31. Mai 1712 ließ Peter mit Genua einen bilateralen Handelsvertrag zum direkten Handel zwischen Genua und St. Petersburg abschließen, um den neuen Hafenstandort zu etablieren[295]. Doch verhinderte der fortdauernde Große Nordische Krieg das Aufblühen der Handelsgeschäfte der Neugründung. Mit dem Sieg bei Poltava 1709 und der Eroberung der Ostseeprovinzen, einschließlich Rigas und Revals, im folgenden Jahr auf der einen Seite und der Niederlage 1711 am Pruth auf der anderen Seite war der Grundstein für eine eindeutige Orientierung zur Ostsee und eine längerfristige Planung in der neuen Stadt an der Neva gelegt[296]. Als Folge konnten 1712 der Großteil der Hauptstadtbehörden von Moskau nach St. Petersburg umziehen und die Versuche, die Stadt als Hafen gegenüber Archangel'sk noch weiter zu fördern, wieder aufgenommen werden[297]. Erst mit dem Ende des Krieges war ein ungehinderter Handel auf der Ostsee nach St. Petersburg möglich, doch hatten sich die Handelskontakte in Archangel'sk verfestigt, so dass ein spezieller Ukaz zur Bevorzugung St. Petersburgs vonnöten war, um die Dominanz der Nevastadt als russländischem Hafen auf den Weg zu bringen. Der Ukaz von 1721

Doch gibt es bisher hierzu kaum Forschungen. Nur der Fall von Anna Kunigunde Fölker und das von ihr betriebene Bordell, in dem offenbar die Prostituierten größtenteils aus anderen deutschsprachigen Hafenstädten wie Danzig, Lübeck oder Riga stammten, und die anschließenden Verfolgungsmaßnahmen durch Elisabeth sind hinlänglich bekannt. Siehe SEMENOVA, Byt, S. 121, 123 f.

293 REPIN, Vnešnjaja torgovlja, S. 61. Vgl. die Abschnitte zur sozialen Dimension der Handelspolitik (Kap. III.2.3, III.3.3 und III.4.3).

294 ZACHAROV, Zapadnoevropejskie kupcy, S. 48 f.; PETROV, Istorija Sankt-Peterburga, S. 43.

295 KELLER/KELLER, Peterburg, S. 36.

296 PETRUKHINTSEV, The Baltic Strategy, S. 187; MEDIGER, Rußland und die Ostsee, S. 92.

297 PETROV, Istorija Sankt-Peterburga, S. 57.

bestimmte, dass Exportwaren aus Archangel'sk nur aus dem Hinterland der Nördlichen Düna stammen durften, die für Riga entsprechend aus dem Hinterland der Westlichen Düna. Aus allen anderen Regionen war St. Petersburg als Exporthafen anzusteuern[298]. In den letzten Lebensjahren Peters überholte St. Petersburg Archangel'sk als Hafenstadt bereits, wie Pokrovskij in einer Übersicht deutlich macht (Tab. 11).

Tab. 11: Entwicklung des Außenhandels in St. Petersburg und Archangel'sk zwischen 1718 und 1726 (in Tausend Rubel)

JAHR	ST. PETERSBURG		ARCHANGEL'SK	
	EXPORT	IMPORT	EXPORT	IMPORT
1718	269	218	2403	598
1726	2344	1550	285	36

Quelle: POKROVSKIJ, Značenie S.-Peterburga, S. 256 f.

Auch in der nachpetrinischen Zeit setzte sich dieses Wachstum in St. Petersburg stetig fort und kletterte auf einen Exportwert von 4.250.000 Rubel und einen Importwert von 3.750.000 Rubel[299]. Durch die spätere Zollpolitik Elisabeths kam es in den späten 1750er Jahren – bei einem leichten Rückgang des Imports – zu einer Verlangsamung des Wachstums beim Außenhandel, bevor Katharina ihn wiederbelebte, wovon vor allem St. Petersburg profitierte[300]. Der markante Aufschwung unter Katharina II. ist auch gut ablesbar am Schiffsverkehr im Hafen von St. Petersburg, der im letzten Drittel des Jahrhunderts deutlich anstieg, wie das Sundzollregister bestätigt (Abb. 9).

Durch den Erfolg des Hafens und die Funktion St. Petersburgs als Hauptstadt wuchs die Bevölkerung sprunghaft an. Schon am Ende der Regierungszeit Peters lebten knapp 100.000 Menschen in der Stadt und am Ende des Jahrhunderts betrug die Bevölkerung mit über 220.000 Einwohnern nicht nur ein Zehnfaches im Vergleich zur Konkurrenzhafenstadt Riga. St. Petersburg war darüber hinaus zur größten Hafenstadt der Ostsee geworden[301].

298 PSZ, Nr. 3860, O traktach k portovym gorodam [Über die die Hafenstädte betreffenden Traktate], 2.12.1721.

299 Ebenda, S. 36.

300 Ebenda, S. 38 f. Vgl. Kap. III.4.2.

301 NORTH, Geschichte der Ostsee, S. 167. Zur Einwohnerzahl von 1725 siehe POKROVSKIJ, Značenie S.-Peterburga, S. 34.

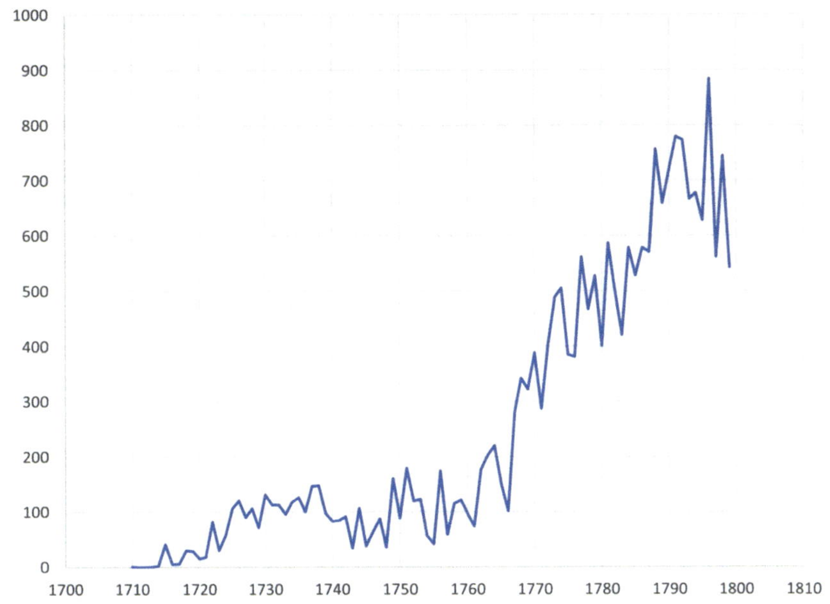

Abb. 9: Anzahl der jährlichen Schiffsbesuche in St. Petersburg 1710–1797
Quelle: Soundtoll Registers Online, Tabelle der jährlichen Schiffsbesuche in St. Petersburg, in: http://dietrich.soundtoll.nl/public/extra.php?k=1 (letzter Zugriff 14.12.2020).

2.7.6 Fazit St. Petersburg

Die Petersburger Zeitung stellte noch Anfang des 20. Jahrhunderts fest: »Dem Sinne ihres heldenhaften Begründers entsprechend gedieh sie in imposanter Kraft und Größe empor, eine Vermittlerin zwischen Ost und West, das Fenster, durch das lichtflutend Kultur in das ›schwarze Land‹ hineinstrahlte«[302]. Ohne die kulturelle Dimension des »schwarzen Landes« oder die Aufklärungsmetapher des Lichts an dieser Stelle eingehender kommentieren zu wollen, verweist dieser Rückgriff auf das Bild des »Fensters« zu Beginn des 20. Jahrhunderts darauf, dass Peters Stadtgründung ganz ohne Zweifel zu den nachhaltigsten seiner Veränderungen zu zählen ist. Doch lassen anderseits die enormen Opferzahlen der Gründungsphase und die großen Schwierigkeiten der Versorgung der schnell wachsenden Bevölkerung, aber auch das Potential alternativer Hafenstädte im Nordwesten des Reiches die Ansicht plausibel erscheinen, dass es sich bei der Gründung St. Petersburg um einen »grandiosen Fehler« gehandelt

302 Zit. n. Meyer, St. Petersburg, S. 248.

habe. Speziell in handelspolitischer Sicht erscheint vor allem die Verlegung der Hauptstadt wegen der hohen Versorgungskosten als wenig sinnvoll. Aber auch aus Sicherheits- und aus Verwaltungsgründen war es sicher nicht ratsam, die neue Hauptstadt an die Peripherie des Imperiums zu verlegen[303].

Da aber Peter diese Stadt nun einmal mit aller Vehemenz hatte gründen und ausbauen lassen, sich ihr Wachstum auch nach seinem Tode fortsetzte und auch die handelspolitische Dominanz gegenüber den anderen nordwestlichen Hafenstädten selbst dann noch fortdauerte, als ihre Zoll- und Handelsprivilegien bereits aufgehoben waren, passt die Metapher der »unsichtbaren Hand« Peters mit Bezug auf diese seine »Schöpfung« (Puškin) wohl so gut wie nirgendwo sonst.

2.8 Fazit – Zu viele Fenster nach Europa?

Die Seehandlung wird anjetzo in Russland aus sieben Seehäfen getrieben, nämlich aus Riga, Reval, Narva, Wiburg, Kola, Archangel und St. Petersburg (Johann Gotthilf Vockerodt)[304].

Wie Vockerodt hier feststellt, besaß Russland im 18. Jahrhundert nicht nur ein, sondern sieben »Fenster nach Europa«. Selbst das ist jedoch, erinnert man sich an Friebes Eingangszitat zu diesem Kapitel, gemessen an der Größe des Reiches eine durchaus niedrige Zahl[305]. Mit Ausnahme von Kola, welches nur eine nachgeordnete regionale Bedeutung hatte, sind in diesem Abschnitt die anderen von Vockerodt benannten »Fenster« hinsichtlich ihrer geographischen Lage, ihrer Handelsordnungen, ihres Warenprofils und ihrer Kaufleute behandelt worden. Folgende Ergebnisse lassen sich zusammenfassend festhalten:

1. *Wachstum*: Mit Ausnahme von Archangel'sk und Narva war der Handel in allen Hafenstädten von stetigem Wachstum geprägt, der nur durch zeitweilige Rückschläge, zumeist durch Kriegshandlungen ausgelöst, unterbrochen wurde.
2. *Positive Handelsbilanz*: Mit Ausnahme von Reval waren alle Häfen darauf konzentriert, die klassischen russländischen Exportgüter wie Hanf, Flachs, Holz, Leinen, Wachs, Eisen und teilweise auch Getreide zu exportieren. Demgegenüber fiel der Import von Kolonialwaren und Luxusgütern sehr viel geringer aus, was der russischen Staatskasse beträchtliche Gewinne einbrachte.

303 Ebenda, S. 247.
304 Vockerodt, Russland, S. 67.
305 Friebe, Ueber Rußlands Handel, S. 178.

3. *»Fremde Negocianten«*: Ungeachtet der positiven Handelsbilanz gelang es in keinem der Häfen, den Außenhandel unter die Kontrolle der örtlichen Kaufleute zu bringen. Überall dominierten die Holländer, Engländer und norddeutschen Kaufleute. Dabei nahmen die deutschbaltischen Kaufleute der Ostseeprovinzen eine Sonderrolle ein; die Grenzen zwischen Ausländern und Russen waren hinsichtlich ihrer Kategorisierungen teilweise fließend.
4. *Dominanz St. Petersburgs*: Ohne Zweifel ist die augenscheinliche Dominanz St. Petersburgs gegenüber den anderen Häfen deutlich geworden, welche sich neben den Zahlen zum Außenhandel auch in den Bevölkerungszahlen der Stadt widerspiegelt. Während St. Petersburg am Ende des 18. Jahrhunderts zur größten Ostseemetropole mit über 220.000 Einwohnern geworden war, lag Riga mit einem Zehntel davon weit abgeschlagen auf Platz zwei. Bei einer Betrachtung der Gründung der neuen Metropole jedoch allein vor dem Hintergrund ökonomischer Bewertungsmaßstäbe, stellt sich die Frage, ob es sich mit St. Petersburg angesichts der hohen Verluste von Menschenleben in der Frühphase und der hohen Versorgungskosten in der zweiten Hälfte des Jahrhunderts nicht doch um einen »grandiosen Fehler« gehandelt haben könnte, wie schon Nikolai M. Karamzin feststellte[306]. Sicherlich war dieses Städtegründungsprojekt aber mehr als ein bloßes »russisches Liverpool«, wie es Marx bezeichnet hat[307].
5. *Konkurrenz der Hafenstädte*: Durch die staatliche Förderung St. Petersburgs erwuchsen insbesondere Riga und Archangel'sk sowie Narva Nachteile. Jedoch waren die großen Kaufmannsfamilien flexibel genug, sich der Situation anzupassen. So konnten beispielsweise Kaufleute aus Riga oder auch Reval unter den neuen Umständen unter russischer Herrschaft durchaus Vorteile für sich sichern und vielfach einfach an dem Aufschwung St. Petersburgs selbst vor Ort profitieren. Mit Blick auf die individuellen Karrieren der Kaufleute relativiert dies das Thema der Konkurrenz der Hafenstädte.
6. *Imperialer Kontext*: Bei der Betrachtung der genannten Hafenstädte in vergleichender Perspektive muss berücksichtigt werden, in welchem Verhältnis sie aus staatlicher Sicht zueinanderstanden. Es ist weiter zu beachten, dass sich parallel zur Tendenz in der Historiographie, die Ostseeprovinzen als Ausland zu betrachten, eine Perspektive der imperialen Zusammengehörigkeit dieser Städte erst langsam im Laufe des Jahrhunderts entwickelte. Noch der wichtige Tarif von 1724 bezog sich nur auf die »russischen« Hafenstädte St. Petersburg, Archangel'sk und bemerkenswerterweise auch Wiburg und

306 Karamzin, Zapiska o drevnej i novoj Rossii, S. 37.

307 »Von diesem Standpunkt aus betrachtet beabsichtigte Peter der Große mit seinem Krieg gegen Schweden lediglich, sich ein russisches Liverpool zu errichten und es mit dem unverzichtbaren Küstenstrich zu versehen«. Marx, Die Geschichte der Geheimdiplomatie, S. 93.

Narva. Riga und Reval kamen erst 1781 in einem gemeinsamen zollpolitischen Raum mit den anderen russländischen Hafenstädten[308]. Narva lag dabei gemäß seiner geographischen Lage in einer Zwischenzone. Während es bezüglich der Tarifpolitik schon früher Teil des »Inneren« Reiches geworden war, galt dies nicht für die Währung, da hier wie in anderen Ostseeprovinzhafenstädten mit ausländischen Münzen gezahlt werden musste. Zudem führte der Ausbau der Kanalsysteme und der Ausbau St. Petersburgs als wichtigster Hafen Russlands zu einem stärkeren Zusammenwachsen mit dem Binnenmarkt des Reiches, in dem Handelszentren wie Moskau, Tula, Kaluga, Vologda, Ržev und Jaroslavl' in direktem Kontakt mit den nordwestlichen Hafenstädten standen, auch wenn die schnelle Bildung eines gesamtrussischen Marktes, wie in der sowjetischen Forschung postuliert, eher kritisch gesehen werden kann[309].

7. *Handelspolitik*: Zum Erfolg St. Petersburgs gegenüber den anderen Hafenstädten kann festgestellt werden, dass dessen Aufstieg paradoxerweise in einem antiproportionalen Verhältnis zu seiner Förderung stand. Anders ausgedrückt, nahm die Dominanz des Außenhandels in dem Ausmaß zu, wie die Förderung des Außenhandels in St. Petersburg abnahm. Dies führt uns schließlich zu der Frage, in welchem Verhältnis die handelspolitischen Maßnahmen zu ihren theoretischen Grundannahmen standen. Genau dies wird im folgenden Kapitel genauer untersucht werden.

---

308 Pokrovskij, Značenie S.-Peterburga, S. 33.

309 Repin, Vnešnjaja torgovlja, S. 71. Eine kritische Sicht auf die sowjetische These des gesamtrussischen Marktes im 18. Jahrhundert findet sich u.a. schon bei Kahan, The Plow, und Hartley, A Social History.

3. Merkantilismus in Russland?

3.1 Einführung und Konzept

Kann von Merkantilismus in Russland gesprochen werden? Dieser Frage wird im Einzelnen nachzugehen sein. Generell dafür spricht auf den ersten Blick neben einer Geldpolitik zur Erhöhung der Edelmetallreserven die quantitative Dimension der positiven Außenhandelsbilanz. Dagegen spricht jedoch die qualitative Komponente der gehandelten Waren, denn während Russland vor allem landwirtschaftliche Erzeugnisse und Rohstoffe – insbesondere die berühmt gewordenen *Naval Stores* – exportierte, importierte es in erster Linie Luxusartikel für die städtische Oberschicht, was nicht merkantilistischen Grundsätzen entsprach. Der Publizist Nikolaj I. Novikov brachte diese Situation im Satirejournal »Truten'« (Faulenzer) ironisch auf den Punkt:

> In Kronstadt kommen französische Schiffe an. Auf ihnen befinden sich folgende uns nützliche Waren: Französische Degen verschiedener Sorten, Schnupftabakdosen, Schildpatt, Papier, Wachs, Spitzen, Perücken, Kantillen, Manschetten, Bänder, Strümpfe, Schnallen, Hüte, Manschettenknöpfe und alles Mögliche sogenannter Galanteriewaren; holländisches Gefieder in Bündeln, bearbeitet und unbearbeitet; Stecknadeln unterschiedlicher Sorten und weitere feinste Kupferwaren; aber aus dem St. Petersburger Hafen heraus transportieren eben diese französischen Schiffe nur heimisches unnützes Zeugs, wie Flachs, Eisen, Juchtenleder, Talg, Kerzen, Segeltücher u.s.w. Viele unserer adligen jungen Leute lachen über die Dummheit der Franzosen, dass sie so weit fahren, um ihre modischen Waren gegen unser unnützes Zeugs zu tauschen[1].

Diese leicht humoristische Darstellung bringt das zentrale Problem des russischen Außenhandels im 18. Jahrhundert treffend auf den Punkt: Wie gestaltete sich der Handelskontakt zu den europäischen Ländern und wie sollte er sich idealerweise für die russische Seite gestalten?

Zur Beantwortung dieser Frage müssen vier Parameter betrachtet werden. *Erstens* muss nach der konkreten Handels- und Zollpolitik gefragt werden, denn sie hatte unmittelbaren Einfluss auf den Außenhandel. *Zweitens* kommt dem Thema zudem auch eine innenpolitische Dimension zu, da die Ausgestaltung des Handels konkret mit der Situation der russischen Kaufleute zusammenhing. Welche soziale

1 Zit. n. Prikazčikova, Ėkonomičeskie vzgljady, S. 6.

Stellung, welche Rechte hatten sie in der russischen Gesellschaft und wie wirkte sich dies auf den Außenhandel aus? Und merkantilistische Ideen der Substitution ausländischer Produkte berührten natürlich in ähnlicher Weise innenpolitisch soziale Themen, da beispielsweise die Arbeitskräftebeschaffung zu klären war. *Drittens* stellte sich die Frage nach dem Verhältnis der einheimischen Kaufleute zu den ausländischen Kaufleuten. Traf man sich auf Augenhöhe? Und wenn nicht, wie war dieser Zustand aus russischer Sicht zu verbessern? Schließlich ist *viertens* nach der allgemeinen wirtschaftstheoretischen Konzeption hinsichtlich der ersten drei Punkte zu fragen. Gab es eine übergreifende Strategie, eine wirtschaftstheoretische Lehre, die sich in diesen Punkten widerspiegelte? Wie hoch war überhaupt der Einfluss theoretischer Überlegungen auf die Praxis? An dieser Stelle wird abschließend in exkurshafter Weise das ökonomische Denken einzelner Personen genauer beleuchtet, deren Ideen als exemplarisch für die Zeit betrachtet werden. Auch diese Untersuchung der theoretischen Schriften orientiert sich weitgehend an den drei Parametern der Zollpolitik, der inneren sozialen Stellung der Kaufleute und der außenpolitischen Dimension des russländischen Außenhandels.

Diese vier Parameter werden somit das folgende Kapitel strukturieren. Nach einer kurzen Einführung zur Ausgangslage zum Ende des 17. Jahrhunderts werden sie in drei chronologisch geordneten Kapiteln vergleichend untersucht. Gemäß einer traditionellen chronologischen Einteilung der Geschichte des Russländischen Reichs im 18. Jahrhundert werden sich diese Kapitel an den Regierungsjahren Peters I., Katharinas II. und der »Zwischenzeit« von 1725 bis 1762 – der Epoche der sogenannten »Palastrevolten« – orientieren[2].

3.1.1 Ausgangslage bis 1700: Handelspolitik

Das entscheidende Werkzeug zur Steuerung der Handelsströme im merkantilistischen Sinne war die Zollpolitik. Grundlage der russischen Zollpolitik war zu Beginn von Peters Regierungszeit der *Novotorgovyj Ustav* (Neue Handelsordnung) von 1667, der bereits einige Komponenten enthielt, die als merkantilistisch bezeichnet werden könnten. So mussten ausländische Kaufleute mit ausländischen Silber- und Goldmünzen bezahlen, durften nur Großhandel betreiben und nicht untereinander in Russland Handel treiben. In den folgenden Jahrzehnten bis zum Beginn des 18. Jahrhunderts wurden ausländische Kaufleute praktisch vollends aus dem russischen Binnenhandel verdrängt[3]. Außerdem enthielt der *Novotorgovyj Ustav* erste Elemente der Kontrolle über den

2 Zur Epoche der »Palastrevolten« PAVLENKO, Strasti u trona. Siehe auch HILDERMEIER, Geschichte Russlands, S. 459–489. Zur Epocheneinteilung des 18. Jahrhunderts hinsichtlich der Handelspolitik POKROVSKIJ, Vnešnjaja torgovlja, S. 11.

3 REPIN, Vnešnjaja torgovlja, S. 72.

Export- und Importhandel. Beispielsweise war der Import von Wein mit hohen Abgaben versehen, während der Außenhandel mit dem Westen nur in Archangel'sk, Pskov und Novgorod zugelassen war, wobei Archangel'sk über den niedrigsten Zolltarif verfügte[4].

Der Gelehrte Afanasij L. Ordin-Naščokin hatte die Handelsordnung ausgearbeitet. Er war unter Peters Vater Aleksej Michajlovič im Staatsdienst u.a. als Diplomat tätig gewesen und wird als Vordenker der Reformen Peters gesehen – insbesondere im fiskalischen und handelspolitischen Bereich, da er die Bedeutung der Ostsee für Russland hoch einschätzte[5].

Die soziale und rechtliche Lage der Kaufleute hatte unter Aleksej vor allem steuerrechtliche Konturen angenommen. Kaufleute waren an ihren *posad*, also ihre städtische Verwaltungseinheit, zusammen mit den Handwerkern und den *meščane*, den niederen Stadtbewohnern, gebunden. Wohlhabende, im Fernhandel tätige Kaufleute waren die sogenannten *gosti*, die überregional agierten. Daneben gab es auch ausländische *gosti*, denen unterschiedliche Privilegien zugesprochen worden waren. Vor allem die Holländer besaßen im 17. Jahrhundert die komfortabelsten Rechte und hatten in allen größeren russischen Handelsstädten ihre Handelshöfe. Ausländische Kaufleute waren demnach im 17. Jahrhundert in viel stärkerem Maße auch am Binnenhandel beteiligt als nach Peters Regierungszeit.

3.1.2 Ausgangslage bis 1700: Ökonomisches Denken (Jurij Križanič)

Peters Gründung von St. Petersburg und die Eroberung der Ostseeprovinzen stellte ohne Frage eine Zäsur dar, weil der Westhandel dadurch in nie dagewesener Form an Bedeutung für das Reich gewann. Eine starke Westorientierung hatte es jedoch auch bereits im 17. Jahrhundert schon gegeben[6]. Auf theoretischer Ebene wurde sie durch den ersten Verfasser wirtschaftstheoretischer Schriften in Russland, Jurij Križanič, empfohlen. Križanič war ein katholischer Geistlicher aus Karlovac in Kroatien. Im Auftrag des Vatikans war er ab 1659 in Moskau tätig gewesen, um eine Union zwischen Katholiken und Orthodoxen voranzutreiben. Aufgrund dieser Tätigkeit wurde er jedoch für 16 Jahre nach Tobolsk in die Verbannung geschickt[7]. Während dieser Zeit verfasste er mehrere Schriften, darunter sein Hauptwerk »Politika«, welches sich mit dem idealen Staatsaufbau mit besonderer Berücksichtigung Russlands befasste[8].

---

4 Struve, Torgovaja politika Rossii, S. 48 f.

5 Ključevskij, Russkaja istorija, S. 216 f.

6 Kotilaine, Russia's Foreign Trade.

7 Zu seinem Leben und seiner Mission in Moskau siehe Letiche/Dmytryshyn, Russian Statecraft, S. XIII–XL.

8 Križanić, Politika.

Križanič stellte in seiner »Politika« in einem durchaus als merkantilistisch zu bezeichnendem Sinne fest, dass Handel grundsätzlich nötig und sogar ehrenhaft sei[9], um den Staat und seine Bewohner durch Silber- und Goldvorräte zu bereichern[10]. Das Problem Russlands bestünde aber darin, dass es im Grunde in alle Richtungen von der Außenwelt abgeschnitten sei. So war im Norden durch das Eismeer kein Handel möglich, im Osten lebten nur vermeintlich unterentwickelte Völker, mit denen kein Handel erstrebenswert sei, im Süden hätten die Krimtataren den Handel in ihren Händen und in Litauen sei nichts Interessantes für den Handel zu erwerben. Nur drei mögliche Handelsrouten blieben übrig, nämlich die Landwege über Pskov und Novgorod sowie der Weg über das Meer mit dem Ausgangspunkt Archangel'sk. Alle drei Wege seien aber sehr mühsam, weshalb er Russland eben im Grunde als von der Außenwelt und dem Außenhandel abgeschnitten betrachtete[11].

Bemerkenswert an dieser geographischen Einordnung des russischen Außenhandels im 17. Jahrhundert ist, dass Križanič neben der Betonung des Handels mit dem Westen – oder genauer: dem Nordwesten – auch den Handel nach Süden über das Asovsche Meer für attraktiv hielt. Immerhin richtete sich Peters erster militärischer Feldzug 1695 genau in diese Richtung. Und auch im Tran-

---

9 »No sleduet znat', čto torgovlja sama po sebe – delo čestnoe i dostojnoe« [Es lohnt sich zu wissen, dass der Handel an sich eine Sache der Ehre und der Würde ist]. Ebenda, S. 36.

10 »Itak, vyjasnjaetsja: vo-pervych, čto v ėtoj strane malo toržišč, i nado, čtoby ich bylo by bolše, a bez carskoj pomošči ich nikto ne možet ustroit'. Vo-vtorych, net v strane zolota, serebra, medi, olova, svinca, rtuti i chorošego železa" [Uns so zeigt sich: Erstens gibt es in diesem Land wenig Handelsplätze, und es ist nötig, dass es mehr werden, aber ohne zarische Hilfe kann man sie nirgends errichten. Zweitens gibt es im Land weder Gold, Silber, Kupfer, Zinn, Blei noch gutes Eisen]. Ebenda, S. 34.

11 »Chot' ėto slavnoe gosudarstvo stol' široko i bezmerno veliko, odnako ono so vsech storon zakryto dlja torgovli. S severa nas opojasyvaet Studenoe more i pustynnye zemli. S vostoka i s juga nas okružaet otstalye narody, s koimi nikakoj torgovli byt' ne možet. Na zapade – v Litve i v Beloj Rusi – ne voditsja togo, čto nam nužno (razve čto liš' med' est' u švedov). Azovskuju i černomorskuju torgovlju, kotoraja byla by dlja ėtoj strany samoj poleznoj, zachvatili i deržat krymcy. Torgovle v Astrachani prepjastvujut nogajcy. Torgovle s bucharcami v Sibiri mešajut kalmyki. Tak čto ostaetsja u nas tol'ko tri bezopasnych toržišča: dlja torgovli posuchu – Novgorod i Pskov, a dlja morskoj torgovli – Archangel'skaja pristan', no i k nej put' neimoverno dalek i truden« [Obwohl dieser ruhmreiche Staat so weit und grenzenlos groß ist, ist er doch nach allen Seiten vom Handel abgeschnitten. Im Norden umschließt uns das gefrorene Meer und die verlassene Weite. Im Osten und Süden umgeben uns zurückgebliebene Völker. Mit denen kein Handel möglich ist. Im Westen, in Litauen und Belarus wird nichts geführt, was uns nützlich wäre (außer dass es bei den Schweden Kupfer gibt). Den Handel auf dem Asovschen Meer und dem Schwarzen Meer, der für dieses Land am nützlichsten wäre, haben die Krimtataren übernommen und fest in der Hand. Der Handel in Astrachan' wird durch die Nogaier behindert. Den Handel mit Buchara in Sibirien stören die Kalmyken. So bleiben uns nur drei ungefährliche Handelsrouten: Der Landweg über Novgorod und Pskov, und für den Seehandel – über den Hafen von Archangel'sk, aber dieser Weg ist unbeschreiblich weit und gefährlich]. Ebenda, S. 33 f.

sithandel mit Indien sah Križanič trotz der pessimistischen Beschreibung der zeitgenössischen Lage Chancen und Entwicklungspotential für die Zukunft[12].

Neben der Abgeschiedenheit benennt Križanič als weiteres Problem die Unfähigkeit der Slawen Handel zu treiben[13], was durch die Hinterlist der Ausländer ausgenützt werde. Um dem zu begegnen sei ein entschiedenes Eingreifen des Zaren vonnöten, der den Handel in die eigenen Hände nehmen und langfristig seine Untergebenen zur Eigeninitiative anleiten solle. Damit könne die abträgliche Präsenz der Ausländer im Handel beendet werden[14], denn der Handel der Ausländer, bzw. der Deutschen, schade den Russen mehr, als dass er ihnen Nutzen bringe[15]. Sogar die Produktion eigener Waren hielt Križanič bereits für schützenswert vor ausländischer Konkurrenz, jedoch benannte er noch nicht die Zollpolitik als ein probates Mittel dafür, sondern stellte nur sehr allgemeine Forderungen in diesem Bereich[16].

Die Vorstellungen Jurij Križaničs können also durchaus als merkantilistisch bezeichnet werden. Wie bei der geographischen Ausrichtung gesehen, wird Peter I. viele Empfehlungen zu Beginn des 18. Jahrhunderts in seine Handelspolitik aufnehmen. Doch ist auch ein wesentlicher Unterschied erkennbar: Bei Križanič ist eine aggressive Ausländerfeindlichkeit ersichtlich, die klar im Widerspruch zur späteren petrinischen Anwerbungspolitik von ausländischen Spezialisten steht[17]. Auffällig an dieser markanten Xenophobie ist zweifellos Križaničs eigene Herkunft aus Kroatien, die ihn nicht daran hinderte, sich im panslawistischen Sinne als Angehöriger des Moskowiter Zarenreiches zu fühlen – ein Land immerhin, das ihn 16 Jahre lang gefangen gehalten hatte. Seiner

12 Ebenda, S. 39.

13 »Našego naroda umy ne razvity i medlitel'ny i ljudi neiskusny v remesle i malo sveduščí v torgovle. (…) Russkie, poljaki i ves' narod slavjanskij soveršenno ne umejut vesti dal'nej torgovli ni na more, ni posuchu« [Der Verstand unseres Volkes ist nicht entwickelt und langsam und die Menschen sind unbegabt im Handwerk und zum Handel nicht fähig. … Russen, Polen und überhaupt alle slawischen Völker können keinen Fernhandel betreiben, weder zu Lande noch auf dem Seewege]. Ebenda, S. 34.

14 Ebenda, S. 35.

15 »Esli by nemcev na Rusi ne bylo, torgovlja ėtogo carstva byla by v gorazdo luščem sostojanii« [Wenn es in der Rus' keine Deutschen [*Nemcy*, auch generell Ausländer gemeint; T. P.] gäbe, wäre der Handel dieses Herrschaftsgebietes in einem viel besseren Zustand]. Ebenda, S. 50.

16 Ebenda, S. 37.

17 »Esli dozvoleno budet vsjakomu torgovat' s inozemcami, ili esli čužestrancam dozvoleno budet žit' sredi nas, to narodu pričinjaetsja gorkaja obida: vse naše dobro ot nas uvozjat, my stradaem ot goloda, a čužestrancy u nas na glazach vse plody našej zemli poedajut« [Wenn es jedem erlaubt wird, mit den Ausländern zu handeln, oder wenn es den Ausländern erlaubt wird, unter uns zu leben, dann wird das Volk bitteren Kummer erleben: Alles Gute wird uns weggenommen, wir erleiden Hunger, aber die Ausländer werden vor unseren Augen alle Früchte unseres Landes verspeisen]. Ebenda, S. 38.

eigenen Herkunft zum Trotz betonte er, dass alle Ausländer den Russen gegenüber gleich feindlich eingestellt seien. Seien die feindlichen Deutschen vertrieben, kämen andere, ebenso schädliche Ausländer[18]. Und auch der Handel wäre ohne die schädlichen Deutschen in einem viel besseren Zustand[19]. Doch ungeachtet dieser Xenophobie wird Križanič hinsichtlich seiner handelspolitischen Überlegungen heute zu Recht gemeinsam mit dem zu behandelnden russischen Kaufmann Posoškov zu den Theoretikern der Umbruchzeit Peters I. gerechnet[20].

3.2 Peter I. (1703–1725)

3.2.1 Einleitung

Für Johann Benedict Scherer, der in den 1760er Jahren dem Justiz-Kollegium für finnische, estnische und livländische Rechtsangelegenheiten angehörte, stand fest: »Schifffahrt und Handel traf nun eine völlige Schlafsucht, aus welcher sie sich erst unter Peter des Großen Regierung erholte«[21]. Dass Peter den russischen Handel aus einer völligen »Schlafsucht« erwacht habe, steht angesichts der im ersten Kapitel geschilderten Entwicklung in den nordwestlichen Hafenstädten des Russländischen Reiches außer Frage. Im Folgenden wird erst das »Wie« anhand der Zollpolitik und der sozialen Implikationen nach innen sowie der Probleme und Absichten nach außen thematisiert. Anschließend wird das »Warum« anhand des Versuchs einer Klassifizierung der theoretischen Grundannahmen untersucht. Abgeschlossen wird dieses Kapitel, so wie die folgenden chronologisch angelegten Abschnitte, mit einem Blick auf exemplarische Arbeiten zum ökonomischen Denken, hier die Arbeiten von Ivan Posoškov und Friedrich Christian Weber. Weber war zwar kein Ökonom, sein Werk und die darin verwendete Metapher des »Veränderten Russlands« aber umso einflussreicher, weshalb es lohnend erscheint, nach den handelspolitischen Abschnitten des Werks zu fragen.

3.2.2 Handels- und Zollpolitik

»Wir stehen am Ufer und schauen, wie die Gäste zu uns kommen und gehen, aber selbst können wir es nicht!«[22] Mit dieser Feststellung markierte der Peter-

18 »Esli ne pridut vraždebnye nam nemcy, pridut drugie« [Wenn nicht die uns feindlich gesinnten Deutschen kommen, werden andere kommen]. Ebenda, S. 50.

19 Ebenda, S. 50.

20 Gloveli, Merkantilistskaja geokul'tura, S. 246.

21 Scherer, Geschichte und gegenwärtiger Zustand, S. 30.

22 Zit. n. Posoškov, Kniga o skudosti i bogatstve, S. 304.

Vertraute und Erzbischof Feofan Prokopovič den neuralgischen Punkt des russischen Außenhandels. Dieser sollte nun primär durch eine staatliche Zollpolitik angegangen werden.

Auf der Grundlage des *Novotorgovyj Ustav* von 1667 konnte Peter aufbauen und weitere merkantilistische Elemente in seine Zollpolitik integrieren. Zur besseren Kontrolle ließ er Zollstationen in St. Petersburg, Archangel'sk, Moskau, Kyiv und Astrachan' einrichten[23]. Allerdings bezog sich die Kontrolle nur auf die zivile Produktion. Dort waren Einfuhrzölle niedrig angesetzt, wenn es die entsprechenden Produkte in Russland noch nicht gab, und hoch (bezogen auf den Handelswert – *ad valorem*), wenn die jeweiligen Erzeugnisse auch in Russland hergestellt werden konnten. Eine Ausnahme bildeten Rüstungsgüter, da Peter hier uneingeschränkt eine autarke eigene Produktion anstrebte und somit zwischen Zöllen und Einfuhr kein Zusammenhang bestand[24].

Die neuen Grundsätze der Handelspolitik kamen gesammelt im *Morskoj Torgovoj Ustav* (Seehandelsordnung), dem großen Zolltarif, zum Ausdruck. Peter erließ ihn kurz vor seinem Tod 1724, also erst nach dem Ende des Großen Nordischen Krieges, als der Handel auf der Ostsee wieder möglich geworden war[25]. Hatten vorher noch liberalere Einfuhrbestimmungen gegolten, da Peter zunächst an der Einfuhr hochwertiger Produkte aus dem Ausland interessiert gewesen war[26], verschärfte der neue Zolltarif den Grundsatz des Schutzes einheimischer Produktion. Die wesentliche Neuerung an diesem Tarif war aber der Anspruch des Staates durch differenzierte Zollsätze von 3 % für dringend benötigte Rohstoffe und bis zu 75 % für in Russland selbst hergestellte Produkte die Ein- und Ausfuhr steuern zu können[27]. Wie viele der Petrinischen Reformen folgten auch diese Grundsätze neben der Weiterentwicklung des *Novotorgovyj Ustav* von 1667 vor allem einem schwedischen Vorbild, nämlich dem schwedischen Zolltarif von 1636[28].

Die eingerichteten Zollbehörden hatten von Beginn an mit dem Phänomen des Schmuggels zu kämpfen – ein Problem, das die Behörden das ganze Jahrhundert über beschäftigen sollte. Nachdem der Handel nach dem Ende des Nordischen Krieges an Fahrt aufgenommen hatte, erließ Peter bereits im April 1722 ein strenges Verbot der illegalen Einfuhr von Waren[29].

---

23 Weber, Das Veränderte Russland, S. 56.

24 Šejnin, Peterburg i rossijskij merkantilizm, S. 43.

25 PSZ, Nr. 4451, Morskoj torgovoj reglament i ustav [Seehandelsreglement und -bestimmung], 31.1.1724. Dazu auch Anisimov, Petr Pervyj, S. 94.

26 Pokrovskij, Značenie S.-Peterburga, S. 31.

27 Pokrovskij, Vnešnjaja torgovlja, S. 84.

28 Pod flagom Rossii, S. 85.

29 Čulkov, Istorija kratkaja rossijskoj torgovli, S. 92 f.

Eine Beurteilung der Handelspolitik Peters wäre unvollständig, ohne einen Blick auf die administrativen Neuerungen zu werfen, zu denen es im Zuge der Petrinischen Reformen kam und welche die Zollpolitik mit umzusetzen hatten. Im Zentrum der Reformen stand vor allem das bereits erwähnte Kommerz-Kollegium, das den Binnen- und Außenhandel steuerte. Eine Vorgängerinstitution hatte Peter bereits 1712 in Moskau gründen lassen, woran vor allem deutschbaltische Kaufleute aus Narva und Dorpat beteiligt waren. 1715 ließ Peter eine auch personell neu aufgestellte Institution in St. Petersburg unter Leitung von Petr M. Apraksin aufbauen, die 1717 im Zuge des Aufbaus der Kollegien einen neuen Präsidenten – Petr A. Tolstoj[30] – und 1718 und 1719 neue Statuen bekam[31]. Wie andere Kollegien auch orientierten sich der Aufbau und die Funktionsweise dieser Behörde an schwedischen Vorbildern[32]. Das Kommerz-Kollegium war dem Senat untergeordnet und darüber hinaus angehalten, eng mit den ebenfalls neu gegründeten Manufaktur- und Bergkollegien zusammenzuarbeiten. Nicht zu unterschätzen war vor allem die mit dieser Institution einsetzende Professionalisierung der Verwaltung von Informationen, welche es nicht zuletzt auch dem Historiker erleichtert, sich mit dem Thema Handel im 18. Jahrhundert zu beschäftigen. Die erste Hauptaufgabe des Kollegiums bestand in der Ausarbeitung des bereits erwähnten *Morskoj Ustav* von 1724, der auch die Einrichtung einer Zollbehörde (*Tamožnja*) in St. Petersburg zur Folge hatte[33].

Ein Element der Zollpolitik, das zugleich mit der Sozialpolitik verbunden ist, war die Vergabe von Monopolen für bestimmte Waren. Zunächst behielt sich der Staat den Verkauf einiger Waren vor, verpachtete später aber das Recht auf den Verkauf einiger dieser Waren an Einzelpersonen, was entgegen der Idee der alleinigen staatlichen Kontrolle stand und somit nicht idealtypisch in der hier verwendeten Definition von Merkantilismus zu verstehen ist[34]. Da das Thema der Monopolvergabe auch die Sozialpolitik sowie das ökonomische Denken berührte, wird auf dieses Thema noch zurückzukommen sein.

30 PSZ, Nr. 3133, O naznačenii v Kollegijach Prezidentov i Vice-Prezidentov [Über die Ernennung von Präsidenten und Vizepräsidenten in den Kollegien], 15.1.1717. Tolstoj fiel 1727 dem Machtkampf mit Menšikov zum Opfer und starb wenig später auf den Solovki-Inseln im Exil. Siehe dazu Pod flagom Rossii, S. 90.

31 PSZ, Nr. 3255, Ob upravlenii vo vsech Kollegijach i v Gubernijach del s 1720 goda po novomu porjadku i o razdelenii del meždu Kollegijami [Über die neue Verwaltungsordnung von 1720 und die Zuständigkeitsaufteilung zwischen den Kollegien], 12.12.1718; PSZ, Nr. 3317, O posylke v Kommerc-Kollegiju kopii s Instrukcii sočinenoj dlja onoj Kollegiu [Über die Entsendung einer Kopie der Instruktion der Verwaltungsordnung des Kollegiums an das Kommerzkollegium], 3.3.1719.

32 Zu Schwedens Einfluss auf die russische Zollpolitik siehe Minaeva, Torgovaja konkurencija.

33 Morskij Ustav [Seeverordnung], 1724, in: ASPbIIRAN, f. 36, op. 1, d. 603, Bl. 1–55; PSZ, Nr. 4451, Morskoj torgovoj reglament i ustav [Seehandelsreglament und -bestimmung], 31.1.1724.

34 Pokrovskij, Vnešnjaja torgovlja, S. 83 f.

3.2.3 Soziale Dimension der Handelspolitik

Mit Blick auf den innenpolitischen Bereich ist spätestens seit der marxistisch inspirierten Geschichtsschreibung kritisiert worden, dass sich Peter zu sehr auf den Adel als die Reformen tragende Schicht gestützt habe und somit keine Bourgeoisie entstehen konnte[35]. Die neuere russische Literatur kritisiert vor allem den auch in dieser Arbeit festgestellten Zwangscharakter seiner Politik, der die Entstehung liberaler kapitalistischer Verhältnisse und das Prinzip der Konkurrenz als Modernisierungsfaktor verhindert habe[36]. Die Zwangsmaßnahmen richteten sich allerdings bekanntermaßen auch gegen den Adel selbst. So ist die befohlene Ansiedlung von Adeligen in der neuen und anfangs noch ungeliebten Stadt St. Petersburg ein solches Beispiel[37]. Auf der anderen Seite boten sich gerade hier, wie Peter Heinrich Bruce, ein Großneffe des Peter-Vertrauten James Daniel Bruce, beschrieb, gute Möglichkeiten für Kaufleute: »Die Kaufleute machten ihr Glück in dieser neuen Stadt, wo alles außerordentlich theuer war«[38].

Als gesichert gilt indessen, dass trotz der durch das Vorbild Holland inspirierten Sympathie Peters für Kaufleute diese im petrinischen Russland keinen wesentlichen sozialen Aufstieg vollzogen. So konnten sie allerdings auch nicht zum Träger einer kommerziellen Aufschwungsdynamik werden, wie das in den Niederlanden der Fall gewesen war[39]. Aufschlussreich in dem Zusammenhang ist die bei Stählin berichtete Begebenheit mit holländischen Kaufleuten: Diese hätten von Peter das Recht der exklusiven Teilhabe am russischen Binnenhandel gefordert und im Gegenzug die Ausbildung russischer Kaufleute angeboten. Da Peter und seine Berater den Holländern und ihrem Angebot nicht trauten, kam es nicht dazu[40].

Die unattraktiven Aufstiegsperspektiven für russische Kaufleute führten letztlich dazu, dass, wenn Angehörigen von Kaufmannsfamilien der finanzielle Aufstieg gelang, sie schnellstmöglich versuchten, in den besser privilegierten Adelsstand zu wechseln, um dort ohne Probleme ihre Geschäfte mit größerem sozialem Prestige weiterführen zu können. Bekannte Beispiele dieser Art sind die Kaufmannsfamilien Demidov und Stroganov. Auch Peters Freund Aleksandr D. Menšikov fällt in diese Rubrik. Er blieb im 18. Jahrhundert einer der wenigen Russen, die sich selbst auf eigene Rechnung im großen Stil am Westhandel mit Europa beteiligten[41].

35 Ebenda, S. 88.
36 Anisimov, Petr Pervyj, S. 98.
37 Semenova, Byt, S. 5; Bespjatych, Peterburg Petra I, S. 26 f.
38 Bruce, Des Herrn Peter Heinrich Bruce […] Nachrichten, S. 134.
39 Anisimov, Petr Pervyj, S. 102–104. Siehe auch den Abschnitt zu Ivan Posoškov in Kap. III.2.5.
40 Semenova, Byt, S. 118.
41 Repin, Učastie »raznočincev«, S. 268.

Ein Grund für das schlechte Prestige und die geringe Attraktivität der Kaufmannschaft war ihre steuerliche Bindung an ihren *posad*, was ihre Bewegungsfreiheit einschränkte, weshalb es selbstredend ein großes Hindernis für Kaufleute darstellte[42]. Außerdem verfügten Adlige über bessere Möglichkeiten der politischen Einflussnahme und rechtliche Vorteile. So schildert der dänische Diplomat Georg Grund in seinem »Bericht über Russland in den Jahren 1705–1710«, dass russische Kaufleute, die zu erfolgreich wurden, Gefahr liefen, vom Adel um ihre Besitztümer erleichtert zu werden, da der Adel im russischen Rechtssystem bessere Möglichkeiten besaß[43]. Daran änderte auch die Einteilung der Kaufmannschaft in drei Gilden im Jahre 1721 wenig, welche aber immerhin eine größere Rechtssicherheit in die Angelegenheiten der Kaufleute brachte[44].

Außerdem eröffneten sich unter Peter teils sehr profitable Möglichkeiten für Angehörige des Adels, um insbesondere mithilfe von Monopolen große Gewinne im Außenhandel zu erzielen. Dies hatten Peters Vertraute, die sozialen Aufsteiger und gegenseitigen machtpolitischen Kontrahenten Aleksandr D. Menšikov und Petr P. Šafirov unter Beweis gestellt[45]. Somit entstand schon unter Peter ein Konflikt, der im Laufe des 18. Jahrhunderts noch zunehmen sollte: die Auseinandersetzung zwischen dem höheren Adel einerseits und den Beratern in ökonomischen Fragen sowie Kaufleuten andererseits[46]. Der höhere Adel, darunter neben den schon erwähnten Menšikov und Šafirov auch andere hohe Würdenträger wie Fedor M. Apraksin, Michail B. Šeremetev oder Petr A. Golicyn Petr A., hatte ein Interesse an westlichen Luxusartikeln und konnte diesen Bedarf dank seines politischen Einflusses decken. Auf der anderen Seite forderten Ivan Posoškov und Burkhard Münnich, aber auch Peter selbst, die Einfuhr westlicher Luxusgüter zu beschränken, um die Handelsbilanz noch weiter zu verbessern und langfristig ausländische Luxusgüter durch einheimische Produkte zu ersetzen[47].

Innerhalb der unteren sozialen Schichten bewirkte die Politik Peters keine dynamische, dem wirtschaftlichen Fortschritt zugewandte Entwicklung der Gesellschaft. Durch die Kopfsteuer und die Einführung von Passdokumenten wurde die Kontrolle über die Bevölkerung im Gegenteil noch verschärft, und durch den massenhaften Gebrauch von Leibeigenen in Manufakturen die Schicht der freien Bauern vollends aufgelöst[48]. Somit basierte die Wirtschafts-

---

42 Mironov, Russkij gorod, S. 162; Heller, Rechtliche Rahmenbedingungen, S. 14–18.

43 Hughes, Russia, S. 149.

44 PSZ, Nr. 3708, Reglament ili Ustav Glavnogo Magistrata [Reglement oder Verordnung des Hauptmagistrats], 16.1.1721.

45 Repin, Vnešnjaja torgovlja, S. 62; zu Šafirov siehe Bazarova, Pervyj rossijskij vice-kancler.

46 Repin, Učastie »raznočincev«, S. 266.

47 Repin, Vnešnjaja torgovlja, S. 63. Siehe auch den Abschnitt zu Posoškov in Kap. III.2.5.

48 PSZ, Nr. 4518, O stroenii u granicam sibiri krepostej dlja zaščiščenija Sibirskich zavodov, o

politik in großem Maße auf einer Verschärfung der Leibeigenschaft[49]. Obwohl ein immer wieder anzutreffender und vorschneller Vergleich zur Industrialisierung unter Stalin unangemessen erscheint[50], so kann doch konstatiert werden, dass die Stärkung der Leibeigenschaft wesentlich zur Verhinderung des Aufstiegs eines privaten Unternehmertums beigetragen hat. Gleichwohl hat Peter durch einige Maßnahmen durchaus versucht Privatinitiative zu fördern[51].

Der aus England angeworbene Spezialist für Kanalbau John Perry sah die Gründe für die nur eingeschränkten Erfolge der Wirtschaftspolitik weniger beim Zaren und seinen Reformansätzen, sondern eher bei dem Reformunwillen und verantwortungslosen Verhalten der adligen Schichten sowie in der generellen Unterdrückung der russischen Bevölkerung. Der Adel habe nur die eigene Bereicherung im Sinne und damit die staatlichen Reformmaßnahmen ausgebremst. Angesichts des zugleich von ihm konstatierten hohen Entwicklungspotentials Russlands erschien ihm dies nur umso ärgerlicher:

> These are the Produce of the Czar's Country for War and for Trade; and if the Advantage of the Situation be considered by Means of those grand Rivers which everywhere spread their Branches, flowing through the Heart of Russia, and fall into four several Seas, as I have already mentioned in another Place, was but Industry cultivated and encouraged as it is in England and other free Countries, the Product of it might, it is certain, be much further improved. Trade be extended, the People made happy, and the Czars of Muscovy, as the Extent of their Country is very great, might in a short time become equal in Power and Strength to any Monarch on Earth; more particularly by reason of the great Cheapnels and Plenty of Timber and Naval Stores for equipping out the Fleet, and by reason of its being easy to maintain an Army on the Side of Azov, they would undoubtedly be more able to shake the Empire of the Turks than any of those Princes of Europe who usually have War with them.
>
> But I must here observe two or three Instances of the Disadvantages to the Czar's Revenue, through the vitiated Temper and injudicious Administration of his Boyars, and of the general Oppression which his People (notwithstanding all the Reformation which the Czar has endeavoured) do and are like still to groan under, and from whence it will always

pripisk k onym zavodam slobod, o plateže za nich podušnych deneg i o neprinimanii na zavody beglych [Über den Bau von Festungen an den Grenzen Sibiriens zum Schutz der sibirischen Fabriken, über die Hinzufügung von Siedlungen, über die Zahlung der Kopfsteuer und die Nichtannahme von Flüchtlingen in den Fabriken], 29.5.1724; ANISIMOV, Petr Pervyj, S. 110 f.

49 BARTLETT, A History, S. 102 f.

50 So z. B.: »Slavery and industrialization thus went hand in hand in Russia's first effort to modernize, a combination to be repeated in the Stalin era.« BLACKWELL, The Industrialization, S. 11.

51 PSZ, Nr. 3526, Ob«javlenie iz Berg i Manufaktur Kollegii ob otdače Moskovskoj sukonnoj fabriki v častnoe soderžanie kompanejščikam [Bekanntmachung aus dem Berg- und Manufakturkollegium über den Verkauf von Moskauer Textilfabriken an private Eigner], 17.2.1720.

> appear, that wherever Trade is oppressed, the People must be poor, and by consequence the Prince must be so too[52].

Auch wenn Perry weitere interessante Aspekte anspricht, auf die noch zurückzukommen sein wird, kann mit Hinblick auf die soziale Komponente der Politik Peters festgehalten werden, dass trotz der Sympathie des Zaren gegenüber dem Handel und seinen Protagonisten, die Kaufleute während seiner Herrschaftszeit keinen nennenswerten sozialen Aufschwung zu verzeichnen hatten.

3.2.4 Die außenpolitische Dimension: die Förderung russischer Kaufleute im Außenhandel

Mit Blick auf die Außenpolitik ist zu konstatieren, dass Peters Handelspolitik von einem grundsätzlichen Widerspruch geprägt war und sich daher in einem Dilemma befand: Während die angestrebte Integration in den Welthandel eine Öffnung für ausländische Kaufleute bedeutete, gebot die merkantilistische Maxime des Protektionismus sogleich wieder eine Einschränkung dieser Öffnung, wie sie Križanič angemahnt hatte. Konkret zeigt sich dieser Widerspruch in der Förderung russischer Kaufleute sowie in dem Ziel der Schaffung einer russischen Handelsflotte auf der einen Seite und der Einladung ausländischer Spezialisten und Kaufleute auf der anderen Seite. Ohne Zweifel stellte die rechtliche Absicherung und die kulturelle Toleranz den Ausländern gegenüber, die Peter bereits 1702 verkündet hatte[53], eine Voraussetzung für den Anstieg des Außenhandels in Russland dar, begrenzte aber zugleich von Anfang an die Möglichkeit der Partizipation russischer Kaufleute.

Ein damit zusammenhängendes Problem, das den russischen Handel noch das gesamte Jahrhundert beschäftigen sollte, und das idealtypisch in eine merkantilistische Konzeption passte, war die Frage nach einer eigenen Handelsflotte, welche die russischen Waren nach Westeuropa bringen sollte. Auch dieses Ziel schrieb der preußische Gesandte und Zeitgenosse Johann Gotthilf Vockerodt Peter zu, der angestrebt habe,

> die Seehandlung, wovon sich die fremden Nationes in seinem Lande Meister gemacht, denselben aus den Händen spielen, und seine Russen encouragiren möchte, ihre Waaren in ihren eigenen Schiffen nach auswärtigen Ländern zu verführen. […] Sein Hauptanliegen bei dem Commerzwesen ist inzwischen beständig gewesen, aus seinen Unterthanen

52 Perry, The State of Russia, S. 247 f.

53 PSZ, Nr. 1910, O vyzove inostrancov v Rossiju, c obeščaniem im svobode veroispovedanija [Über die Anwerbung von Ausländern nach Russland und die ihnen versprochene Glaubensfreiheit], 16.4.1702. Vgl. auch Schönle/Zorin, On the Periphery of Europe, S. 27.

rechte Kaufleute zu machen, und sie dahin zu bringen, dass sie ihre Waaren nicht durch den Canal anderer seefahrenden Nationen, sondern vor eigene Rechnung, und mit eigenen Schiffsgefässen verführen, und in auswärtigen Ländern debitiren möchten[54].

Um russische Kaufleute im Ausland zu etablieren, ließ Peter sofort nach dem Ende des Großen Nordischen Krieges 1722 drei Fregatten mit russischen Waren nach Cadiz und ein Jahr später nach Bordeaux segeln, um direkten Kontakt mit spanischen und französischen Händlern aufnehmen zu können. Trotz der Unterstützung durch russische Handelskonsuln vor Ort fanden diese Unternehmungen wegen finanzieller Probleme keine Wiederholung[55]. Eine ähnliche Expedition nach Venedig hatte bereits 1717 unter der Leitung von Aleksandr D. Menšikov mit vergleichbarem unbefriedigendem Ausgang stattgefunden, was auch an der aufwendigen und kostspieligen militärischen Begleitung lag[56]. Grundgedanke dieser Handelsexpeditionen war es, die Dominanz der Holländer und Engländer beim Zwischenhandel zu brechen[57].

Einer gleichberechtigten Teilnahme am internationalen Handel für russische Kaufleute standen drei Hindernisse im Weg: Zum ersten die Überlegenheit westlicher Kaufleute an Kenntnissen und Fertigkeiten, zum zweiten deren Vorteil an Finanzkraft und drittens die sozialen Benachteiligungen russischer Kaufleute in Russland. Dass der dritte Punkt nicht überzeugend gelöst wurde, wurde im letzten Abschnitt über die Sozialpolitik Peters bereits deutlich. Hinsichtlich des ersten Punkts, die berufsspezifische Ausbildung, so wollte Peter durch die Entsendung von Kaufmannssöhnen in den Westen, wie er das auch für Adelssöhne praktizierte, schnellstmöglich einen Fortschritt erreichen. Vorgesehen war es, jährlich 15 Kaufmannssöhne in europäische Hafenstädte zu entsenden, um dort westliche Handelspraktiken zu erlernen. Dass zugleich 20 junge Leute mit demselben Ziel nach Riga oder Reval geschickt wurden, unterstreicht erneut die besondere Rolle dieser Städte im Russländischen Reich des 18. Jahrhundert als eine Art halbes Ausland[58]. Aus finanziellen Gründen war es aber für die Kaufmannssöhne erheblich schwieriger, sich derartige Aufenthalte

54 Vockerodt, Russland, S. 73, 77.

55 Ebenda, S. 78; Šejnin, Peterburg i rossijskij merkantilizm, S. 39.

56 Repin, Torgovlja Rossii, S. 144 f.

57 Semenova, Byt, S. 101; Pokrovskij, Vnešnjaja torgovlja, S. 80.

58 PSZ, Nr. 4348, O priležnom nabljudenii, čtoby Rossijskie tovary bolee na den'gi prodavaemy, o rasprostranenii torgovli s Francieju, Ispanieju i Portugallieju, o kitovom promysle ob učrezdenii kompanii, o posylke v čužie krai molodych ljudej iz torgovago klassa dlja obučenija kommerciu [Über sorgfältige Beobachtung darüber, dass russische Waren mehr für Geld verkauft werden müssen, über die Ausweitung des Handels mit Frankreich, Spanien, Portugal, über die Walfangindustrie, über die Gründung von Kompagnien, über die Entsendung von jungen Kaufmannssöhnen ins Ausland zum Zwecke der Ausbildung in Kommerzsachen], 8.11.1723.

zu leisten. Darüber hinaus war das Bewusstsein für die Notwendigkeit unter den Kaufleuten außerordentlich schwach ausgeprägt, so dass es kaum freiwillige Meldungen für einen Auslandsaufenthalt gab. Dies lag schon allein an den fehlenden Fremdsprachenkenntnissen, aber selbst des Russischen waren die jungen Kaufmannssöhne nicht in ausreichender Form mächtig, wie ein zeitgenössischer Bericht urteilte[59]. Und selbst wenn es gelang jemanden zu finden, zeitigte es nicht die anvisierten Erfolge, wie Vockerodt zu berichten weiß:

> Und die jungen Russen, die er nach England und Holland gesandt hatte, verliebten sich dergestalt in die dasige Freiheit, dass ihrer viele diese Länder ihrem Vaterlande vorzogen, und nie zurückkamen. Die sich endlich zur Retour persuadieren liessen, wurden von ihren Landsleuten so wenig encouragiret, und so schlecht belohnet, dass die meisten von ihnen aus Desperation in ein liederliches Leben verfielen, und sich durch den Trunk um Verstand und Leben brachten[60].

So wie die Entsendung der jüngeren Generation offensichtlich nicht die erhofften Resultate brachte, so gestaltete sich auch die Entsendung der schon erwachsenen Kaufleute und Handelskonsuln ins Ausland nicht so einfach. Selbst wenn es hier Teilerfolge zu verzeichnen gab, machte Peter zuweilen die von ihm selbst initiierten Erfolge wieder zunichte, wie der Fall des russischen Kaufmanns Solov'ev zeigt, wovon abermals Vockerodt berichtet. Demnach schickte Peter diesen Kaufmann nach Amsterdam, um gemäß der oben geschilderten Zielstellung den Außenhandel in russische Hände zu bekommen. Solov'ev war aber in Amsterdam so erfolgreich, dass er sich der Kontrolle der russischen Steuerbehörden entziehen wollte, was schließlich dazu führte, dass er auf Befehl Peters gewaltsam nach Russland zurückbefördert wurde. Ein solcher Ausgang hatte wiederum fatale Folgen für das Prestige russischer Kaufleute im Ausland einerseits und die Attraktivität des Auslandsaufenthalts für Russen andererseits[61].

Um den Kenntnisrückstand russischer Kaufleute zu erhöhen und deren finanzielle Unterlegenheit zu beseitigen, wurde dem Kommerz-Kollegium 1722 befohlen, Informationen bezüglich des Handels aus den auswärtigen Vertretungen Russlands zu sammeln, um somit eine gezielte Planung der Partizipation russischer Kaufleute am Außenhandel gewährleisten zu können[62]. Im Ergebnis ließ Peter 1724 eine Handelskompagnie nach dem Vorbild der Ostindienkompagnie gründen, die den Handel mit Spanien mit staatlicher Unterstützung unter Leitung des Kommerz-Kollegiums unter russische Kontrolle bringen sollte.

59 Repin, Torgovlja Rossii, S. 149 f.
60 Vockerodt, Russland, S. 74 f.
61 Ebenda, S. 77.
62 Čulkov, Istorija kratkaja rossijskoj torgovli, S. 93.

Doch äußerte Peter in diesem Ukaz bereits Zweifel, ob sich Kaufleute für ein solches Unternehmen gewinnen lassen würden, da sie dazu neigten, nicht freiwillig ins Ausland zu fahren. Daher sollte nach Peter das Kommerz-Kollegium zunächst für die Kaufleute wie »eine Mutter für ihre Kinder« sorgen, bis diese selbstständig in der Lage seien, den Handel im Ausland zu betreiben[63].

Eine Maßnahme zur Überwindung der finanziellen Überlegenheit der Ausländer bestand in der zollpolitischen Begünstigung für russische Kaufleute. So wie Peter St. Petersburg gegenüber den anderen Hafenstädten zollpolitisch begünstigte, so wollte er russische Kaufleute gegenüber den ausländischen bevorteilen. Folglich veranlasste Peter bereits 1720, dass russische Schiffe geringere Zollsätze zu zahlen hätten[64], und bestimmte kurz darauf, dass sie ab 1724 sogar nur noch ein Drittel der handelsüblichen Zölle zahlen mussten[65]. Dabei stellte er selbst den Zusammenhang zwischen russischen Schiffen und russischem Staatshaushalt her, indem er forderte: »Exportiere diese Waren auf russischen Schiffen und wie auch immer der Preis für diese Taue sei, sorge dafür, dass das Kapital nach Russland zurückkehrt!«[66]

Doch brachten selbst diese Vorteile nicht die gewünschten Resultate, da trotz der Vorteile die russischen Kaufleute die sich ihnen bietende Chance nicht wahrnahmen, wie Vockerodt berichtet: »Jedoch auch durch diese Avantage hat sich bei seinem Leben fast niemand von denen Russen zu dergleichen Seeentreprisen bewegen lassen wollen«[67]. Auch die russische Historikerin Semenova deutet mit einer Anekdote an, dass die russischen Kaufleute die in sie gesteckten Hoffnungen selbstverschuldet nicht erfüllten. So berichtet sie von russischen

---

63 »No poneže vsem izvestno, čto naši ljudi ni vo čto sami ne poidut, eželi ne prinevoleny budut, togo radi Kommerc-Kollegija dlja sej novosti direkciju iz sim i upravlenie dolžna imet', kak mat' nad ditjatem vo vsem, poka v soveršenstvo pridet« [Und es ist allen sehr gut bekannt, dass unsere Leute von selbst nirgendwohin gehen, wenn sie nicht gezwungen werden, weswegen das Kommerzkollegium in der neuen Direktive diese Vollmacht bekommen hat, so wie die Mutter über die Kinder im allem ebenfalls bestimmt, solange diese nicht volljährig sind]. PSZ, Nr. 4540, Ob učreždenii kompanii dlja torgu s Ispaniju pod upravleniem Kommerc-Kollegii [Über die Gründung von Kompagnien für den Handel mit Spanien unter der Führung des Kommerzkollegiums], 4.8.1724.

64 PSZ, Nr. 3672, O vzjatii pošlin s privoznych tovarov Rossijskimi kupcami k S.Peterburgskomu i drugim portam, o dosmotre tovarov po S. Peterburgskoj doroge i o zaključenii kontraktov na privoz tovarov Rossijskim kupcam s inoostrannzmi [Über die Zollerhebung auf eingeführte Waren durch russische Kaufleute in St. Petersburg und anderen Hafenstädten, über die Kontrolle der Waren auf dem Petersburger Handelsweg und über den Abschluss von Verträgen über die Einfuhr von Waren durch russische Kaufleute mit den Ausländern], 10.11.1720.

65 Kulišer, Očerk istorii, S. 189; Šejnin, Peterburg i rossijskij merkantilizm, S. 39; Pokrovskij, Značenie S.-Peterburga, S. 32.

66 PSZ, Nr. 4155, Ob«javlenie knjazem Dolgorukovym [Bekanntmachung für den Fürst Dolgorukij], 31.1.1723.

67 Vockerodt, Russland, S. 78.

Kaufleuten, die den französischen Wein, der für den Import nach Russland bestimmt war, auf der Fahrt selbst ausgetrunken hätten[68]. Übereinstimmend nennt Pokrovskij ebenfalls die Trägheit und Kulturlosigkeit der russischen Kaufleute als Hauptgrund für das Scheitern der ansonsten lobenswerten Reformansätze Peters zur Förderung der russischen Kaufleute im Außenhandel[69].

Allerdings hatte auch die ausländische Konkurrenz keinerlei Interesse an einem Erfolg der russischen Kaufleute und tat ihrerseits ihr Bestes, um die Versuche der Russen im Keim zu ersticken, wie Weber in seinem »Veränderten Russland« am Beispiel des Handels mit Rhabarber mitteilt:

> Unter die Medicamente, welche Rußland hervor bringet, ist die Rhabarber eine der vornehmsten. Sie wird in Sibirien in grosser Menge gegraben. Die Russen haben anfangs die Herrlichkeit und den Preis dieser Arzeney nicht gekannt, und dieselbe das Pfund zu einem Griven oder ohngefehr drey Groschen verkauffet. Es gab sich aber ein gewisser Kauffmann aus Hamburg an, der dem Czaren jährlich dreyßig tausend Rubel vor das Monopolium dieser Waare both, und den Contract auf solchen Fuß schloß, folglich die Rhabarber nach Hamburg bringen ließ, und so wohl daselbst als in Holland das Pfund zu 8. Rthl. verkauffete. Ein Russe, der sich in Hamburg aufhielt, kam hinter diesen vortheilhaften Handel, und berichtete es nach Hofe. So fort wurde ein Befehl nach Sibirien geschickt, und der Rhabarber mit aller Macht daselbst gegraben, und eine gantze Schiffs-Ladung nach Holland geschicket; Doch der Hamburgische Kauffmann bekam bey zeiten Wind davon, und verkauffete seinen Rhabarber das Pfund vor 8. gute Groschen, wodurch er verursachte, daß der aus Rußland kommende Rhabarber in Amsterdam liegen blieb, und verfaulete, um so mehr da die Holländer sich diese Arzeney aus Ost.Indien mit der Zeit anschaffeten und also der Rußischen itzo entbehren können[70].

Im Ergebnis waren die Erfolge russischer Kaufleute im Außenhandel sehr bescheiden. So benennt Zacharov für das Jahr 1722 nur fünf russische Kaufleute, die am Außenhandel beteiligt waren, wobei er ausdrücklich Kaufleute aus den Ostseeprovinzen aus dieser Aufzählung ausschloss[71]. Da die Versuche, russische Kaufleute im Ausland zu etablieren, scheiterten, wurden die Handelskonsuln nach wenigen Jahren abgezogen. Ebenso wurden die Versuche der Gründung von Handelskompagnien nach westlichem Vorbild schließlich aufgegeben[72].

---

68 Semenova, Byt, S. 102.

69 Pokrovskij, Vnešnjaja torgovlja, S. 92.

70 Weber, Das Veränderte Russland, S. 499.

71 Zacharov, Der Außenhandel St. Petersburgs, S. 333.

72 Semenova, Byt, S. 102, 110.

Die Ausrichtung des Handels

Neben den weitgehend gescheiterten Versuchen, russische Kaufleute in den Außenhandel mit Westeuropa zu integrieren, verdient die geographische Orientierung der Handelspolitik eine Erwähnung. Wie schon mehrfach betont, öffnete Peter metaphorisch gesprochen ein »Fenster nach Europa«. Doch sollte auf der anderen Seite nicht vergessen werden, dass diese Ausrichtung stärker auf einer pragmatischen Anpassung an außenpolitisch determinierte Umstände als auf langfristiger strategischer Planung beruhte[73]. Peters erstes außenpolitisches Manöver richtete sich gegen das Osmanische Reich. Die Gründung von Persepolis nahe Asov kann als eine Art südlicher Vorgänger zu St. Petersburg gesehen werden[74]. In der Tradition der warägischen Handelswege ging es Peter um einen Zugang zum Mittelmeerhandel über das Schwarze Meer und die Dardanellen. Doch scheiterte diese handelspolitische Initiative spätestens nach der Niederlage am Pruth 1711[75]. Schon vorher war deutlich geworden, dass eine freie Durchfahrt russischer Handelsschiffe durch die Dardanellen nicht gegen den Widerstand des Osmanischen Reiches durchzusetzen wäre[76].

Die zweite geographische Orientierung, die länger für den russischen Handel attraktiv bleiben sollte, war der Transithandel mit Asien, insbesondere mit China, Persien und Indien. Der Asienhandel wurde von Peter durch einen Handelsvertrag mit Persien 1715 und einen späteren Feldzug gegen Persien 1722–1723 gefördert. Dieser Handelsvertrag ist der einzige, der unter Peter abgeschlossen wurde. Doch erfüllten sich insbesondere in Persien nicht die Hoffnungen und die Südküste des Kaspischen Meeres wurde bereits unter Anna wieder aufgegeben. Dessen ungeachtet blieb diese Richtung für den russländischen Handel attraktiv, wie das Aufblühen der Stadt Astrachan' als wichtigstes Drehkreuz in Richtung Süden verdeutlicht[77].

Was die Teilnahme russischer Kaufleute am Asienhandel betrifft, so kann im Allgemeinen festgestellt werden, dass es den russischen Kaufleuten ebenso unmöglich war, die Dominanz der armenischen Kaufleute im Süden zu brechen[78]. Tatsächlich war das Verhältnis Peters zu den armenischen ähnlich ambivalent wie zu den westlichen Kaufleuten. Einerseits vergab er Privilegien an sie, da er von ihren Handelskontakten abhängig war und profitieren konnte. Andererseits forderte er eine stärkere Teilnahme und letztlich eine Verdrängung der Armenier

73 Siehe dazu ausführlicher PETRUKHINTSEV, The Baltic Strategy.

74 Siehe hierzu auch die Empfehlung durch KRIŽANIĆ, Politika, S. 33.

75 Zu den Verhandlungen nach der Niederlage siehe BAZAROVA, Russkie diplomaty. Zu den Auswirkungen auf Peters Pläne an der Ostsee PETRUKHINTSEV, The Baltic Strategy, S. 187 f.

76 POKROVSKIJ, Vnešnjaja torgovlja, S. 88.

77 KOZLOVSKIJ, Kratkij očerk, S. 58 f.

78 JUCHT, Učastie rossijskogo kupečestva.

durch russische Kaufleute, welche sich aber nicht durchsetzen ließ[79]. So wie die Armenier in Richtung Mittelasien über das Kaspische Meer eine zentrale Vermittlerrolle spielten, so waren griechische Kaufleute wiederum in der heute ukrainischen Stadt Nežin aktiv am Zwischenhandel über das Schwarze Meer beteiligt[80].

Wichtige Handelszentren auf dem Weg nach Osten waren Tobol'sk für Sibirien und Kjachta für China. Zwar erfolgte der Karawanenhandel mit China seit dem Frieden von Nerčinsk 1698 auf einer beständigen Grundlage, doch blieb das Handelsvolumen in dieser Richtung deutlich unter dem im Handel mit Westeuropa erzielten. Um im merkantilistischen Sinne keinen Abfluss von Edelmetallen zu riskieren, war ausdrücklich nur Tauschhandel mit China erlaubt und Geldzahlungen an Chinesen verboten[81].

3.2.5 Die theoretische Dimension: Merkantilismus unter Peter?

»Der Handel ist der oberste Inhaber des menschlichen Lebensschicksals!«[82] Dieser Ausspruch Peters lässt keinen Zweifel an dessen Wertschätzung für den Handel, die sich auch in seiner Handelspolitik niederschlug. Bezüglich der Frage, ob Peter ein Merkantilist war, kann festgestellt werden, dass wesentliche idealtypische Topoi einer merkantilistischen Wirtschaftspolitik feststellbar sind, wenn darunter, wie in der Einleitung dargelegt, folgende Punkte verstanden werden:

Das übergeordnete Ziel der Erhöhung eigener Edelmetallreserven durch:

1. eine positive Handelsbilanz,
2. die Förderung einheimischer Manufakturen mit dem Ziel der Substitution ausländischer Importe,
3. eine protektionistische Zollpolitik,
4. die Förderung des eigenen Bergbaus,
5. eine zentralistisch-dirigistische Wirtschaftspolitik.

Eine Reihe von Maßnahmen verdeutlichen dieses Urteil:

(1) Erhöhung der Edelmetallreserven: Peter vereinbarte schon 1698 auf seiner Reise nach England bei der Vergabe eines Tabakmonopols, dass die von russischer Seite geleistete Bezahlung in russische Exportgüter reinvestiert werden müsse[83]. Die Einfuhr von Tabak war dabei erst im Jahr zuvor mit dem Argu-

79 Pokrovskij, Vnešnjaja torgovlja, S. 90.

80 Carras, Community for Commerce.

81 Kozlovskij, Kratkij očerk, S. 59.

82 »Torgovlja verchovnaja obladatelnica sud'biny čelovečeskogo roda« [Der Handel ist die höchste Daseinsform des Schicksals des menschlichen Wesens]. Kulišer, Očerk russkoj istorii torgovli, S. 222.

83 Šejnin, Peterburg i rossijskij merkantilizm, S. 38.

ment legalisiert worden, dass ansonsten die Steuereinnahmen durch einen regen Schwarzmarkt dem Staat verloren gingen[84]. Wichtiger noch war die Maßgabe, dass ausländische Kaufleute in Russland mit westlicher Silberwährung, meist Albertusthalern, zu zahlen hatten, um auf diese Weise einen Zufluss von Silberreserven zu gewährleisten[85]. Im Gegenzug war die Ausfuhr von Edelmetallen streng verboten[86]. So sollten beispielsweise Kaufleute 1722 in Ungarn für den dort erstandenen Wein mit sibirischen Zobel-, Schafs- und Wolfsfellen bezahlen, um den Abfluss von Geld ins Ausland zu verhindern[87].

(2) Positive Handelsbilanz: Ein klassisches Merkmal merkantilistischer Handelspolitik ist das Ziel einer positiven Handelsbilanz, was sich deutlicher kaum ausdrücken lassen könnte, als es Vockerodt mit Blick auf Peters handelspolitische Zielsetzung tat. Nach seiner Einschätzung habe Peter nach Wegen gesucht, »wie er die Quantität der ausländischen Waaren, so nach Russland gebracht werden, vermindern, die Ausfuhre seiner Landeswaaren hingegen vergrössern« könne[88]. Außerdem versuchte Peter durch die Manipulation der Umrechnungskurse westliche Währungen von ausländischen Kaufleuten zu einem für Russland günstigen Kurs zu erhalten, wie der Hannoversche Gesandte Friedrich Christian Weber beobachtete:

> Allen fremden Negocianten in Petersburg wurde injungiret, den Zoll für die seit drei Jahren ins Land geführte Waren in deutschen Species-Talern abzutragen, welche der Zar nicht höher als 50. Copiken annimmt, ob sie gleich nach dem innerlichen Valeur 90. und mehr Copiken wert sind. Es hatten gedachte Kaufleute sich zwar flattiert, dass Se. Majestät in Erregung der großen Unkosten und Verlusts, mit welchen sie den Handel in Petersburg aufgerichtet, ihnen die Zölle von diesen drei Jahren wo nicht gänzlich, doch wenigstens auf einen ansehnlichen Teil, erlassen wurden. Allein man wollte nichts davon hören, auch nicht die geringste Frist weiter erstatten, deswegen man alle restirende Zölle unter militärische Execution eintrieb, auch verschiedene Kaufleute wirklich in Arrest zog. Man kann hieraus von dem großen Vorteile, der aus diesem deutschen Gelde dem Zaren zuwachset, urteilen, zumalen diese für 50. Copiken angenommene Species-Taler 130. Copiken geschlagen werden, folglich Se. Majestät 70. Pro Cent dabei gewinnen, und auf

84 PSZ, Nr. 1570, Ukaz o svobodnom provoze tabaku [Ukaz über die freie Einfuhr von Tabak], 1.2.1697. Zum Tabakhandel im Allgemeinen Romaniello, Through the Filter.

85 PSZ, Nr. 2793, O neprovoze juftu, pen'ki, potaša smol'čuga, sala i drugich tovarov v kakie inostrannye pristani, o nepozvolenii inostrancam vvozit' Russkie mednye i melkie serebrjanye den'gi i o nevyvoze serebra v dele i slitkach za granicu [Über das Verbot der Einfuhr von Juchtenleder, Flachs, Pottasche, Fetten und anderen Waren aus ausländischen Häfen, über das Verbot für Ausländer Kupfer- und Silbergeld aus Russland auszuführen], 6.4.1714.

86 Pokrovskij, Vnešnjaja torgovlja, S. 79.

87 Brief an einen russischen Kaufmann, 11.5.1722, in: ASPBIIRAN, f. 270, d. 101, Bl. 56.

88 Vockerodt, Russland, S. 73.

diese Mittel das Geld ins Land zu ziehen genötigt sind, weil sie selbst noch keine Silber-Minen in ihrem Reiche damals im Stande hatten[89].

(3) Die Förderung einheimischer Manufakturen mit dem Ziel der Substitution ausländischer Importe: Auch dies war ein fester Bestandteil der Wirtschaftspolitik Peters I., die wiederum, wie andere Reformen auch, eng mit dem andauernden Großen Nordischen Krieg zusammenhingen. Daher standen auch zwei Wirtschaftszweige im Zentrum der Anstrengungen: die Textilindustrie wegen des gestiegenen Bedarfs der Armee und die Eisenproduktion für die Herstellung von Waffen und Munition. Institutionell sollten die Maßnahmen zur Förderung heimischer Produktion durch das 1722 gegründete Manufaktur-Kollegium koordiniert werden[90]. Doch ließ die Qualität der in den neuen Manufakturen hergestellten Waren oft zu wünschen übrig, wie John Perry mit Blick auf erste Textilprodukte feststellte, die eigentlich die Bekleidungsstücke aus Holland und England hätten ersetzen sollen[91]. Auch Zwangsmaßen, wie die im Januar 1715 angeordnete Ansiedlung von Kaufleuten in Moskau zum Zwecke der Gründung und Leitung einer Manufaktur halfen nicht die Qualität zu verbessern[92]. Daraufhin erhöhte der Staat ausdrücklich die finanzielle Förderung des Textilmanufakturwesens in Moskau und mahnte auch die Ausbildung russischer Handwerker nach ausländischem Vorbild an[93].

Dass ausgerechnet diese Branche unter besonderer Beobachtung stand, lag wie erwähnt an den umfänglichen Militärreformen und der damit verbundenen Notwendigkeit der Neuausstattung der russischen Soldaten mit modernen Uniformen, die auch in der nachpetrinischen Zeit noch ein bestimmendes Thema bleiben sollte. Selbst die massive Anwerbung von ausländischen Experten aus Italien und anderswo konnte nicht verhindern, dass große Aufträge zur Versorgung der russischen Armee an das Ausland gingen, wie 1724 an Preußen[94].

Das grundsätzliche Problem der Erhöhung der Qualität russischer Produkte sieht Anisimov darin begründet, dass Peters Maßnahmen zu stark an ihn und den Staat gebunden waren und daher viele Fabriken und Unternehmer nicht die nötige Eigeninitiative ergriffen, um auch die Qualität der eigenen Waren konkurrenzfähig zu machen[95].

89 Weber, Das Veränderte Russland, S. 312.

90 PSZ, Nr. 4378, Reglament Manufaktur-Kollegii [Reglement des Manufakturkollegiums], 3.12.1723.

91 Perry, The State of Russia, S. 267 f.

92 PSZ, Nr. 2876, O razmnoženii sukopnych zavodov [Über die Vermehrung von Textilfabriken], 9.1.1715.

93 PSZ, Nr. 3526, Ob«javlenie iz Berg i Manufaktur Kollegii ob otdače Moskovskoj sukonnoj fabriki v častnoe soderžanie kompanejščikam [Bekanntmachung aus dem Berg- und Manufakturkollegium über den Verkauf von Moskauer Textilfabriken an private Eigner], 17.2.1720.

94 Siehe den Abschnitt zum Handelsvertrag von 1734 in Kap. III.3.4

95 Anisimov, Petr Pervyj, S. 104.

Ebenfalls durch den Krieg angeregt war die schnelle Aufrüstung einer Kriegsflotte, wofür Peter berühmt wurde, und die Förderung der Rüstungsindustrie, samt Waffen- und Munitionsproduktion. Beide Bereiche sorgten für die ersten industriellen Produktionsstätten in der neuen Hauptstadt St. Petersburg, wie die bekannte Errichtung der Admiralitätswerft im Jahre 1704[96]. Zugleich löste die wachsende Rüstungsindustrie u.a. in Tula und in Sestroreck bei St. Petersburg den Boom in der Eisenproduktion bei Olonec am Ladogasee und im Uralgebirge aus, so dass Russland schon 1725 der größte Eisenexporteur Europas war[97].

Der enge Zusammenhang zwischen der Förderung der heimischen Manufakturen und dem Ziel der Erhöhung der eigenen Gold- und Silberreserven wird in einem Beispiel von Friedrich Weber direkt angesprochen:

> Der Zar ließ ein Verbot ausgeben, Gold und Silber auf den Kleidern zu tragen, schaffete verschiedene ins Land gebrachte unnötige Handwerksleute ab, setzte andere auf halbe Gage, und nahm verschiedene andere Hilfsmittel vor die Hand, um dem Geldmangel abzuhelfen. Um diese Zeit war es, dass einige vornehme Russen eine Compagnie, wovon oben gedacht ist, zu Verfestigung goldener und silberner Stoffen aufrichtete, welche der Zar mit vieljähriger Freiheit begnadigte und dagegen alle ins Land kommende beste Stoffen mit drei und die geringere mit zwei doppelten Zoll belegte, welche Auflage aber von anno 1719 erst ihren Anfang nehmen sollte, und nebst dem Aufnehmen der neuen Manufakturen zum Endzweck hatte, die ausländischen Kaufleute zu nötigen, an statt der Stoffen bar Geld ins Land zu bringen[98].

(4) Zollpolitik: Die Zollpolitik Peters ist als klar merkantilistisch aufgrund ihrer protektionistischen Ausrichtung zu bezeichnen. Zwar galten während des Großen Nordischen Krieges noch liberale Handelsbestimmungen, die Russland mit benötigten ausländischen Produkten versorgten, doch zeigte sich im Zolltarif von 1724 Peters eigentliche Zielstellung, die klar die Förderung der einheimischen Produktion zum Ziel hatte und damit idealtypisch einer merkantilistischen Zollpolitik entsprach. Nicht zuletzt die gestaffelten Zollsätze für unterschiedliche Waren in Abhängigkeit der Verfügbarkeit im Inneren Russlands sprechen für eine eindeutige staatliche Regulierung des Im- und Exports mit dem Ziel der Maximierung von Handelsüberschüssen nicht nur in quantitativer, sondern auch in qualitativer Hinsicht[99].

---

96 Matley, Defense Manufactures.

97 Kahan, Entrepreneurship, S. 401; Anisimov, Petr Pervyj, S. 91 f.; Hughes, Russia, S. 153; Blackwell, The Industrialization, S. 10 f. Zum Eisenhandel im Allgemeinen Evans/Rydén, Baltic Iron.

98 Weber, Das Veränderte Russland, S. 330 f.

99 Siehe den entsprechenden Abschnitt in Kap. III.2.2.

(5) Abbau von Edelmetallen/Aufwertung der eigenen Währung: Edelmetalle sollten nicht nur importiert, sondern auch die eigenen Bodenschätze und Ressourcen besser genutzt werden, wozu Peter 1719 das Berg-Kollegium gründen ließ, um die »unter der Erde verborgenen Schätze besser kennen [zu] lernen« und »um dieselben zu entdecken und in kurzen den sich vorgesetzten Vorteil aus denselben zu ziehen«[100]. Um zusätzliche Anreize zu schaffen, stand die Betreibung von Minen ausdrücklich allen Untertanen – unabhängig von Stand und Würde – offen, was sich nicht zuletzt an die Kaufleute oder auch Handwerker (*posadskie ljudi*, später *meščane*) richtete und einzelnen Familien wie den Demidovy den sozialen Aufschwung ermöglichte, jedoch auf längere Sicht nicht besonders erfolgreich war[101].

Doch ging es Peter, wie so häufig, nicht schnell genug, so dass die russischen Münzen künstlich auf einem hohen Wechselkurs gehalten werden mussten, was sich aber nicht negativ auf die Staatseinnahmen auswirkte, wie Weber feststellt:

> Der schlechte Wert der neuen Münze war Seiner Majestät nicht unbekannt, alleine die Bergwerke noch zurzeit nicht im Stande, durch reiche Ausbeuten die täglich erforderten Summen aufzubringen. Die Devaluation derer ausländischen Ducaten, welche aufs höchste zu 190 Kopecken verwechselt werden, tat dem Kommerz-Wesen gleichfalls nicht geringen Eintrag, indem die Russischen den vollen Wert behalten und dennoch des Zusatzes wegen die immerliche Güte nicht haben[102].

(6) Zentralistisch-dirigistische Wirtschaftspolitik, Infrastrukturmaßnahmen und Kanäle: Ein zentrales Beispiel für die zentralistisch-dirigistische Seite der petrinischen Wirtschaftspolitik ist das Bestreben, den Westhandel von Archangel'sk nach St. Petersburg zu verlagern[103]. Neben den bereits genannten diesbezüglichen Maßnahmen und der statistischen Entwicklung des Handels, wie oben dargelegt, kann der Nachdruck, mit dem Peter bei dem Aufbau seiner Stadt vorging, allein schon an der Einwohnerzahl abgelesen werden, die zum Zeitpunkt seines Todes bereits fast 100.000 Menschen erreicht hatte[104]. Von nicht minderer Bedeutung war auch die administrative Ebene der Handelspolitik, die mit der Gründung des Kommerz-Kollegiums bereits angesprochen wurde. Ein weiteres Merkmal der staatlichen Lenkungsfunktion der Wirtschafts- und Handelspolitik sind die

---

100 Zit. n. WEBER, Das Veränderte Russland, S. 312.

101 PSZ, Nr. 3464, Ob učreždenii Berg-Kolegiuma dlja vedenija v onom dele o rudach i mineralach [Über die Einrichtung des Bergkollegiums für die Zusammenführung aller die Bodenschätze und Mineralien betreffenden Angelegenheiten in einer Hand], 10.12.1719. Zu den Demidovy siehe ČUMAKOV, Demidovy.

102 WEBER, Das Veränderte Russland, S. 336.

103 Siehe Kap. II.7.6.

104 POKROVSKIJ, Značenie S.-Peterburga, S. 34.

massiven Anstrengungen zur Verbesserung der Infrastruktur und des Transportwesens, wozu neben Straßen und Wegen nicht zuletzt auch die Wasserwege und Kanäle gehörten[105]. Für die neue Hauptstadt und somit auch für den Handel mit dem Westen stand die Verbindung des Wolgabeckens über das Nevabecken mit der Ostsee im Mittelpunkt der Anstrengungen. Zu diesem Zweck wurde bereits 1709 der Vyšnii-Voloček-Kanal zwischen Tvertca und Msta fertiggestellt und zwischen 1718 und 1731 am Ladogakanal unter der Leitung von Burkhard Christoph von Münnich gearbeitet, um die häufigen Schiffbrüche auf dem Ladogasee zu vermeiden – dort soll es angeblich seit der Gründung St. Petersburgs bis 1718 10.000 Schiffbrüche gegeben haben[106]. Das gewaltige Projekt einer Verbindung zwischen dem Kaspischem und dem Schwarzem Meer wurde nicht fertiggestellt und fiel noch in die Phase, als Peter mit der anvisierten Gründung der Stadt Petropolis bei Asov eine Südausrichtung seiner maritimen Pläne verfolgte[107].

Ein zunächst weniger naheliegendes, aber doch auch wirkmächtiges Beispiel für eine staatliche Handelsförderung ist darüber hinaus in der Heiratspolitik Peters und generell im Aufbau einer neuen diplomatischen Auslandsvertretung zu sehen[108]. Es ist kein Zufall, dass Peters Nichten und Töchter in die Adelsfamilien von Holstein, Mecklenburg und Kurland einheirateten, um auch auf diplomatischer Ebene die russländische Position im Ostseeraum zu stärken – nicht zuletzt sollte auf diesem Wege der Ostseehandel besser kontrolliert werden[109]. Sogar Projekte zu einem Vorläufer des späteren Nord-Ostsee-Kanals wurden in dieser Zeit angedacht, um der dänischen Kontrolle des Sunds zu entgehen[110]. Dabei trat schon früh das ambivalente Verhältnis zu England zutage, das zwar ein attraktiver Handelspartner war, zugleich aber auch kritisch auf den Machtzuwachs Russlands im Ostseeraum blickte[111].

Schließlich muss noch darauf verwiesen werden, dass Peter erste Schritte zu einer liberaleren Handelspolitik unternahm, die von seinen Nachfolgern allerdings wieder rückgängig gemacht wurden. So hob er 1719 das Staatsmonopol für alle Waren außer Pottasche und Gusseisen auf, wodurch vor allem der Han-

105 Jones, Bread, S. 147 f. Siehe ausführlich zu dem Bau der Kanäle Istomina, Vodnye puti; Jones, Getting the Goods.

106 PSZ, Nr. 3238, O zaklejmenii vsech sudov staromanernych, i o stroenii vnov' versov i pročich sudov po obrazcu [Über die Außerdienststellung aller Schiffe alter Bauart und über den Bau neuer und anderer Schiffe als Muster], 18.11.1718; Jones, Bread, S. 19.

107 Bartlett, A History of Russia, S. 85.

108 Neue Untersuchungen zu Peters diplomatischer Praxis bieten Hennings, Russia and Courtly Europe; Stuber, Die multiplen Strategien.

109 Mediger, Rußland und die Ostsee, S. 92–95.

110 Petrukhintsev, The Baltic Strategy; Kirby, Peter the Great; Angermann, Hamburg und Rußland, S. 16; Bagger, Die Bedeutung des Ostseeraumes, S. 366.

111 Desjatskov, Anglo-Russkoe soperničestvo.

del mit den *Naval Stores* angeregt wurde, da hier nun der »freie Handel« für alle Kaufleute möglich war[112]. Doch schaffte Peter das Instrument der Monopolvergabe nicht gänzlich ab. So erlangte Petr P. Šafirov das Monopol des durchaus ertragreichen Tranhandels in der Barentssee[113]. Auch Kaviar, Eisen, Rhabarber und Talg verblieben nach 1719 zumindest zeitweilig im Monopol des Staates. Der staatliche Anteil der Eisenproduktion stieg kontinuierlich an, da der Staat auf diesem Wege den eigenen Eisenexport erfolgreich fördern wollte[114]. Das Ende der meisten Staatsmonopole bewirkte zusammen mit dem Ende des Krieges einen gewaltigen Aufschwung des Außenhandels und wurde daher vom Kommerz-Kollegium 1724 ausdrücklich bestätigt[115].

(7) Gleichzeitigkeit von Theorie und Praxis: Für eine Charakterisierung von Peters Handelspolitik als merkantilistisch spricht schließlich noch eine weitere Komponente: die weitgehende Theorieferne, die selbst ein Charakteristikum für den Merkantilismus darstellt. Peter, der bekanntermaßen vor allem an praktischen Dingen interessiert war, besaß nur zwei wirtschaftstheoretische Werke in seiner Bibliothek[116]. Er soll sich nach Vockerodt gelegentlich über seine mangelhaften Kenntnisse in Handelsfragen beschwert haben[117]. In diesem Zusammenhang ist Gerschenkron zu widersprechen, der Peter lediglich als Protomerkantilisten sah, da dieser nur einen »mercantilisme sans doctrine« repräsentiere; letztlich aber ist gerade das Fehlen einer elaborierten Wirtschaftstheorie durchaus als typisch merkantilistisch zu bezeichnen[118].

Friedrich Christian Weber

Da die Akademie der Wissenschaft bekanntlich erst 1725 als erste akademische Institution Russlands gegründet wurde, ist es schwer für die Regierungszeit Peters Wissenschaftler ausfindig zu machen, die sich mit einer Vorform des ökonomischen Denkens beschäftigt hätten. Überhaupt gilt das Traktat »Kniga o

112 PSZ, Nr. 3428, Ukaz iz Kommerc-Kollegii – o naloženii pribavočnoj pošliny na tovary, kotorye prodavany byli iz kazny, a nyne otdany v vol'nuju torgovlju [Über die Einführung zusätzlicher Zölle auf Waren, die vom Staat verkauft wurden und nun in den Freihandel gelangt sind], 1.10.1719. Siehe Pokrovskij, Značenie S.-Peterburga, S. 29.

113 Vockerodt, Russland, S. 69 f.

114 Repin, Vnešnjaja torgovlja, S. 65.

115 PSZ, Nr. 4452, Reglament Kommerc-Kollegii [Reglament des Kommerzkollegiums], 31.1.1724.

116 Hughes, Russia, S. 135.

117 »Ohngeachtet man übrigens Petrum I. selbst verschiedentlich klagen hören, dass ihm unter allen Regierungsgeschäften nichts difficiler würde, als das Commerzwesen, und dass er sich von dem eigentlichen Zusammenhang Desselben nie einen deutlichen Begriff machen können, so ist doch gewiss, dass er von dem, was in Handlungssachen seinem Reiche en general nützlich oder schädlich sei, recht juste Ideen gehabt«. Vockerodt, Russland, S. 73.

118 Gerschenkron, Europe, S. 72.

skudosti i bogatstve« (Buch über Armut und Reichtum) von Ivan Posoškov als einziges relevantes Werk dieser Zeit, das sich mit wirtschaftstheoretischen Fragen auseinandersetzt. Da sich aber im Russland des 18. Jahrhunderts auch ein deutschsprachiger wissenschaftlicher Diskurs entwickelte, lohnt sich ein kurzer Blick auf ein Werk, das zwar selbst weder von einem Wissenschaftler verfasst wurde noch einen wirtschaftstheoretischen Schwerpunkt besitzt, allerdings den auch für diese Arbeit wichtigen Topos der »Veränderung« für die Charakterisierung der Herrschaft Peters geprägt hat und somit an der Schnittstelle eines sich verändernden Russlandbildes aus deutscher Perspektive steht[119]. Außerdem bewirkte dieser neue deutsche Blick auf das »Veränderte Russland« eine Intensivierung der deutschsprachigen Auseinandersetzung mit Russland, die nicht zuletzt durch den Zuzug von Deutschen nach St. Petersburg verstärkt wurde. Sie wurde zu einer eigenständigen Schule, die häufig auf dieses Werk Bezug nahm[120].

Die Rede ist von Friedrich Christian Weber, der sich als Gesandter des Kurfürstentums Hannover zwischen 1714 und 1719 am Hofe Peters aufhielt, und seinem »Veränderten Russland«, das zwischen 1721 und 1741 in drei Bänden erschien. Der erste Band von 1721, der sich mit der Epoche Peters befasst, basierte dabei noch auf Webers Augenzeugenschaft. Für die weiteren Bände stützte er sich offensichtlich auf nicht weiter genannte Vertrauenspersonen. Die Bände sind nicht thematisch geordnet, sondern in tagebuchartiger Form gestaltet, wobei jedoch häufig thematische Einschübe dem Text eingefügt sind. Die Nutzung wird durch diesen unsystematischen Zugang allerdings nicht erleichtert[121].

Webers Werk verdient besondere Beachtung nicht nur aufgrund der programmatischen Bedeutung im Kontext des Veränderungsmotivs als Leitmotiv für Peters Herrschaft, sondern auch wegen seiner Rolle innerhalb der deutschsprachigen Russlandliteratur. Das Werk wird häufig zu Recht als eine Fortsetzung von spezifischer deutscher Russlandliteratur, die von Diplomaten verfasst wurden, wahrgenommen, so dass Weber oft in einer Reihe mit Sigismund von Herberstein und Adam Olearius genannt wird[122]. Zugleich ist es aber auch der letzte einflussreiche veröffentlichte Diplomatenbericht über die allgemeinen Zustände in Russland. Nicht zuletzt aufgrund der Gründung der Akademie der Wissenschaften in St. Petersburg und der engen Verzahnung deutscher und russischer Wissenschaft im 18. Jahrhundert professionalisierte sich die deutschsprachige Kenntnis über Russland nach Weber, so dass vergleichbare Werke

---

119 Zum Russlandbild in der deutschen Öffentlichkeit Blome, Das deutsche Rußlandbild.

120 Plath, Nördlich, westlich oder östlich?.

121 Zu Weber und dem »Veränderten Rußland« Klonowski, Im Dienst des Hauses Hannover; Matthes, Das veränderte Russland.

122 So z. B. bei Geier, Russische Kulturgeschichte. Zur Diplomatiegeschichte des Petrinischen Russland Hennings, Russia and Courtly Europe.

nicht mehr erschienen oder nicht mehr eine vergleichbare Wirkung erzielen konnten[123].

Da Webers Werk eine Schlüsselrolle in der deutschen Rezeption der Petrinischen Reformen gespielt und die deutsche Historiographie zu dieser Epoche stark geprägt hat, wird dieser Autor auch hier herangezogen, allerdings mit dem Fokus auf seiner Darstellung des Handels und den handelspolitischen Maßnahmen Peters. Zunächst kann festgehalten werden, dass Weber Peters Vorgehen als klassisch merkantilistisch beschreibt. Er verwendet natürlich nicht den Begriff, nennt aber Merkmale von Peters Politik, die als typisch merkantilistisch angesehenen werden können[124].

Es fällt auf, dass Weber, der sonst nicht an Lob gegenüber den Veränderungen Russlands durch Peters Reformen spart, die Handelspolitik und insbesondere den Versuch, St. Petersburg zum Haupthafen des Reiches zu machen, bemerkenswert kritisch bewertet. Obwohl Weber St. Petersburg mehrfach als Weltwunder tituliert, spricht er gleichermaßen von des Zaren »sonderliche[m] Wohlgefallen an dieser Gegend« und gibt den kritischen Stimmen der Kaufleute aus Archangel'sk, Riga und Reval breiten Raum[125]. Auch andere Nachteile des Hafens der Hauptstadt werden ausführlich dargelegt, wie beispielsweise die zu geringe Wassertiefe zwischen der Nevamündung und der Insel Kotlin, was, wie gesehen, die Verlegung des Haupthafens nach Kronstadt zur Folge hatte[126], oder die außerordentlichen Versorgungsschwierigkeiten der neuen Großstadt und die daraus resultierende Teuerung der Preise[127]. Dabei ist es jedoch nicht unwahrscheinlich, dass die Hervorhebung dieser Preissteigerungen mit Webers eigenen finanziellen Schwierigkeiten in St. Petersburg zusammenhängt, wie Klonowski vermutet[128]:

> Sollte aus Novogrod, Pleskau, Moscau und so Gar aus dem Konigreich Casan keine Zufuhr von Victualien und insonderheit von Mehl hieher geschehen, welches alles des Winters auf viel tausend Schlitten von zwey biß dreyhundert Meilen her, du des Sommers durch den Wolchowa-Strohm und die ladogaische See, imgleichen durch den See-Onega, und den Swirri-Strohm (durch eben den Ladogaischen See) zu Wasser hergebracht wird, so würde nicht allein Petersburg, sondern auch ein Theil des Landes vor Hunger aussterben müssen.

---

123 Das fällt besonders frappierend auf, wenn man Webers »Verändertes Russland« mit Schlözers »Neuverändertem Russland« vergleicht, das außer dem Titel nicht viele Gemeinsamkeiten aufweist, jedoch deutlich weniger rezipiert wurde. Schlözer, Neuverändertes Rußland.

124 Weber, Das Veränderte Russland, S. 33, 56, 117, 312, 330, 336, 449.

125 Ebenda, S. 374, 408 f.

126 Ebenda, S. 466 f.

127 »Die Kaufleute und Krämer an diesem neuen Orte, wo alles exzessiv teuer war, ihre Rechnung funden [sic]«. Ebenda, S. 445.

128 Klonowski, Im Dienst des Hauses Hannover, S. 24 f.

> Man wird dieses öffters an der Theurung der Victualien gewahr, wenn die Zufuhr dann und wann nur ein wenig ausbleibt, indem die Stadt nicht wie an anderen Orten vom Lande, sondern das Land von der Stadt ihrer Lebens-Mittel mehrentheils suchet[129].

Selbst die berühmte, bei Weber zitierte Rede Peters I. zur Einweihung eines Schiffes enthält überraschend wenig Bezüge zu St. Petersburg als Hafen, sondern fokussiert ganz auf den später sogenannten »St.-Petersburg-Text«, also auf die kulturelle Dimension der neuen Stadtgründung und ihrer Funktion als Brücke nach Europa (von einem »Fenster« ist hier allerdings noch nicht explizit die Rede):

> Wer, meine Brüder! – Wer unter Euch hat sich wohl vor Dreißig Jahren träumen lassen, dass Ihr mit mir hier an der Ostsee zimmern, und in deutscher Kleidung, in diesen durch unsere Anstrengung und Tapferkeit erworbenen Ländern, Eure Wohnstadt aufschlagen, solche tapfere und siegreiche Soldaten und Matrosen aus russischem Geblüte solche geschickte aus fremden Ländern zurückgekehrte Söhne, so viele ausländische Künstler und Handwerker in unserem Gebiete, und so große Hochachtung auswärtiger Nationen gegen Euch und Euern Beherrscher sehen und erleben werdet«?[130]

Und doch enthielt diese Rede genug maritime Anknüpfungspunkte, um zusammen mit dem Motiv Peters als »Veränderer« Russlands auch von den später noch zu erwähnenden Autoren Wilhelm Christian Friebe und Heinrich von Storch wörtlich übernommen zu werden; bei jenen aber in einem Kontext, der klar den Handel und St. Petersburg als Hafenstadt in den Mittelpunkt des Interesses rückte[131].

Des Weiteren urteilt Weber, dass dort, wo die merkantilistische Zielsetzung der Politik Peters nicht kritisch hinterfragt wird, deren Umsetzung vielfach an der Unfähigkeit der einfachen russischen Bevölkerung bzw. am Unwillen des Adels gescheitert sei. Mit derartigen Bemerkungen positioniert sich Weber einerseits in der Tradition antirussischer Klischees der deutschsprachigen Russlandliteratur, andererseits nimmt er schon Urteile über russische Misserfolge beim Außenhandel im 18. Jahrhundert vorweg:

> Ja es scheint, dass die aus der Sklaverei entstandene Unterdrückung des Geistes ihre Sinne dergestalt verfinstert, dass wenn ihnen schon ein Vorteil in der Ökonomie gewiesen wird, sie auch augenscheinlich den Profit davon merken, dennoch von ihrer alten Art nicht

129 Ebenda, S. 470.
130 Weber, Das Veränderte Russland, S. 10 f.
131 Storch, Historisch-statistisches Gemälde, Theil 5, S. 155 f.

> abwichen, meinende, ihre Vorfahren müsstens doch besser verstanden haben, zumal, was sie sonsten bei so fruchtbarem Territorio ausrichten könnten[132].
>
> [...] und ob man zwar dem Zaren geraten, die Sklaverei aufzuheben, und durch Einführung einer gemäßigten Freiheit die Untertanen aufzumuntern und sich selbst dadurch Vorteil zu schaffen, so hat derselbe doch, in Ansehung des wilden Naturels der Russen, und weil sie ohne Zwang sich durchaus nicht führen lassen wollen, Ursach gehabt, diesen Vorschlag bisher zu verwerfen[133].

Demgegenüber steht eine bezeichnende Hervorhebung der Deutschen als vorbildhaft für russische Verhältnisse – ein Schema, das auch in der zweiten Hälfte des Jahrhunderts bei deutschsprachigen Autoren noch zu finden sein wird[134]:

> Die Ökonomie im Lande ist sehr armselig und bei denen Wohlhabendsten nicht so gut als bei den ärmsten Bauern in Deutschland[135].

> Ob nun zwar das Russische Reich dem Zaren so viel einträgt, [...] so könnten doch Seine Majestät ein weit mehres aus ihren Ländern genießen, wenn sie durch eine Anzahl kluger und getreuer Räte secundieret, und die Finanzen aller ihrer Provinzen auf den deutschen Fuß eingerichtet würden[136].

Doch wollten nicht alle die deutschen Ratschläge hören, um auf dem deutschen Fuße zu stehen. Einer von ihnen war Ivan Posoškov[137].

Ivan T. Posoškov

»Unser Russland erwachte wie aus dem Schlaf und erhellte sich wie die Sonne!«[138] Dieser Ausruf, der mit seiner Metapher der Erleuchtung dem russischen Aufklärungsbegriff (*prosveščenie*) nahesteht und zugleich mit dem Motiv des Erwachens auch dem eingangs angeführten Zitat von Scherer ähnelt[139], verdeutlicht den engen Zusammenhang, in dem frühaufklärerische Ideen mit dem ökonomischen

132 Weber, Das Veränderte Russland, S. 49.
133 Ebenda, S. 34.
134 Zu denken wäre hier vor allem an Wilhelm Christian Friebe. Siehe den entsprechenden Abschnitt in Kap. III.4.5.
135 Weber, Das Veränderte Russland, S. 475.
136 Ebenda, S. 56 f. Sinngemäße Anspielungen auch auf S. 312, 455.
137 Zum Einfluss deutscher Wirtschaftswissenschaften auf das frühe ökonomische Denken in Russland siehe allgemein Shirokorad, Deutsche Einflüsse.
138 »Rossija naša jako ot sna probuditsja i prosvetitsja jako solnce« [Unser Russland ist wie aus dem Schlaf erwacht und scheint wie die Sonne]. Posoškov, Kniga o skudosti i bogatstve, S. 293.
139 Zu Peters Handelspolitik siehe Kap. III.2.2.

Denken in Russland während der Regierungszeit Peters standen. Dass dieser Ausruf noch dazu in einem besonderen Werk eines besonderen Autors zu finden ist, erhöht die Signifikanz zusätzlich[140].

Der Autor Ivan T. Pososkov wurde 1652 in der Nähe Moskaus in eine Handwerkerfamilie geboren. Über das Handwerk der Münzprägung verdiente er zunächst sein Geld, da der Gebrauch von Münzen unter Peter rapide zunahm. Über die Münzen kam er zum Handel, womit er insgesamt ein gewisses Maß an Wohlstand erreichte, ohne zu den herausragenden Aufsteigerpersönlichkeiten der petrinischen Zeit zu gehören. Aber immerhin wurde Pososkov zum Ende seines Lebens Gutsbesitzer mit 50 Leibeigenen[141]. Die Neigung, sich auch als Publizist zu betätigen, entwickelte er bereits als Münzpräger. Doch veröffentlichte er sein bedeutendstes Werk erst gegen Ende der petrinischen Epoche im Jahre 1724 unter dem markanten Titel »Buch über Armut und Reichtum«, was wegen seiner Ähnlichkeit zu Adam Smiths »The Wealth of Nations« zu seiner Popularität innerhalb Russlands als »erster Ökonom« führte[142]. Da der Inhalt des Buches jedoch nicht jedem in Russland gefiel, wurde Pososkov bald nach seinem Erscheinen in der Peter- und Paulfestung inhaftiert, wo er im Februar 1726 verstarb. Unklar bleibt, ob Peter I. die Schrift noch hat lesen können. Damit war Pososkovs Werk zwar zunächst nicht zugänglich, doch sollen Michail V. Lomonosov und andere sich mit ihm auseinandergesetzt haben. Veröffentlicht wurde das »Buch über Armut und Reichtum« indes erst im Jahre 1842[143].

Zoll-/Handelspolitik. »Handel ist eine großartige Sache![144], war sich Pososkov sicher. Er ist im Hinblick auf seine Anschauungen zur Handelspolitik mit einigen Modifikationen als Merkantilist zu bezeichnen. Deutlicher als es Peter und der realen Handelspolitik möglich war, sprach er sich nicht nur für eine positive Handelsbilanz aus, sondern auch – klassisch merkantilistisch – für ein Verbot des Exports von Rohstoffen und ein Verbot des Imports von Luxusartikeln, um das Handelssaldo noch mehr zugunsten Russlands zu verschieben. Weiter machte er deutlich, dass durch die Weiterverarbeitung russischer Rohstoffe der ausländischen Wirtschaft ein Mehrwert entstehe, den man stattdessen lieber für Russland beanspruchen sollte[145].

140 Zum Aufklärungsbegriff in Russland Schippan, Die Aufklärung in Russland.

141 Zu seinem Leben Lewitter, Introduction; Zajceva, Pervyj russkij ėkonomist, S. 46–60.

142 Rogačevskaja, Pervyj russkij ėkonomist; Zajceva, Pervyj russkij ėkonomist.

143 Nenovskii, Ikonomičeskata sociologija, S. 85.

144 »A torg delo velikoe!« [Handel ist eine großartige Sache!] Pososkov, Kniga o skudosti i bogatstve, S. 17.

145 »Ja čaju, čto močno nam na vsju Evropu poloten nagotovit' i pered ich nynešneju cenoju gorazdo ustupnee prodavat' im močno. I čem im ot našich materialov bogatitisja, to lučšim nam, rossianam, ot svoich veščej pitatisja i bogatitisja« [Ich denke, dass wir für ganz Europa Stoffe produzieren können, und zu dem jetzigen Preis es ihnen sehr viel preiswerter verkaufen

Außerdem sah er Russland in einer guten Verhandlungsposition gegenüber Westeuropa, die nur zu wenig ausgenutzt werde, wie er diesbezüglich feststellte: »Wir können auch ohne ihre Waren leben, aber sie können ohne unsere Waren nicht einmal zehn Jahre überleben«[146]. Doch hatte die Idee des Verbots der Einfuhr ausländischer Luxusgüter nicht nur eine monetäre Dimension. Posoškov betonte zugleich die moralische Komponente, die im Verlaufe des Jahrhunderts noch häufiger instrumentalisiert wurde: Seiner Ansicht nach beschädige der westliche Luxus die moralischen Grundwerte der russischen Gesellschaft. Unmittelbar gefährdet durch westlichen Luxus seien nicht zuletzt die Kaufleute, die es vor überflüssigem Alkoholkonsum und Bequemlichkeit zu schützen gelte[147]. Dementsprechend entstehe Russland durch den Handel mit dem Westen ein doppelter Schaden. Neben dem finanziellen komme noch der moralische zum Tragen. Dies verwies zugleich auf die Doppeldeutigkeit von Reichtum im Verständnis Posoškovs, der zwischen einem materiellen (*veščestvennoe*) und immateriellen (*neveščestvennoe*) Sinn unterschied[148]. Demzufolge könne man statt ausländischen Likör zu kaufen auch gleich Geld ins Wasser werfen[149].

Zur Herstellung des Nötigen sei allerdings selbstredend die Förderung eigener Manufakturen erforderlich, die den Bedarf an benötigten Gebrauchsgegenständen sicherzustellen hätten. Dazu bemerkt er klassisch merkantilistisch:

> Und warum führt man bei uns Segeltuch ein, das aus unseren Materialien gefertigt wurde, wenn man doch besser von uns gefertigtes Segeltuch von hier nach dort geliefert hätte? [...] Und warum lassen wir sie sich an unseren Materialien bereichern, wenn wir Russen doch besser uns von unseren eigenen Ressourcen ernähren und bereichern könnten?[150]

---

könnten. Und so wie sie sich an uns bereichern, so sollten wir, Russen, uns an unseren eigenen Rohstoffen und Reichtümern bereichern]. Posoškov, Kniga o skudosti i bogatstve, S. 147 f.

146 »My možem prožit' i bez ich tovarov, a oni bez našich tovarov i desjati let prožit' ne mogut« [Wir können auch ohne ihre Waren leben, aber sie können ohne unsere Waren keine zehn Jahre überleben]. Rogačevskaja, Pervyj russkij ėkonomist, S. 132.

147 »I radi vsenarodnago ochranenija nadležit ne odnich inokov, no i kupečestvo ot izlišnjago pianstva i ot roskošnago žitija povozderžat', a naipače nadležit zakrepit' ot zamorskich pitej, čtoby sami ne pili« [Im Interesse des Allgemeinwohls gehört sich nichts anderes, als die Kaufmannschaft von der vergeblichen Trinksucht und vom Luxusleben fernzuhalten, aber am stärksten muss man sie vom ausländischen Essen fernhalten, damit sie nicht selbst trinken]. Posoškov, Kniga o skudosti i bogatstve, S. 134.

148 Dazu Vorob'ev/Semenkova, Osobennosti, S. 17.

149 »A zamorskija pit'ja pokupat' ničem že lučši togo, čto dengi v vodu metat'« [Der Kauf ausländischer Nahrungsmittel ist nichts Besseres als Geld direkt ins Wasser zu schmeißen]. Posoškov, Kniga o skudosti i bogatstve, S. 136.

150 »I čem k nam vozit' polotna, iz našich materialov zdelanych, to lučši nam k nim vozit'gotovye polotna? (...) I čem im ot našich materialov bogatitisja, lučši nam, rossijanom, ot svoich vešček pitatisja i bogatitisja?« Posoškov, Kniga o skudosti i bogatstve, S. 147 f.

Die soziale Dimension der Handelspolitik. Für Posoškov wurde jede Herrschaft durch die Kaufmannschaft bereichert, »aber ohne die Kaufmannschaft kann kein Staat existieren!«[151] Deutlich ist ihm seine eigene soziale Herkunft anzumerken, da er sich sehr für die Interessen der Kaufleute einsetzt und die Gründe für Probleme beim Außenhandel auf die unzureichende staatliche Unterstützung der Kaufleute zurückführt[152]. Doch forderte er keine weiteren Sonderrechte oder Privilegien. Er schlug im Gegenteil vor, alle sozialen Schichten zu denselben Konditionen am Handel teilhaben zu lassen, so dass die von ihm bemängelten Steuernachteile für Kaufleute auf diese Weise ausgeglichen werden könnten[153].

Dieses sehr progressive Denken außerhalb der ständischen Organisationsstruktur ging einher mit einer nahezu »protestantischen Ethik« des Fleißes, mit der er vor allem auf die Leibeigenen blickte[154]. Nicht so sehr deren Freiheit war sein Ziel, wohl aber deren höhere Produktivität. Die Leibeigenen erschienen Posoškov als faul oder zumindest unproduktiv. Insbesondere im Winter solle man sie besser einbinden in die Produktion von Waren, die dann gewinnbringend exportiert werden könnten[155]. Doch verteidigte er die Leibeigenen gegen eine willkürliche Ausnutzung vonseiten der Gutsbesitzer, was durch klare Regelungen verhindert werden solle. Sicher spielte auch hier der eigene Lebenslauf des äußerst umtriebigen sozialen Aufsteigers eine Rolle für die Positionierung des Autors.

Um mit der ausländischen Konkurrenz mithalten zu können, sollten sich die russischen Kaufleute in Kompagnien zusammentun, um so finanzkräftiger und nach außen geschlossener agieren zu können[156], so wie es Peter kurz vor seinem

151 »Kupečestvom vsjakoe carstvo bogatica, a bez kupečestva nikakoe i maloe gosudarstvo byt' ne možet« [Die Kaufmannschaft bereichert jede Herrschaft, und ohne Kaufmannschaft ist nicht der kleinste Staat möglich]. Vorob'ev/Semenkova, Osobennosti, S. 17.

152 Der russische Wirtschaftswissenschaftler Leonid Albalkin sieht Posoškov in erster Linie als großen Patrioten und ist skeptisch gegenüber der These, er habe die Kaufmannschaft unterstützen wollen. Dieser Argumentation wird hier allerdings nicht gefolgt, zumal Patriotismus und soziale Sympathie mit den Kaufleuten sich nicht ausschließen. Abalkin, V poiskach samoopredelenija, S. 10.

153 Posoškov, Kniga o skudosti i bogatstve, S. 114. Vgl. Pokrovskij, Vnešnjaja torgovlja, S. 75.

154 Tatsächlich stellt sich hier die Frage, inwieweit solche Aussagen im breiteren Kontext einer potentiellen Ausbreitung protestantischer Einflüsse auf die russländische Gesellschaft als Folge der Petrinischen Reformen und des Zuzugs von westlichen Spezialisten hauptsächlich aus Nordwesteuropa verstanden werden können und inwieweit sich ein »kapitalistischer Geist« in der Wirtschaftsethik der russischen Kaufleute als Folge des Kontakts zu hauptsächlich protestantischen Handelspartnern bemerkbar machte. Ein Beispiel für den Einfluss protestantischer Kultur wäre die Beerdigung Peters I. Siehe dazu Prokop'ev, Pogrebenie Petra Velikogo.

155 Posoškov, Kniga o skudosti i bogatstve, S. 166–175.

156 Pokrovskij, Vnešnjaja torgovlja, S. 77.

Lebensende auch für die russischen Kaufleute vorgesehen hatte[157]. Diese Idee folgte einem weiteren essentiellen Grundsatz Posoškovs, nämlich der von ihm als zentral eingestuften Solidarität unter Kaufleuten. Innere Konkurrenz zwischen russischen Kaufleuten betrachtete er als unpatriotisch. Stattdessen sollten russische Kaufleute lieber gegenüber ausländischer Konkurrenz geschlossen und patriotisch zusammenstehen[158].

Diese patriotische Solidarität verband er mit seinem Verständnis von Reichtum, denn nicht der Staat sei reich, der viele Edelmetallreserven besitze, sondern dessen Volk reich sei. Hier kam seine Sympathie gegenüber den unteren sozialen Schichten klar zum Tragen, was zugleich eine leichte Abweichung von dem in der vorliegenden Studie genutzten Merkantilismus-Begriff bedeutet[159]. Betont sei, dass der besondere Wert dieser Schrift eben darin liegt, dass ein Kaufmann seine Ansichten darlegt. Andere theoretische Schriften des 18. Jahrhunderts wurden – wenig überraschend – zumeist von Adligen verfasst[160].

Die Rolle ausländischer Kaufleute: die außenpolitische Dimension. Äußerst skeptisch war Posoškov gegenüber Ausländern, nicht zuletzt gegenüber Deutschen. Sie verführten die Russen absichtlich zu einem verschwenderischen und unmoralischen Lebensstil, um daraus Profit schlagen zu können[161]. Dass das heutige Wort *nemcy*, das zeitgenössisch auch allgemein Ausländer bedeuten konnte, hier tatsächlich auf Norddeutsche, vielleicht auch auf Engländer und Holländer Bezug nimmt, ist nicht ganz unwahrscheinlich. Denn an anderer Stelle äußert Posoškov ausführlich eine besonders harsche Kritik an Protestanten, genauer an Lutheranern, und deren ebenfalls unmoralischem Lebenswandel und schlechtem Einfluss auf die russische Gesellschaft[162]. Auf der einen Seite bewunderte er also den protestantischen Fleiß und Zielstrebigkeit, auf der anderen Seite verurteilte er aber den liberalen und teils luxuriösen Lebenswandel der nordeuropäischen Hafenstädte – eine Sichtweise, die in ähnlicher Dichotomie bei

157 Siehe den Abschnitt zu Peters Handelspolitik (Kap. III.2.2).

158 Posoškov, Kniga o skudosti i bogatstve, S. 138.

159 »V koem carstve ljudi bogaty, to i carstvo to bogato, a v koem carstve budut ljudi ubogi, to i carstvu tomu ne možno slyt' bogatomu« [In wessen Herrschaft die Leute reich sind, dessen Herrschaft ist auch reich, aber dort, wo die Leute arm sind, dort kann auch der Staat nicht den Reichen dienen]. Posoškov, Kniga o skudosti i bogatstve, S. 77. Oder: »To gosudarstvo bogato, v kotorom narod bogat« [Dort ist der Staat reich, wo auch das Volk reich ist]. Zit. n. Rogačevskaja, Pervyj russkij ėkonomist, S. 134.

160 Kozlova, Gil'dejskoe kupečestvo, S. 215.

161 »Nemcy nikogda nas ne poučat na to, čtoby my berežno žili i ničego b naprasno ne tratili, tolko to vychvaljajut, ot čego by požitok kakoj im pripal, a ne nam« [Die Deutschen werden uns niemals lehren, wie wir sparsam leben und nichts umsonst ausgeben, sondern sie lehren uns nur, wovon sie selbst einen Vorteil haben und nicht wir]. Posoškov, Kniga o skudosti i bogatstve, S. 127.

162 Ebenda, S. 134 f.

Wilhelm Christian Friebe auch in der zweiten Hälfte des Jahrhunderts ihren Widerhall findet[163].

Genau so sah Posoškov Peters Praxis der Anwerbung ausländischer Spezialisten sehr kritisch, da diese Positionen besser von Russen zu besetzen seien[164]. Auch hier umfassen die Überlegungen Posoškovs neben der fiskalischen Dimension auch eine kulturelle. Es geht ihm neben dem merkantilistischen Argument, dass eigene, russische Waren die ausländischen Produkte ersetzen sollten, nicht zuletzt um eine Wiedergutmachung einer empfundenen kulturellen Kränkung durch die arroganten Ausländer. So empfiehlt er erneut ein geschlossenes Auftreten russischer Kaufleute, um den Preis der ausländischen Waren zu senken. Infolgedessen müssten die Ausländer ihr arrogantes Verhalten gegenüber den Russen ablegen und entgegen der aktuellen Praxis die russischen Kaufleute untertänig um ein Einlenken bitten. Auch die Wortwahl in diesem Abschnitt – der Stolz und der Hochmut der Ausländer – zeigt deutlich eine tief liegende Frustration gegenüber ausländischen Kaufleuten[165].

Deutlich erkennbar sind bei Posoškov also zwei Gruppen, zu denen er ein kritisches Verhältnis pflegt, da beide seiner Ansicht nach dem russischen Kaufmann schadeten. Zum einen sind es die Ausländer (Deutsche) und zum zweiten der Adel als innerer Gegner und Hindernis für Reformen. Diese Haltung dürfte mit zu seiner Verhaftung geführt haben[166].

Leitmotiv für Posoškovs Empfehlungen ist dabei eindeutig ein stark ausgeprägter Patriotismus, der neben dem merkantilistischen Ziel der Bereicherung des eigenen Landes noch auf ein weiteres wesentliches Element seiner Konzeption verweist. Es geht Posoškov nicht nur um den fiskalischen Aspekt, sondern mindestens zu gleichen Teilen um eine ethische Komponente, was vor allem in seinem Verständnis des Begriffs des Reichtums (*bogastvo*) ersichtlich wird. Er unterscheidet zwischen materiellem Reichtum und immateriellem Reichtum, von denen letzterer vorzuziehen sei. Wirklich reich sei folglich nicht nur, wer viel Geld besitzt, sondern vor allem, wer die orthodoxe Spiritualität verinnerlicht habe[167]. Damit berührte Posoškov ein Thema, das im Laufe des Jahrhunderts noch öfter aufgegriffen werden wird.

---

163 Siehe den Abschnitt zu Wilhem Christian Friebe in Kap. III.4.5.

164 Rogačevskaja, Pervyj russkij ėkonomist, S. 123.

165 »I ašče tako sostoitca, to inozemcy budut k nam laskovee, a prežnjuju svoju gordost' vsju otložat. Nam o tom velmi krepko nadobno stojat', čtoby prežnuju ich pychu v konec nam slomit' i privesti by ich vo smirenie i čtoby oni za nami gonjalis« [Und vor allem ist es nötig, dass die Ausländer uns gegenüber respektvoller werden und ihren mitgebrachten Stolz ablegen. Wir müssen dafür einen starken Willen zeigen, damit sie ihren vormaligen Hochmut ablegen und sie sich damit abfinden, damit sie uns hinterherlaufen]. Posoškov, Kniga o skudosti i bogatstve, S. 137.

166 Ebenda, S. 291.

167 Rogačevskaja, Pervyj russkij ėkonomist, S. 121.

Überhaupt liegt der Wert dieses Textes neben seiner Bedeutung als Zeugnis eines russischen Kaufmanns aus der petrinischen Zeit in seiner Praxisnähe. Er ist aber auch als theoretischer Kommentar zu Peters Politik zu verstehen, der in einigen Punkten Differenzen aufweist, wie z.B. beim Verhältnis zu ausländischen Kaufleuten. Da diese Schrift erst am Ende der Regierungszeit Peters erschien und ihr Autor sofort verhaftet wurde und verstarb, verweist sie ebenfalls auf die nachpetrinische Epoche. Interessierte Personen wie Lomonosov sollen das Werk nach Peters Tod gelesen haben, so dass es das ökonomische Denken auch nach 1725 beeinflusst hat.

3.2.6 Fazit Peter I.

> Russland gelangte nach Europa wie ein vom Stapel geschossenes Schiff, beim Krach der Äxte und beim Donnern der Kanonen[168].

Ein zentrales Motiv für Peters Reformen war die Finanzierung der Armee im Großen Nordischen Krieg. In seinen eigenen Worten formulierte Peter es folgendermaßen: »Geld ist die Arterie des Krieges!«[169] Und da, wie u.a. der Moskauer Historiker Vasilij O. Ključevskij erkannte, der Krieg wiederum der treibende Motor für die Reformen war, sollte die Geld- und Finanzpolitik des Zaren nicht gering geschätzt werden[170].

Anders als es einige Autoren während der zweiten Hälfte des 18. Jahrhunderts befürworteten, verfolgte Peter in der Förderung russischer Produktion keineswegs das Ziel der Abschottung von ausländischen Märkten. Im Gegenteil verstand er die Intensivierung des Außenhandels zum gegenseitigen Nutzen als erstrebenswert[171]. Somit strebte Peter eine gleichberechtigte Teilnahme Russlands am Welthandel unter einer merkantilistisch geführten Handelspolitik an. In diesem Zusammenhang ist auch sein Bemühen zu sehen, sich an internationale Standards anzupassen, wofür die Einführung der Qualitätskontrolle nach dem Modell des Bracksystems der baltischen Hafenstädte Narva und Riga im Jahre 1718, das im ersten Kapitel bereits kurz angesprochen wurde, als Beispiel dienen kann[172].

---

168 Ein Puškin-Zitat, das im Original lautet: »Rossija vošla v Evropu, kak spuščennyj korabl', pri stuke topora i pri grome pušek« [Russland kam nach Europa wie ein vom Stapel geschossenes Schiff, beim Krach der Äxte und beim Donnern der Kanonen]. Hier zit. n. Keller/Keller, Peterburg, S. 15.

169 »Dengi sut' arterie vojny« [Geld ist die Arterie des Krieges]. Zit. n. Pokrovskij, Vnešnjaja torgovlja, S. 78.

170 Anisimov, Petr Pervyj.

171 Hughes, Russia, S. 145.

172 PSZ, Nr. 3195, O brakovanii v Sanktpeterburge pen'ki, lena, sala, voska i jufti po Narvskomu

Mit der Gründung und der Namensgebung seiner neuen Stadt Piterburch machte Peter I. deutlich, dass er sich am maritimen holländischen Vorbild und generell an westeuropäischen Modellen orientierte. Dies betraf auch seine Handelspolitik, die den europäischen Merkantilismus imitierte. Die hier verwendeten Kriterien dieses Begriffs wurden durch seine Politik vollständig erfüllt. Vor allem der Ausbau der Manufakturen und das Ziel einer positiven Außenhandelsbilanz unter Beteiligung russischer Kaufleute unterstreichen diese Zielsetzung. Die Umsetzung ließ sich jedoch nur teilweise erreichen. Ein Dilemma, mit dem sich Peter I. konfrontiert sah, und das auch seine Nachfolgerinnen und Nachfolger nicht lösen konnten, war das Verhältnis zu den westlichen Handelspartnern. Einerseits lud er sie nach Russland ein, um selbst Anteil am prosperierenden Welthandel zu haben. Andererseits setzte er sich das Ziel, die Ausländer durch Russen zu verdrängen, was gleichzeitig nicht zu erreichen war. Zudem gelang es ihm auch auf innenpolitischer Ebene nicht, die russischen Kaufleute derartig zu motivieren und zu unterstützen, dass sie zu gleichwertigen Partnern des Außenhandels hätten werden können.

Was den theoretischen Diskurs seiner Zeit betrifft, so trafen seine merkantilistischen Ansichten auf Zustimmung in der noch sehr spärlichen Literatur. Doch spiegelte sich das erwähnte Dilemma im Verhältnis zu den Ausländern in den hier gewählten Texten derartig wider, dass auf der einen Seite der russische Kaufmann Posoškov offene Xenophobie zum Ausdruck brachte, während der Ausländer Wilhelm Christian Weber umgekehrt Peter I. gerade dafür lobte, dass dieser den Kontakt zum Westen und Westeuropäern gesucht habe. Erst dies habe die »Veränderung« Russlands überhaupt erst möglich gemacht.

Mehr noch als in den darauffolgenden Epochen war die Regierungszeit Peters I. durch andauernde Kriegshandlungen überschattet, wodurch der Handel behindert wurde. Zugleich waren diese Kriege allerdings auch Antriebskraft für die Reformen, darunter auch die auf dem Gebiet der Wirtschaft und des Handels. Doch konnten diese Reformen aufgrund der Handelsbeschränkungen durch den Krieg ihr Potential erst zum Ende der Regierungszeit Peters offenbaren. Die Nutzung der Neugründung St. Petersburgs als Hafen, wie im ersten Kapitel gesehen, ist hierfür ein gutes Beispiel. Aber auch die Zollpolitik Peters manifestierte sich erst zum Ende seines Lebens im Tarif von 1724.

Die Auswirkungen des kostspieligen Krieges und der handelspolitischen Weichenstellungen sollten sich erst in der nachpetrinischen Zeit zeigen und diese Epoche bestimmen.

---

obyknovenii [Über das Bracken in St. Petersburg von Flachs, Leinen, Schmalz, Wachs und Juchtenleder nach Narvaer Muster], 23.4.1718.

3.3 Die Epoche der »Palastrevolten« (1725–1762)

3.3.1 Einleitung

Die Zeit nach Peters Tod wird allgemein in der Historiographie als Krise wahrgenommen bzw. im Vergleich zu den Regierungsjahren Peters I. oder Katharinas II. eher vernachlässigt. Das Motiv der Krise ist vor allem durch die unstete Herrschaftsfolge gekennzeichnet, die Peter mit seiner Thronfolgeregelung verursacht hatte und die den Namen der Epoche der »Palastrevolten« evozierte. Tatsächlich regierten in der Zeit zwischen 1725 und 1762, wie bereits kurz dargelegt, nur zwei Herrscherinnen für einen längeren Zeitraum: Anna Ivanovna (1730–1740) und Elisabeth Petrovna (1741–1761).

In diesem Kapitel wird es nicht um eine genauere Darstellung der politischen Auseinandersetzung der diversen Hofparteien dieser Zeit gehen. Allerdings betraf das Krisenmotiv nicht nur die Thronfolgefrage, sondern ebenfalls den ökonomischen Bereich, da die fortgesetzten Kriegstätigkeiten zusammen mit den Reformbemühungen Peters I. den Staatshaushalt stark strapaziert hatten. Somit stand die Frage der Konsolidierung im Zentrum der nachpetrinischen Jahre[173]. Eine Möglichkeit war die Einsparung beim Militärhaushalt, der etwa zwei Drittel der Staatsausgaben umfasste[174]. Eine weitere Option sah die Erhöhung der Einnahmen durch den Außenhandel vor. Genau um diese Option wird es im folgenden Abschnitt gehen.

3.3.2 Handels- und Zollpolitik: die Monopole

»Die Kaufleute fordern Freiheit!«[175] Diese Einschätzung findet sich in einem Papier des Obersten Geheimen Rates, dem neuen obersten Leitungsorgan des Reiches, zur Lage des Handels in Russland nach Peters Tod. Überhaupt war sich der Oberste Geheime Rat unter Peter II. bewusst, dass die Kaufleute zuvor nicht in dem gewünschten Maße gefördert worden waren und der Handel durch die aktive Unterstützung vonseiten der russischen Kaufleute verbessert werden könnte. Zu diesem Zweck wurden Kaufleute dezidiert aufgerufen, ihre Meinung kundzutun, so wie Pososkov es zuvor getan hatte[176].

---

173 Zum Umgang mit dem petrinischen Erbe in der Wirtschaftspolitik siehe Kahan, Continuity in Economic Activity.

174 Petruchincev, Carstvovanie Anny Ioannovny, S. 299–301.

175 Zit. n. Repin, Ot diskriminacii k fritrederstvu, S. 233; [K] Dokladnoj Zapiske o gosudarstvennych nuždach [Anlässlich des Berichts über den staatlichen Bedarf], 1725, in: RGADA, f. 9, op. 1, Bl. 179–193.

176 PSZ, Nr. 5093, O vyzove ljudej torgovogo klassa k pokazaniju pričin chudago sostojanija torgovli i sposobov k popravleniju onoj [Über den Aufruf an Vertreter der Kaufmannschafts-

Neben dem Obersten Geheimen Rat wurde die 1727 als Leitungsgremium des Kommerz-Kollegiums gegründete Kommerz-Kommission zum zentralen Organ der Handelspolitik in der nachpetrinischen Zeit. Die Probleme verschwanden aber nicht so schnell, so dass 1739 Algarotti zu einem ähnlich pessimistischen Urteil wie der Oberste Geheime Rat kam: »Allgemein gesehen, könnte der Handel für Russland noch nützlicher sein, als er ist, wenn der Hof nicht das Monopol über gewisse Waren besitzen wollte und wenn der Verkehr frei wäre«[177]. Algarotti lieferte mit dieser Kritik zwei Stichworte, die für diese Zeit prägend waren: zum einen die Praxis der Monopolvergabe und zum anderen die Idee der Freiheit als Vorbote liberaler Ideen für die Handelspolitik. Der Widerspruch zwischen Monopolen und der Idee der Freiheit sollte die Handelspolitik dieser Epoche prägen, denn unverkennbar waren auf der einen Seite erste Schritte in Richtung einer Liberalisierung zu erkennen, ohne dass auf der anderen Seite protektionistisch-merkantilistische Zielsetzungen ganz aufgegeben worden wären[178].

In diesem Sinne kann die deutliche Senkung der Schutzzölle auf ausländische Waren, die der neue Zolltarif von 1731 vorsah, interpretiert werden. Neben einer allgemeinen Senkung brachte dieser auch eine stärkere Differenzierung der Waren und ihrer Zollsätze mit sich[179]. Sie waren eine Folge des staatlichen Interesses an einer Stärkung des Außenhandels und der damit verbundenen Hoffnung auf eine Erhöhung der Zolleinnahmen. Zugleich waren sie eine Reaktion auf die Forderungen ausländischer Kaufleute, die ihre Handelstätigkeit in Russland intensivieren wollten[180].

Zwar sollten weiterhin russische Produkte durch einen Zollsatz von bis zu 20 % vor ausländischer Konkurrenz geschützt werden, aber nicht mehr in so drastischer Weise wie bei den gestaffelten Zolltarifsätzen von 1724[181]. Bereits 1727 hatte es erste Lockerungen des protektionistischen Tarifs von 1724 gegeben, die als Vorstufe des Tarifs von 1731 zu sehen sind[182]. So wurde beispielsweise der Export von Lein- und Hanfsamen wieder zugelassen[183].

---

schicht zur Belehrung über die Gründe des schlechten Zustands des Handels und der Mittel zur Behebung dieser Probleme], 12.6.1727.

177 Algarotti, Russische Reise, S. 46.

178 Gidion, Sankt-Peterburg, S. 20.

179 Petruchincev, Vnutrennjaja politika, S. 115; Kulišer, Očerk istorii, S. 234; Kahan, Continuity in Economic Activity, S. 78.

180 Zaozerskaja, Torgovlja i kupečestvo Rossii, S. 162.

181 Pokrovskij, Vnešnjaja torgovlja, S. 95.

182 Ebenda, S. 94; Nekrasov, Vnešnjaja torgovlja, S. 61.

183 PSZ, Nr. 5080, O Pozvolenii otpuskat' za granicu l'januju i pakol'nuju (pen'kovuju) prjažu [Über die Erlaubnis des Exports ins Ausland von Leinen und Flachs], 25.5.1727.

Eine Folge der Senkung der Schutzzölle war das schnellere Wachstum des Imports im Verhältnis zum Export, so dass sich die positive Handelsbilanz abschwächte. Dies wird durch folgende Zahlen belegt. Während sich von 1726 bis 1749 der Wert der aus dem Russländischen Reich exportierten Waren um 64 % auf 6,9 Millionen Rubel erhöhte, stieg der Wert der importierten Waren im selben Zeitraum um 171 % auf 5,7 Millionen Rubel. Damit verringerte sich der Abstand zwischen Export und Import deutlich[184], wie Tab. 12 zeigt.

Tab. 12: Übersicht des russischen Außenhandels in den Jahren 1726, 1749 und 1758–1760 (in Mio. Rubel)

	1726	1749	1758–60 (Jahresmittel)
Export	4,2	6,9	9,4
Import	2,1	5,7	7,5
Gesamt	6,3	12,6	16,9
Überschuss	2,1	1,2	1,9

Quelle: Pokrovskij, Vnešnjaja torgovlja, S. 105 (vgl. auch Abb. 10 in Kap. IV.1.1).

Trotz dieser Schwankungen als Folge des Tarifs von 1731 und einer Verringerung des Handelsüberschusses blieb der Anteil der Zolleinnahmen am Gesamthaushalt zwischen dem Ende der Regierungszeit Peters I. und der Mitte des Jahrhunderts stabil bei etwa 10 %. So lag der Wert der Steuereinnahmen im Jahre 1724 bei 849.000 Rubel (bei 8.546.000 Rubel Gesamteinnahmen) und 1751 entsprechend bei 1.230.000 Rubel (11.491.000 Rubel)[185]. In der zweiten Hälfte ihrer Regierungszeit verstärkte Elisabeth wieder den protektionistischen Charakter ihrer Zollpolitik. Entsprechend wurde ab 1749 die Einfuhr von Luxusartikeln wie Tand, Posament, Netzen und Bändern verboten, um die heimische Produktion zu fördern[186]. Ähnliches galt ab 1750 für Brokat und Seide[187].

Noch wirkmächtiger waren die Schutzzölle allerdings im Bereich der Eisenproduktion, die unter Elisabeth einen enormen Aufschwung erlebte, da die Engländer bestrebt waren, ihre Abhängigkeit von schwedischem Eisen ab den

184 Pokrovskij, Vnešnjaja torgovlja, S. 95.

185 Pokrovskij, Sbornik svědĕnij.

186 PSZ, Nr. 9694, O zapreŝenii vvoza v Rossiju Nemeckich mišur, mišurnych posumentov, setok i lent [Über das Verbot der Einfuhr nach Russland von deutschen Textilien, Textilschmuck, Netzen und Bändern], 14.12.1749; vgl. die Vorläufer zu diesem Ukaz: PSZ, Nr. 9098, O pozvolenii vypisyvat' iz-za granicy posumenty, bachramy i parči zolotye i serebrjanye, s platežem za onye ukaznych pošlin [Über die Erlaubnis aus dem Ausland Stoffe, Lumpen und Brokate aus Gold und Silber zu bestellen, bei der Zahlung eines Extrazolls] 18.1.1745.

187 Semenova, Byt, S. 113.

späten 1740er Jahren abzubauen. Um dieser Nachfrage zu begegnen, bekamen hochadlige Familien wie die Šuvalovs, Tverdyševs, Jagužinskijs, Voroncovs und Sievers weitgehende Privilegien vor allem für die Überführung und den Gebrauch von Leibeigenen als Arbeitskräfte, um im südlichen Ural die Eisengewinnung im großen Stil voranzubringen[188].

Die politischen Entscheidungen im Umgang mit der Eisenproduktion verdeutlichen exemplarisch Elisabeths Neigung zur Monopolvergabe im Außenhandel. Dafür wurde sie häufig kritisiert, da diese Praxis einer potentiellen Liberalisierung diametral entgegenstand und nicht zuletzt im Kommerz-Kollegium selbst stark hinterfragt wurde[189]. Vor allem hohe Adlige profitierten von der Monopolvergabe. So erhielt Michail I. Voroncov 1757 das Monopol für den Getreideexport und der Kaufmann und enge Vertraute von Petr. I. Šuvalov Nikita T. Šemjakin, sogar das Monopol für alle Außenzölle, einschließlich der Hafenzölle[190]. Die beiden Šuvalov -Brüder hatten nicht zuletzt erheblichen Anteil an dieser Politik. Neben der Vergabe von Monopolrechten an Adlige nahm auch der staatliche Anteil an Monopolen wieder zu, was bereits mit der Übernahme des Rhabarberhandels durch den Staat im Jahre 1731 begonnen hatte und sich unter Elisabeth mit einem staatlichen Kaviar- und einem Leinengarnmonopol fortsetzte[191].

Die Erhöhung von Schutzzöllen hatte zweifellos zur Folge, dass das Problem der Kontrabande wieder verstärkt auf die Tagesordnung der Zollbehörden zurückkehrte. Um die Kontrolle zu erhöhen, wurde 1746 ein Spezialschiff in Kronstadt bestimmt, das die Hafeneinfahrt speziell auf Schmuggelaktivitäten überwachen sollte[192].

Außerdem ließ Elisabeth eine türkische (1755) und eine persische (1758) Handelskompagnie gründen, was als Anknüpfung an Peters I. Bemühungen um einen aktiven russischen Außenhandel verstanden werden kann. Doch waren diese Anstrengungen, darunter auch Michail I. Voroncovs Versuch, 1760 mit einer eigenen Handelskompagnie den Handel mit China zu beleben, wie schon unter Peter nicht von fortwährendem Erfolg gekrönt[193].

Die Erhöhung der Zölle unter Elisabeth kann durchaus als hinderlich für den Außenhandel betrachtet werden. Ein Grund für diesen Schritt ist jedoch darin zu sehen, dass die Zarin auf der anderen Seite durch die Aufhebung der

---

188 Pokrovskij, Vnešnjaja torgovlja, S. 96 f. Siehe auch den Abschnitt zu Tatiščev in Kap. III.3.5.

189 Semenova, Byt, S. 112.

190 Kulišer, Očerk istorii, S. 235 f.; Pokrovskij, Vnešnjaja torgovlja, S. 98.

191 Kulišer, Očerk istorii, S. 231.

192 Ukaz Kommerc-Kollegii [Ukaz des Kommerzkollegiums], 28.10.1746, in: RGIA, f. 138, op. 6, d. 20.

193 Pokrovskij, Vnešnjaja torgovlja, S. 98.

Binnenzölle 1753 den Binnenhandel liberalisierte und beförderte[194]. Die somit fehlenden Zolleinnahmen aus dem Binnenhandel wurden durch einen erhöhten Zolltarif 1755 auf den Außenhandel umgelegt[195]. Nur zwei Jahre später wurden die Zölle im neuen Tarif von 1757 nochmals erhöht, was insbesondere Import-Luxuswaren betraf. Damit wurde die Tendenz in der Handelspolitik der vorherigen Jahre unter Elisabeth nochmals verstärkt. Die damals erhobenen Zollsätze auf einzuführende Produkte waren sogar die höchsten in der russischen Geschichte überhaupt[196]. Als ein weiterer Grund für die Erhöhung der Tarife ist allerdings auch der Siebenjährige Krieg zu berücksichtigen, der erhebliche Kosten für die Staatskasse verursachte[197].

Kann die staatliche Politik gegenüber Importen zwischen 1725 und 1762 somit als schwankend bezeichnet werden, so war die Haltung gegenüber Exporten stabiler. Zwar wuchs das Exportvolumen stetig an, doch bei weitem nicht mehr in einer Geschwindigkeit wie noch unter Peter I. oder später unter Katharina II. Wie Bogatyrev am Beispiel der Pottasche gezeigt hat, führte eine zu aggressive, exportorientierte Politik des Preisdumpings zu Problemen der heimischen Produktion und war somit langfristig nicht erfolgreich. Die kurzfristig erhöhten Exportzahlen generierten keine entsprechenden Gewinne und so verschlechterte sich die Qualität, was wiederum die Nachfrage verminderte[198].

Eines der zentralen Probleme des angespannten Staatshaushalts blieb der Mangel an Geld, so dass noch unter Anna 1736 Staatsbedienstete mit Naturalien aus Sibirien, die dem Staatsmonopol unterlagen, bezahlt werden mussten[199]. Durch eine Reihe von Maßnahmen im Bereich des Münzwesens unter Leitung von Petr I. Šuvalov wurde das Problem unter Elisabeth entschieden angegangen[200]. Die wohl wichtigste Maßnahme zur Behebung des Geldmangels russischer Untertanen war die Einrichtung der – abgesehen von der 1734 in Riga gegründeten Bank[201] – ersten Bank Russlands, der »Bank zur Regulierung des Handels beim Sankt-Petersburger Hafen« im Jahre 1754. Dies stellte

194 PSZ, Nr. 10164, Ob uničtoženii vnutrennich tamožennych i meločnych sborov [Über die Aufhebung der Binnenzölle], 20.12.1753.

195 PSZ, Nr. 10486, Tamožennyj Ustav [Zollordnung], 1.12.1755. Vgl. auch Pokrovskij, Značenie S.-Peterburga, S. 37.

196 Čulkov, Istoričeskoe opisanie, IV, 3, S. 529 f.

197 Kahan, The Plow, S. 238.

198 Bogatyrev, Ėksportoorientirovannaja kazennaja promyšlennost', S. 19. Zum Verhältnis von Export- und Importwachstum siehe auch die Tabelle im ersten Hauptteil unter Kap. II.1.

199 PSZ, Nr. 7107, O proizvodstve v Moskve i v Sanktpeterburge statskim i graždanskim činam žalovan'ja Sibirskimi tovarami [Über die Produktion von sibirischen Waren in Moskau und St. Petersburg durch staatliche und bürgerliche Beamte], 18.11.1736. Zum Hintergrund dieser Thematik Petruchincev, Vnutrennjaja politika, S. 709–712.

200 Zabozlaeva, Vnutrennjaja politika, S. 129 f.

201 Siehe den Abschnitt zu Riga (Kap. II.3).

zweifellos eine außerordentliche Innovation während der Regierungszeit von Elisabeth dar[202]. Allerdings musste die Bank schon 1770 aufgrund andauernder Probleme und ausländischer Konkurrenz bei der Kreditvergabe wieder schließen. So erklärt sich auch der Rückgang des Imports zwischen 1753 und 1760 in St. Petersburg von 3,7 Millionen Rubel auf 3,3 Millionen Rubel Umsatz, da der Geldmangel die Kaufkraft der Eliten schwächte[203].

Auch wenn die Errichtung der Bank noch nicht den erhofften Erfolg brachte, stellte sie doch eine Innovation dar, die für den Fortschritt der Handelspolitik der Zeit zwischen Peter und Katharina steht. Eine ähnliche, wenig beachtete Maßnahme dieser Übergangszeit war die Verabschiedung des *Veksel'nyj Ustav*, also der Regelung des bargeldlosen Zahlungsverkehrs von 1729, was ebenso richtungsweisend für die Zukunft der russischen Handelspolitik in der Praxis sein sollte[204]. Trotz andauernder moralischer Bedenken gegen diese Zahlungsmethode und vor allem gegen die Praxis der verzinsten Rückzahlung setzte sie sich zunehmend und vor allem im Außenhandel durch und bereitete die Einführung der Assignaten vor[205].

3.3.3 Soziale Dimension der Handelspolitik

Generell befanden sich die russischen Kaufleute in der nachpetrinischen Zeit in sehr schwieriger Lage. Sie waren einerseits der Konkurrenz der finanzstarken ausländischen Kaufleute ausgesetzt und besaßen andererseits keine nennenswerte Sonderstellung gegenüber anderen handeltreibenden sozialen Gruppen, wie dem Adel oder den Bauern. Tatiščev bescheinigte den Kaufleuten in den 1730er Jahren einen erbärmlichen Zustand[206]. Ihre Zahlungsrückstände gegenüber den staatlichen Steuerbehörden stiegen kontinuierlich und machten bei der Abschaffung der Binnenzölle 1753 die stolze Summe von 1.145.000 Rubeln aus[207].

Schon für die Regierungszeit Annas spricht Petruchincev von einem Paradox, das darin bestand, dass der Handel zwar aus finanzpolitischen Gründen für sehr wichtig erachtet wurde, sich aber zugleich die soziale Lage der Kaufleute nicht besserte[208]. Diese Situation war indes auch über die 1730er Jahre hinaus konstant weiter zu beobachten. Überzeugend sieht Petruchincev den Grund für

---

202 PSZ, Nr. 10235, Ob učreždenii Gosudarstvennago Zaemnago Banka [Über die Gründung einer Staatlichen Kreditbank], 13.5.1754. Zur Praxis der Kreditvergabe durch ausländische Kaufleute an ihre russischen Kollegen Jones, Commercial Capital.

203 Hoffmann, Sankt Petersburg, S. 116.

204 PSZ, Nr. 5410, Ustav veksel'nyj [Wechselordnung], 16.5.1729.

205 Munro, The Law.

206 Petruchincev, Vnutrennjaja politika, S. 124.

207 Semenova, Byt, S. 118 f.

208 Petruchincev, Vnutrennjaja politika, S. 118, 765.

diesen Widerspruch darin, dass die Entscheidungsträger der Politik sozial dem Adel näherstanden, der die Kaufleute wiederum als einen fremden »dienenden Stand« betrachtet habe[209].

Diese standesbezogene Sichtweise führte zu einer Reihe von Bevorzugungen der Interessen des Adels gegenüber den Kaufleuten. Das betraf vor allem die unter Elisabeth ausgeweitete Praxis der Monopolvergabe für Hochadlige, die den Kaufleuten wichtige Handelsgüter aus der Hand nahm und somit von ganzen Handelssegmenten wie den Produkten des Weißen Meeres für Jahrzehnte ausschloss[210]. Die gerade erwähnte Bank zur Regulierung des Handels beim St.-Petersburger Hafen richtete sich ausschließlich an wohlhabende Adlige als Kunden, was nur die aussichtslose Position der Kaufleute in dieser Zeit unterstreicht[211]. Selbst der Binnenhandel wurde dem Adel im Zolltarif von 1755 unter bestimmten Bedingungen erlaubt, was die Dilemmata der russischen Kaufleute zwischen der Konkurrenz von innen und außen nur noch verschärfte[212].

Am verhängnisvollsten aber war die Konkurrenz durch den Bauernhandel, der ab den 1730er Jahren ungeachtet konstanter Beschwerden seitens der Kaufleute kontinuierlich zunahm. Nicht wenige der handeltreibenden Bauern ließen sich nach einiger Zeit im *posad* einschreiben und wurden so selbst zu Kaufleuten, nachdem sie Hausbesitz in den Städten erworben hatten[213]. Selbst auf der Ostsee bekamen die Kaufleute nun Konkurrenz: Seit 1745 durften Bauern zwischen St. Petersburg, Riga und anderen Hafenstädten der russischen Ostseeküste mit eigenen kleinen Schiffen Handel treiben[214].

Waren die Erfolge der russischen Kaufleute im Außenhandel ohnehin schon bescheiden, so hatten sie selbst im Innern des Reiches mit der Konkurrenz ihrer ausländischen Kollegen zu kämpfen. Unter Peter war der Binnenhandel noch russischen Kaufleuten vorbehalten geblieben, den Ausländern wurde der Zugang jedoch durch einen Ukaz von 1731 erleichtert[215]. Entgegen den Bestimmungen waren ausländische Kaufleute nicht selten im Einzelhandel tätig und verkauften ihre Waren illegal außerhalb des offiziellen Marktplatzes – des *Gostinij Dvor* – in ihren Privathäusern an Russen[216]. Diese Praxis führte 1743

209 Ebenda, S. 120.

210 Repin, Učastie »raznočincev«, S. 266 f.

211 Zabozlaeva, Vnutrennjaja politika, S. 131.

212 PSZ, Nr. 10486, Tamožennyj Ustav [Zollordnung], 1.12.1755.

213 Zaozerskaja, Torgovlja i kupečestvo, S. 158 f.

214 Čulkov, Istorija kratkaja rossijskoj torgovli, S. 183; Kulišer, Očerk istorii russkoj torgovli, S. 189.

215 PSZ, Nr. 5806, O svobodnoj torgovle vsjakogo zvanija inozemcam v Rossii s uplatoju položennoj s tovarov pošliny [Über den Freihandel für Ausländer unabhängig vom Rang in Russland unter Bedingung der Bezahlung eines Warenspezifischen Zolls], 16.6.1731.

216 Kulišer, Očerk istorii, S. 261 f.

zu einem erneuten ausdrücklichen Verbot[217]. Ab Mitte des Jahrhunderts entwickelte sich zudem eine weitere Gruppe von Nichtrussen, die mit den russischen Kaufleuten konkurrierten. Insbesondere französische Hauslehrer, deren Zahl in der zweiten Hälfte des Jahrhunderts stetig zunahm, versuchten ihre Kontakte nach Westeuropa zu nutzen, um sich in Form von Handelstätigkeiten ein Zubrot zu verdienen. Zum Schutz der russischen Kaufleute wurde dies 1752 zwar verboten, die Kontrolle darüber blieb aber ungenügend, so dass dieses Phänomen aus der russischen Wirklichkeit nicht verschwand[218].

Eine sozialpolitische Betrachtung der Handelspolitik zwischen 1725 und 1762 wäre jedoch nicht vollständig ohne die Erwähnung des Sujets der »Deutschenherrschaft«, unter der Russland während Annas Regierungszeit in den 1730er Jahren vermeintlich stand[219]. Hinsichtlich der Handelspolitik spiegelte sich diese Thematik insofern in der Tatsache, dass der Leiter des Kommerz-Kollegiums ab 1736 mit Baron Karl Ludwig von Mengden ein Deutschbalte war, der wie viele andere unter Elisabeth jedoch seines Amtes enthoben wurde und im Exil starb[220]. Tatsächlich gilt Mengden zusammen mit dem Diplomaten Heinrich Friedrich Johann Graf Ostermann, der bei den Verhandlungen von 1734 zwischen England und Russland bezüglich des Handelsvertrages eine entscheidende Rolle gespielt hatte[221], der russischen Historiographie als eine besonders negative Figur. Wie Ostermann hätte auch Mengden keine russischen Interessen verfolgt, sondern angeblich nur die der ausländischen Kaufleute[222]. Diese historiographische Tradition geht bis ins 18. Jahrhundert zurück, denn schon Michail Čulkov warf Mengden vor, eine unverhältnismäßig große Menge an Getreide in Zeiten von Hungersnöten im Innern Russland insbesondere aus Livland exportiert zu haben, nur um die finanziellen Interessen der livländischen Gutsherren zu befriedigen[223]. Dieser Vorfall zeigt einmal mehr, dass die Bewohner der Ostseeprovinzen als halbe Ausländer wahrgenommen wurden, so wie auch die Herrschaft Annas als Deutschenherrschaft in die Geschichtsschreibung eingegangen ist. Waren dies eigentlich innenpolitische Themen, so leitet die darin inhärente Fremdperspektive auf die außenpolitische Dimension des Handels über.

---

217 Zaozerskaja, Torgovlja i kupečestvo, S. 166.

218 Donošenie [Eingabe], 1752, in: ASPBIIRAN, f. 36, op. 1, d. 550, Bl. 1702.

219 Curtiss, A Forgotten Empress, S. 72–90; Fenster, Das Erbe Peters I.; Pavlenko, Anna Ioannovna.

220 Pod flagom Rossii, S. 91.

221 Siehe den Abschnitt zum Englisch-Russischen Handelsvertrag im folgenden Kap. III.3.4.

222 Zaozerskaja, Torgovlja i kupečestvo, S. 164. Zu Ostermann Klueting, Ausländer in Russland; Wagner, Ein Deutscher am Zarenhof.

223 Čulkov, Istoričeskoe opisanie IV, 6, S. 586 f.

3.3.4 Außenpolitische Dimension: Die Förderung russischer Kaufleute im Außenhandel

Während Annas Regierungszeit wurde das merkantilistische Ziel der Förderung russischer Kaufleute nicht aufgegeben. Bereits kurz nach Peters Tod stellte der Autor einer Denkschrift zum Zustand des russischen Handels fest, dass die wichtigste Aufgabe russischer Handelspolitik die Verdrängung der ausländischen Kaufleute aus dem Außenhandel sei[224]. Entsprechend verabschiedete der Oberste Geheime Rat noch unter Peter II. 1729 einen Ukaz zur Förderung der russischen Schifffahrt und des Baus von Handelsschiffen[225]. Doch die Fortschritte auf diesem Gebiet waren sehr bescheiden. Es setzte ein Trend ein, der sich auch im weiteren Verlauf des Jahrhunderts fortsetzen sollte. Heimische Schiffe waren vor allem im nahen Verkehr auf dem Finnischen Meerbusen zwischen Petersburg, Reval, Riga und Wiburg unterwegs[226]. Dies hing auch mit der oben erwähnten Tatsache zusammen, dass es Bauern erlaubt war, zwischen diesen Städten mit kleineren Booten zu segeln. Zwischen 1728 und 1731 waren immerhin etwa sieben bis zwölf größere unter russischer Flagge segelnde Schiffe im Jahr auf der Ostsee unterwegs, um in erster Linie Stockholm und Danzig oder auch Amsterdam anzusteuern[227].

Um die Anzahl der eigenen Schiffe zu erhöhen und russischen Kaufleuten endlich zum Durchbruch zu verhelfen, sollten russische Schiffe ab 1731 bei der Einfuhr von Waren nur 25 % der offiziellen Zollgebühren zahlen, wodurch der Tarif von 1724 ein weiteres Mal gesenkt wurde[228]. Allerdings war auch zu dieser Zeit ein derartiger Versuch nicht erfolgreicher als zu Peters Regierungszeiten, wie Vockerodt zu berichten weiß:

> Ob auch wohl unter seinen Nachfolgern, in specie unter der jetzigen Regierung [Anna; T. P.], einige Russen es gewaget, mit eigenen Schiffen zu handeln, so sind doch durch ein unbegreifliches Verhängnis fast alle ihre Schiffe, eines nach dem andern, und zwar die meisten im Gesichte von Cronstadt, verunglückt, so dass auch dieses Concept völlig zu Wasser worden, und die russische Handlung, in Ansehung der Seefahrt, noch beständig auf eben demselben Fuss stehet, wie es vor Alters gewesen ist[229].

---

224 Firsov, Pravitel'stvo i obščestvo, S. 48.

225 Pod flagom Rossii, S. 86.

226 Ebenda, S. 56.

227 Repin, Torgovlja Rossii, S. 160; Semenova, Byt, S. 103.

228 PSZ, Nr. 5733, Morskoj pošlinoj reglament ili ustav [Seezollreglament oder -verordnung], 31.3.1731.

229 Vockerodt, Russland, S. 78.

Ein Problem war sicher die ungenügende Solidarität der Kaufleute untereinander und das Fehlen eines korporativen Zusammengehörigkeitsgefühls[230]. Die Kommerz-Kommission hatte daher die Idee der Gründung von Handelskompagnien, wie sie Peter bereits geplant hatte. Doch ist auch dieses Vorhaben nur als Projektidee in die Akten eingegangen und unter Anna nicht weiterverfolgt worden[231]. Von den erfolglosen Handelskompagnie-Gründungen zur Zeit Elisabeths ist bereits berichtet worden[232].

Ein ähnlich angelegtes und ebenfalls unverwirklicht gebliebenes Projekt sah die Förderung der russischen Schifffahrt durch die Verknüpfung mit der Praxis der Monopolvergabe vor. So sollte das Gusseisenmonopol verbunden werden mit der gezielten Unterstützung des Exports von Gusseisen auf russischen Schiffen, was sich aber in der Praxis nicht durchsetzen ließ[233].

Teils gab die russische Führung auch selbst die Hoffnung auf. So berief sie 1727 ihre Handelskonsuln aus Frankreich und Spanien zurück, da sich die unter Peter gemachten Hoffnungen als illusorisch erwiesen hatten. Die Lage war aussichtslos geworden, da der Handel im Ausland nahezu vollständig in nicht russischer Hand blieb und so die russischen Konsuln keinen selbstständigen Handel an den ausländischen Kaufleuten vorbei organisieren konnten[234].

Ein anderer Plan zielte darauf ab, eine eigene russische Flotte aufzubauen und mit Leibeigenen als Besatzung zu bemannen, doch ist dieses Ansinnen ebenfalls nicht in die Tat umgesetzt worden[235]. Tatsächlich war in vielen Fällen die Crew »russischer« Schiffe in Wahrheit durch ausländische Besatzungen aufgefüllt worden, da es einen Mangel an russischen Matrosen und Seeleuten gab, so dass Statistiken »russischer« Schiffe, wie die von Semenova vorgelegte, problematisch und nur bedingt aussagekräftig sind[236]. Um Klarheit zu schaffen, verordnete Peter II. 1729, dass mindestens zwei Drittel der Besatzung russische Untertanen sein müssten, um unter russischer Flagge segeln zu können. In der Realität wurde diese Bestimmung jedoch nicht immer befolgt[237]. So waren beispielsweise 1747 auf einem in Archangel'sk gebauten Schiff allein 18 Nichtrussen als Besatzung unterwegs[238]. Die strenge ständische Ordnung ließ nur wenig Mög-

---

230 Zu diesem Problem Petruchincev, Vnutrennjaja politika, S. 130.

231 Ebenda, S. 117 f.

232 Siehe den Abschnitt zur Handelspolitik (Kap. III.3.2).

233 PSZ, Nr. 8302, O vozobnovlenii kazennoj monopolii smol'čugom [Über die Wiedereinführung des Gusseisenmonopols], 22.12.1740.

234 Kulišer, Očerk istorii, S. 205; Repin, Torgovlja Rossii, S. 147.

235 Proekt Admirala S. Grejga [Das Projekt des Admirals Grejg], 1750, in: ASPBIIRAN, f. 36, op. 2, d. 547, Bl. 30–34.

236 Semenova, Byt, S. 103.

237 Pod flagom Rossii, S. 69.

238 Donošenie [Eingabe], 1747, in: RGAVMF, f. 330, op. 1, d. 1113, Bl. 2.

lichkeiten für eine zufriedenstellende Rekrutierung von Schiffsbesatzungen, zumal auch Matrosen eine gewisse Grundausbildung benötigt hätten, was jedoch in der russischen Gesellschaft ein fast unüberwindliches Problem darstellte, da sowohl das allgemeine Bildungssystem als auch speziell die Seefahrtsausbildung noch ungenügend waren[239].

Zur Mitte des Jahrhunderts lag der Anteil russischer Kaufleute am Export nach Berechnungen von Semenova, die entgegen quellenkritischer Bedenken in Ermangelung anderer Zahlen hier herangezogen werden, bei 5 – 8 % und am Import immerhin bei 20 %[240]. Trotz des geringen Erfolgs kann doch festgestellt werden, dass es unter Elisabeth zu einer Art Höhepunkt auf diesem Gebiet kam. Auch der russische Historiker Maksim Ja. Gidion ermittelte einen Höchstwert von 15 % als Anteil russischer Kaufleute am Außenhandel kurz vor dem Regierungsantritt Katharinas II. 1762, konstatiert aber zugleich einen deutlichen Rückgang des Anteils russischer Kaufleute nach 1763[241].

Um die russischen Kaufleute gegenüber den westlichen Kaufleuten konkurrenzfähiger zu machen, stand auch das Thema der Bildung wieder im Zentrum der Anstrengungen. Statt Kaufmannssöhne in den Westen zu schicken, was, wie beschrieben, unter Peter I. nur wenig Erfolg hatte, wurden unter Elisabeth erste Ideen entwickelt, in Russland selbst eine Ausbildungsstätte einzurichten. Der Plan sah hierfür sogar schon konkret einen Teil des Gebäudes der zwölf Kollegien, also das heutige Universitätsgebäude in St. Petersburg, als geeignet vor, da es in der Nähe der Börse an der Strelka gelegen war. So hätte man fachkundiges Personal in unmittelbarer Nähe zum Zentrum des Handelslebens unterrichten können. Doch wie auch der Plan zum Aufbau einer Flotte oder zur Gründung einer Handelskompagnie blieben diese Ideen Makulatur[242].

Einer der Gründe für das andauernde Versagen der Politik bei der Förderung russischer Kaufleute war ein voreiliges Entgegenkommen gegenüber den ausländischen Konkurrenten, die nach mehr Teilhabe am Binnenhandel strebten. Dieses Thema war u. a. Inhalt der Verhandlungen zum Englisch-Russischen Handelsvertrag von 1734, war aber auch schon 1729 deutlich geworden, als ausländischen Kaufleuten größere Bewegungsfreiheit im Innern des Reiches zugestanden worden war. Wie gesehen, wurde diese Freiheit 1731 nochmals bestätigt[243].

239 Repin, Torgovlja Rossii, S. 152 f.

240 Semenova, Byt, S. 103. Nekrasov geht von höheren Werten bis zu einem Anteil von einem Viertel am Gesamthandelsvolumen aus, doch führt er keine überzeugenden Verweise diesbezüglich an und widerspricht ansonsten nicht dem allgemeinen Urteil des Misserfolgs russischer Kaufleute beim Außenhandel während dieser Zeit. Nekrasov, Vnešnjaja torgovlja, S. 90 f.

241 Gidion, Sankt-Peterburg, S. 21. Siehe auch: Repin, Torgovlja Rossii, S. 161.

242 Proekt [Projekt], 1750, in: ASPBIIRAN, f. 36, op. 1, d. 545, Bl. 21.

243 Nekrasov, Vnešnjaja torgovlja, S. 61.

Was die Ausrichtung des Handels betrifft, so blieb die Dominanz des westlichen maritimen Handels bestehen. Doch geriet der Handel nach Osten nicht aus dem Blickfeld, wie die Gründung der Festung Orenburg 1735 verdeutlicht. Aus der Festung entwickelte sich dank staatlicher Hilfen und Anreize trotz anfänglicher Schwierigkeiten der zentrale Umschlagsort für den Handel nach Mittelasien[244]. Auch der Karawanenhandel über Kjachta nach China wurde fortgesetzt und übertraf an Umsatz den mittelasiatischen und südlichen Handel[245], der weiterhin vor allem über Astrachan' abgewickelt wurde[246], wie Tab. 13 zeigt. Diese Zusammenstellung zeigt zudem, dass anders als der Westhandel diese Richtung eine negative Handelsbilanz aufwies.

Tab. 13: Russischer Außenhandel in den Jahren 1758–1760

	EXPORT (IN TAUSEND RUBEL)	IMPORT (IN TAUSEND RUBEL)
Persien, asiatische Türkei	243	321
Mittelasien	228	250
China	799	844
Gesamt	1270	1415

Quelle: POKROVSKIJ, Vnešnjaja torgovlja, S. 104.

Wie schon unter Peter (und wie im Westhandel) gelang es russischen Kaufleuten nur bedingt, vom Außenhandel zu profitieren. So lagen etwa drei Viertel des Handels mit Persien und dem Kaukasus im zweiten Viertel des 18. Jahrhunderts in den Händen vor allem armenischer, aber auch indischer Kaufleute[247].

Der Englisch-Russische Handelsvertrag von 1734

Ein Ereignis der nachpetrinischen Epoche verdient es, in besonderer Weise hervorgehoben zu werden. Der Englisch-Russische Handelsvertrag von 1734, auf den im Verlauf der Studie schon mehrfach verwiesen wurde, prägte den russländischen Handel für das gesamte Jahrhundert entscheidend, indem er die privilegierte Stellung der Engländer im russischen Außenhandel begründete. Zudem sind der Ablauf der Verhandlungen und die einzelnen Vertragsbestandteile symptomatisch für die spezifischen Charakteristika der russischen Außen-

244 LECKEY, Orenburg.
245 PETRUCHINCEV, Vnutrennjaja politika, S. 773 f.
246 JUCHT, Učastie rossijskogo kupečestva, S. 233.
247 JUCHT, Učastie rossijskogo kupečestva, S. 230–232.

handelspolitik und ihrer Interessen, aber zugleich für die begrenzten Möglichkeiten zur Durchsetzung eben dieser Interessen. Darüber hinaus war er der erste und einzige internationale Vertrag des Reiches, der dezidiert den Handel als Hauptgegenstand berührte. Bisherige Handelsvereinbarungen, beispielsweise mit Dänemark oder Schweden, waren im Rahmen von allgemeinen Friedensabkommen getroffen worden[248].

Der Englisch-Russische Handelsvertrag, oder eigentlich der Vertrag über Freundschaft und Kommerz, wie er offiziell hieß (Traité d'amitié et de commerce, Traktat družby i kommercii), wurde am 2. Dezember 1734 in St. Petersburg von Claudio Rondeau, dem Gesandten Großbritanniens, und von Heinrich Johann Friedrich OstermannAleksej M. Čerkasskij und Petr P. Šafirov auf russischer Seite unterzeichnet. Anschließend wurde der Vertrag von Anna Ivanovna und George II. ratifiziert, wobei die unterzeichneten Dokumente am 10. März 1735 in Ostermanns Residenz in St. Petersburg ausgetauscht wurden.[249] Die Verhandlungen zuvor waren kompliziert gewesen. Auf englischer Seite waren George Lord Forbes und Claudio Rondeau die Verhandlungsführer, die die kommerziellen Interessen der englischen »Russia Company« vertraten[250]. Die Gründe für die langwierigen Verhandlungen wurden schon im Jahre 1914 von dem russischen Historiker Petr Ostrouchov, dessen Arbeit in der Wissenschaft leider kaum bekannt ist, gut dokumentiert und analysiert[251]. Große Teile dieser Arbeit wurden allerdings 1939 von dem englischen Historiker Douglas Reading übersetzt und umgeschrieben, um einige Fußnoten ergänzt und als eigene akademische Ergebnisse vorgestellt. Heutzutage wird Readings Arbeit oft unverdienterweise als Standardreferenz angesehen[252].

Schon Ostrouchov hatte herausgearbeitet, dass Großbritannien das Ziel hatte, exklusive Handelsrechte in Russland zu erlangen – den berühmten Status einer »Most Favored Nation« (la nation la plus favorisée) –, während Russland nach Ausbruch des Polnischen Erbfolgekrieges (1733–1738) mehr an einem politischen und militärischen Bündnis mit Großbritannien interessiert war. Dementsprechend drängten die englischen Unterhändler auf exklusive Zölle,

248 Kulišer, Očerk istorii, S. 196.

249 Zu den Verhandlungen und insbesondere zu Ostermanns Rolle gegenüber Biron siehe Bitter, Ministers and Favorites.

250 Der Umstand, dass der französischsprachige Rondeau mit dem deutschsprachigen Ostermann einen Englisch-Russischen Vertrag aushandelte, scheint symptomatisch für die Epoche des 18. Jahrhunderts zu sein, nicht zuletzt im multikulturell geprägten St. Petersburg. Zu Lord Forbes in St. Petersburg siehe Bitter, George Forbes's ›Account of Russia‹; Ders., St. Petersburg during the Reign of Anna Ivanovna.

251 Ostrouchov, Anglo-Russkij torgovyj dogovor.

252 Reading, The Anglo-Russian Commercial Treaty. Ohne Verweis auf Ostrouchov nutzt auch Zacharov, Zapadnoevropejskie kupcy, S. 14, Readings Arbeit.

Rechtssicherheit und das Recht auf Transithandel durch das Gebiet des Russländischen Reiches für englische Kaufleute. Die russischen Unterhändler wiederum bestanden auf der Anerkennung des russischen Imperatortitels, den Peter 1721 angenommen hatte, und einer Gleichberechtigung der russischen Kaufleute im Hinblick auf den englischen Handel[253].

Abgesehen von einigen leeren Sätzen über die gegenseitige Freundschaft beider Staaten, auf die ja auch der offizielle Titel des Vertrags Bezug nimmt, erreichten die Russen kein verlässliches politisches oder militärisches Bündnis. In diesem eher unverbindlichen Sinne bestätigt der erste Artikel des Vertrags lediglich Folgendes:

> [...] pour l'avenir il y aura entre la couronne de toutes les Russies, d'un côté, et la couronne de la Grande Bretagne de l'autre, comme aussi entre les Etats, pays, royaumes, domaines et territoires qui leur obéissent, une paix, amitié et bonne intelligence vraie, sincère, ferme et parfaite, lesquelles dureront pour toujours et seront observées inviolablement tant par terre que par mer et sur les eaux douces, et les sujets, peuples et habitans de part et d'autre de quel degré ou conditions qu'ils puissent être, se traiteront mutuellement avec toute sorte de bienveillance, aide et assistance possible, sans se faire aucun tort ou dommage quelconque[254].

Die folgenden 29 Artikel enthalten detaillierte Bestimmungen zum englisch-russischen Handel, von denen die wichtigsten Fragen Themen wie Steuern, Zölle, die Rechte der Kaufleute im jeweils anderen Land sowie die Vorschriften für den Transithandel betreffen[255]. So sah z.B. Artikel 4 vor, dass englische und russische Kaufleute gleiche Zölle zahlen müssten, wodurch die älteren, aber weitgehend ineffizienten Privilegien für russische Kaufleute von 1724 aufgehoben wurden[256]. Darüber hinaus befreite Artikel 5 die englischen Kaufleute von der Zahlungspflicht in efimki, die für alle anderen westlichen Handelspartner

---

253 Zu den Verhandlungen Ostrouchov, Anglo-Russkij torgovyj dogovor, S. 41–71; Reading, The Anglo-Russian Commercial Treaty, S. 125–155.

254 Martens, Sobranie traktatov, S. 72. Vgl. auch Rapoport, Review: The Anglo-Russian Commercial Treaty of 1734, S. 93. Übersetzung: »Für die Zukunft wird es zwischen der Krone aller Rus' einerseits und der Krone Großbritanniens andererseits sowie zwischen den Staaten, Ländern, Königreichen, Herrschaftsgebieten und Territorien, die ihnen gehorchen, Frieden und Freundschaft geben und ein gutes Verständnis, das wahr, aufrichtig, fest und vollkommen ist und für immer Bestand hat und sowohl zu Lande als auch zu Wasser und auf Süßwasser unantastbar eingehalten wird. Und die Untertanen, Völker und Bewohner beider Seiten, in welchem Ausmaß oder in welchem Zustand sie sich auch befinden mögen, werden einander mit aller möglichen Freundlichkeit, Hilfe und Beistand behandeln, ohne sich gegenseitig jeglichen Schaden oder Harm zuzufügen.«

255 Martens, Sobranie traktatov, S. 72–88.

256 Ebenda, S. 73 f.

Russlands galt[257]. Den wahrscheinlich wichtigsten Vorteil des Vertrags für die Engländer darf darin gesehen werden, dass englische Kaufleute – im Gegensatz zu anderen Ausländern – künftig ausschließlich der Gerichtsbarkeit des Kommerz-Kollegiums unterstanden. Dies verbesserte ihren rechtlichen Status in Russland angesichts der höheren Effizienz dieser neuen Institution beim Schutz vor Betrug und Täuschung erheblich. Denn die anderen ausländischen Kaufleute hatten ihre jeweiligen diplomatischen Vertretungen einzuschalten, um ihre Rechte zu vertreten[258]. Faktisch konnten sich russische Kaufleute bei Streitigkeiten mit Ausländern bei den lokalen Behörden (ratuša) deutlich besser Gehör verschaffen als ihre ausländischen Kollegen, was u. a. dazu führen konnte, dass ausländische Pässe für unbestimmte Zeit in den Behörden »verschwanden«, was die Ausländer in Russland völlig rechtlos werden ließ[259]. Somit war genau dieses Privileg für die Engländer tatsächlich nicht zu unterschätzen.

Darüber hinaus erhielten englische Kaufleute gemäß Artikel 8 das Recht, über russisches Gebiet mit Persien Handel zu treiben. Dieses Privileg wurde jedoch 1766 aufgehoben, als der Vertrag nach umfangreichen Neuverhandlungen verlängert wurde[260]. Die englischen Hoffnungen auf diesem Gebiet hatten sich nicht erfüllt, da der Transithandel zwar in den 1730er Jahren gut angelaufen war, nach 1740 aber bald ins Stocken geriet[261].

Obwohl die englische Seite auf eine unbegrenzte Gültigkeit des Vertrags gedrängt hatte, bestimmte Artikel 29:

> La paix, amitié et bonne intelligence durera pour toujours entre les Hautes Parties contractantes, et comme il est de coutume de donner un certain tems aux traités de commerce, les dites Hautes Parties contractantes sont von venues que celui-ci durera l'espace de quinze ans á compter du jour de la signature du présent traité et avant le terme expié ils pourront convenir ensemble afin de le renouveller et prolonger[262].

257 Ebenda, S. 75.

258 Zur Frage der rechtlichen Vertretung englischer Kaufleute in Russland siehe auch Wagner, The Russia Company, S. 402, 419.

259 Čulkov, Istoričeskoe opisanie IV, 2, S. 32.

260 Martens, Sobranie traktatov, S. 76–78. Zum Thema des englischen Transithandels mit Persien Romaniello, Popytka.

261 Zaozerskaja, Torgovlja i kupečestvo, S. 163. Siehe dazu ausführlicher Romaniello, Popytka.

262 Martens, Sobranie traktatov, S. 87. Übersetzung: »Frieden, Freundschaft und gute Verständigung zwischen den Hohen Vertragsparteien werden für immer bestehen bleiben, und da es üblich ist, Handelsverträgen eine gewisse Zeit einzuräumen, haben die besagten Hohen Vertragsparteien vereinbart, dass dies für die Dauer von fünfzehn Jahren ab dem Tag des Vertragsabschlusses und der Unterzeichnung dieses Vertrages gelten wird und vor Ablauf der Laufzeit können sie sich darauf einigen, ihn zu erneuern und zu verlängern.«

In Wirklichkeit wurde dieser Vertrag 1766 und nach erneuten Verhandlungen 1793 weitgehend bestätigt[263], verlor jedoch seine Bedeutung während der Unterbrechung der englisch-russischen Beziehungen in den letzten Phasen der kurzen Regierungszeit Pauls I. Dies setzte sich später während der Einhaltung der napoleonischen Kontinentalblockade durch Russland fort, bevor 1813 ein weiterer englisch-russischer Handelsvertrag unterzeichnet wurde[264].

Im Allgemeinen erwähnt der Vertrag in neun Artikeln die gegenseitige Präferenz des jeweiligen Handelspartners. Artikel 28 betont ausdrücklich im allgemeinen Sinne die Klausel der »Meistbegünstigten Nation« (la nation la plus favorisée, *nailučše favorizovanyj narod*), die ja als Grundidee eines Vertrages über Freundschaft und Handel zwischen gleichberechtigten Partnern fungiert[265]. In der Realität stellt sich jedoch die Frage, inwieweit der Vertrag und der Prozess seiner Aushandlung nicht doch Ungleichgewichte zwischen den Partnern offenlegten.

Eindeutig ist, dass die Engländer erfolgreich ihre Interessen auf dem russischen Markt – anfänglich sogar einschließlich des Rechts auf Transithandel – durchsetzen konnten, während sie umgekehrt formal den russischen Kaufleuten zwar gleiche Rechte in England zubilligten, jedoch unter Verweis auf die bestehenden Gesetze. Darunter sind die *Navigation Acts*, die ursprünglich gegen die holländische Konkurrenz gerichtet waren und englische Kaufleute auf dem englischen Markt privilegierten, zu verstehen, weshalb russischen Kaufleuten faktisch der gleichberechtigte Zugang zum englischen Markt bzw. den englischen Kolonien verwehrt blieb. Während also Russen nur russische Waren nach England bringen durften, konnten umgekehrt Engländer weiterhin als Zwischenhändler für Waren aus allen Erdteilen, nicht zuletzt aus ihren Kolonien, fungieren. Zusätzlich zu diesem rechtlichen Ungleichgewicht waren russische Kaufleute ohnehin nie in der Lage, sich nachhaltig auf dem englischen Markt zu engagieren[266]. Aufgrund dieses offenkundigen Ungleichgewichts hinsichtlich der Rechte beider Seiten und hinsichtlich der englischerseits durchgesetzten Forderungen ist Pokrovskij zuzustimmen, der diesen Vertrag für den

263 Zur Vertragsverlängerung von 1766 siehe Clendenning, The Anglo-Russian Trade Treaty.

264 Gerhard, England, S. 44 f.; Cross, By the Banks, S. 46–49; Kulišer, Očerk istorii, S. 204.

265 »Il est convenu et conclu entre les Hautes Parties contractantes que les sujets de l'une et de l'autre seront toujours considérés et traités comme la nation la plus favorisée dans leurs Etats respectifs et que les sujets de la Russie qui iront en Angleterre pour y apprendre les arts ou le commerce seront protégés, favorisés et instruits« [Zwischen den Hohen Vertragsparteien wird vereinbart, dass die Untertanen der einen und der anderen immer als die meistbegünstigte Nation in ihren jeweiligen Staaten betrachtet und behandelt werden und dass die Untertanen Russlands, die nach England gehen, um Kunst oder Kommerz zu erlernen, dabei beschützt, bevorzugt und unterrichtet werden]. Zit. n. Martens, Sobranie traktatov, S. 87.

266 Martens, Sobranie traktatov, S. 73–75; Vgl. Pokrovskij, Vnešnjaja torgovlja, S. 99.

vorteilhaftesten Handelsvertrag der englischen Geschichte hält[267]. Zwar sehen neuere Forschungen eher England in der Abhängigkeit von Russland aufgrund der dringend benötigten Rohstofflieferungen und drehen somit die Interpretation dieses Handelsvertrages um[268]; Pokrovskijs Argumentation, gestützt durch Zaozerskajas konkrete Hinweise auf die ausgehandelten Bestimmungen, scheinen hingegen schlüssiger zu sein[269].

3.3.5 Theoretische Dimension / Ökonomisches Denken

Wie ist die Handelspolitik zwischen 1725 und 1762 in theoretischer Hinsicht zu klassifizieren? Ein Argument, sie weiterhin der merkantilistischen Lehre zuzuordnen, ist die fortgesetzte Sorge um die Größe der Edelmetallreserven, die in einer klaren Tradition zu Peters Maßnahmen steht. So war die Ausfuhr von Gold und Silber weiterhin unter strengsten Strafen verboten[270]. Auch wenn die mehrmalige Wiederholung dieses Verbots durch den Senat ein klares Zeichen für seine Nichtbefolgung sein dürfte[271], ändert dies nichts an dem theoretischen Ziel, das als merkantilistisch zu bezeichnen ist.

Hinsichtlich der Lockerungen der Schutztarife auf Importwaren nach 1724 bot die sowjetische Forschung eine bemerkenswerte Variante des Konzepts der »Deutschenherrschaft« bzw. der *Bironovščina* an[272]. Demnach beruhten die Lockerungen der Tarife nicht auf theoretischen Konzepten im Sinne einer Liberalisierung, sondern auf einer Interessengemeinschaft zwischen Ausländern am Hofe – den »Deutschen« – und ausländischen Kaufleuten: Beide hätten schließlich ein Interesse an der Einfuhr von Luxuswaren aus dem Westen gehabt[273]. Die These der »Deutschenherrschaft« ist, wie gesagt, inzwischen widerlegt und doch ist der Verweis auf die Interessengemeinschaft zwischen ausländischen

267 Pokrovskij, Vnešnjaja torgovlja, S. 101.

268 Romaniello, Enterprising Empires, S. 5; Monahan, The Merchants of Siberia, S. 18–25. Mit dieser Tendenz auch Petruchincev, Vnutrennjaja politika, S. 770 f.

269 Zaozerskaja, Torgovlja i kupečestvo, S. 162 f.

270 PSZ, Nr. 8995, O nevyvoze zolota i serebra v monete i v izdelijach iz Rossii, o podače v Inostrannuju Kollegiju reestra zolotym i serebrjanym veščam, kotorye u priezžich inostrancov nachodjatsja [Über das Verbot der Ausfuhr von Gold- und Silbergeld aus Russland, über die Übergabe einer Liste des Kollegiums für Auswärtige Angelegenheiten über das bei den in Russland anwesenden Ausländern befindliche Gold- und Silbervorkommen], 17.7.1744.

271 PSZ, Nr. 9833, O nevyvoze iz Rossii za granicu serebrjanoj rublevoj i pročej monety i serebrjanych melkich deneg, i o nevvoz v Rossiju i v Malorossijskie goroda mednych deneg [Über das Verbot der Ausfuhr von Silberrubeln ins Ausland und anderen Silbergeldes, und über das Verbot der Einfuhr in Städte Russlands und Kleinrusslands von Kupfergeld], 8.2.1751.

272 Kritische Anmerkungen zum Konzept der »Deutschenherrschaft« bei Lipski, Re-Examination; Fenster, Das Erbe Peters I.

273 Zaozerskaja, Torgovlja i kupečestvo, S. 162.

Kaufleuten und russländischem Hochadel treffend, nur betraf dieses Phänomen eben auch russische Hochadlige. Entscheidend ist, dass es unter Anna zu Lockerungen der Zollpolitik kam, was als erster Schritt in Richtung einer Liberalisierung der Handelspolitik gesehen werden kann.

Die anschließende Zollpolitik Elisabeths wiederum ist mit der Praxis der Monopolvergabe verbunden, was wiederum als eine gegenläufige Entwicklung zu Annas Politik zu interpretieren ist. Da die Monopole aber in finanzieller Hinsicht eher den Vertretern des Hochadels dienten und der Staat sich als handelnder Akteur aus der Abwicklung des Handelsgeschäftes zurückzog, kann diese Politik nicht mehr als merkantilistisch bezeichnet werden. Ebenso könnten die Privatisierungswellen von Fabriken vor allem im Uralgebirge als eine leichte Verschiebung der Schwerpunkte in Richtung einer liberaleren Wirtschaftspolitik und weg von merkantilistischer Politik im Sinne einer starken Einmischung des Staates gedeutet werden. Die Privatisierungen schufen einen größeren Spielraum für die Adligen und ließen die staatliche Planung in den Hintergrund treten[274].

Eine wesentliche Änderung der Handelspolitik in institutioneller Hinsicht erfolgte hinsichtlich der gesteigerten Professionalisierung bzw. Verwissenschaftlichung. So wurde ab 1742 auf Vorschlag des holländischen Kaufmanns Jan Timmermans in allen Häfen erstmalig Buch über die Ein- und Ausfuhr der Waren geführt[275]; erste Versuche hatte es bereits unter Peter gegeben[276]. Ebenso professionalisierten die Gründung der Kommerz-Kommission als Leitungsgremium des Kommerz-Kollegiums die Gründung einer ersten Bank und die Reglementierung des Gebrauchs von Wechselpapieren die Handelspolitik. Auf diese Weise wurde die Grundlage für eine professionelle wissenschaftliche Auseinandersetzung geschaffen, was als ein Indiz für eine Weiterentwicklung des theoriefernen Merkantilismus zu bewerten ist.

Ein Aspekt der Handelspolitik blieb jedoch ganz den merkantilistischen Grundsätzen treu: die Idee der Förderung einheimischer Produktion mit dem Ziel des Exports dieser Waren anstelle von Rohstoffexporten.

In diesem Sinne äußerte sich z. B. der aus einer Kaufmannsfamilie stammende Petr I. Ryčkovder als Beamter lange in Orenburg beschäftig war und eine Vielzahl von Schriften verfasst hat. Vor allem der 1755 verfasste »Briefwechsel zwischen zwei Freunden über den Handel« *(Perepiska meždu dvumja prijateljami o kommerce)* ist an dieser Stelle von Interesse. Die in diesem Werk dargeleg-

274 Kahan, Continuity in Economic Activity, S. 79.

275 Nekrasov, Vnešnjaja torgovlja, S. 65 f.

276 Čulkov, Istorija kratkaja rossijskoj torgovli, S. 95. Dies ist auch der Grund, warum ab 1742 durchgehende Zahlen zum Außenhandel vorliegen. Siehe die Tabellen in Storch, Supplementband.

ten Prinzipien folgten noch sehr stark den merkantilistischen Grundsätzen der petrinischen Epoche. Durch den Ausbau eigener Manufakturen solle Russland ähnlich wie zuvor Holland und die italienischen Städte nur noch hochwertige Produkte exportieren und somit die Staatskassen mit Gold und Silber füllen. Für den Erfolg dieser Maßnahmen sei eine starke Einmischung vonseiten des Staates und im Interesse des Staates notwendig[277]. Doch stand der erwähnte starke Anstieg ausländischer Importe im Widerspruch zu solchen Ideen. Nicht zuletzt wegen Ryčkovs eigenen Erfahrungen in Orenburg erhielt die Ostorientierung des russischen Außenhandels eine besondere Stellung in seinem Denken, doch stand auch dies im Widerspruch zu den realen Entwicklungen[278].

Schließlich trat bereits während dieser Phase ein weiterer Aspekt zum Vorschein, der unter Katharina II. noch wichtiger werden und ihre Herrschaft sogar bestimmen sollte. Angeregt durch die erhöhten Exportzahlen von Agrarprodukten gewann die Landwirtschaft insgesamt an Bedeutung und mit ihr auch die Getreideproduktion. Die britische Historikerin Jennifer Newman spricht sogar von einer kleineren »Agricultural revolution«, die sich in der direkten nachpetrinischen Zeit vollzogen habe und Getreideexporte sogar aus dem Innern Russlands ermöglichte. Diese Entwicklung wies in eine Richtung, die sich unter Katharina fortsetzte und ihre Regierungszeit in theoretischer Hinsicht in die Nähe der französischen Physiokraten rücken ließ[279].

Vasilij N. Tatiščev

Eine Person, die für diese Epoche gesondert hervorgehoben werden kann, ist Vasilij N. Tatiščev, der in erster Linie als Historiker oder Geograph bekannt geworden ist. Gemäß der verbreiteten Neigung zum Universalgelehrtentum befasste sich Tatiščev aber auch mit Fragen des Handels und der allgemeinen Wirtschaftspolitik seiner Zeit. Unzweifelhaft lohnt sich eine Auseinandersetzung mit Tatiščev nicht zuletzt deshalb, da er einen breiten Erfahrungshorizont unter schnell wechselnden Herrscherpersönlichkeiten angesammelt hatte. Er erlebte sechs russische Herrscherpersönlichkeiten von Peter I. bis Elisabeth

Ganz anders als Pososkov entstammte Tatiščev einer alten russischen Adelsfamilie und wuchs in der Nähe von Pskov auf. Wie die meisten seiner Zeitgenossen besuchte er keine Hochschule, doch hatte er sich zu Bildungszwecken einige Monate im Ausland aufgehalten. Während des Großen Nordischen Krieges schlug er eine militärische Laufbahn ein und lernte den engen Vertrauten Peters I. James Daniel Bruce (auch Jacob Daniel Bruce kennen, der 1718 erster

277 Ryčkov, Perepiska, S. 121.
278 Murav'eva, Razvitie, S. 71.
279 Newman, The Russian Grain Trade, S. 53.

Präsident des neu eingerichteten Berg-Kollegiums wurde. Diese Bekanntschaft sollte Einfluss auf die Karriere Tatiščevs haben, da Bruce ihn ins Uralgebirge schickte, um die Mineralgewinnung dort zu beaufsichtigen und zu verbessern. Tatiščev blieb mehrere Jahre dort und gründete die Städte Ekaterinburg und Perm'. Die speziellen Erfahrungen dieser Betätigung beeinflussten seine ökonomischen Ansichten[280]. Anschließend war er einige Jahre als Angehöriger der Kommission für Münzwesen beschäftigt, was ebenso seine Autorität in ökonomischen Fragen unterstrich. Aufgrund seiner Gegnerschaft zu Ernst Johann von Biron und dem ihm gegenüber erhobenen Vorwurf persönlicher Bereicherung war sein beruflicher Werdegang auch von Rückschlägen[281] (einschließlich Inhaftierung) geprägt. Tatiščev war schließlich zwischen 1741 und 1745 als Gouverneur von Astrachan' tätig, was wiederum seinen Blick auf das Thema Handel und städtisches Textilhandwerk schärfte. In den letzten Lebensjahren widmete er sich seinen intellektuellen Interessen, woraus seine berühmte »Geschichte Russlands« hervorging, die als erste geschichtswissenschaftliche Überblicksdarstellung der gesamten russischen Geschichte gilt. Kurze Schriften zum ökonomischen Denken hatte er mitunter schon zuvor verfasst, aber nicht veröffentlicht. Tatiščev starb im Jahre 1750[282].

Handels- und Zollpolitik. Zentral für das Verständnis des ökonomischen Denkens Tatiščevs sind die Begriffe Reichtum (*bogatstvo*), Handel (*torg*) und Handwerk (*rukodelie*). Handel und Handwerk bilden dabei gemeinsam zu gleichen Teilen die Voraussetzung für Reichtum. Dabei beschränkt auch Tatiščev diesen Begriff nicht auf Geldmengen bzw. Edelmetallvorräte, sondern bezieht immaterielle Werte, wie eine vernünftige Staatsführung, mit ein[283]. Der immaterielle Reichtum besitzt bei Tatiščev jedoch eine weniger spirituell ausgeprägte Note als bei Posoškov, er ist vielmehr auf den gut strukturierten Staat im Sinne von Marc Raeff, der sich mit der guten »Policey« als Wesensmerkmal frühneuzeitlicher Staaten beschäftigt hat, fokussiert[284]. Schließlich sei der Reichtum des

280 Zum Wirken Tatiščevs im Ural und in der Metallgewinnung Petruchincev, Vnutrennjaja politika, S. 849–889.

281 Zum Verfahren wegen Bereicherung gegen ihn (1734) Semenkova, Finansovye innovacii, S. 87.

282 Zu seinem Lebensweg Bogomazov, Istorija, S. 360–363.

283 »Vsjakogo gosudarstva sila, čest' i slava roždaetsja ot bogastva i umenija ljudej. Bogatstvo edinstvenno proischodit ot rukodelij i torgov porjadočnych. Torg i rukodelie umnožajutsja ot blagorassudnoj v tom svobody i vol'nosti pomošč'ju, soderžaniem v dobrom porjadke ot vysočajščej vlasti« [Eines jeden Staates Kraft ist die Ehre und der Ruhm, der aus dem Reichtum und dem Können der Menschen entspringt. Reichtum entspringt ausschließlich dem Handwerk und dem ordentlichen Handel. Handel und Handwerk vermehren sich durch ein rationales Maß an Freiheit, das in der guten Ordnung enthalten ist, welche durch die höchste Macht bereitgestellt wird]. Zit. n. Bondareva, Social'no-ėkonomičeskie vzgljady, S. 159 f.

284 Raeff, The Well-Ordered Police State.

Staates auch durch eine Erhöhung der Bevölkerungszahl zu erreichen, was im Grunde die Peuplierungspolitik Katharinas II. vorwegnahm[285]. Der Reichtum des Landes gründe darüber hinaus nicht nur auf dem Finanzhaushalt, sondern auch auf der Entwicklung von Manufakturen, des Handwerks und des Handels. Besonders zu fördern seien der Bergbau und die Manufakturen, was sicherlich als eine Folge von Tatiščevs langer Tätigkeit im Ural zu verstehen ist[286].

Zum Verhältnis von Industrie und Handel heißt es bei ihm: »Die Manufakturen sind die Grundlage des Handels«[287], der Handel wiederum sei »die Wurzel und die Grundlage allen Reichtums und aller Einkünfte des Staates«[288]. Vor allem bei dem Begriff der Einkünfte (*dochody*) ist bei Tatiščev ein traditionelles merkantilistisches und fiskalisches Denken erkennbar, da diese nur durch den Handel zu erzeugen seien: »Die Staatseinkünfte, welchen Namen sie auch immer tragen mögen, werden allein durch die Kaufmannschaft generiert«[289].

Diese Einkünfte sollten auf typisch merkantilistische Weise ins Land gebracht werden. Zentral für Tatiščev ist dabei die Förderung der einheimischen Industrie, deren Produkte gewinnbringend ins Ausland verkauft werden konnten. Umgekehrt sollte der Import im Ausland produzierter Waren mit hohen Zöllen belegt werden. Damit formulierte Tatiščev zwar keine neuen Ideen, sprach sich aber zugleich, wie schon sein Bekannter und Freund Ryčkov, gegen die Praxis der Monopolvergabe aus[290].

Entgegen der tatsächlichen Entwicklung empfahl Tatiščev ein stärkeres Gleichgewicht zwischen dem Handel nach Osten und dem nach Westen, da ihm die Dominanz des Westhandels missfiel[291]. Um den Transithandel sowie den Binnenhandel, dem er ein größeres Gewicht beimaß, zu intensivieren, forderte er darüber hinaus die Ausbesserung der Straßen und der Kanäle im Inneren des Reiches, was ebenfalls als eine Fortführung der Ideen und Aktivitäten Peters I. angesehen werden kann. Tatsächlich waren auf diesem Gebiet einige Fortschritte zu verzeichnen, die allerdings zum Teil noch auf dessen Anstrengungen zurückgingen, wie etwa die Eröffnung des Ladogakanals 1731, dessen

285 Murav'eva, Ėkonomičeskie vzgljady, S. 80; Bartlett, Cameralism, S. 70.

286 Murav'eva, Ėkonomičeskie vzgljady, S. 78.

287 »Manufaktury est' osnovanie torgu« [Manufakturen sind die Grundlage des Handels]. Zit. n. Kuz'mina, Ėkonomičeskie vozzrenija, S. 14.

288 »Torgovlja koren' i osnovanie vsech bogatstv i dochodov gosudarstvennych« [Der Handel ist die Wurzel und die Grundlage allen Reichtums und aller Einkünfte eines Staates]. Zit. n. Kuz'mina, Ėkonomičeskie vozzrenija, S. 15.

289 »Dochody gosudarstvennye, kakogo v onye zvanija ni byli, edinstvenno ot kupečestva proischodjat« [Die Einkünfte eines Staates, wie man sie auch immer nennen mag, kommen ausschließlich von der Kaufmannschaft]. Tatiščev, Izbrannye proizvedenija, S. 392 f.

290 Istorija russkoj ėkonomičeskoj mysli, S. 389.

291 Vorob'ev/Semenkova, Osobennosti, S. 22.

Bau schon unter Peter begonnen wurde[292]. Doch reichten Tatiščev diese Fortschritte noch nicht aus. Unter anderem regte er den Bau eines Kanals zwischen »seiner« Stadt Ekaterinburg und Archangel'sk an, um den Eisenexport Russlands zu vereinfachen[293].

Als Experte für das russische Münzwesens geriet er ebenfalls in Widerspruch zur zeitgenössischen realen Politik, da er, anders als Posoškov, die Abwertung des russischen Geldes scharf verurteilte und die spätere Einführung von Assignaten weder vorhersehen konnte noch für gut hielt[294].

Soziale Dimension der Handelspolitik. Wie schon erwähnt, hatte Tatiščev in einer politisch instabilen Zeit nicht nur Förderer wie James Bruce, sondern auch einflussreiche Gegner wie Ernst Johann Biron. Während er im Ural tätig war, setzte er sich für eine stärkere Reglementierung hinsichtlich der Situation der Arbeitskräfte im Zusammenhang mit der Ausarbeitung des *Gornyi Ustav* und einer stärkeren Einbindung des Staates in der Eisenproduktion ein. Damit geriet er aber in Konflikt mit den mächtigen Familien Demidov und Stroganov, die im Ural eine Vielzahl von Fabriken besaßen[295]. Mit seiner Opposition gegen einen Teil des am bestehenden System profitierenden Adels kann Tatiščev auch als Vorläufer des liberalen Adels gesehen werden, der in der Zeit Katharinas im Konflikt mit seinen konservativen Standesgenossen stand[296].

Auch mit seinen Vorschlägen zur Verbesserung der Lage der Handwerker, die sich seiner Ansicht nach in Zünften organisieren sollten, oder seiner Kritik an der Situation der leibeigenen Bauern, insbesondere am System der *barščina* (Frondienst), machte er sich Feinde innerhalb der russischen Aristokratie[297]. Beide Standpunkte stehen im Widerspruch mit der eindeutigen Haltung der sowjetischen Historiographie, die in Tatiščev nur den Ideologen der russischen Aristokratie sah[298]. Auch für die Kaufleute forderte er größere Freiheiten (*vol'nost'*), aber in erster Linie eine stärkere Unterstützung seitens des Staates bei der Kreditbeschaffung. Die Forderung nach Einrichtung einer Bank wurde gleichwohl erst nach seinem Tod erfüllt[299].

---

292 Zaozerskaja, Torgovlja i kupečestvo, S. 151 f.

293 Murav'eva, Ėkonomičeskie vzgljady, S. 80.

294 Dazu ausführlich Semenkova, Finansovye innovacii.

295 Ebenda, S. 85.

296 Vgl. den Abschnitt zu Katharina II. (Kap. III.4).

297 Murav'eva, Ėkonomičeskie vzgljady, S. 81.

298 »V svoich ėkonomičeskich rabotach Tatiščev, buduči ideologom dvorjanstva, na pervoe mesto vydvigal zadaču obosnovanii političeskogo i ėkonomičeskogo gospodstva pomeščikov v feodal'nom gosudarstve« [In seinen ökonomischen Arbeiten sah Tatiščev, selbst ein Ideologe des Adels, es als seine vordringliche Aufgabe an, die politische und wirtschaftliche Herrschaft der Gutsherren im feudalen Staat zu begründen]. Kuz'mina, Ėkonomičeskie vozzrenija, S. 10.

299 Murav'eva, Ėkonomičeskie vzgljady, S. 80.

Äußere Dimension der Handelspolitik. Tatiščev betrachtete zwar den Außenhandel in klassisch merkantilistischer Sichtweise als Quelle der Einkünfte (*dochody*) des Staates. Allerdings schreib er ihm keine gleichrangige Priorität zu wie der Förderung der heimischen Protoindustrie. Wichtig war ihm die Einschränkung der Möglichkeiten ausländischer Kaufleute jedoch vor allem in Hinblick auf den Binnenhandel. Den Fremden sollte auf diesem Gebiet nur der Großhandel, nicht jedoch der Kleinhandel erlaubt sein[300]. Russische Kaufleute sollten durch Steuer- und Zollvorteile grundsätzlich und überall bevorzugt werden[301]. Auffällig ist, dass das Thema ausländische Kaufleute bei Tatiščev eine rein finanzpolitische Dimension besitzt und nicht von xenophoben Stereotypen gegenüber z. B. Deutschen oder Lutheranern geprägt ist wie beispielsweise bei Pososkov.

Als *Fazit* lässt sich zu Tatiščev sagen, dass er – vielleicht typisch für die Epoche der »Palastrevolten« als einer Übergangsperiode als Vertreter eines ökonomischen Denkens gesehen werden kann, das in starkem Maße noch auf den Ideen Peters I. beruhte und demgemäß größtenteils noch als merkantilistisch zu bezeichnen ist. Auf der anderen Seite legte er in seinen Überlegungen einen Schwerpunkt auf den Ausbau der russischen Protoindustrie, was so in der Folgezeit jedoch nicht verwirklicht wurde. Damit tragen seine Empfehlungen in weiten Teilen einen eher theoretischen Charakter und sind somit exemplarisch für eine »Übergangszeit« zu verstehen, deren Charakter in der russischen Geschichte gemeinhin schwer zu fassen ist.

Tatsächlich wird die Phase der »Palastrevolten«, die Epoche »ohne Peter«[302], oftmals wohl unterschätzt. Als durchaus innovativ wäre zu sehen, dass Tatiščev erstmalig zentral den Begriff der Ökonomie (*ėkonomija*) statt Wirtschaft (*chozajstvo*) verwendete und damit der entstehenden wissenschaftlichen Disziplin überhaupt erst ihren Namen gab[303]. Seine – Theorie gebliebene – Weiterentwicklung des Begriffs des Reichtums auf Grundlage westlicher merkantilistischer Ansichten erfolgte unter Berücksichtigung der realen Umstände in Russland und mit einer sehr deutlichen patriotischen Haltung. Dies veranlasste die russische Historiographie immer wieder dazu, ihn als »Begründer einer russischen Schule« des ökonomischen Denkens zu betrachten, ohne allerdings den Begleitumständen seiner Epoche viel Beachtung zu schenken[304]. Dabei ist jedoch zu beachten, dass auch Pososkov, Križanič und Ordin-Naščokin diesen Titel eines ersten rus-

300 Semenkova, Finansovye innovacii, S. 88.

301 Istorija russkoj ėkonomičeskoj mysli, S. 389; Murav'eva, Ėkonomičeskie vzgljady, S. 80.

302 Zur Epochenbezeichnung »Russland ohne Peter« siehe Anisimov, Rossija bez Petra.

303 Vorob'ev/Semenkova, Osobennosti, S. 20. Vgl. die terminologischen Überlegungen in der Einleitung.

304 Beispielsweise Semenkova, Finansovye innovacii, S. 85; Murav'eva, Ėkonomičeskie vzgljady, S. 77.

sischen Wirtschaftstheoretikers zugesprochen bekommen[305]. Die Frage, wer der »erste« Denker einer dezidiert »russischen Schule« gewesen ist, soll hier nicht entschieden werden. Ohne Zweifel aber verdient Tatiščev als exemplarischer Universalgelehrter dieser Übergangsepoche mit seinen spezifischen Ansichten zwischen Merkantilismus und weiterführenden Ideen eine gebührende Beachtung.

3.3.6 Fazit – Epoche der »Palastrevolten«

Die sogenannte Zeit der »Palastrevolten« wird traditionellerweise immer in Beziehung zu Peters I. und Katharinas II. Regierungszeit gesetzt. Aus der Perspektive der Handelspolitik und des ökonomischen Denkens ist jedoch festzuhalten, dass in einigen Bereichen Fortschritte erzielt und Grundlagen geschaffen wurden, die in der Forschung zu wenig Berücksichtigung gefunden haben. Dazu zählt vor allem der Handelsvertrag von 1734, mit dem die Grundlage für die außerordentlich erfolgreiche Handelsbeziehung zwischen England und Russland im 18. Jahrhundert geschaffen wurde. Aber auch die Versuche der Gründung einer Bank für die Kaufleute und die Verabschiedung des *Veksel'nyj Ustavs* sowie die Professionalisierung der Buchführung in den Zollbehörden ab 1742 machen deutlich, dass der Außenhandel mit Europa über die nordwestlichen Hafenstädte auch in dieser Epoche nicht in Vergessenheit geraten ist, sondern dass im Gegenteil Weichen in eine wirtschaftspolitische Richtung gestellt wurden, die dann unter Katharina II. weiter befahren wurden.

Somit bestätigt ein Blick auf die Handelspolitik und das ökonomische Denken, was der amerikanische Wirtschaftshistoriker Arcadius Kahan in Bezug auf das Manufakturwesen festgestellt hat: Dass ein langsameres Wachstum im Vergleich zur petrinischen Zeit und eine Umstrukturierung, die auch mit Misserfolgen verbunden war, keineswegs bedeuten muss, dass es zum Bruch mit der petrinischen Politik oder zum Rückschlag gekommen wäre[306]. Eher muss von einer Phase der Erholung und nachhaltigen Korrekturen gesprochen werden, die ihre Wirkungen zum Teil erst in der Zeit Katharinas II. II entfalten konnten.

Eindeutig negativ muss die Praxis der Monopolvergabe für Angehörige des Hochadels unter Elisabeth gesehen werden, da hiervon weder der Staat – im merkantilistischen Sinne – wachsende Einkünfte generieren konnte, noch eine breitere soziale Basis für den Freihandel geschaffen wurde. Wenig überraschend war es eben diese Praxis, die schon von Zeitgenossen wie Tatiščev kritisiert wurde. Sie gehörte daher auch zu den Regelungen, die von Elisabeths Nachfolger Peter III. als Erstes abgeschafft wurden.

---

305 Zur Idee einer »Russischen Schule« und dem Beitrag der Genannten zum Zustandekommen einer solchen siehe Vorob'ev/Semenkova, Osobennosti, S. 5–24.

306 Kahan, Continuity in Economic Activity.

3.4 Katharina II. (1762–1796)

3.4.1 Einleitung

»Der Handel ist mein Lieblingskind!«[307] Zu diesem Ausruf ließ sich Katharina II. im Gespräch mit englischen Diplomaten über die Frage der Bewaffneten Neutralität im Amerikanischen Unabhängigkeitskrieg hinreißen. Dabei handelte es sich um ein von Katharina II. II initiiertes, gegen England während des amerikanischen Unabhängigkeitskrieges gerichtetes Defensivbündnis zum Schutze des freien Handels. Neben dieser Idee und ihrer Auswirkung auf den Handel wird es im Folgenden vor allem um das Verhältnis der Zarin zum russischen Außenhandel gehen[308]. Welchen Stellenwert besaß er tatsächlich in ihrer Politik? Mit welchen Konzepten versuchte sie ihre handelspolitischen Ziele zu verfolgen und in welchem Verhältnis standen diese Konzepte zum generellen Zeitgeist dieser Epoche?

Neben der von Katharina II vertretenen rein ideellen politischen Programmatik, die sicherlich durch ihre Herkunft und westliche Ideen im Umfeld der Aufklärung inspiriert waren und u. a. Ausdruck in ihrem *Nakaz* (Instruktion) von 1767 gefunden haben, waren Katharinas frühe Herrschaftsjahre vor allem durch zwei Probleme gekennzeichnet[309]. Zum einen musste sie aufgrund ihrer illegitimen Herrschaftsübernahme mehr als andere die Interessen einflussreicher Kreise am Hofe berücksichtigen, zum anderen waren sofortige wirtschaftliche Maßnahmen zu ergreifen, um die angespannte finanzielle Lage nach dem Siebenjährigen Krieg zu beheben. Letzteres soll zunächst anhand der Zoll- und Handelspolitik erläutert werden, bevor anschließend auf die soziale Dimension ihrer Handelspolitik und die außenpolitischen Faktoren eingegangen wird.

3.4.2 Handels- und Zollpolitik: partielle Liberalisierung

Die Herrschaftszeit Katharinas II. wird im Allgemeinen mit dem Stichwort der Liberalisierung in der Handelspolitik verknüpft[310]. Insbesondere die 1763 wieder neu installierte Kommerz-Kommission war der Ort, an dem verschiedene

307 »Vy vredite moej torgovle, vy ostanavlivaete moi korabli. V moich glazach ėto imeet ogromnoe značenie. Torgovlja ėto moe ditja, – kak že vy chotite, čtoby ja ne serdilas'?« [Sie schaden meinem Handel, Sie halten meine Schiffe auf. In meinen Augen besitzt das eine ungeheure Bedeutung. Der Handel ist mein Lieblingskind, wie können Sie wollen, dass ich mich nicht darüber aufrege?] Lord Mal'msbjuri o Rossii, S. 426.

308 Zu Katharina II. und ihrer Epoche: Russland zur Zeit Katharinas II.; Madariaga, Russia; Pavlenko, Ekaterina Velikaja; Anisimov, Imperatrica Ekaterina Velikaja; Dixon, Catherine the Great.

309 Bartlett, Cameralism, S. 67.

310 Koval'čuk, Ėkonomičeskaja politika, S. 20.

zeitgenössische handelspolitische Ansichten aufeinandertrafen und in der sich vor allem der Universalgelehrte und hohe Staatsbeamte Grigorij N. Teplov einen Namen als treibende Kraft der Reformmaßnahmen machte[311]. Die dringendsten Themen nach dem Herrschaftsantritt waren die Zollpolitik und damit verbunden vor allem die Aufhebung der Monopole sowie die Wiedereinführung des »freien Handels«[312].

Tatsächlich hatte die meisten Monopole bereits Peter III. aufgehoben, doch Katharina II. folgte hier wie in vielen anderen Bereichen den Reformansätzen ihres (verachteten) Ehemannes. Wie schon in der Zeit vor Elisabeth wurden zunächst allerdings Ausnahmen bei der Monopolaufhebung im Hinblick auf Pottasche und Gusseisen gemacht, welche erst 1780 anderen Produkten gleichgestellt wurden[313]. Die Auflösung des Berg-Kollegiums 1779 zielte ebenso auf eine Vereinfachung und Diversifizierung des Bergbaus ab und passt somit in das Paradigma einer Liberalisierung[314].

Neben der Aufhebung der Monopole für einzelne Waren war vor allem die Wiederherstellung staatlicher Kontrolle über die Zolleinkünfte unter der Aufsicht von Ernst Münnich, dem Sohn Christoph Burkhard Münnichs, ein bedeutender unter den ersten Schritten Katharinas, der als deutlicher Bruch mit der Zeit Elisabeths zu sehen ist[315]. Obwohl der Kaufmann und hohe Zollbeamte Nikita T. Šemjakin versuchte, sein Monopol wenigstens im Seidenhandel zu bewahren, setzte Katharina auch hier eine vollständige Kontrolle des Staates durch; dies kann aber zugleich auch als Liberalisierung gesehen werden, da nun der Handel für größere Gruppen von Kaufleuten möglich wurde[316].

Insbesondere die Zollpolitik – der Tarif von 1766/1767 und mehr noch der von 1782 – gilt als Beispiel für die Liberalisierung der Handelspolitik, da der Zoll für fast alle Waren gesenkt wurde. Hauptaufgabe der erwähnten Kommerz-Kommission war die Erarbeitung eines neuen Zolltarifs zur Reaktivierung des Wachstums des russischen Außenhandels, der 1767 verabschiedet werden konnte, den grundsätzlich protektionistischen Leitsätzen der petrinischen Zeit jedoch noch in Ansätzen verhaftet blieb[317].

Diesen protektionistischen Charakter des Zolltarifs von 1766 erläuterte Katharina II. selbst in einem Dekret, in dem sie deutlich machte, dass dieser Tarif

311 Firsov, Pravitel'stvo i obščestvo, S. 335; Pokrovskij, Značenie S.-Peterburga, S. 41.

312 Kulišer, Očerk istorii, S. 231.

313 Semenova, Byt, S. 112.

314 Pokrovskij, Značenie S.-Peterburga, S. 43; Heller, Rechtliche Rahmenbedingungen, S. 118.

315 Kahan, The Costs of »Westernization«.

316 Koval'čuk, Ėkonomičeskaja politika S. 72, 91–100.

317 Der Tarif wurde 1766 ausgearbeitet, aber 1767 als Gesetz verabschiedet, daher findet sich in der Literatur die missverständliche Betitelung als Tarif von 1766 oder von 1767.

dazu diene, den Schmuggel zu unterbinden, um die Einfuhr notwendiger ausländischer Waren zu erleichtern. Weiter sollten ausländische Rohstoffe und in Russland nicht produzierte Waren importiert werden, um das heimische Handwerk zu fördern. Schließlich sollte der Export von für den russischen Markt wichtiger Waren verboten werden, um ebenso die heimische Produktion zu fördern.

Darüber hinaus ging es ihr generell um eine Vereinfachung des Zolltarifs, um insgesamt den Kommerz zu fördern[318].

Um diese Ziele zu erreichen, sah der Tarif konkret vor, dass der Import von Produkten, die in Russland hergestellt werden konnten, mit einem Satz von 30 % belegt wurde. Waren, die in Russland noch nicht produziert wurden, aber theoretisch hergestellt werden konnten, wurden mit 12 %verzollt. Solche Waren schließlich, die es in Russland nicht gab und die auch nicht produziert werden konnten, wurden nur mit 4 %verzollt. Außerdem wurden die Sätze für Exporte deutlich gesenkt, um russische Waren im Ausland wieder attraktiver zu machen, was ebenfalls einen positiven Effekt hatte[319].

Die differenzierten Zollsätze für verschiedene Waren unterstreichen, dass der protektionistische Charakter der Handelspolitik neben der allgemeinen Senkung nicht vollkommen aufgegeben wurde. Auch im Zolltarif von 1782 wurden einige Zollsätze den veränderten Marktgegebenheiten angepasst und damit der protektionistische Grundsatz von 1766 nicht vollkommen aufgegeben. Ein solches Vorgehen hatte Katharina II. bereits 1767 in ihrem *Nakaz* dargelegt, in dem sie zwar eindeutig von dem Ideal des »freien Handels« sprach, zugleich aber auch notwendige Einschränkungen erwähnt: »Die Freiheit des Handels besteht nicht darin, den Handeltreibenden alles zu erlauben, was sie wollen, das wäre eher Diebstahl«[320].

Katharinas Meinung nach war zwischen dem Nutzen für die Händler und dem Nutzen für den Handel zu unterscheiden. Letzterer wiederum besaß bei ihr Priorität[321]. Das Vorbild für eine solche Vorgehensweise war dabei England, das die Freiheiten der Kaufleute nach Meinung der Zarin eingeschränkt und auf diese Weise die Freiheit des Handels gewährleistet habe[322]. Der Handel wiederum stellte ihrer Überlegung nach keinen Selbstzweck dar, sondern stand letztlich im Dienste des Staates – sein Wert begründete sich aus dem Nutzen,

318 Ob«javlenie [Bekanntmachung], 1.9.1766, in: RGIA, f. 796, op. 47, d. 292, Bl. 201.

319 Pokrovskij, Značenie S.-Peterburga, S. 42.

320 »Volnost' torgovli ne to, kogda torgujuščim dozvoljaetsja delat', čto oni zachotjat, sie bylo by bolše rabstvo onyja«. Nakaz Ekateriny II (30.7.1767), Artikel 321, S. 74.

321 »Čto stesnjaet torgujuščego, to ne stesnjaet torgovli«. Ebenda.

322 »Anglija zapreščaet vyvozit' svoju volnu i ščerst', ona uzakonila vozit' ugol' v stoličnyj gorod morem. Ona sim i semu podobnym stesnjaet kupca, no vse v pol'zu torgovli«. Ebenda, S. 74 f.

den er dem Staat bietet[323]. Dieser Nutzen wurde wiederum durch die Zolleinnahmen generiert, was die differenzierten Zollsätze von 1766 und 1782 erklärt: »Wo Handel ist, dort gibt es auch Zolleinnahmen«[324].

Vor dem Hintergrund einer solchen Politik und der sie begleitenden theoretischen Annahmen stellt sich die Frage, inwieweit sich Katharinas Politik vom Merkantilismus Peters und seiner Nachfolgerinnen unterschied. Zumindest das merkantilistische Element des starken Staates kommt bei Katharina merklich zur Geltung[325]. Nur in der Funktion als Regulator zwischen Handel und Zöllen gewährleistet der Staat ihrer Ansicht nach die Freiheit des Handels[326]. Ein Beispiel für die regulierende Funktion des Staates in der Zollpolitik und damit zugleich für die relative Liberalisierung unter Katharina ist die komplette Befreiung des Getreideexports von Zöllen 1766. Dies bewirkte einen enormen Aufstieg der Getreideexporte. Die Wiedereinführung niedriger Zölle im Tarif von 1782 stellte die Einnahmen des Staates am gewachsenen Getreideexport sicher[327].

Hinsichtlich dieses Tarifs von 1782 kann die Liberalisierung des Handels auch darin gesehen werden, dass sich der rechtliche Unterschied zwischen ausländischen und russischen Kaufleuten verringerte. Ausländische Kaufleute durften nun die Hälfte der zu zahlenden Abgaben in russischer Währung bezahlen und wurden davon befreit, alles ausschließlich in ausländischer Währung zu entrichten. Dadurch verringerte sich auch die Privilegierung der englischen Kaufleute gegenüber der westlichen Konkurrenz, doch konnte diese Maßnahme deren führende Position nicht mehr gefährden[328].

Auch wenn dieser Zolltarif protektionistische Züge beibehielt mit dem Ziel der Förderung russischer Produktion, so zeigten Beschwerden über die nicht erfolgte Umsetzung vor allem des Verbots des Imports von bestimmten Luxuswaren, dass in der Praxis auch unter Katharina der Adel sich eigentlich verbotene Luxusartikel aus dem Westen offenbar ohne Probleme beschaffen konnte und damit die protektionistischen Ziele unterlief. Der Grund hierfür war, dass die Interessengemeinschaft zwischen konsumierendem Adel und profitierenden ausländischen Kaufleuten zu groß war, als dass die Behörden dagegen wirkungsvoll hätten vorgehen können[329]. Dies erinnert in der Argumentationslogik an

---

323 »Predlog torgovli est' vyvoz i privoz tovarov v pol'zu gosudarstva«. Ebenda, Artikel 323, S. 75.

324 »Gde est' torgi, tam est' i tamožni«. Ebenda, Artikel 322, S. 75.

325 Pokrovskij, Vnešnjaja torgovlja, S. 115 f.

326 »Dlja togo dolžno gosudarstvo deržat' točnuju sredinu meždu tamožneju i torgovleju i delat' takie rasporjaženija, čtoby sii vešči odna za drugoj ne zaputyvali«. Nakaz Ekateriny II (30.7. 1767), Artikel 323, S. 75.

327 Pokrovskij, Vnešnjaja torgovlja, S. 117 f.

328 Kahan, The Plow, S. 239.

329 Donošenie [Eingabe], 1786, in: ASPBIIRAN, f. 36, op. 1, d. 550, Bl. 167.

die vermeintliche Interessengemeinschaft der »Deutschen« an Anna Ivanovnas Hof mit den westlichen Kaufleuten, deren ethnische Dimension zwar als unerheblich zu bezeichnen ist. Doch die Konstellation einer Symbiose von ausländischen Handelsinteressen und der Nachfrage nach Luxusprodukten vonseiten des russländischen Adels, die den Aufbau einer einheimischen Produktion verhinderte, zieht sich tatsächlich als roter Faden durch die Geschichte des Handels im 18. Jahrhundert in Russland[330].

Der französische Gesandte Graf Louis-Philippe de Segur schilderte anschaulich, wie er Grigorij A. Potemkin selbst dabei erwischte, verbotene Waren einzuführen[331]. Das Problem des Schmuggels wurde für so wichtig erachtet, dass sogar über eine komplette Sperrung der westlichen Landesgrenze des Reiches nachgedacht wurde. Schließlich wurde 1788 immerhin der Import einer ganzen Reihe von Luxuswaren auf dem Landweg verboten, um die Kontrolle der Einfuhr zu verbessern, da die Hafenstädte besser zu kontrollieren waren[332].

Zum Ende der Regierungszeit Katharinas kam es wieder zu einer Einschränkung der relativ liberalen Zolltarife, die allerdings durch die politischen Umwälzungen im Zuge der Französischen Revolution bedingt waren. Vor dem Hintergrund wachsender politischer Spannungen wurde der Tarif von 1796 noch unter Katharina ausgearbeitet, der wieder deutlich protektionistischer im Hinblick auf russische Produkte war[333]. Der Tarif reflektierte zudem, dass Verbote von Importen aus Frankreich aus politischen Gründen inakzeptabel waren. Zusätzlich zu den politischen Umständen beruhte diese Wendung zu einer protektionistischeren Politik Katharinas II. zum Ende ihrer Regierungszeit auch auf einer allgemeinen Verunsicherung des russischen Außenhandels, da neben einem generellen Einbruch des Gesamtumschlags auch der Verlust der positiven Handelsbilanz durch stark wachsende Importe drohte[334]. Doch wurde dieser Tarif aufgrund des Todes der Zarin und der politischen Gegnerschaft ihres Sohnes Paul I. nicht mehr umgesetzt. Stattdessen wurde 1797 ein Tarif verabschiedet, der sich nicht mehr gegen Frankreich richtete und der den Grundsätzen des Tarifs von 1782 folgte. Aufgrund der kurzen Regierungszeit Pauls konnte er aber keine langfristige Wirkung entfalten[335].

Die Zollpolitik nach außen kann also zusammenfassend als eine partielle Liberalisierung mit protektionistischen Elementen charakterisiert werden. Ein starker Staat und freier Handel waren also kein Widerspruch für Katharina.

---

330 Siehe den entsprechenden Abschnitt zu Anna Ivanovna in Kap. III.3.3.

331 Semenova, Byt, S. 121.

332 Kulišer, Očerk istorii, S. 237.

333 Firsov, Pravitel'stvo i obščestvo, S. 339.

334 Virst [Wuerst], Razsuždenija, S. 226 f.

335 Kahan, The Plow, S. 240.

Damit entsprach sie durchaus einem europäischen Zeitgeist, da eine ähnliche Denkweise auch andernorts anzutreffen war. So hatte schon der englische Ökonom John Cary darauf hingewiesen, dass »Free Trade« nicht die Abwesenheit von Zöllen bedeutete, sondern nur die Aufhebung von Monopolen. Dies entsprach exakt der Handelspolitik Katharinas[336].

Was die Zollpolitik im Innern des Reiches betraf, so setzte Katharina II. eine schon unter Elisabeth begonnene Liberalisierung in konsequenter Weise fort. Zwar hatte Elisabeth die Binnenzollgrenzen aufgehoben, doch stellten die Ostseeprovinzen immer noch zollpolitisches Ausland dar. Dies änderte erst Katharina 1781. Zeitgleich verloren auch die Ukraine und Sibirien ihren zollpolitischen Sonderstatus, so dass das Russländische Reich erst zu diesem Zeitpunkt ein einheitliches Zollgebiet bildete, in dem keine inneren Zollgrenzen mehr existierten[337].

Ungeachtet der Deutung der einzelnen Zolltarife als liberal und/oder protektionistisch kann insgesamt festgehalten werden, dass Katharinas Handelspolitik sehr erfolgreich in Bezug auf die Handelsstatistiken war. So konnte sie den Außenhandelsüberschuss wesentlich zugunsten Russlands verbessern (Tab. 14):

Tab. 14: Außenhandel Russland zwischen 1761–1795 (in Millionen Rubel)

JAHRE	EXPORT	IMPORT	ÜBERSCHUSS
1761–1765	11,7	8,7	2,0
1766–1770	13,1	10,4	2,7
1771–1775	17,4	13,2	4,2
1776–1780	19,2	14,0	5,2
1781–1785	23,7	17,9	5,8
1786–1790	28,3	22,3	6,0
1791–1795	43,5	34,0	9,5

Quelle: Pokrovskij, Vnešnjaja torgovlja, S. 130.

Da jedoch der Schmuggel vor allem importierte Luxuswaren betraf, vermutete schon der Leiter der Petersburger Zollbehörde Aleksandr R. Voroncov, dass in Wahrheit der Wert der Import- den der Exportwaren tatsächlich sogar übertraf und Russland folglich unter Katharina eigentlich eine negative Handelsbilanz aufwies[338]. Dieses Phänomen führte zusammen mit den finanziellen Belastungen durch die zahlreichen militärischen Konflikte, die abgesehen vom Aufstand

336 Cary, An Essay Towards Regulating the Trade, S. 26 f.
337 Hoffmann, Sankt Petersburg, S. 162.
338 Firsov, Pravitel'stvo i obščestvo, S. 189–192.

Pugačevs größtenteils außerhalb der russischen Grenzen ausgefochten wurden, zu den chronischen finanziellen Problemen des Staatshaushalts. Die dadurch evozierte Inflation erreichte zu Beginn des 19. Jahrhunderts ihren Höhepunkt und relativierte den in der Tabelle gezeigten Anstieg der Handelsbilanzen zusätzlich[339].

Neben der Zollpolitik war eine wesentliche Neuerung in der Wirtschaftspolitik Katharinas II. die Einführung des Papiergeldes 1768. Die sogenannten Bankassignationen oder Assignaten, die den Geldumlauf erheblich erleichterten und damit den Handel begünstigten, führten allerdings auch zu der soeben erwähnten starken Inflation[340]. Zwischen 1772 und 1798 fiel der Wert des Assignatenrubels im Verhältnis zum Silberrubel von 1:1 bis auf 1:0,6[341]. Insofern ist die Wirtschafts- und Geldpolitik Katharinas II. auch dadurch gekennzeichnet, dass trotz der Erhöhung der Geldmenge durch den Druck der Assignaten einerseits und dem stark positiven Außenhandelsüberschuss andererseits die Staatsfinanzen nicht aus der schon zu Beginn der Regierungszeit hohen Verschuldung herauskamen. Im Gegenteil, die Verschuldung spitzte sich zum Ende des Jahrhunderts dramatisch zu[342].

Infrastrukturelle Maßnahmen hingegen verbesserten die Möglichkeiten des Handels während Katharinas Herrschaft. So führte sie die Versuche fort, durch die Etablierung von Banken den Kreditbedarf russischer Kaufleute unabhängig von ausländischen Anbietern zu bedienen[343]. Wie schon beim vorherigen Versuch unter Elisabeth konnten auch diesmal die Bemühungen des Staates die Praxis der Kreditvergabe durch ausländische Kaufleute nicht ersetzen[344]. Zudem war es für Adlige erheblich leichter, Kredite bei den neuen Banken zu bekommen, als für Kaufleute, was die allgemeine Tendenz der katharinäischen Politik, den Adel gegenüber den Kaufleuten zu bevorzugen, unterstreicht[345].

Wenig bekannt ist der Versuch Katharinas, die alte Praxis des Strandgutraubs durch die Einrichtung einer Seenotrettungsorganisation, der sogenannten Tauchercompagnie, zu bekämpfen, die mit einem Viertel der geborgenen Waren

339 Pokrovskij, Vnešnjaja torgovlja, S. 131. Siehe auch die sehr negative Einschätzung Čečulins: Čečulin, Očerki po istorii russkich finansov, S. 374–380.

340 PSZ, Nr. 13219, Manifest o učreždenii v Sankpeterburge i Moskve Gosudarstvennych Bankov dlja vymenz assignacii [Manifest über die Gründung von Banken in St. Petersburg und Moskau für die Ausgabe von Assignaten], 29.12.1768; Friebe, Ueber Rußlands Handel, S. 135 f.; Schlözer, Münz-, Geld- und Bergwerks-Geschichte, S. 178 f.; ausführlich Heller, Die Geld- und Kreditpolitik.

341 Pokrovskij, Značenie S.-Peterburga, S. 124.

342 Prikazčikova, E., Ėkonomičeskie vzgljady, S. 6; Čečulin, Očerki po istorii russkich finansov, S. 374–380. Ein nicht ganz so negatives Urteil bei Madariaga, Russia, S. 482 f.

343 Madariaga, Russia, S. 477 f.

344 Semenova, Byt, S. 111. Vgl. Jones, Commercial Capital.

345 Kulišer, Očerk istorii, S. 245. Zum System der Kreditvergabe Munro, Finance.

entschädigt wurde[346]. Damit weitete sich die staatliche Kontrolle auch auf handelspraktische Bereiche aus, indem die finanziellen Aspekte der Seenot reguliert wurden und letztlich dadurch eine höhere Sicherheit der Schifffahrt angestrebt wurde.

Katharinas Handels- und Wirtschaftspolitik zusammenfassend, attestierte Pokrovskij ihr eine Abkehr vom Merkantilismus in seiner Reinform. Grundzüge protektionistischer Prinzipien seien indes auch während ihrer Regierungszeit trotz unverkennbarer Liberalisierung erhalten geblieben[347]. Diese Einschätzung ist tatsächlich recht nah an Katharinas wenig überraschend positiver Selbsteinschätzung. Wichtigste Errungenschaften ihrer Handelspolitik waren demnach die Zerschlagung der Monopole – nützlich vor allem beim Binnenhandel –, die Diversifizierung (Liberalisierung) des Außenhandels gegenüber weiteren Handelspartnern neben den Engländern und schließlich die ins Protektionistische abgleitende Förderung heimischer Produktion und deren Export ins Ausland[348].

Die hier konstatierte partielle Liberalisierung beim Außenhandel bewirkte zusammen mit der Vereinheitlichung des Binnenhandels und des institutionellen Ausbaus der Handelspolitik eine Blütezeit des Handels unter Katharina. Durch eine grassierende Inflation, durch das Problem des illegalen und unkontrollierten Imports, aber vor allem auch durch fortgesetzte Kriegszüge gelang es allen Erfolgen zum Trotz jedoch nicht, den Staatshaushalt zu konsolidieren.

346 Friebe, Ueber Rußlands Handel, S. 143–148.

347 »[...] otkaz ot sistemy merkantilizma v ego čistom vide« [Absage vom System des Merkantilismus in seiner reinen Form]. Pokrovskij, Vnešnjaja torgovlja, S. 108, 114.

348 »Kakie posobija i odobrenija prepodali my k rasprostraneniju torgovli, o tom izvestno vsemu svetu. Vnutrennjuju osvobodili my iz togo utesnennogo sostojanija, v kotoroe ona vrednymi monopolijami vveržena byla. Vnešnej dostavili my raznye vygody kommerčeskimi dogovorami s druž̌estvennymi nam deržavami postanovlennymi. Posrestvom raznych oblegčenij v pošlinach s rossijskich proizrastenij i rukodelij, posobstvovali my kak obščemu, tak i častnomu v gosudarste našem obogaščeniju, proistekajuščemu ot poleznogo vyvoza v čužie krai zdešnich produktov« [Welche Möglichkeiten uns zur Verbreiterung des Handels zur Verfügung stehen, davon weiß die ganze Welt. Im Innern haben wir uns von dem erschöpfenden Zustand befreit, in den uns die Monopole gebracht hatten. Nach außen haben wir verschiedene Vorteile erlangt durch den Abschluss von Verträgen mit uns freundlich gesinnten Mächten. Mithilfe von unterschiedlichen Zollvergünstigungen auf russische Rohstoffe und Handwerksprodukte haben wir sowohl das Allgemeinwohl als auch den Privatgewinn bereichert in unserem Staate, welcher aus der nützlichen Ausfuhr in andere Gebiete hiesiger Produkte entspringt]. PSZ, Nr. 16781, O zapreščenii vvoza v Rossiju šelkovych, šerstjanych, bumažnych i pročich tovarov [Über das Verbot der Ausfuhr von russischen Textilwaren, Papierwaren und anderer Produkte], 26.6.1789.

3.4.3 Soziale Dimension der Handelspolitik: das Bündnis mit dem Adel

Die von Katharina II. ins Werk gesetzte Zoll- und Handelspolitik konnte nicht ohne Rücksicht auf die zunehmend selbstbewusster werdenden russischen Eliten realisiert werden, zumal die Zarin aufgrund der illegitimen Umstände ihrer Herrschaftsübernahme auf breite Unterstützung angewiesen war. Somit musste sie gleichzeitig die Interessen einflussreicher Kreise am Hofe berücksichtigen und darüber hinaus durch sofortige wirtschaftliche Maßnahmen die angespannte finanzielle Lage nach dem Siebenjährigen Krieg beheben. Katharina II. zeigte sich außerordentlich geschickt darin, beide Probleme zur selben Zeit anzugehen, indem sie einen signifikanten Teil des höheren Adels für sich gewinnen konnte, der sowohl für den notwendigen gesellschaftlichen Rückhalt sorgte als auch neueste Ideen in der Wirtschafts- und Handelspolitik unterstützte und selbst mit entwickelte. Beispielhaft für diesen Personenkreis wären hier neben dem schon erwähnten Grigorij N. Teplov auch Aleksandr A. Vzjazemskij, Aleksandr R. Voroncov, Dmitrij V. Volkov, Ernst Johann von Münnich sowie Nikita I. Panin zu nennen[349]. So ist z. B. Panins Konzept des »Nordischen Systems« als antikatholisches Bündnis gegen Frankreich und Österreich daher nicht nur als außenpolitisch-diplomatisches Konstrukt zu verstehen, sondern durchaus auch als Integration Russlands in einen Raum »protestantischer Ethik« im wirtschaftlichen Sinne[350].

Der Verweis auf aufgeklärte, progressive Ideen unter den Adligen macht deutlich, dass die Annahme einer Homogenität innerhalb des höheren Adels zweifellos irreführend ist. Nicht jeder in diesem Kreis begrüßte die Wirtschafts- und Handelspolitik Katharinas II. Das zentrale Beispiel für eine Verschlechterung der Stellung hoher Adliger auf diesem Gebiet ist die erwähnte Abschaffung der Monopole beim Außenhandel, von denen herrschaftsnahe Würdenträger profitiert hatten[351]. Um die Balance zu wahren bzw. den Rückhalt des Adels für ihre Wirtschaftspolitik nicht zu verlieren, sah sich Katharina gezwungen, als Wiedergutmachung für die Abschaffung der Monopole die Rechte zur Teilnahme am Handel für Adlige zu erhöhen[352]. Dies war umso wichtiger, da seit der Abschaffung der adligen Dienstpflicht unter Peter III. der Adel eine außerordentlich selbstbewusste Position in der russischen Gesellschaft einnahm, so dass Katharina II. auf seine Unterstützung angewiesen war[353].

349 Kaplan, Russian Overseas Commerce, S. 18.

350 Ebenda, S. 19; Bagger, Die Bedeutung des Ostseeraumes, S. 374.

351 Pokrovskij, Vnešnjaja torgovlja, S. 107.

352 PSZ, Nr. 16187, Gramota na prava, vol'nosti i preimuščestva blagorodnogo Rossijskogo Dvorjanstva [Grundsatz über das Recht, die Freiheit und den Besitz des hochgeborenen russländischen Adels], 19.4.1785.

353 Schönle/Zorin, On the Periphery of Europe, S. 7.

Doch führte das enge Bündnis mit dem Adel langfristig dazu, dass andere soziale Gruppierungen keinen Anteil an der insgesamt erfolgreichen Handels- und Wirtschaftspolitik Katharinas hatten, obwohl immerhin einige progressive Adlige an dieser Politik mitwirkten und durchaus über die eigenen Standesgrenzen hinausdachten. Dies betraf in erster Linie die leibeigenen Bauern, die nicht umsonst das beherrschende Thema des aufklärerischen Diskurses in Russland waren. Deren miserable Lage war mit für die sozialen Unruhen wie den Pestunruhen 1771 in Moskau und dem Pugačev-Aufstand von 1773–1775 verantwortlich[354] und stand auch im Mittelpunkt der Affäre um Aleksandr N. Radiščevs »Reise von St. Petersburg nach Moskau« von 1790[355].

Die anderen großen Verlierer dieser Konstellation waren ohne Zweifel die Kaufleute, die große Schwierigkeiten hatten, ihre Privilegien gegen den Adel und seine handeltreibenden Bauern zu verteidigen. Die Aufhebung der Monopole wurde allerdings in der Kaufmannschaft uneingeschränkt positiv aufgenommen: Als Graf Šuvalov sein Monopol für Robbenfang und Tabakhandel auf dem Weißen Meer verlor, veranstalteten die Kaufleute von Archangel'sk ein Feuerwerk[356]. Um den Kaufleuten noch weiter entgegenzukommen, erließ Katharina 1775 eine neue Gilde-Ordnung, nach der die Kaufleute nicht mehr an die Kopfsteuer gebunden waren, sondern in Abhängigkeit ihres Vermögens je nach Gildenzugehörigkeit Steuern zu entrichten hatten. Mit einem jährlichen Vermögen von über 10.000 Rubeln war man zur Mitgliedschaft in der ersten Gilde berechtigt, ab 1000 Rubel in der zweiten und ab 500 in der dritten Gilde[357]. Als Folge der Inflation, aber auch der gewachsenen Einkommen bzw. des Wunsches nach Distinktion erhöhten sich die entsprechenden Sätze mit der neuen Städteordnung von 1785, die noch zusätzlich die Kategorie der »angesehenen Bürger« *(imenitye graždane)* ab einem Vermögen von 50.000 Rubeln einführte. Die erste Gilde blieb bei einem Vermögen von 10.000 Rubel erreichbar, dafür wurden die Sätze für die zweite auf 5000 und die für die dritte auf 1000 angehoben[358]. Trotz dieser Versuche, die Stellung der Kaufleute zu stärken, hörten die Beschwerden darüber, dass sich Adlige und Bauern immer noch aktiv an Handelsgeschäften beteiligten und den Kaufleuten Konkurrenz machten, aber auch unter Katharina nicht auf: »Der letzte Mangel besteht darin, dass

354 Madariaga, Russia, S. 239–255.

355 Hoffmann, Aleksandr Nikolaevič Radiščev, S. 141–170.

356 Pokrovskij, Vnešnjaja torgovlja, S. 108.

357 PSZ, Nr. 14327, O sbore s kupcov, vmesto podušnych, po odnomu procentu s ob«javlennogo kapitala, i o razdelenii ich na gil'dii [Über die Besteuerung von Kaufleuten anstelle der Kopfsteuer, über ein Prozent des erklärten Kapitals, und über die Aufteilung der Kaufleute in Gilden], 25.5.1775.

358 PSZ, Nr. 16187, Gramota na prava i vygody gorodam Rossijskoj Imperii [Grundsatz über das Recht und die Vorteile der Städte des russländischen Imperiums], 21.4.1785.

im Hafen jeder Handel treibt, der nur will, ohne jegliche Auswahl oder Regel, Adlige, Kaufleute, Bauern und alle möglichen *raznočincy*, mit einem Wort, alles verwandelt sich in Chaos[359].

Diese Beschwerden waren keineswegs neu. Schon zu Beginn von Katharinas Regierungszeit war genau dieses Problem erkannt und der Vorschlag gemacht worden, Kaufleute finanziell derart zu unterstützen, dass sie »echte Kaufleute« (*nastojaščie kupcy*) würden, die in der Lage seien, Großhandel zu betreiben[360]. Zumindest die Abgrenzung gegenüber den handeltreibenden Bauern wurde von Katharina II. einigermaßen ernst genommen und entsprechend wurde 1778 den Bauern ausdrücklich verboten, Handel zu treiben. Dies hieß jedoch nicht, dass es in der Praxis nicht doch weiterhin vorkam[361]. Die Gründe für die fortdauernde Präsenz von handeltreibenden Leibeigenen in der Provinz und in St. Petersburg lagen neben der Unterstützung vonseiten der Adligen auch im fehlenden Interesse des Staates, der nicht die notwendigen Verfolgungsmaßnahmen einleitete, solange der Handel auf diese Weise florierte. Aber auch Kaufleute selbst beschäftigten Leibeigene als Lastenträger oder handelten mit ihnen, wenn es für sie individuell von Vorteil war, was ihre eigenen Interessen als Kaufmannsgemeinschaft aber untergrub[362].

Um den chronischen Geldmangel der Kaufleute zu überwinden, bedurfte es allerdings mehr als nur der Bestätigung oder Erweiterung ihrer Privilegien beim Handel. Kaufleute hatten seit Peter I. zu Beginn des Jahrhunderts die Gründung von Manufakturen vorangetrieben und auch versucht, bei der Produktion der Waren Geld zu verdienen. Hier trafen sie aber auf die Konkurrenz des Adels, der unter Katharina erfolgreich dafür kämpfte, dass die Möglichkeiten der Kaufleute auf diesem Gebiet beschränkt wurden. Das entscheidende Mittel dafür war das Verbot des Gebrauchs und des Erwerbs von Leibeigenen in den Manufakturen, was exklusiv den Adligen vorbehalten war und diese damit ungemein bevorteilte. Da die Einnahmen aus diesem großen Wirtschaftszweig auf diese Weise den Kaufleuten verloren gingen, waren Karrieren wie die von Pososkov

359 »Poslednjaja chudoba i v tom sostoit, čto k portam torgujut, kto tol'ko zachočet bez vsjakogo razboru i pravil, dvorjane, kupcy, krest'jane, i vsjakie raznočincy, slovom skazat', vse obraščajutsja v chaose« [Der letzte Missstand besteht darin, dass in den Häfen jeder, der will, Handel treibt ohne jegliche Art der Ordnung, Adlige, Kaufleute, Bauern und alle möglichen *raznočincy*, mit einem Wort, alles verwandelt sich in Chaos]. Patriotičeskoe mnenie o pol'ze kommercii [Patriotische Meinung über den Nutzen des Kommerzes], 1780, in: ASPBIIRAN, f. 36, op. 1, d. 546, Bl. 129 f.

360 Prožekta neizvestnoj persony o pravlenii [Projekt eines Unbekannten über das Regieren], 1763, in: RGADA, f. 397, op. 1, d. 29, Bl. 36.

361 KULIŠER, Očerk istorii russkoj torgovli, S. 260 f. Zu dieser Frage und der Diskussion dazu siehe KOVAL'ČUK, Ėkonomičeskaja politika, S. 213–228.

362 REPIN, Učastie »raznočincev«, S. 261–263.

der selbst zum Besitzer von Leibeigenen geworden war, zu Katharinas Zeit nicht mehr möglich[363].

3.4.4 Äußere Dimension der Handelspolitik: Außenpolitische Erfolge und das Versagen russischer Kaufleute

Der außenpolitische Rahmen. Selbstverständlich hatten außenpolitische Faktoren auch zur Zeit Katharinas maßgeblichen Einfluss auf den Handel Russlands mit dem Westen. So waren wie zu anderen Zeiten auch Kriege grundsätzlich schädlich für die Entwicklung des Außenhandels. Sie ruinierten die Staatskasse und behinderten die freie Schifffahrt sowie den Handel. Jedoch konnten sie, wenn sie siegreich waren, auch neue Handelsperspektiven eröffnen, wie dies der Große Nordische Krieg eindrucksvoll mit der Öffnung der nordwestlichen Handelsperspektive auf der Ostsee gezeigt hatte[364].

In ähnlicher Weise können Katharinas Feldzüge gegen das Osmanische Reich gedeutet werden. Einerseits belasteten sie den Staatshaushalt in enormer Weise. Andererseits eroberte Katharina die nördliche Schwarzmeerküste und die Krim und ließ neue Hafenstädte wie Odesa gründen, deren Potential sich allerdings erst im 19. Jahrhundert zu entfalten begann. Da sich die langfristigen positiven Folgen noch nicht unmittelbar einstellten, begann sich vor dem Hintergrund einer wachsenden kritischen Öffentlichkeit Zweifel an den außenpolitisch kostspieligen Unternehmungen zu regen. Unter anderen kritisierte der Gelehrte und hohe Staatsbeamte Michail M. Ščerbatov, dass bereits unter Elisabeth die Besetzung Ostpreußens für Russland mit ungeheuren Kosten verbunden gewesen sei und das Finanzproblem zu Beginn von Katharinas Regierungszeit mitverursacht habe. Auch die Einführung der Assignaten habe letztlich nur zu einer Inflation geführt und die unter Katharina anhaltenden Kriege auf ausländischem Territorium verursachten nun auf ähnliche Weise erst einen Mangel an Geld und im Anschluss eine Geldentwertung[365]. Die andauernden militärischen Konflikte (Russisch-Türkische Kriege 1768–1774, 1787–1792, Russisch-Schwedischer Krieg 1788–1790) waren zwar allesamt siegreich und vergrößerten den Ruhm und die Macht des Reiches, doch belasteten sie eben auf der anderen Seite nachhaltig den Finanzhaushalt, so dass der vorrevolutionäre russische Historiker Nikolaj D. Čečulin sogar von einem völligen Zusammenbruch des Haushalts unter Katharina II. sprach und die Finanzpolitik als ihr schlechtestes Politikfeld identifizierte[366].

---

363 Pokrovskij, Vnešnjaja torgovlja, S. 111.
364 Vgl. die entsprechenden Abschnitte zu Peters Handelspolitik (Kap. II.6, II.7 und III.2.2).
365 Firsov, Pravitel'stvo i obščestvo, S. 343–345.
366 Čečulin, Očerki po istorii russkich finansov, S. 374–380.

Da die außenpolitischen Erfolge also teuer erkauft waren und somit demzufolge handelsökonomisch gesehen zumindest ambivalent einzuschätzen sind, verdient ein anderer Bereich von Katharinas erfolgreicher Außenpolitik besondere Beachtung, der sie auch von ihren Vorgängerinnen und Vorgängern unterscheidet. Denn die für den Handel unmittelbar nützlicheren Ergebnisse errang sie auf diplomatischem Wege. Ein wichtiges Beispiel hierfür sind die Teilungen Polen-Litauens zwischen 1772 und 1795, die das Hinterland Rigas vollständig unter russische Kontrolle brachten und die kurländischen Hafenstädte ebenfalls zu russländischen Häfen machten.

Noch größere und zugleich positive Auswirkungen auf den Außenhandel hatte jedoch ein anderer diplomatischer Erfolg Katharinas II .: die Einführung der Bewaffneten Neutralität am 28. Februar 1780 während des Amerikanischen Unabhängigkeitskrieges[367], deren inhaltliche Ausarbeitung auf Rigenser Kaufleute im Umfeld der bereits erwähnten Familie Berens zurückging[368]. Die Initiative Katharinas II. zur Bewaffneten Neutralität hatte neben dem positiven Effekt für den Handel zugleich eine außenpolitische Bedeutung und brachte auch das Ideal des Freihandels zum Ausdruck. Außenpolitisch zahlte es sich für das Ansehen Russlands ungemein aus, dass es sich an die Spitze einer letztlich gegen England gerichteten Initiative stellte, denn es waren die Engländer, die mithilfe ihrer übermächtigen Flotte die Kriegsgegner Frankreich, Spanien und die nordamerikanischen Kolonien blockieren wollten. Schon während der Verhandlungen für die Verlängerungen des Englisch-Russischen Handelsvertrages hatte dieses Thema vor dem Hintergrund der Erfahrungen des Siebenjährigen Krieges eine Rolle gespielt, aber Russland hatte zu dem Zeitpunkt seine Interessen noch nicht vollständig durchsetzen können[369]. Dass Russland nun den Mut aufbrachte, gegen diese mächtige Flotte den freien Handel neutraler Schiffe mit den Kriegsgegnern Englands zu schützen, bedeutete einen enormen außenpolitischen Prestigegewinn und bewirkte, dass sich viele Länder der russischen Initiative anschlossen, darunter Preußen, Dänemark, Schweden, Österreich, Portugal und das Königreich beider Sizilien[370]. Dieser Einsatz bewirkte nicht zuletzt auch, dass amerikanische Schiffe selbst, deren Flotte im Aufbau begriffen war, Russland im letzten Jahrzehnt des Jahrhunderts vermehrt ansteuerten[371]. Der langen und beschwerlichen Reise über den Atlantik zum Trotz waren es vor 1800 immerhin etwa 500 amerikanische Schiffe, die russländische Häfen erreichten[372].

---

367 Friebe, Ueber Rußlands Handel, S. 115.

368 Bičevskis/Taimiņa, Johann Georg Hamanns kameralwissenschaftliche Studien, S. 135. Vgl. auch den Abschnitt zu Riga (Kap. II.3).

369 Clendenning, The Anglo-Russian Trade Treaty, S. 502.

370 Gerhard, England, S. 130–136.

371 Wallerstein/Mayer, Die große Expansion, S. 204.

372 Pod flagom Rossii, S. 61.

Die Französische Revolution und ihre Folgen zum Ende der Regierungszeit Katharinas zeigten ganz in Gegensatz zur Bewaffneten Neutralität die negativen Folgen internationaler Spannungen für den Außenhandel. So wurde die Einfuhr französischer Waren ab 1790 eingeschränkt und ab 1793 schließlich vollständig verboten. Die diesbezügliche Weisung von 1790 trug ironischerweise noch die Unterschrift Radiščevs, obwohl er selbst zu diesem Zeitpunkt bereits in Haft war[373]. Insgesamt brach der Außenhandel in den frühen 1790er Jahren sowohl im Export als auch im Import massiv ein[374].

Russland war also zum Ende des Jahrhunderts zwar in der Lage, seine handelspolitischen Interessen auch mit militärischer Stärke durchzusetzen, wie die Bewaffnete Neutralität ohne Zweifel deutlich gemacht hatte. Aber der Einsatz militärischer Mittel zeigte keinen positiven Effekt auf den Handel und den Staatshaushalt, so dass eine ambivalente Sicht auf Katharinas II. Außenpolitik und ihre Auswirkungen auf den Handel bleibt. Diese ambivalente Beurteilung verstärkt sich umso mehr, wenn die gewachsene militärische Präsenz russischer Kriegsschiffe auf den Weltmeeren mit der fast vollständigen Bedeutungslosigkeit der russischen Handelsflotte kontrastiert wird, worauf mit Hinblick auf die Handelsflotte noch gesondert einzugehen sein wird[375].

Ein exemplarisches Feld, wo sich diese Gleichzeitigkeit von gewachsener außenpolitischer Macht einerseits und der Unfähigkeit zu gleichwertiger handelsökonomischer Konkurrenz anderseits zeigte, war das sich wandelnde Verhältnis zum wichtigsten Handelspartner England. Handelspolitisch war es ein klares Zeichen Katharinas, sich im Zusammenhang mit der Bewaffneten Neutralität für den freien Handel mit den Kriegsgegnern Englands ein- und durchzusetzen. Dies war nicht nur ein machtpolitisches Zeichen, sondern passte auch gut zu den bereits dargelegten liberalen Grundsätzen Katharinas . Dass Russland diesen riskanten Schritt gegenüber dem mächtigen England wagen konnte, lag neben der erwähnten eigenen starken Kriegsflotte auch an einer gewissen Abhängigkeit der Engländer von russischen Handelsgütern, insbesondere den *Naval Stores*.

Während Katharina II. selbst darüber klagte, dass Russland zu sehr von England und seinen Kaufleuten abhängig sei und sich daher die Preise zuungunsten von Russland entwickelten[376], gab es auf der anderen Seite auch gegenteilige Stimmen. In der 1762 erschienenen anonymen Denkschrift »Mémoire sur le

373 Hoffmann, Sankt Petersburg, S. 178.

374 Siehe die entsprechenden Tabellen im ersten Hauptteil und am Schluss unter Kap. II.1. und IV.1.

375 Zu diesem Kontrast als Einstieg Plath, Naval Strength.

376 »Ešče men'še dolžna deržava podvergat' nikakogo naroda iz svoej torgovli bez ves'ma važnych pričin« [Und noch weniger darf man kein einziges Volk von seinem Handel fernhalten ohne sehr bedeutsame Gründe]. Nakaz Ekateriny II (30.7.1767), Artikel 327, S. 76.

commerce de Russie« wurde das Verhältnis zu England in Handelsangelegenheiten genau umgekehrt interpretiert. Die Engländer seien von den russischen Rohstoffen abhängig, und außerdem sei die Handelsbilanz für Russland ausgesprochen positiv, da die Staatskasse durch den Handel mit England einen enormen Gewinn zu verzeichnen habe[377].

Tatsächlich gelang es der russischen Seite, zunehmend selbstbewusst gegenüber England aufzutreten, so dass in den Verlängerungsverhandlungen zum Englisch-Russischen Handelsvertrag viele Sonderregelungen für englische Kaufleute aufgehoben werden konnten. Beispielsweise hatten die russischen Unterhändler durchgesetzt, dass in dem erneuerten Vertrag von 1766 ein Passus aufgenommen wurde, der Russland ausdrücklich das Recht zusprach, mit eigenen Schiffen Handel mit England treiben zu können[378]. Doch blieben derlei Zugeständnisse in der Praxis ohne Bedeutung, da die Dominanz der Engländer im russischen Außenhandel in den folgenden Jahren sogar noch zunahm[379]. Dass den Engländern dies gelang, war umso bemerkenswerter, da sie nicht nur Abstriche in den bilateralen Verhandlungen mit Russland hatten hinnehmen müssen, sondern die Russen zusätzlich auch ähnliche Verträge mit anderen Staaten abschlossen und somit die relative Sonderrolle der Engländer gleich doppelt unterlaufen wurde[380]. So schloss Russland 1782 einen Handelsvertrag mit Dänemark, 1785 mit Österreich und 1787 mit Frankreich, Neapel und Portugal ab[381].

Diese multipolare Orientierung kann durchaus als weiteres Beispiel einer Liberalisierung der Handelspolitik Katharinas II. gesehen werden. Mit dieser Politik folgte sie Empfehlungen wie denen Aleksandr R. Voroncovs, des Präsidenten des Kommerz-Kollegiums, der mit derselben Logik, die sich gegen die Monopolvergabe im Innern gewandt hatte, nun auch die exklusive bilaterale Vertragsvereinbarung kritisierte, weil durch multipolare Vereinbarungen die Handelspartner Russlands untereinander in Konkurrenz treten würden und davon nur Russland profitieren könne[382].

Die Förderung russischer Kaufleute im Außenhandel. 1789 wurde im Kommerz-Kollegium resigniert festgestellt:

377 Mémoire sur le commerce de Russie, S. 443.

378 Clendenning, The Anglo-Russian Trade Treaty, S. 479.

379 Pokrovskij, Vnešnjaja torgovlja, S. 123.

380 Ebenda, S. 128; Gerhard, England, S. 136–151.

381 Pokrovskij, Vnešnjaja torgovlja, S. 126; Kulišer, Očerk istorii, S. 207 f.

382 »Soperničestvo inostrannych v pokupke našich tovarov i v prodaže nam svoich ves'ma polezno. Ravenstvo v vygodach dolžno byt' odnakovo dlja nich vsech. Ibo čem bol'še budet pokupajuščich, tem lušče dadut za naši tovary cenu« [Die Konkurrenz der Ausländer beim Kauf unserer Waren und beim Verkauf ihrer Waren bei uns ist sehr nützlich. Die Gleichheit der Vergünstigungen soll aber für alle gelten. Denn je mehr Verkäufer es gibt, desto bessere Preise werden wir bekommen]. Zit. n. Pokrovskij, Vnešnjaja torgovlja, S. 135.

Russland ist reich, aber es betreibt noch immer nicht seinen eigenen Kommerz, denn der Verkauf der hierher gebrachten Waren durch Ausländer und der Einkauf der hierher transportierten russischen Waren durch sie dient nicht dem russischen Kommerz. Denn sie werden hierhergebracht und verkauft nicht auf russischer, sondern auf ausländischer Rechnung, und infolgedessen verdienen daran nicht die Russen, sondern die Ausländer[383].

Dies war ein Problem des russischen Außenhandels, das noch nicht gelöst worden war. Auch wenn einerseits auf außenpolitischem Gebiet ein zunehmend selbstbewusstes Auftreten Russlands gegenüber England zu beobachten war, das sich – aus russischer Sicht – auch durchaus positiv auf die Handelskonditionen zwischen den beiden Ländern auswirkte, so blieb es dessen ungeachtet andererseits doch bei der bereits konstatierten Ambivalenz zwischen maritimer Stärke und handelspolitischer Schwäche. Ein Blick auf die ungleichen Handelsflotten beider Länder reicht für diese Feststellung aus[384].

Um diesen Missstand zu beheben, schlossen die Bemühungen Katharinas II. nahtlos an die Politik ihrer Vorgängerinnen und Peters I. an. So wie Peter Handelsschiffe nach Südeuropa geschickt hatte, um den Engländern und Holländern den Zwischenhandel streitig zu machen, so erlaubte Katharina schon 1764 den russischen Kaufleuten aus Tula Volodimerov und Lučinin, Handel mit dem Mittelmeerraum zu treiben, während den Kaufleuten Rogovikov, Ščukin und Gubkin gestattet wurde, eine Handelskompagnie für den Handel mit Spanien und Frankreich zu gründen. Diese Initiative kam im Unterschied zu ähnlichen Versuchen unter Peter I. vonseiten der Kaufleute und nicht von staatlicher Seite. Ziel war die Schaffung einer gemeinsamen Bank zur Verringerung der Abhängigkeit der kleineren Kaufleute von ausländischen Krediten[385]. Da aber nicht genügend Geld zusammenkam, obwohl sich Katharina persönlich an der Finanzierung beteiligte, und ungeachtet der militärischen Unterstützung vonseiten des Staates, der ganze Schiffsbesatzungen zusammenstellen ließ, scheiterte langfristig auch dieses Ansinnen, wie schon die ähnlichen Experimente unter Peter I.[386].

Außerdem war Katharinas II. Haltung gegenüber Handelskompagnien nicht eindeutig positiv. Während sie 1764 die erwähnte Kompagnie wenn auch ohne

---

383 »Rossija bogata, no ne proizvodit ešče sobstvennoj kommercii, ibo prodaža privozimych inostrancami k zdešnim portam tovarov i pokupka imi že otvozimych Rossijskich produktov ne zasluživajut zvanija Rossijskoj kommercii. Potomu čto onye i privozjatsja i otpuskajutsja ne na rossijskoj, no na inostrannoj ščet, i čto sledovatelno ne Rossijane, no inostrancy pol'zujutsja ich vygodami. Donošenie [Eingabe], 1789, in: ASPBIIRAN, f. 36, op. 1, d. 546, Bl. 63.

384 Plath, Naval Strength.

385 Čulkov, Istoričeskoe opisanie IV, 4, S. 534 f.; Scherer, Geschichte und gegenwärtiger Zustand, S. 83 f.; Kozlovskij, Kratkij očerk, S. 94.

386 Semenova, Byt, S. 103, 110. Siehe auch Pokrovskij, Vnešnjaja torgovlja, S. 123 f.; Pod flagom Rossii, S. 58 f.

Erfolg förderte, so hatte sie kurz zuvor im Zuge der Zerschlagung der Monopolstruktur der Elisabethära die Handelskompagnie für den Persienhandel wegen Ineffizienz und in Konsequenz ihrer Konzeption des freien Handels aufgelöst[387].

Immerhin etablierte Katharina ähnlich der Vorgehensweise Peters wieder Handelskonsuln im Ausland mit dem Ziel der Beobachtung der ausländischen Absatzmärkte. Tatsächlich erstreckte sich das Netz dieser Konsuln 1777 auf 26 Standorte in ganz Europa, darunter so ungewöhnliche Plätze wie Rhodos, Zypern, Ancona, Sizilien und Gibraltar. Mitunter wurden die Aufgaben der Konsuln auch durch die Gesandten Russlands wahrgenommen[388].

Der Anteil russischer Kaufleute am Außenhandel. Im Hinblick auf die Zeit zwischen 1725 bis 1762 wurde bereits angemerkt, dass der Anteil der russischen Kaufleute am Außenhandel trotz unterstützender Maßnahmen unter Katharina II. zunächst eher abnahm. So bestand zwar die Petersburger Handelsflotte unter russischer Flagge im Jahre 1774 immerhin aus 153 Schiffen, doch waren diese Schiffe, wie bereits festgestellt wurde, im Vergleich zu ausländischen Schiffen eher klein und hauptsächlich in der östlichen Ostsee und im Handel mit Schweden und Norwegen unterwegs[389]. Nur etwa zwölf bis 15 von ihnen segelten aus der Ostsee hinaus, hauptsächlich nach Bordeaux und Amsterdam. Außerdem waren viele der »russischen« Schiffe zudem eigentlich ausländische, deren Besatzung allerdings zur Hälfte aus Russen bestand, was sie zu »russischen« Schiffen machte[390]. Im Fond Voroncov findet sich für das Jahr 1779 sogar nur die Zahl von 65 »russischen« Schiffen[391]. Relativ konstant blieb der Wert der den Sund unter russischer Flagge passierenden Schiffe ab den 1760er Jahren bei etwa 35[392]. Gemäß diesen durchgehend niedrigen Zahlen gab Pokrovskij den Anteil russischer Kaufleute am Außenhandel bezüglich des Gesamtumsatzes zwischen 1775 und 1792 mit nur 5 % an, was trotz der fortdauernden Bemühungen deutlich unter dem Wert lag, der unter Elisabeth erreicht worden war[393]. Übereinstimmend damit zählte Puzyrev im Hafen von St. Petersburg 1780 im Ganzen 555 Schiffe, von denen nur 18 unter russischer Flagge segelten, was einem Anteil von 3,3 % entspricht[394].

---

387 Koval'čuk, Ėkonomičeskaja politika, S. 78–81.

388 Čulkov, Istoričeskoe opisanie IV, 6, S. 3–8.

389 Čulkov, Istoričeskoe opisanie IV, 5, S. 627–632; Repin, Torgovlja Rossii, S. 148.

390 Kulišer, Očerk istorii, S. 189. Vgl. auch den Abschnitt zur Epoche der Palastrevolten (Kap. III.3).

391 Vedomost' Peterburgskoj tamožni [Nachrichten des Petersburger Zolls], 5.5.1779, in: ASPBI-IRAN, f. 36, op. 1, d. 556, Bl. 452–455.

392 Hoffmann, Sankt Petersburg, S. 113.

393 Pokrovskij, Značenie S.-Peterburga, S. 46.

394 Pod flagom Rossii, S. 58.

Zum Ende von Katharinas Herrschaftszeit erhöhte sich der Anteil russischer Kaufleute am Außenhandel allerdings wieder, so dass immerhin 350 »russische« Schiffe in den Häfen registriert waren[395]. Auch Repin berechnete einen Anteil von 7,7 % russischer Schiffe am Außenhandel zum Ende des Jahrhunderts[396]. Nach Boris Mironov wiederum lag im Jahr 1795 der Anteil russischer Kaufleute am Außenhandel St. Petersburgs bei 5,3 %, was ebenfalls eine leichte Steigerung zu dem Jahr 1780 bedeutete[397].

Der Übertritt ausländischer Kaufleute in russische Staatsbürgerschaft. Es ist jedoch daran zu erinnern, dass die Vergleichbarkeit dieser exakt anmutenden Zahlen nicht immer gegeben ist, da »russischer Kaufmann« oder »russisches Schiff« nicht immer eindeutig bestimmbare Kategorien waren. Es ist schon im Abschnitt zur Epoche der Palastrevolten angemerkt worden, dass rechtlich ein Schiff als »russisch« geführt wurde, wenn zwei Drittel der Besatzung Russen waren[398]. Doch erstens ist dabei zu bedenken, dass in der Realität nicht so genau nachgezählt wurde, welche Staatszugehörigkeit die Besatzungsmitglieder hatten. Zweitens eröffnete Katharina bewusst die Möglichkeit für ausländische Kaufleute und Seeleute, die russische Staatsangehörigkeit anzunehmen, um den Anteil der »russischen« Schiffe zu erhöhen, was im Wesentlichen den angesprochenen statistischen Anstieg erklärt[399].

Schon Peter I. und seine Nachfolgerinnen hatten durch Privilegierungen der russischen Kaufleute versucht, deren Anteil am Außenhandel zu erhöhen, in der vergeblichen Hoffnung, dass die russischen Kaufleute mehr Aktivität im Außenhandel zeigten. Auch Katharina versuchte es mit ähnlichen Methoden, wie etwa der Gründung und Unterstützung der erwähnten Handelskompagnie oder die Entsendung von Handelskonsuln. Im Jahre 1781 erließ sie einen weiteren Ukaz zur Förderung und Privilegierung russischer Kaufleute im Außenhandel und für den Bau und Betrieb russischer Handelsschiffe[400].

Doch der vermeintliche Durchbruch gelang ihr erst zur Mitte der 1780er Jahre, als sie Ausländern den Übertritt in die russische Staatsbürgerschaft erleichterte. Schon lange hatten die ausländischen Kaufleute versucht, in den für sie verschlossenen Binnenhandel Russlands einzudringen bzw. zurückzukehren. Diese Möglichkeit wurde ihnen nun durch den Ukaz von 1785 gegeben. Dabei behielten sie häufig enge Verbindungen zu ihren Herkunftsländern, indem sie sich zwar als Russen naturalisieren ließen, in der Regel jedoch über alte Netz-

---

395 MIRONOV, K voprosu, S. 130; KULIŠER, Očerk istorii, S. 189 f.

396 REPIN, Torgovlja Rossii, S. 161.

397 MIRONOV, K voprosu, S. 131 f.

398 Pod flagom Rossii, S. 69.

399 MIRONOV, K voprosu, S. 130; KULIŠER, Očerk istorii, S. 189 f.

400 PSZ, Nr. 15176, Ustav kupečeskogo vodochodstva [Verordnung zur Schifffahrt der Kaufleute], 25.6.1781.

werke den Kontakt zu den im Außenhandel aktiven Verwandten oder Kollegen bewahrten. Ausdrücklich wurde ihnen im Ukaz sogar das Wahlrecht für regionale Verwaltungsorgane und das Recht, sich in ihrer Muttersprache vor Gericht verteidigen zu können, gewährt[401]. Damit kam Katharina den Interessen der ausländischen Kaufleute tatsächlich sehr weit entgegen, so dass sich die Frage stellt, ob sich diese Maßnahme zur Erhöhung des Anteils »russischer« Kaufleute am Außenhandel für Russland überhaupt gelohnt hat. Jedenfalls rückte Katharinas II. Nachfolger Paul I. wie in vielen anderen Politikbereichen auch hier von ihrer Linie ab. Ab 1797 wurden die Privilegien für russische Kaufleute zunächst wieder aufgehoben. Im Resultat sank ihr Anteil am Außenhandel erneut, was sich an den Sundpassagen unter russischer Flagge segelnder Schiffe ablesen lässt (Tab. 15). Im Jahr darauf versuchte Paul. erneut, den Übertritt in die russische Staatsbürgerschaft für ausländische Kaufleute per Ukaz attraktiv zu machen[402], was aber in Zeiten der politischen und handelspolitischen Unruhe keine mit 1785 vergleichbare Wirkung erzielen konnte[403].

Tab. 15: Sundpassagen unter russischer Flagge 1769–1798

JAHR	SUNDPASSAGEN UNTER RUSSISCHER FLAGGE
1769	35
1772	28
1774	36
1791	34
1798	13

Quelle: Mironov, K voprosu, S. 133.

Was aus Tab. 15 jedoch nicht hervorgeht, ist der »Erfolg« der Maßnahmen Katharinas aus der Mitte der 1780er Jahre bezüglich des Anteils »russischer« Kaufleute am Außenhandel. Tatsächlich nahmen zahlreiche ausländische Kaufleute die russische Staatsangehörigkeit an, um die Vorteile der in russische Gilden eingeschriebenen Kaufleute nutzen zu können. Während 1786 noch 2,5 Millionen Rubel des Exports aus St. Petersburg durch russische Kaufleute abgewickelt wurden, lag dieser Wert zwei Jahre später bei 10 Millionen. Umgekehrt sank die-

401 PSZ, Nr. 16187, Gramota na prava, vol'nosti i preimuščestva blagorodnogo Rossijskogo Dvorjanstva [Grundsatz über das Recht, die Freiheit und den Besitz des hochgeborenen russländischen Adels], 19.4.1785.

402 PSZ, Nr. 18663, Ustav stoličnogo goroda Sanktpeterburga [Grundordnung der Hauptstadt St. Petersburg], 12.9.1798.

403 Semenova, Byt, S. 106.

ser Wert bei fast allen ausländischen Kaufleuten in dem gleichen Zeitraum[404]. Zugleich waren 1788 von 76 Großkaufleuten in St. Petersburg 73 ausländischer Herkunft, da sie kurz zuvor die russische Staatsangehörigkeit angenommen hatten[405]. Beispiele dieser Art sind auch in den Akten der Hafenzollbehörde St. Petersburgs festgehalten, wie etwa das vom Lübecker Kaufmann Karl Hinrich Riedel oder dem deutschen Kaufmann Friedrich Wilhelm Kimel' (Kümmel?), die beide zu »russischen« Kaufleuten wurden[406].

Ähnliches lässt sich auch zu den »russischen« Schiffen sagen, deren Besatzungen häufig zumindest kulturell einen nicht russischen Hintergrund aufwiesen. So hatten von den 30 »russischen« Schiffen, die 1795 in St. Petersburg eingelaufen waren, nur sechs einen russischen Namen und nicht einer der Kapitäne dieser 30 Schiffe war seinem Namen nach Russe[407].

Das Phänomen des Übertritts in die russische Staatsangehörigkeit erreichte zwar in der zweiten Hälfte der 1780er Jahre einen Höhepunkt, war aber kein neues Phänomen, was die Statistiken vor 1785 hinsichtlich ihrer Aussagekraft relativiert, da schon zuvor ausländische Kaufleute die russische Staatsbürgerschaft angenommen hatten. So waren schon in den Jahren zwischen 1773 und 1777 von den 223 Schiffen, die als russische Schiffe in St. Petersburg geführt wurden, tatsächlich nur 15 im Besitz russischer Kaufleute[408]. Die anderen wurden über russische Mittelsmänner offiziell als »russische« Schiffe geführt, um die Vorteile für den russischen Handel nutzen zu können, de facto gehörten sie aber westlichen größeren Handelsfirmen, welche die russischen Mittelsmänner für ihre Dienste bezahlten. Gängige Praxis war es auch, dass sich Angehörige größerer westlicher Firmen- oder Familiennetzwerke als russische Bürger einschreiben ließen, wobei die in Russland gemachten Gewinne dann aber doch im Ergebnis den westlichen Firmen zugutekamen. Teilweise verließen sogar die vermeintlichen »Russen« selbst samt ihrer Einnahmen Russland wieder in Richtung Westen, so dass das ursprüngliche Ziel der russischen Regierung zur Stärkung der russischen Kaufleute unterlaufen wurde; dies stellte schon eine von Pokrovskij zitierte Denkschrift aus dem Jahre 1760 fest[409].

Die Naturalisierung als »russischer Kaufmann« konnte schließlich auch außenpolitische Gründe haben. Nach der Einführung der Bewaffneten Neutralität 1780 war es für Kaufleute kriegführender Staaten außerordentlich vorteilhaft,

---

404 Kahan, The Plow, S. 149. Vgl. dazu Semenova, Byt, S. 100.

405 Mironov, K voprosu, S. 132 f. Generell zum Thema der russischen Staatsbürgerschaft und zu dem vergleichsweise neuen Konzept und Begriff des *graždanin* Marasinova, »Granždanin« v Rossijskoj Imperii; Dies., »Zakon« i »graždanin«.

406 Hoffmann, Sankt Petersburg, S. 114 f.

407 Pod flagom Rossii, S. 62.

408 Mironov, K voprosu, S. 133.

409 Pokrovskij, Vnešnjaja torgovlja, S. 121.

als »neutraler« russischer Kaufmann Geschäfte zu führen[410]. Allerdings war ein solches Verhalten illegal, wie Protestnoten aus dem Kommerz-Kollegium deutlich machen. Bei Zuwiderhandlungen drohte der Entzug des Rechts auf Beteiligung am Außenhandel[411]. Wie häufig es zu derartigen Fällen kam, ist jedoch nicht bekannt.

Angesichts der Probleme der Bestimmung des tatsächlichen Anteils der russischen Kaufleute am Außenhandel bleibt zu konstatieren, dass eine bis auf die letzte Dezimalstelle genaue Berechnung dieses Anteils, wie ihn Mironov oder Repin unternommen haben, wenig ergiebig ist[412]. Ebenso fraglich ist der tatsächliche Nutzen der Strategie Katharinas II., den Übertritt ausländischer Kaufleute in die russische Staatsbürgerschaft zu erreichen. Deutlich wird jedoch in jedem Fall, dass auch unter Katharina das Ziel der Erhöhung des russischen Anteils am Außenhandel oberste Priorität behielt und dass ungeachtet der unterschiedlichen Zahlen dieses Ziel offensichtlich nie in aus russischer Sicht zufriedenstellender Weise erreicht wurde. Somit kann auch bei dem Thema der Förderung russischer Kaufleute im Außenhandel zur Zeit Katharinas II. nicht von einer gänzlichen Liberalisierung die Rede sein. Eher im Gegenteil erscheinen ihre Maßnahmen, aber auch ihre Misserfolge in diesem Bereich stark in einer das ganze Jahrhundert überspannenden Tradition zu stehen, die zumindest in diesem Bereich als merkantilistisch motiviert bezeichnet werden kann.

Bildungsmaßnahmen für russische Kaufleute. Da als einer der Gründe für die geringen Erfolge russischer Kaufleute im internationalen Handel deren mangelhafte Bildung angesehen wurde, unternahm Katharina II. auf diesem Gebiet, ähnlich wie Peter I., Anstrengungen, um dem abzuhelfen. Im breiteren Kontext der Bemühungen Katharinas II. kann dies auch als eine weitere Initiative zur Hebung des generellen Bildungsstandes ihrer Untertanen gesehen werden[413]. So ließ sie 1772 erstmals eine Handelsschule in Russland gründen[414]. Diese Gründung war auch eine Reaktion auf die beständige Verweigerungshaltung russischer Kaufleute, ihre Söhne nach Westeuropa zu schicken, was Katharina 1764 – ausdrücklich bezugnehmend auf Peter I. – mit den altbekannten Argumenten gefordert hatte[415]. Doch außer zwei Kaufmannssöhnen, welche nach

410 Gerhard, England, S. 146 f.

411 Patriotičeskoe mnenie o pol'ze kommercii [Patriotische Meinung über den Nutzen des Kommerzes], 1780, ASPBIIRAN, f. 36, op. 1, d. 546, Bl. 129 f.

412 Mironov, K voprosu; Repin, Učastie »raznočincev«.

413 Pod flagom Rossii, S. 89. Zum breiteren Kontext der Bildungspolitik unter Katharina Kusber, Eliten- und Volksbildung, S. 213–238.

414 PSZ, Nr. 13916, Plan vospitatel'nogo učilišča iz kupečeskich detej dlja kommercii [Plan einer Erziehungsanstalt für Kaufmannskinder für Kommerz], 6.12.1772.

415 PSZ, Nr. 12150, Ob otravlenii molodych ljudej v čužie krai, dlja obučenija delam kommerčeskim [Über die Entsendung von jungen Leuten in andere Länder zum Zwecke des Erlernens

London geschickt wurden, hatte dieser Aufruf keine nachhaltigen Folgen[416]. Die Etablierung einer Handelsschule blieb ähnlich erfolglos, da die Kaufmannsfamilien eine Ausbildung in dieser Schule nicht für hilfreich erachteten[417]. Neben der Handelsschule wurden 1781 in Cholmogory bei Archangel'sk und 1786 in St. Petersburg Navigationsschulen eröffnet, um die nautischen Fertigkeiten russischer Seeleute zu verbessern.

Den Ostseeprovinzen kam darüber hinaus wieder die Rolle des nahen »Auslands« zu, von dem die eigene Jugend etwas lernen sollte. Doch gemäß der physiokratischen Wende, auf die noch einzugehen sein wird[418], sollten nun nicht mehr Kaufmannsöhne in die Ostseehafenstädte gebracht werden. Der Herausgeber der »Trudy«, der Zeitschrift der Freien Ökonomischen Gesellschaft, Timotheus Merzahn von Klingstädt[419], schlug stattdessen vor, Adelssöhne auf die Gutshöfe der deutschbaltischen Adligen zu schicken, um die neuesten und effektivsten Methoden der modernen Landwirtschaft zu erlernen[420].

Bezüglich der Förderung russischer Kaufleute im Außenhandel hielt bemerkenswerterweise der Leiter der Petersburger Zollbehörde Aleksandr R. Voroncov den Zeitpunkt für verfrüht, da diese ohnehin noch nicht in der Lage seien, mit der ausländischen Konkurrenz mitzuhalten[421]. Der geringe Erfolg der russischen Kaufleute im Außenhandel und ihre geringe Bereitschaft, sich Wissen anzueignen, kann als Bestätigung für diese pessimistischen Einschätzung Voroncovs interpretiert werden[422].

Die Ausrichtung des Außenhandels. Bezüglich der Ausrichtung des Handels unter Katharina setzte sich in dieser Zeit die Dominanz der nordwestlichen russländischen Hafenstädte immer noch fort. Doch eröffneten die erfolgreichen Kriegszüge gegen das Osmanische Reich zum Ende des Jahrhunderts neue Perspektiven im Süden über das Schwarze Meer. Zwar hatten bereits Peter und nach ihm auch Anna und Elisabeth den Handel über das Schwarze Meer mit den Mittelmeerländern im Blick gehabt, doch verhinderte die Kontrolle der Meerengen durch das Osmanische Reich solch eine Ausweitung der wirtschaft-

---

von Kommerzangelegenheiten], 1.4.1764; Kulišer, Očerk istorii, S. 226. Pokrovskij, Vnešnjaja torgovlja, S. 128 f.

416 Firsov, Pravitel'stvo i obščestvo, S. 166–171.

417 Semenova, Byt, S. 111.

418 Siehe den Abschnitt zum theoretischen Hintergrund der Epoche Katharinas II. (Kap. III.4.5).

419 Zu Klingstädts Rolle bei der Unterstützung der Interessen der Ostseeprovinzen siehe den Abschnitt zu Riga (Kap. II.3).

420 Schönle/Zorin, On the Periphery of Europe, S. 190.

421 »Usilenie našego kupečeskogo vodochodstva ešče rano vremenno« [Die Stärkung unserer Kaufmannschaft bei der Seefahrt ist noch zu verfrüht]. Zit. n. Pokrovskij, Vnešnjaja torgovlja, S. 134.

422 Zum Argument der Eigenverantwortung am Scheitern der russischen Kaufleute siehe den theoretischen Teil der Epoche Katharinas II.

lichen Beziehungen. Erst mit dem Frieden von Küçük Kaynarca 1774 erhielt Russland die Möglichkeit, einen solchen Handel zu betreiben. Das bedeutete den Startschuss für die Gründung und den Ausbau neuer Hafenstädte an der Schwarzmeerküste, die jedoch im 18. Jahrhundert noch nicht zu einer Konkurrenz für die Ostseehäfen wurden[423]. Erstmalig berücksichtigte der Tarif von 1782 auch den Handel über das Schwarze Meer und begünstigte die dortigen Häfen durch entschiedene Senkungen der örtlichen Zolltarife[424]. Neben Cherson, Sevastopol', Feodosija und Taganrog sollte vor allem Odesa ab 1794 der bedeutendste Hafen des Russländischen Reiches am Schwarzen Meer werden[425]. Zwar entwickelten diese Städte erst im 19. Jahrhundert ihr Potential, doch nahm die südliche Handelsperspektive in den theoretischen Schriften des Handels schon zu Zeiten Katharinas II. einen prominenten Platz ein[426]. Das Schlagwort des »Griechischen Projekts« verdeutlicht das in dieser Ausrichtung liegende Potential an Imaginationskraft sowie die enge Verknüpfung des Handels mit ideologischen Vorstellungen des Imperiums. So wie St. Petersburg nicht zufällig zugleich Hauptstadt und wichtigster Handelshafen unter Peter I. wurde, so entwickelte sich Odesa zum wichtigsten Hafen nach Süden, wohin sich auch der imperiale ideologische Diskurs Katharinas II. verschob, indem bewusst die byzantinische Tradition des russisch-orthodoxen Reiches zur Legitimation der Expansion in Richtung des Ziels »Konstantinopel« betont wurde[427].

Was den Handel mit dem Osten, also China und Mittelasien, betrifft, konstatiert Jucht eine Liberalisierung der Handelspolitik unter Katharina II., obwohl bereits zuvor die Zolltarife in dieser Richtung stets niedriger gewesen waren als im Westhandel[428]. Allerdings bestanden einige militärstrategisch begründete Exportverbote fort, wie beispielsweise für Waffen und Getreide. Da sich China und andere Handelspartner diese verbotenen Waren aber recht einfach von anderen europäischen Handelspartnern besorgen konnten, lockerte Katharina II. in diesem Bereich ebenfalls die Ausfuhrverbote[429]. Wie schon in den vorangegangenen Jahrzehnten blieb der Handel mit China in erster Linie ein Tauschhandel[430].

Im Zentrum des Interesses blieb jedoch der Westhandel über die nordwestlichen Hafenstädte, wobei jedoch die Teilnahme russischer Kaufleute ein kons-

423 Pokrovskij, Vnešnjaja torgovlja, S. 124 f.

424 Pokrovskij, Značenie S.-Peterburga, S. 44.

425 Kulišer, Očerk istorii, S. 210; Kozlovskij, Kratkij očerk, S. 86 f. Zur Entwicklung Odesas im 19. Jahrhundert Belge, (Dis)Connected.

426 Storch, Historisch-statistisches Gemälde, Theil 6, S. 172.

427 Schönle/Zorin, On the Periphery of Europe, S. 35.

428 Jucht, Torgovlja, S. 239.

429 Ebenda.

430 Kozlovskij, Kratkij očerk, S. 97.

tantes Problem blieb, das auch den zunehmend geführten Diskurs in einer von der Aufklärung inspirierten Gesellschaft prägte. Mit welchen theoretischen Konzepten und Ansätzen man unter Katharina II. gedachte, diesem Problem der Abhängigkeit von ausländischen Kaufleuten und ausländischem Kapital begegnen zu müssen, wird im Folgenden thematisiert.

3.4.5 Theoretische Dimension: Ökonomisches Denken

Allgemeiner Überblick: Liberalisierung

»Der Handel ist die Tochter der Freiheit«[431] – in Abwandlung des oben genannten Zitats Katharinas, der Handel sei ihr Lieblingskind, stellte Michail D. Čulkov in seiner umfassenden Handelsgeschichte des Russländischen Reichs mit diesem Ausspruch den Zusammenhang zwischen Handel und Freiheit her. Dass das Motiv der Freiheit die Handelspolitik unter Katharina II. prägte, ist bereits im Zusammenhang mit ihrer Zoll- und Handelspolitik angesprochen worden. Wie durch die Metapher der »unsichtbaren Hand« evoziert, stellt sich konkret die Frage nach dem Einfluss der liberaleren Lehre der Nationalökonomie Adam Smiths in Russland bzw. etwas breiter gefragt nach der Verortung des ökonomischen Denkens zur Zeit Katharinas II. im europäischen Kontext.

Bevor auf inhaltliche Aspekte des Wandels im ökonomischen Denken unter Katharina II. eingegangen wird, muss deutlich gemacht werden, dass sich auch die soziale Basis für den Diskurs wesentlich geändert hatte, da sich inzwischen viel breitere Kreise der Gesellschaft mit Fragen der Staatsführung beschäftigten. Vor allem die Akademie der Wissenschaften, die Universität in Moskau sowie schließlich die Kaiserliche Freie Ökonomische Gesellschaft waren etablierte Institutionen, die den Diskurs bündelten[432]. Während zur Zeit Peters I. nur Pososkov eher zufällig auf Eigeninitiative und ohne theoretische Ausbildung eine Schrift zum Thema verfasst hatte, befand sich Russland unter Katharina auf dem Weg zur Herausbildung einer eigenständigen Wissenschaftsdisziplin der Nationalökonomie, die mit der Errichtung des ersten Lehrstuhls unter Alexander I. in Moskau Anfang des 19. Jahrhunderts ihren Abschluss fand. Entsprechend beteiligten sich nun erheblich mehr Personen mit kürzeren und längeren Schriften an der Diskussion über den Stellenwert des Handels in der Wirtschaftspolitik; sie taten das auf professionellerer Basis, da sie nun zunehmend einschlägige Bildungswege durchlaufen hatte, meist in Form von Studienaufenthalten in Mitteleuropa. Doch war es Katharina II. wichtig, dass es sich nicht um einen

---

431 »Torgovlja est' doč' vol'nosti« [Der Handel ist die Tochter der Freiheit]. Zit. n. Kulišer, Očerk istorii, S. 232.

432 Schippan, Die Aufklärung, S. 41–43.

einseitigen Wissenstransfer von West nach Ost handelte, sondern dass Russland und seine gebildete Elite eine eigenständige Position im europäischen Diskurs vertraten, wie Schönle und Zorin herausgearbeitet haben[433].

Hinsichtlich des Handels standen dabei Ideen der Liberalisierung im Vordergrund der Diskussion, deren Ausmaß und generelle Nützlichkeit allerdings Gegenstand von Diskussionen war. Relativ große Einigkeit herrschte hinsichtlich der Aufhebung der Monopole aus der Zeit Elisabeths. Etwas umstrittener war die Frage der Senkung von Zöllen[434]. Allgemein fand Katharina zwar mit ihrer Politik der partiellen Liberalisierung große Zustimmung, doch gab es innerhalb des progressiven Adels auch radikalere Stimmen, wie die des Direktors des Manufaktur-Kollegiums und späteren liberalen Gouverneurs von Orenburg sowie Polizeimeisters von St. Petersburg, Dmitrij V. Volkov, der dafür eintrat, dass letztendlich bei gleicher Qualität der hergestellten Waren sogar die Abschaffung der Zölle insgesamt angestrebt werden könne, was so jedoch nie umgesetzt wurde[435].

Kameralistisch-physiokratische Wende. Um den Wandel des ökonomischen Denkens im Russländischen Reich zu verstehen, reicht es allerdings nicht, nur auf eine zunehmende Liberalisierung im Sinne der Nationalökonomie Adam Smiths zu verweisen, welche die Zollpolitik beeinflusst habe. Mindestens ebenso bedeutsam war die wachsende Rolle der Landwirtschaft im Gesamtgefüge der Wirtschaft. Hier stand Russland, wie in anderen kulturellen Bereichen auch, unter französischem Einfluss, d. h. konkret der damals modischen Strömung der Physiokraten um François Quesnay. Nicht zuletzt Katharina II. selbst ließ kaum eine Gelegenheit ungenutzt, den Ackerbau (*zemledelie*) in den Mittelpunkt zu stellen[436]. Unmissverständlich hatte sie im Artikel 313 des *Nakaz* formuliert: »Der Ackerbau ist die erste und wichtigste Arbeit, zu der die Menschen zu ermutigen sind, an zweiter Stelle folgt das Handwerk aus eigener Produktion«[437].

Der Handel besaß im Verhältnis dazu eine nachgeordnete Bedeutung, wobei auch Äußerungen Katharinas zu finden sind, die ihre Wertschätzung des Handels offenbaren, wie wir gesehen haben[438]. Die Dominanz des Ackerbaus

433 »In short, Catherine de-emphasized the rhetoric of imitation and instead advanced the notion that Russia belonged to Europe by its very nature, a nature that laws, mores, and practices were to espouse more closely«. Schönle/Zorin, On the Periphery of Europe, S. 34.

434 Murav'eva, Razvitie, S. 72.

435 Volkov, Dmitrij, O nynešnem i želaemom sostojanii manufaktur [Über den tatsächlichen und den erstrebenswerten Zustand der Manufakturen], undatiert, in: RGADA, f. 16, d. 33.

436 Koval'čuk, Ėkonomičeskaja politika, S. 363.

437 »Zemledelie est' pervyj i glavnyj trud', k kotoromu poošč rjat' ljudej dolžno, vtoryj est' rukodelie iz sobstvennogo proizraščenija« [Die Landwirtschaft ist die erste und wichtigste Arbeit, der sich die Leute widmen sollen, die zweite ist das Handwerk aus eigener Produktion]. Nakaz Ekateriny II (30.7.1767), Artikel 313, S. 73.

438 Kulišer, Očerk istorii, S. 222.

im Bereich des ökonomischen Denkens ist sehr deutlich an den Aktivitäten der Kaiserlichen Freien Ökonomischen Gesellschaft zu erkennen, die durch öffentliche Preisausschreiben zu Agrarfragen und durch ihre Zeitschrift, den »Trudy«, eine Plattform für den Meinungsaustausch bereitstellten. Bezeichnenderweise kreisten deren Publikationen fast ausschließlich um Fragen des Ackerbaus, so dass hier Voltaires Begriff der »Agromania« durchaus passend erscheint[439]. Die Zeitschrift spiegelte damit das Interesse einer selbstbewussten Adelsschicht wider, die sich zunehmend der Verbesserung der Anbautechniken und der besseren Wirtschaftsführung ihrer Anwesen widmeten, einschließlich der prosperierenden Branntweinherstellung[440].

Das alles überschattende Thema in diesem Zusammenhang war aber die Leibeigenschaft und deren moralische und ökonomische Sinnhaftigkeit. Im Zuge von Wettbewerben, organisiert von der Ökonomischen Gesellschaft, wurde sogar diese Frage verhältnismäßig offen diskutiert[441].

Neben dem Ackerbau und der Landwirtschaft war die Sorge um die Bevölkerung das zweite zentrale Thema der zeitgenössischen wirtschaftstheoretischen Annahmen, was neben dem Einfluss französischer Physikraten auch auf den preußisch-deutschen Kameralismus zurückzuführen ist[442]. Wie die Anwerbung von Siedlern aus Deutschland unter Katharina II. verdeutlicht, wurde dieses Thema auch von der Staatsführung ernstgenommen und Maßnahmen in diese Richtung angeordnet[443]. Um die Geburtenrate der Bevölkerung zu erhöhen, regte Michail V. Lomonosov beispielsweise an, Zwangsehen zu verbieten und auf der anderen Seite aber Mehrfachehen zu legalisieren[444].

Ein drittes Element, das neben der Betonung der Landwirtschaft und der Peuplierungspolitik einen Wesenskern physiokratischen Denkens ausmacht und in ähnlicher Form auch in Russland anzutreffen war, ist das veränderte Verständnis von Reichtum im Vergleich zum Merkantilismus. Während im Merkantilismus die Geldmenge wie erwähnt eine zentrale Rolle spielte, lag bei den Physiokraten in vom Naturrecht beeinflusster Weise das aus der Landwirtschaft geschöpfte Produkt im Mittelpunkt der Vorstellungen von Wertschöpfung[445]. In dieser Logik sei nur ein Land mit vielen wohlgenährten Einwohnern wirklich

---

439 Leckey, Patriotism. Zum Begriff »Agromania« siehe Stapelbroek/Marjanen, Political Economy, S. 2.

440 Schönle/Zorin, On the Periphery of Europe, S. 187 f.

441 Bartlett, Cameralism, S. 84 f.

442 Ebenda, S. 68 f.; Pokrovskij, Vnešnjaja torgovlja, S. 108. Zum Einfluss kameralistischer Lehren im Ostseeraum, allerdings praktisch ohne Bezug zu Russland, Tribe, Baltic Cameralism?

443 Bartlett, Cameralism, S. 83 f. Ausführlicher Ders., Human Capital.

444 Shirokorad, Russian Economic Thought, S. 32.

445 Zum starken Einfluss des Naturrechts auf die Physiokraten Mittermaier, The Hand, S. 32 f.

reich, weniger das mit einer gut gefüllten Staatskasse. Dies bedeutete eine deutliche Abkehr von merkantilistischen Grundsätzen[446].

Diese kameralistisch-physiokratische Wende im ökonomischen Denken kann als Teil des »Europäisierungsprojektes« Katharinas II. gesehen werden. Auch wenn dabei stets die Folie der Selbstinszenierung Katharinas zu berücksichtigen ist, kann doch auf die genannten Institutionen und die größere Anzahl an europäisch gebildeten Angehörigen der Elite verwiesen werden, um eine solche Interpretation plausibel erscheinen zu lassen[447].

Es ist aber auch möglich, diese Verschiebung aus rein wirtschaftstheoretischen Argumenten abzuleiten, wie dies in der marxistischen Literatur getan wurde. So versteht Pokrovskij die kameralistisch-physiokratische Wende unter Katharina II. als Reaktion auf eine höhere Nachfrage an Getreide im Westen[448]. Diese erhöhte Nachfrage kann wiederum als Folge einer zu sehr auf merkantilistische Ideen gründenden Politik bzw. einer Vernachlässigung der Landwirtschaft im Vergleich zur Industrie und dem Handel gesehen werden. Diese Vernachlässigung wiederum schuf die Voraussetzung für den Erfolg der Ideen der Physiokratie. Durch die merkantilistische Politik habe sich im Westen der Getreidepreis erhöht, was wiederum den »zurückgebliebenen« Ländern wie Russland die Möglichkeit geboten habe, ihren – wie man in den Wirtschaftswissenschaften wohl sagen würde – »komparativen Kostenvorteil« zu nutzen, indem sie ihre noch starke Landwirtschaft als Standortvorteil umwerten konnten. Tatsächlich stieg der Getreideexport unter Katharina immens an, insbesondere zum Ende des Jahrhunderts aus den Schwarzmeerhäfen[449]. Waren zwischen 1758 und 1760 noch 70.000 *četvert'* Getreide exportiert worden, so waren es zwischen 1778 und 1780 schon 400.000[450].

Es ist diesbezüglich zu betonen, dass beide Erklärungsansätze sich nicht widersprechen, sondern im Gegenteil komplementär ergänzen. Es war tatsächlich ein glücklicher Umstand, dass sich in Russland durch intensivierten kulturellen Kontakt mit Westeuropa physiokratische Ideen ausbreiteten, als zugleich eine Nachfrage in Westeuropa nach Getreide generiert wurde, die durch das hinsichtlich der Produktion »zurückgebliebene« Russland befriedigt werden konnte. Folglich kann also an der Ausbreitung einer »Agronomia« in Russland, die sich vor allem im Umfeld der Ökonomischen Gesellschaft ausbreitete, kein Zweifel bestehen. Und doch bleibt daran zu erinnern, dass durch den intensi-

446 MURAV'EVA, Razvitie, S. 73.

447 KINGSTON-MANN, In the Light, S. 87.

448 POKROVSKIJ, Vnešnjaja torgovlja, S. 117.

449 Ebenda. Mit kritischen Untertönen zum Konzept des »Comparative advantage of backwardness« REINERT, How Rich Countries, S. XXII.

450 Zahlen aus POKROVSKIJ, Vnešnjaja torgovlja, S. 118.

vierten Kontakt nach Westeuropa nicht nur physiokratische Lehren nach Russland gelangten, sondern auch Adam Smith rezipiert wurde.

Es stellt sich also konkret die Frage nach der Rolle anderer Wirtschaftsbereiche jenseits der Landwirtschaft und insbesondere nach der Rolle des Handels und des Außenhandels im zeitgenössischen Russland. Denn der Fokus auf den Ackerbau bedeutete nicht zwangsläufig, dass der von Peter I. initiierte Aufbau des Manufakturwesens in Russland unter Katharina reduziert worden wäre. Tatsächlich wuchs die Zahl an Fabriken von 984 im Jahre 1762 auf 3161 im Jahre 1796 an, wovon vor allem der metallverarbeitende Sektor profitierte[451]. Entsprechend erhöhte sich der Eisenexport auch von 1158 *pud* im Jahre 1762 auf 3885 *pud* im Jahre 1794[452].

Aber insbesondere höhere Adlige mit großem Landbesitz wie Schriftsteller Aleksandr P. Sumarokov standen für das Phänomen der »Agronomia« und traten dafür ein, den Schwerpunkt der Wirtschaftspolitik auf der Landwirtschaft zu belassen[453]. Auch der im Kapitel zu den »Palastrevolten« bereits erwähnte Petr I. Ryčkov, der sich 1755 noch für den Ausbau russischer Manufakturen ausgesprochen hatte, verlagerte in den 1760er Jahren in seinen Schriften den Schwerpunkt der Wirtschaftspolitik auf die Landwirtschaft, was sicherlich auch mit seinem eigenen sozialen Aufstieg in den landbesitzenden Adel zu tun hatte[454].

Neben den bisher Genannten zeichnete sich zudem Fürst Michail M. Ščerbatov als Anhänger einer eher konservativen, die Landwirtschaft und die Leibeigenschaft unterstützenden Politik aus. Ščerbatov ist wie Tatiščev eher bekannt für seine Publikationen zur russischen Geschichte[455], doch beschäftigte er sich auch mit ökonomischen Fragen und regte trotz seiner konservativen Ansichten Innovationen im Ackerbau an[456]. Wegen seiner konservativen Position in der Frage der Leibeigenschaft und seiner Idealisierung der vorpetrinischen Zeit sowie der Verherrlichung des Adels sieht der aus einer alten Adelsfamilie stammende Matvej A. Vorob'ev in Ščerbatov den natürlichen Gegenspieler Radiščevs, dem weiter unten noch ein kleiner Exkurs gewidmet ist[457]. Außerdem könnte diese Debatte als intellektuelle Vorgeschichte zu den Auseinandersetzungen zwischen Westlern und Slawophilen im 19.Jahrhundert betrachtet werden, nicht zuletzt, weil Alexandr Gercen die Schlüsseltexte beider Autoren, Radiščevs »Reise« und Ščerbatovs »Verfall der Sitten in Russland«, 1858 in London mit ei-

451 Ebenda, S. 129.

452 Ebenda, S. 130; Kagarlickij, Periferijnaja imperija, S. 260.

453 Pokrovskij, Vnešnjaja torgovlja, S. 133.

454 Ebenda, S. 138.

455 Zur Person Hartenstein, Michail M. Ščerbatov.

456 Murav'eva, Razvitie, S. 78.

457 Siehe Kap. III.4.5.

nem gemeinsamen Vorwort zusammen veröffentlichte und somit beide in dieser komplementären Funktion in den Diskurs des 19. Jahrhunderts einbettete[458].

Die Befürworter des Außenhandels. Den Fürsprechern der Förderung der Landwirtschaft wie Sumarokov oder Ryčkov widersprach auf der anderen Seite Dmitrij V. Volkov[459], der hier bereits mit dem Vorschlag zur Abschaffung der Zölle als radikaler liberaler Denker aufgefallen war. Ihm zur Seite sprang der Präsident des Kommerz-Kollegiums Aleksandr R. Voroncov, der nach wie vor im merkantilistischen Sinne durch die Förderung der heimischen Produktion die Außenhandelsbilanz zugunsten Russlands verbessern wollte. Die Verbesserungen sollten nicht nur die Quantität der Waren, sondern auch die Qualität betreffen, was also den massiven Ausbau des produzierenden Gewerbes bedeutete und somit ein klassisches merkantilistisches Muster war[460]. Die Idee zielte ebenfalls auf weitgehende gesellschaftliche Veränderungen, die jedoch in dem Ausmaß, wie es Voroncov wollte, trotz der Liberalisierung des Manufakturwesens von 1775 nicht umgesetzt wurden[461].

Eine eher merkantilistische – den Handel betonende – Position vertrat auch der bekannteste Universalgelehrte dieser Zeit Michail V. Lomonosov, der sich sogar selbst in der Herstellung von Textilien engagierte, um die Produkte im Interesse eines Handelsüberschusses des Reiches zu exportieren. Eine Besonderheit seiner Ansichten bestand darin, dass er insbesondere den indischen Markt im Blick hatte, den er über eine Nordostpassage vom Weißen Meer aus zu erreichen gedachte[462]. Jedoch sollte trotz der massiven Anstrengungen im produzierenden Gewerbe die Landwirtschaft nach Lomonosov nicht vernachlässigt werden. Er schlug sogar die Einrichtung eines Landwirtschaftskollegiums

---

458 VOROB'EV/SEMENKOVA, Osobennosti, S. 33 f. Zur ambivalenten Interpretation der »Europäisierung« Russlands im 18. Jahrhundert ab dem 19. Jahrhundert SCHÖNLE/ZORIN, On the Periphery, S. 11 f.

459 »Predpočtitel'no vsemu nadležet starat'sja pooščrit' i umnožit' vseobščee v gosudarstve rukodelie. Sej punkt sostavljaet uže velikuju čast' Gosudarstvennoj Ėkonomii« [Vorzugsweise gehört es sich danach zu streben, das Handwerk im Staate zu fördern und zu vermehren. Dieser Punkt umfasst bereits einen großen Anteil der staatlichen Wirtschaft]. VOLKOV, Dmitrij, O nynešnem i želaemom sostojanii manufaktur [Über den tatsächlichen und den erstrebenswerten Zustand der Manufakturen], undatiert, in: RGADA, f. 16, d. 33.

460 POKROVSKIJ, Vnešnjaja torgovlja, S. 134. Zu Volkov und Voroncov als Vertreter des progressiv-liberalen Lagers der ökonomischen Diskussion KOVAL'ČUK, Ėkonomičeskaja politika, S. 353.

461 VORONCOV, Aleksandr R., Denkschrift, undatiert, in: RGADA, f. 19, d. 286. Der Ukaz von 1775 erlaubte es, »allen und jedem freiwillig jegliche Form von Fabrik zu führen und Handwerk zu betreiben, ohne eine gesonderte Erlaubnis von oberen und niederen Stellen einholen zu müssen«. PSZ, Nr. 14275, Manifest o svobode predprinimatel'stva [Manifest über das freie Unternehmertum], 17.3.1775.

462 POKROVSKIJ, Vnešnjaja torgovlja, S. 135 f.

zur Förderung des Agrarwesens vor, welches allerdings nicht gegründet wurde. Stattdessen gründete Katharina II. im Todesjahr Lomonosovs 1765 die bereits erwähnte Kaiserliche Freie Ökonomische Gesellschaft, die sich dezidiert mit Fragen der Landwirtschaft beschäftigte[463].

Geradezu eine idealtypische Definition merkantilistischer Ideale findet sich bei dem französischen Diplomaten Johann Benedikt Scherer, der Russland ein entsprechendes Vorgehen empfahl:

> Dass eine Nation das Übergewicht im Handel erhalte, dazu sehe ich vier Hauptwege:
> 1. Die Industrie zu vermehren;
> 2. den Handel leicht und notwendig zu machen;
> 3. andere Nationen zu bewegen, ihn mit ihr zu treiben;
> 4. die Fonds ihres eignen zu vergrößern[464].

Allerdings schrieb Scherer seine Empfehlungen, nachdem er wieder nach Frankreich zurückgekehrt war, so dass sein Einfluss auf die öffentliche Meinung in Russland nur begrenzt gewesen sein dürfte[465].

Der Kompromiss: Schüler Adam Smiths in Russland. Eine Art Kompromiss zwischen den physiokratisch inspirierten Verfechtern der Landwirtschaft und den traditionellen Anhängern eines auf den Außenhandel fokussierenden Merkantilismus strebte der in der südlichen Handelsstadt Nežin geborene Semen E. Desnickij an. Er stellte vor allem den unscharfen Begriff des Kommerzes in den Mittelpunkt seiner Überlegungen und merkte an, dass der Kommerz überhaupt die höchste Entwicklungsstufe der menschlichen Gesellschaft sei[466]. Hiermit folgte er seinem akademischen Lehrer Adam Smith, bei dem er in Glasgow studiert hatte. Wie dieser unterschied er vier Entwicklungsstufen der Menschheit: 1. Jagdwesen, 2. Tierhaltung, 3. Landwirtschaft, 4. Kommerz. Der Kommerz bedeutete die Vervollkommnung der vorherigen drei zuzüglich des Handels und der arbeitsteiligen Produktion[467]. Weiter sei die Arbeit die eigentliche Quelle des Reichtums, womit er sich sowohl für die Förderung der Landwirtschaft als auch für den Ausbau der Manufakturen und des Handwerks

---

463 Murav'eva, Razvitie, S. 70. Zu Lomonosovs ökonomischen Ansichten im Allgemeinen Bak, Ėkonomičeskie vozzrenija.

464 Scherer, Geschichte und gegenwärtiger Zustand, S. 49.

465 Zu seinem Lebensweg siehe: Leibniz-Institut für Ost- und Südosteuropaforschung, Erik-Amburger-Datenbank. Ausländer im vorrevolutionären Russland. Eintrag Johann Benedikt Scherer, in: https://amburger.ios-regensburg.de/index.php?id=41524&mode=1 (letzter Zugriff 29.12.2020).

466 »Samoe vysočajšee sostojanie – kommerčeskoe« [Die allerhöchste Daseinsform ist der Kommerz]. Zit. n. Pokrovskij, Vnešnjaja torgovlja, S. 139.

467 Bogomazov, Istorija, S. 127 f.

aussprach. Auch bei ihm sollte der Staat für die entsprechenden Maßnahmen sorgen – einschließlich der Förderung zur Eigeninitiative der Kaufleute –, damit der Kommerz erblühen könne[468]. Da somit der Staat als Regulator und Akteur weiterhin eine wichtige Rolle spielen sollte, setzte sich Desnickij nicht für eine völlige Liberalisierung der Handelspolitik ein[469].

In ähnlicher Weise argumentierte auch Ivan A. Tret'jakov, der zusammen mit Desnickij in Glasgow bei Adam Smith studiert hatte, und der ebenfalls die Arbeit und das Prinzip der Arbeitsteilung anstelle der Gold- und Silbermenge als Quelle des Reichtums sah (womit er der Position der französischen Physiokraten recht nah war). Die Betonung der Bedeutung der Arbeit führte in letzter Konsequenz – und dies deutlicher noch als bei Desnickij – zu einer Kritik an der Leibeigenschaft, die nur die Untätigkeit des Adels zur Folge habe. Stattdessen solle der Staat, wie in diesem Punkt auch Desnickij forderte, sowohl die Landwirtschaft als allgemeine Grundlage als auch das produzierende Gewerbe fördern, um schließlich auf diese Weise auch den Handel zu stärken[470]. Der Einfluss des berühmten akademischen Lehrers ist unverkennbar, nicht nur im Titel des Werks von Tret'jakov (»Gedanken über den Überfluss und die langsame Bereicherung von Staaten«). Der Text erschien vier Jahre vor dem »Wealth of Nations«, so dass die gemäßigten Positionen Tret'jakovs hinsichtlich der nur eingeschränkten Form des freien Handels entweder mit den besonderen Verhältnissen in Russland zu begründen sind oder mit der erst mit der Zeit voranschreitenden Radikalisierung liberaler Handelsideen. Tatsächlich handelte es sich bei dem Text um eine überarbeitete Mitschrift einer Vorlesung von Adam Smith, die Tret'jakov in Glasgow gehört hatte[471].

Mit Desnickij und Tret'jakov als Schüler Adam Smiths setzte sich in Russland ein Diskurs fort, der an die ebenfalls den Handel betonenden Merkantilisten anschloss und zumindest hinsichtlich der Rolle des Handels in gewisser Opposition zu den von der physiokratisch-kameralistischen Wende beeinflussten Denkern stand, die ihren Schwerpunkt auf die Landwirtschaft setzten und die Bedeutung des Außenhandels für die Wertschöpfung relativierten. Innerhalb der den Handel betonenden Strömung blieb das Problem der Beteiligung russischer Kaufleute am Außenhandel eine ungelöste Frage, hinsichtlich der weniger die Zielsetzung der Beteiligung von russischen Kaufleuten als eher die Methoden zur Erreichung dieses Zieles zur Diskussion stand. Sollte der Staat oder die Regierung sich massiv zur Unterstützung einschalten, was ein traditioneller

468 Pokrovskij, Vnešnjaja torgovlja, S. 139; Kingston-Mann, In the Light, S. 89.
469 Murav'eva, Razvitie, S. 75 f.
470 Tret'jakov, Rassuždenie.
471 Bogomazov, Istorija, S. 367 f.; Pokrovskij, Vnešnjaja torgovlja, S. 140 f.; Zweynert, Eine Geschichte, S. 52.

merkantilistischer Ansatz wäre, oder war den selbstregulativen Kräften, der »nnsichtbaren Hand«, zu vertrauen, wie es der liberale Flügel anvisierte?

Zur Frage der Förderung russischer Kaufleute im Außenhandel

Für Heinrich von Storch stand zum Ende des 18. Jahrhunderts fest, »dass ihnen [den russischen Kaufleuten; T. P.] nun vollends alle Lust zu dem beschwerlichen [...] Aktivhandel« vergangen sei[472]. Die »Unlust« der russischen Kaufleute, sich am Außenhandel zu beteiligen, beschäftigte auch die dem Handel zugewandten Denker der Epoche Katharinas II. Sowohl innerhalb des merkantilistischen Denkens als auch unter den eher liberaleren Strömungen im letzten Drittel des 18. Jahrhunderts blieb ein Motiv im Zentrum des Interesses, nämlich die eindeutige Verbindung des Themas Handel mit der Zielstellung der staatlichen Bereicherung. Der staatliche Bezugsrahmen blieb in der Politischen Ökonomie das entscheidende Kriterium der Handelspolitik, wie nicht zuletzt der verkürzte Titel »Wealth of Nations« von Adam Smith bereits andeutet. Für Russland bedeutete das die schon mehrfach angesprochene heikle Frage nach der Rolle der russischen Kaufleute im Verhältnis zu ihren ausländischen Kollegen – den sogenannten »fremden Negocianten«. Deren Rolle bzw. deren dominante Position war auch zu Katharinas Zeit ein heiß diskutiertes Thema, und zwar sowohl beim Außenhandel als auch – weniger augenscheinlich – beim Binnenhandel.

Katharinas Regierungspolitik befasste sich, wie gesehen, intensiv mit diesem Thema und eine Reihe von mehr oder weniger erfolglosen Maßnahmen wurde erlassen, um die aktive Teilnahme russischer Kaufleute zu erhöhen. Einem zeitgenössischen Beobachter erschienen die russischen Kaufleute nur als die Kutscher oder Lastenträger der ausländischen Kaufleute, und das Problem, diesen Zustand zu beenden, bezeichnete dieser Autor als »Gordischen Knoten«[473]. Wie sollte dieser Gordische Knoten gelöst werden und wie war die oben beschriebene Regierungspolitik zu bewerten?

Ursachen. Die Metapher des Gordischen Knotens ist insofern überzeugend, da sich die Ursachen des Scheiterns der russischen Kaufleute im Außenhandel mitunter gegenseitig bedingten. Diese Gründe blieben unter Katharina II. dieselben wie in der ersten Hälfte des Jahrhunderts: Weil ihnen Kapitel fehlte, waren sie nicht konkurrenzfähig, was auch auf ihre nicht ausreichend gefestigte Position innerhalb der russischen Gesellschaft zurückzuführen war. Aber auch die eigene Trägheit wurde in Denkschriften unter Katharina II. immer wieder angesprochen, genauso wie die fehlende Solidarität, die ihnen gegenüber ande-

472 Storch, Historisch-statistisches Gemälde, Theil 5, S. 204.
473 Kulišer, Očerk istorii, S. 224.

ren sozialen Schichten keine Chance ließ[474]. Zwischen fehlendem Kapital, Unvermögen und unsolidarischem Verhalten bestand ein kausaler Zusammenhang, der eine sich gegenseitig verstärkende Dynamik bewirkte und die russischen Kaufleute immer mehr schädigte. Wie Scherer feststellte, bestand ebenso ein Zusammenhang zwischen der Neigung russischer Kaufleute zu betrügen und dem Unwillen ausländischer Kaufleute, ihnen Kredit zu geben, was die Armut und Passivität der russischen Kaufleute wiederum intensivierte[475].

Dass es das Ziel sein musste, die ausländische Dominanz beim Außenhandel zu brechen, war auch zu Katharinas Zeit breiter Konsens, wie Alexandr R. Voroncov, der spätere Präsident des Kommerz-Kollegiums, schon während eines Aufenthaltes in Spanien feststellte:

> Die englische Nation, welche besser als alle anderen auf der Welt die Kraft und die Ordnung des Kommerzes kennt, ist die ganze Zeit bestrebt uns im Dunkeln darüber zu belassen. [...)]All das, was die Engländer bei uns besorgen und nach Spanien bringen wird dort mit großem Gewinn verkauft, und umgekehrt erhalten sie dort Gold und Silber, wovon wiederum ein bestimmter Teil mit großem Gewinn zu uns gelangt[476].

Dieses Gold und Silber, das wegen des Handels nach Russland gelangt war, kann als Erfolg oder überhaupt als der Grund der russischen Partizipation am Außenhandel während des gesamten Jahrhunderts betrachtet werden. Doch auf der anderen Seite verfestigte sich durch eben diese Kapitalmenge englischer und anderer fremder Kaufleute auch die Abhängigkeit bzw. Unselbstständigkeit der russischen Kaufleute gegenüber ihren ausländischen Kollegen. Sie blieben wegen ihres chronischen Geldmangels von den ausländischen Krediten abhängig[477]. Heinrich von Storch stellte fest, dass russische Kaufleute, anders als soeben von Scherer behauptet, sehr wohl Kredite bekamen, allerdings langfristig zu ihrem Nachteil und im Interesse der ausländischen Kaufleute, die auf diese Weise ein Abhängigkeitsverhältnis erzeugten:

---

474 Ebenda, Očerk istorii, S. 223.

475 Scherer, Geschichte und gegenwärtiger Zustand, S. 85.

476 »Anglickaja nacia, kotoraja lučše vsech v svete znaet silu i porjadok v kommercii, staralas' vo vse vremja nas v slepote ob onom deržat'. (...) Vse to, čto angličanja u nas berut i privozjat v Gišpaniju i otdajut im s velikim baryšom, v oborot berut zoloto i serebro, iz kotorogo nekotoruju čast' s velikoj pribyl'ju nam privozjat« [Die englische Nation, die besser als alle anderen auf der Welt von der Kraft und der Ordnung des Kommerzes weiß, strebt vor allem danach, uns in Unkenntnis darüber zu belassen. [...] All das, was die Engländer bei uns nehmen und nach Spanien bringen, verkaufen sie ihnen mit einem riesigen Gewinn und bringen dafür große Mengen von Gold und Silber zu uns mit einen ebenso großen Gewinn wieder zurück]. Zit. n. Semenova, Byt, S. 107.

477 Munro, Finance.

> Der Handel von Petersburg und selbst der von Archangel'sk, war in den Händen auswärtiger Kaufleute, die sich hier niedergelassen hatten, und durch deren Hände alle Aus- und Einfuhr ging. Um sich ganz zu Meistern dieses einträglichen Gewerbes zu machen, und sich den Besitz desselben umso mehr zu versichern, hatten die Engländer den Gebrauch eingeführt, beim Abschluss der Kontrakte auf die im folgenden Jahre zu liefernden russischen Produkte, entweder die ganze Kaufsumme oder einen Teil derselben voraus zu bezahlen, die ausländischen Waren hingegen den russischen Bestellern auf Zahlungstermine von sechs, neun oder zwölf Monaten zu überlassen. Die Kaufleute der übrigen in Russland ansässigen Nationen sahen sich bald gezwungen, diesem Beispiel zu folgen, und die Russen befanden sich sowohl dabei, dass ihnen nun vollends alle Lust zu dem beschwerlichen, so viele Kenntnisse und so große Fonds erfordernden, und dennoch so manchem Risiko ausgesetzten Aktivhandel verging[478].

In dieser Logik war es für den einzelnen russischen Kaufmann einfach am bequemsten, sich weiterhin auf die Kredite der »fremden Negocianten« zu verlassen, anstatt mit patriotischen Zielen eine kommerzielle Selbstständigkeit zu riskieren.

Die Kaufleute selbst sahen die Ursachen wenig überraschend natürlich anders gelagert, und zwar auf Seiten des Staates, der durch mangelnde Unterstützung den Misserfolg russischer Kaufleute im Außenhandel zu verantworten habe. Demgemäß brachte der Kaufmann V. N. Koržavin zu Beginn der 1760er Jahre die altbekannte Idee vor, die Kaufleute in einem Kontor oder in einer Kompagnie zu vereinigen, die wiederum durch finanzielle Hilfe des Staates die Handelsinteressen der Kaufleute beispielsweise durch Dependenzen im Ausland zu fördern habe. Doch wie schon viele Male zuvor wurde dieser Vorschlag im Wesentlichen nicht umgesetzt, wenn man von der bereits erwähnten Gründung der Handelskompagnie für den Mittelmeerhandel im Jahre 1764 absieht[479]. Insgesamt ist zu betonen, dass Stimmen aus der Kaufmannschaft während der Zeit Katharinas II. hoffnungslos unterrepräsentiert waren und sich somit ein strukturelles Problem fortsetzte und vertiefte, das bereits zwischen 1725 und 1762 akut gewesen war. Die hier mehrmals genannten Orte des Diskurses – die Ökonomische Gesellschaft, die Universität Moskau oder die Akademie der Wissenschaften – waren keine Orte, wo Kaufleute sich Gehör verschaffen konnten.

Von adliger Seite wiederum wurde – ebenfalls wenig überraschend – die Schuld wieder auf die Kaufleute geschoben. Fürst Michail M. Ščerbatov war sich in seiner Analyse sicher, dass die Verantwortung für das Versagen der russischen Kaufleute eindeutig bei diesen selbst lag, was vor dem Hintergrund seiner eigenen sozialen Herkunft allerdings eine erwartbare Einstellung war. Er warf

478 Storch, Historisch-statistisches Gemälde, Theil 5, S. 203 f.
479 Murav'eva, Razvitie, S. 73.

ihnen vor allem eine stark ausgeprägte Trägheit vor, die jede Eigeninitiative unmöglich mache[480]. Diese Einschätzung findet sich auch in der Historiographie. So schreibt der deutsche Historiker Manfred Hildermeier den russischen Kaufleuten eine »unbewegliche und neuerungsfeindliche Denkart« sowie eine »unkultivierte und primitive Lebensweise« zu[481]. Auch die russische Geschichtswissenschaft kennt übereinstimmende negative Urteile über die Passivität und Kulturlosigkeit der russischen Kaufleute[482]. Diese Trägheit zusammen mit dem fehlenden Vertrauen zu russischen Kaufleuten im Ausland machten eine erfolgreiche Repräsentanz ebendieser vollkommen unmöglich. Zu einer ähnlichen Schlussfolgerung gelangte der unbekannte Autor des französischen *Mémoire* von 1761, der vor allem auf das Argument des fehlenden Vertrauens untereinander, d. h. der mangelhaften Solidarität verweist[483].

Das Thema der Abhängigkeit von ausländischen Krediten berührte sogar den Binnenhandel, denn auch hier galt es, den Profit für russische Kaufleute zu maximieren. Zwar war es schon in der ersten Hälfte des Jahrhunderts weitgehend gelungen, den russischen Binnenhandel in den Händen russischer Kaufleute zu belassen, doch stellte die Möglichkeit der Kreditvergabe durch vor allem englische Kaufleute eine Möglichkeit dar, zumindest indirekt Einfluss auf den Binnenhandel zu nehmen, bevor sie ab 1787 wie beschrieben durch den Übertritt in die russische Staatsbürgerschaft auch selbst beim Binnenhandel aktiv werden konnten[484]. Diese Praxis hätte vor allem durch eine stärkere Solidarität der russischen Kaufleute untereinander verhindert werden können, die aber nach Einschätzung von Storchs praktisch nicht vorhanden war[485].

Diese Praxis kritisierte auch ein anonymer Autor in einer Denkschrift von 1780, in der er die starke Abhängigkeit russischer Kaufleute von den ausländischen Auftraggebern unterstreicht[486]. Besonders nachteilig war seiner Meinung nach, dass die ausländischen Kaufleute den Russen eine bestimmte Summe in St. Petersburg mit dem Auftrag der Beschaffung bestimmter Waren aushändigten, ohne den genauen, aktuellen Preis auf dem Binnenmarkt Russlands zu kennen. Es kam nach dem Urteil des Autors daher häufig vor, dass die russischen Kaufleute mit eigenem Vermögen etwaige Differenzen im Preis begleichen mussten, wodurch nicht wenige bankrottgingen. Es ist jedoch anzunehmen,

480 Firsov, Pravitel'stvo i obščestvo, S. 343.

481 Hildermeier, Bürgertum, S. 58. Vgl. Ders., Geschichte Russlands, S. 630.

482 Semenova, Byt, S. 102; Pokrovskij, Vnešnjaja torgovlja, S. 92.

483 Mémoire sur le commerce de Russie, S. 452 f. Zum Hintergrund dieser Schrift Koval'čuk, Ėkonomičeskaja politika, S. 140–148.

484 Jones, Commercial Capital, S. 123.

485 Storch, Historisch-statistisches Gemälde des russischen Reichs, Theil 5, S. 203 f.

486 Patriotičeskoe mnenie o pol'ze kommercii [Patriotische Meinung über den Nutzen des Kommerzes], 1780, in: ASPBIIRAN, f. 36, op. 1, d. 546, Bl.129 f.

dass auch der gegenteilige Fall eingetreten sein dürfte, und russische Kaufleute an dieser Konstellation verdienten. Doch bleibt die Tatsache bestehen, dass ein derartiges System nicht dazu geeignet war, russische Kaufleute gegenüber ihren ausländischen Kollegen aufzuwerten. Schon der Titel der Denkschrift – »Patriotische Meinung über den Nutzen des Handels« – verdeutlicht den engen Zusammenhang zwischen Handelspraxis und staatlich-patriotischem Bezugsrahmen[487].

Fazit: patriotischer Nutzen/Reichtum. Wie auch immer die einzelnen Faktoren, die als Ursachen für das Scheitern der russischen Kaufleute auf dem internationalen Markt ausgemacht wurden, zu gewichten sind, bleibt abschließend daran zu erinnern, dass diese sich zweifellos gegenseitig bedingten. Genau dieses Zusammenwirken einer multikausalen Gemengelage war es, was den Gordischen Knoten so unlösbar machte. Konfrontiert mit einem ungleichen Wettbewerb sahen sich die russischen Kaufleute sicherlich nicht hinreichend unterstützt von der Regierung gegenüber der inländischen Konkurrenz vonseiten des Adels und der handeltreibenden Bauern einerseits und der ausländischen Konkurrenz andererseits. Doch zeigten sie auch selbst zu wenig Bereitschaft, wie gesehen, die Angebote der Regierung vor allem im Bildungsbereich anzunehmen[488]. Darüber hinaus fehlte ihnen auch die erforderliche Solidarität untereinander, was es für ausländische Kaufleute leicht machte, sie gegeneinander auszuspielen. Diese fehlende Solidarität hing wiederum mit dem mangelnden Bewusstsein zusammen, einem patriotischen Nutzen zu dienen – anders als es der Titel der erwähnten Denkschrift suggeriert. Daher herrschten in dieser Frage klassische merkantilistische Ansätze zur Problemlösung vor, denn wenn überhaupt, wurde dem Staat zugetraut, diese ausweglose Situation zu lösen. Liberale Ideen waren diesbezüglich praktisch nicht zu hören, denn eine »unsichtbare Hand« des russischen Kaufmanns hätte vor allem den Interessen der ausländischen Kaufleute Nutzen gebracht, wie Storchs Beobachtung verdeutlichte[489].

Der Begriff »Patriotismus« im Zusammenhang mit der Diskussion über die vermeintlich schädliche Rolle der »fremden Negocianten« verweist schließlich darauf, dass das eigentliche Ziel einer Erhöhung des Anteils von »Russen« am Außenhandel staatlich-patriotischer Natur war. Worin bestand aber der Nutzen, der aus einem solchen Handel hätte gewonnen werden können? Dass es Katharina II. selbst im traditionellen merkantilistischen Sinne um die Erhöhung der Staatseinnahmen vor dem Hintergrund einer angespannten Haushaltslage ging, ist schon angesprochen worden (»Wo Handel ist, dort gibt es auch Zollein-

---

487 Ebenda.

488 Siehe den Abschnitt über Katharinas Maßnahmen zur Förderung russischer Kaufleute in Kap. III.4.3.

489 Storch, Historisch-statistisches Gemälde, Theil 5, S. 203 f.

nahmen«[490]). Doch gab es neben dieser monetären Auffassung von Reichtum zusätzlich mindestens zwei weitere Konzepte auf der theoretischen Ebene. Zum einen ist auf die Traditionslinien von Križanič, Pososkov und Tatiščev hinzuweisen, die wie gezeigt in der Historiographie häufig als »Russische Schule« betitelt wird[491]. Zum anderen entwickelte sich unter Katharina II. auch in Russland eine neue Vorstellung von Reichtum, die entweder von den Physiokraten stammte, die den Begriff von Reichtum vor allem mit der Arbeit (insbesondere in der Landwirtschaft) verbanden, oder von den Schülern Adam Smiths (Desnickij und Tret'jakov), die Reichtum vor allem mit dem Begriff des Kommerzes verknüpften. Ein Beispiel für diese progressive und nicht ausschließlich monetäre Sichtweise liefert der bereits gelegentlich erwähnte liberale Direktor des Manufaktur-Kollegiums Dmitrij V. Volkov, der seine Vorstellungen von Reichtum 1764 folgendermaßen formulierte:

> Der Hauptbestandteil des Reichtums und des Überflusses besteht nicht darin, dass das Land für jegliche Form des Wachstums geeignet ist, oder dass einige wenige Leute mit feinen Händen wertvolle Dinge produzieren, sondern darin, dass es grundsätzlich mehr Geschäftigkeit und weniger Faulheit gibt[492].

Doch auch die sogenannte Russische Schule, die vor allem immaterielle und spirituelle orthodoxe Werte dem Reichtum-Begriff zuordnete, entwickelte sich weiter bzw. nahm Anregungen von den Physiokraten und Anhängern Smiths in ihre Vorstellungen auf. Dies wird anhand des Beispiels von Michail D. Čulkov deutlich.

Michail D. Čulkov

Von den bereits genannten Autoren, die sich mit ökonomischen Fragen und dem Handel Russlands beschäftigten, verdient Michail D. Čulkov besondere Beachtung, da er das umfangreichste zeitgenössische Werk zum russischen Handel verfasste. Er wurde 1743 oder 1744 in Moskau als Sohn eines Soldaten, also als Angehöriger der für die russische Sozialgeschichte charakteristischen Gruppe der *raznočinzy*[493], geboren. Er erhielt aber die Möglichkeit, das Gym-

---

490 »Gde est' torgi, tam est' i tamožni« [Wo Handel ist, da sind auch Zolleinnahmen]. Nakaz Ekateriny II (30.7.1767), Artikel 322, S. 75.

491 Gloveli, Merkantilistskaja geokul'tura. Siehe auch die entsprechenden Abschnitte in den Kap. III.2.2 und III.3.2.

492 Volkov, Dmitrij, O nynešnem i želaemom sostojanii manufaktur [Über den tatsächlichen und den erstrebenswerten Zustand der Manufakturen], undatiert, in: RGADA, f. 16, d. 33.

493 Raznočincy (wörtlich: verschiedene Ränge) bezeichnet eine bestimmte städtische Bevölkerung, die aufgrund ihres Bildungshintergrundes zu keinem anderen Stand zu zählen ist, also keine

nasium der Universität Moskau zu besuchen, wo er bereits in engen Kontakt zu Vertretern der späteren russischen Intelligenzija geriet, wozu die bereits genannten Desnickij und Tret'jakov sowie der Publizist N. I. Novikov oder der Dichter D. I. Fonvizin zählten. Als Page ging er nach St. Petersburg und diente dort Katharinas Sohn Paul, während er sein Interesse für Literatur und Kultur verfolgte. So veröffentlichte er u. a. Sammlungen russischer Sagen und Lieder und verfasste eigene literarische Werke, darunter den ersten russischsprachigen Roman. Inhaltlich kommt in diesen Schriften sein starker Patriotismus sowie seine Sympathie gegenüber den mittleren und unteren sozialen Schichten, aber nicht zuletzt auch gegenüber den Kaufleuten zum Ausdruck[494]. Ähnlich den meisten bisher angeführten Personen, die sich an der Diskussion zu ökonomischen Themen beteiligten, war also auch Čulkov als Kind seiner Zeit eher ein Universalgelehrter als ein dezidierter Wirtschaftswissenschaftler, zumal er wie viele andere keine akademische Ausbildung genossen hatte.

1770 trat er in den Staatsdienst ein und arbeitete ab 1772 im Kommerz-Kollegium, wo 1774 der schon mehrfach erwähnte Aleksandr R. Voroncov sein Vorgesetzter wurde[495]. Voroncov unterstützte und ermöglichte das Vorhaben Čulkovs, ein Überblickswerk zur Geschichte und zum Zustand des russischen Handels zu verfassen. Zwischen 1781 und 1788 veröffentlichte Čulkov sieben Bände, die wiederum insgesamt aus 21 Büchern bestanden, unter dem Titel: »Historische Beschreibung des russländischen Kommerzes an allen Häfen und Grenzen seit alten Zeiten bis in die Gegenwart« *(Istoričeskoe opisanie rossijskoj kommercii pri vsech portach i granicach ot drevnich vremjan do nyne nastojaščago).* Inhaltlicher Schwerpunkt dieses monumentalen Werkes sind in erster Linie Veröffentlichungen von den Handel betreffenden Gesetzen und Dokumenten, die Čulkov vor allem aus dem Kommerz-Kollegium, aber auch aus anderen Archiven Russlands gesammelt hatte. Wo er sich nicht auf Primärquellen stützte, bezog er sein Wissen aus den Werken von Autoren wie Michail V. Lomonosov, Vasilij N. Tatiščev, Petr I. Ryčkov und Michail M. Ščerbatov. Außerdem stand er in engem Kontakt mit seinem Kollegen im Kommerz-Kollegium, Aleksandr N. Radiščev[496]. Es ist jedoch notwendig hervorzuheben, dass Čulkov praktisch nicht auf fremdsprachige Literatur zurückgriff, was vor allem im Hinblick auf Friebes Werk interessant ist[497]. Deutlich wird, dass beide in voneinander ge-

Kaufleute, keine Bauern, keine Adligen, keine Handwerker, keine Geistlichen. Zumeist besaßen sie einen militärischen Hintergrund. Im 19. Jahrhundert entwickelte sich aus dieser Gruppe die ebenfalls für Russland typische Intelligenzschicht.

494 Biographische Angaben bei Jucht, Čulkov.

495 Ab 1777 arbeitete dort auch Aleksandr Radiščev. Siehe zur Zusammenarbeit der beiden Istorija russkoj ėkonomičeskoj mysli, S. 490.

496 Vorob'ev/Semenkova, Osobennosti, S. 25; Istorija russkoj ėkonomičeskoj mysli, S. 494.

497 Siehe den folgenden Abschnitt.

trennten Diskursräumen zum selben Thema arbeiteten. Obwohl Čulkov nicht grundsätzlich den Nutzen der Beschäftigung mit ausländischer Literatur verneinte, bemerkte er dennoch hinsichtlich seines Themas, dass die nicht russische Literatur für andere Länder geschrieben und daher für die Wirtschaftsverhältnisse in Russland nicht von so großem Nutzen sei[498].

Die ersten drei Bände des Werkes beleuchten die historische Entwicklung des russländischen Handels nach Regionen geordnet bis zum 18. Jahrhundert. Band 4 berichtet ausführlich in sechs Büchern über St. Petersburg und Kronstadt im 18. Jahrhundert und Band 5 beschäftigt sich mit den Ostseehäfen Riga, Reval und den anderen kleineren Häfen. In Band 6 wird der Blick auf den russischen Binnenhandel während des 18. Jahrhunderts gelenkt, und Band 7 enthält ein Lexikon von Handelsbegriffen zum praktischen Gebrauch für russische Kaufleute[499]. Das Material ist weitgehend ohne Gliederungsprinzip angeordnet, was die Benutzung des Werkes erheblich erschwert. Darüber hinaus unterblieb jegliche Kontextualisierung oder Analyse der veröffentlichten Quellen[500] und es fehlen in der Regel auch Hinweise auf die Herkunft der Dokumente[501]. Ein Grund für diese ungeordnete und unsystematische Vorgehensweise ist wohl in der – von dem Besuch des Gymnasiums abgesehen – fehlenden akademischen Bildung Čulkovs zu suchen, was er sogar selbst als Mangel im Vorwort anspricht[502].

Handelspolitik: Patriotismus. Um etwas über die Ansichten Čulkovs hinsichtlich der russischen Handelspolitik zu erfahren, eignen sich seine Vorworte in den einzelnen Bänden und vor allem das umfangreiche Vorwort *(preduvedomlenie)* im ersten Band, in dem sein Verständnis der Rolle des Außenhandels für das Russländische Reich deutlich wird[503]. Čulkov schreibt dem Handel und insbesondere dem Kommerz grundsätzlich eine zentrale Rolle zu und ist damit den beiden Smith-Schülern Desnickij und Tret'jakov sehr nahe. Der Kommerz sei der Knoten, der allein die Kraft habe, den Wohlstand der menschlichen

---

498 Čulkov, Istoričeskoe opisanie VI, 4, S. 7. Zum Gebrauch nicht russischer Literatur bei Čulkov siehe Bondareva, Istočniki »Istoričeskogo Opisanija Rossijskoj Kommercii«, S. 100.

499 Allgemeine Informationen zum Werk »Opisanie« [Beschreibung] bei Jucht, Čulkov, S. 77 f.

500 Zu den Quellen seiner Schriften Bondareva, Istočniki »Istoričeskogo Opisanija Rossijskoj Kommercii«.

501 So hat Gefke herausgearbeitet, dass Čulkov ganze Abschnitte über die Geschichte Sibiriens aus dem Buch von Fischer ohne Verweis darauf übernommen hat. Gefke, Istorja soljanogo dela, S. 10. Weitere derartige Beispiele bei Bondareva, Istočniki »Istoričeskogo Opisanija Rossijskoj Kommercii«, S. 102.

502 »A pri tom ves'ma maloe znanie inostrannych jazykov, i ne iskusstvo moe v delach k sej materii otnosjaščichsja (…)« [Zudem gilt es, meine sehr geringe Kenntnis von Fremdsprachen und mein Unvermögen diesen Materialien gegenüber zu berücksichtigen]«. Čulkov, Istoričeskoe opisanie I, 1, S. 18.

503 Čulkov, Istoričeskoe opisanie I, 1, S. 15–59.

Gesellschaft zu erhalten[504]. Doch ist hier daran zu erinnern, dass unter Kommerz nicht nur Handel, sondern auch Handwerk und industrielle Produktion zu verstehen sind. Dagegen ist der Außenhandel, ähnlich wie schon bei Tatiščev, wenn auch nicht ganz so extrem, für Čulkov weniger wichtig. So heißt es bei ihm dazu: »So ertragreich der ausländische Kommerz für den Staat auch sein mag, aber er ist absolut nicht notwendig«[505].

Als klar merkantilistisch ist Čulkov jedoch einzuschätzen, wenn es um die Bewertung des Zusammenhangs von Manufakturen und Außenhandel geht. Ganz klassisch betont er die hervorgehobene Bedeutung von Manufakturen und den Verkauf verarbeiteter Produkte gegenüber dem Verkauf von Rohstoffen, insbesondere den Handel mit Ausländern betreffend. Ziel einer solchen Politik sei die Erhöhung der Geldmenge des Staates und zugleich die Unabhängigkeit von ausländischen Produkten[506]. Als Vorbild benennt er Holland und Italien, welche im Verhältnis zu Spanien ihre Gold- und Silberreserven durch eine ebensolche Vorgehensweise erhöht hätten[507].

An anderer Stelle geht er jedoch noch über diesen Gedanken der ökonomischen Autarkie hinaus und hält eine komplette Abschottung von ausländischen Märkten für möglich. Russland habe ebenso viele Ressourcen wie Europa[508], so dass die eigenen Manufakturen und Fabriken alles Nötige selbst herstellen könnten[509], »um so wenig wie möglich von anderen abhängig zu sein«[510]. Dafür sei allerdings eine staatliche Förderung der russischen Produkte so lange vonnöten, wie die Qualität ausländischer Waren noch nicht erreicht sei[511]. Im

---

504 Čulkov, Istoričeskoe opisanie II, 1, S. 2.

505 »Skol' ni pribyl'na inostrannaja kommercija dlja gosudarstva, odnako ona ne sovsem nužna«. Čulkov, Istoričeskoe opisanie I, 1, S. 29.

506 »No i k semu ešče sposobstvujut, čto prodažeju takich manifaktur inostrannym narodam znatnye denežnye summy ot nych samych v gosudarstvo polučajutsja« [Dadurch wird es möglich, dass durch den Verkauf dieser Manufakturen an ausländische Völker Geldmengen von ihnen an den Staat fließen]. Čulkov, Istoričeskoe opisanie I, 1, S. 45.

507 Čulkov, Istoričeskoe opisanie I, 1, S. 46.

508 »Rossija v predelach svoich počti vse te pol'zy imeet, kotorye po vsej Evrope razdeleny, i ona podlinno v sostojanii sama soboju dovol'stvovat'sja i naslaždat'sja svoim izobiliem, ves'ma malo ili so vsem ničego ne zaimstvuja ot drugich narodov« [Russland besitzt innerhalb seiner Grenzen alle Vorzüge, die sonst auf ganz Europa verteilt sind, und es ist vollkommen in der Lage auf Grundlage seiner eigenen Reichtümer zu existieren, nur sehr wenig oder gar überhaupt nicht auf andere Völker angewiesen]. Čulkov, Istoričeskoe opisanie I, 1, S. 9.

509 »[…] mogut dovol'stvovat'sja sobstvennymi svoimi manifakturami i fabrikami, i vnutrennim otravleniem torgov iz odnoj provincii v druguju« [Man kann alles aus den eigenen Manufakturen und Fabriken herstellen, und den inneren Handel zwischen einer Provinz zur anderen betreiben]. Čulkov, Istoričeskoe opisanie VI, 3, S. 32 f.

510 Čulkov, Istoričeskoe opisanie VI, 3, S. 67.

511 »Nadležit, manifaktury i fabriki do tech por podkrepljat' gosudarstvennym koštom, poka tovary budut ravnoj dobroty s inostrannymi, i prodavat'sja mogut s onymi odinakovoju cenoju«

Unterschied zu seinem Zeitgenossen Ščerbatov, der wie viele andere den Mangel an Arbeitskräften als potentielles Problem ansah[512], bestand für Čulkov kein Gegensatz zwischen produzierendem Gewerbe und Landwirtschaft, welche seiner Meinung nach nicht um die knappe Ressource Arbeitskraft konkurrierten. Im Gegenteil könnten sich produzierendes Gewerbe und Landwirtschaft gegenseitig befruchten und somit einen blühenden Handel erst ermöglichen[513]. Doch dieser Handel solle dann vornehmlich ein Binnenhandel sein.

Mit Bezug auf den Patriotismus Čulkovs ist quellenkritisch anzumerken, dass er sein Werk ganz anders als z. B. Pososkov als Staatsbeamter mit dem Wissen und wahrscheinlich sogar mit finanzieller Unterstützung ebendieser Behörde (Kommerz-Kollegium) verfasste[514], so dass allzu kritische Töne gegenüber der staatlichen Politik und der sie tragenden Schichten in diesem Werk nicht möglich waren. Umgekehrt ist der überaus deutliche Patriotismus in dieser Schrift aus demselben Grunde möglicherweise überbetont. Das patriotische Leitmotiv in Čulkovs Werk scheint auf den ersten Blick typisch merkantilistisch zu sein. Bei genauerer Betrachtung zielen sein Patriotismus und der Verweis auf einen starken Staat aber auf eine russische Autarkie und Abschottung von anderen Staaten ab:

> Mit einem Wort: Diese Regel ist unzweifelhaft, dass jenes Volk stärker als alle anderen ist, das von den anderen keine Hilfe fordert. Entsprechend muss jeder Herrscher danach streben, die eigenen Ressourcen zu fördern, um alles Notwendige selbst zu besitzen, um so wenig wie möglich von anderen abhängig zu sein[515].

[Es gehört sich die Manufakturen und Fabriken bis zu einem solchen Niveau staatlich zu fördern, bis die die Waren den ausländischen an Qualität in nichts nachstehen und zu demselben Preis verkauft werden können]. Čulkov, Istoričeskoe opisanie VI, 3, S. 75.

512 Istorija russkoj ėkonomičeskoj mysli, S. 498.

513 »Takim obrazom est' vzaimnoe dejstvie manifaktur na ėkonomiju i ėkonomii na manifaktury« [So gestaltet sich die wechselseitige Beziehung zwischen Manufakturen und der (Land)wirtschaft und der (Land)wirtschaft und den Manufakturen]. Čulkov, Istoričeskoe opisanie VI, 3, S. 65. Interessant an dieser Stelle ist die enge Verwendung von »Ökonomie« als auf die Landwirtschaft beschränkt, da ansonsten der Begriff auch das produzierende Gewerbe miteinschloss und somit auch die hier genannte »Manufaktur«, die hier im Gegensatz zu »Ökonomie« steht. Siehe den Abschnitt zur Terminologie (Kap. I.1.4).

514 Zum Thema der Finanzierung Vorob'ev/Semenkova, Osobennosti, S. 26.

515 »Slovom skazat', sie pravilo est' bezosporimo, čto takoj narod vsech sil'nee, kotoroj ot drugich ne trebuet pomošči. Čego radi každomu gosudarju nadležit staratsja o syskanii vsjakich sposobov, čtob vse nužnoe imet' v sobstvennoj svoej zemle, daby skol'ko vozmožno ot drugich narodov ne zaviset'« [Mit einem Wort gesagt ist diese Regel unstreitbar, dass das Volk das stärkste ist, das von anderen keine Hilfe benötigt. Daher ist es für jeden Staat vonnöten nach Möglichkeiten zu streben, alles Notwendige selbst auf dem eigenen Land zu besitzen, umso wenig wie möglich von anderen Völkern abhängig zu sein]. Čulkov, Istoričeskoe opisanie VI, 3, S. 67.

In ähnlicher Weise scheint Čulkovs Fokussierung auf die Bedeutung des Geldes auf den ersten Blick merkantilistisch, insbesondere im Zusammenhang mit seiner Betonung des Staates als wesentlichem Bezugsrahmen. Der Autor gebraucht hier die eindrucksvolle Metapher, nach der das Geld das Blut, die Regierung das Herz und der Körper der Staat seien. Doch zeigt diese holistische Metapher zugleich, dass Čulkovs Konzept über eine rein merkantilistisch-fiskalische Betrachtung hinausgeht und somit Ähnlichkeiten zu Pososkovs Vorstellungen von einem allgemeinem Volkswohlergehen aufweist[516]. Zugleich kann diese Metapher aber auch als Hinweis auf physiokratische Einflüsse verstanden werden, denn auch dort gab es ähnliche holistische Sichtweisen auf den Finanzkreislauf, nicht zuletzt, da der bereits genannte berühmte Physiokrat François Quesnay selbst Arzt war.

Der Handel selbst sei weiter eine Wissenschaft, über deren Gesetzmäßigkeiten man die Kaufleute aufzuklären habe. Die Verwendung des Begriffs *prosveščenie*, das allgemein für die russische Form der Aufklärung verwendet wird, verdeutlicht den geistesgeschichtlichen Hintergrund der Aufklärung und den Bildungsauftrag von Čulkovs Schrift[517]. Auch seine Bemerkungen zum Reichtum und den Einkünften verdeutlichen, dass es Čulkov nicht allein um die Erhöhung staatlicher oder auch privat-kaufmännischer Einnahmen ging. Stattdessen zielte er auf den allgemeinen Volkswohlstand ab, was ebenfalls als leichte Abweichung von merkantilistischen Denkweisen interpretiert werden kann[518]. Selbst die Geldmenge oder die ansonsten hochgeschätzten Edelmetalle könnten dieses Volkswohl nicht aufwiegen[519]. Quelle dieses Volkswohles sei der Reichtum, der durch Kommerz (vor allem produzierendes Gewerbe, siehe oben) und Landwirtschaft erzeugt werde[520]. Damit ist er dem Begriff von Reichtum bei Pososkov und in abgeschwächter Form auch bei Tatiščev nahe, was von dem russischen Wirtschaftshistoriker Jurij Vorob'ev als Argument zur Konstruktion einer »Russischen Schule« benutzt wird[521]. Zugleich verweist Čulkov mit dem

516 »Den'gi upodobljajutsja krovi v gosudarstvennom tele, a pravitel'stvo sercu onago« [Das Geld ist das Blut in dem Staatskörper und die Regierung ist das Herz desselben]. Čulkov, Istoričeskoe opisanie VI, 3, S. 87.

517 Čulkov, Istoričeskoe opisanie I, 1, S. 55; siehe auch Schippan, Die Aufklärung.

518 »[...] vosposleduet' priraščenie k naisil'nyjšemu spospešestvovaniju ne tol'ko kupečeskoj i kazennoj, no i vsenarodnoj pribyli« [Folglich ist die Ausweitung zur größtmöglichen Potenz nicht nur der kaufmännischen und staatlichen, sondern auch der Einkünfte des gesamten Volkes zu erreichen]. Čulkov, Istoričeskoe opisanie I, 1, S. 146 f.

519 »Ne v zolote, ni v serebre sostoit glavnejšee bogatsvo čelovečeskago roda: Ošibajutsja te narody, kotorye verch svoego blagopolučija polagajut v odnich sich metallach« [Nicht im Gold und auch nicht im Silber besteht der größte Reichtum der Menschheit: Es irren sich die Völker, die ihr Wohl in diesen Metallen suchen]. Čulkov, Istoričeskoe opisanie VI, 4, S. 30 f.

520 Čulkov, Istoričeskoe opisanie VI, 4, S. 18 f.

521 Vorob'ev/Semenkova, Osobennosti, S. 24 f. Differenzierter zur Idee der »Russischen

Bezug zur Landwirtschaft auf die physiokratischen Tendenzen seiner Zeit, die er aber vergleichsweise weniger verfolgte, da produzierendes Gewerbe und Handel für ihn wichtiger als die Landwirtschaft waren[522].

Neben diesem speziellen Verständnis von Reichtum findet sich bei Čulkov bereits ein Element, das schon als Vorbote der politischen Nationalökonomie gesehen werden kann. Wenn er vom eigentlichen Stimulus ökonomischer Handlung schreibt, nimmt die »unsichtbare Hand« bereits dort Konturen an, wo er das »eigene Interesse« als zentrales Motiv für wirtschaftliche Aktivität benennt[523].

Die soziale Dimension der Handelspolitik. Die Themen der Mehrung des Volkswohlstandes oder des Fortschritts durch Handel führen zu einem weiteren Kernpunkt der Ansichten Čulkovs, der auf die soziale Dimension des Handels abzielt. Er favorisiert eindeutig die Kaufmannschaft als soziale Schicht, der eine Schlüsselrolle beim Fortschritt der russischen Gesellschaft zukomme[524]. Für Čulkov spielte die Kaufmannschaft eine Rolle bei der Modernisierung des produzierenden Gewerbes, denn schließlich seien beide Tätigkeiten im Verständnis des Kommerzes vereint[525].

Den Adel griff Čulkov dagegen nicht direkt an, sicher konnte er nicht ganz offen schreiben. Insbesondere die Praxis der im Auftrag von Adligen handeltreibenden Bauern sah er jedoch als ein Übel an[526]. Außerdem kritisierte er, dass der Adel ungerechtfertigterweise mit Hochmut und Verachtung auf die Kaufmannschaft herabsehe, denn schließlich seien die Kaufleute die gesellschaftliche Gruppe, von der eine Modernisierung zu erwarten sei[527]. Es ist wohl durchaus

---

Schule«, beispielsweise zur relativierten Kategorie der Ethnie, aber praktisch ohne Erwähnung des 18. Jahrhunderts, Abalkin, V poiskach.

522 Murav'eva, Razvitie, S. 78 f.

523 »Každyj svoego sobstvennogo interesa bolee izyskivaet, primenjajasja vsegda k svoemu sobstvennomu položeniju, ne davaja v tom nikomu otčeta, i opredeljaja vse vo svoemu izvolu« [Alle suchen nur ihr eigenes Wohl, kümmern sich nur um die eigenen Angelegenheiten, und rechtfertigen sich dafür vor niemandem, und bestimmen alles nur aus eigenem Gutdünken]. Čulkov, Istoričeskoe opisanie I, 1, S. 29.

524 »Po obščim pravilam kupečestvo est' orudie kommercii. Onoe sostavljaet blagopolučie obščestva ne potomu tol'ko, čto pribyl' kazne pošlinami prinosit, no potomu bolee, čto sej klass obodraet zemledel'stvo, služit ko obogaščeniju obščestvennomu i v političeskich delach byvaet inogda velikoju podporoju gosudarstva« [Nach allgemeingültiger Regel ist die Kaufmannschaft das Werkzeug des Kommerzes. Sie bringen Wohlstand für die Gesellschaft nicht nur, weil sie Zolleinnahmen generieren, sondern noch stärker, weil ihre Tätigkeit die Landwirtschaft fördert und damit dient sie der Bereicherung der Gesellschaft und auch in politischen Dingen fungiert sie mitunter als stabilisierende Säule]. Čulkov, Istoričeskoe opisanie I, 1, S. 15.

525 Murav'eva, Razvitie, S. 78.

526 Istorija russkoj ėkonomičeskoj mysli, S. 506 f.

527 »A kupcy u dvorjanstva v prezrenii« [Aber die Kaufleute werden vom Adel verachtet]. Čulkov, Istoričeskoe opisanie VI, 4, S. 13.

angebracht, hier einen Zusammenhang zwischen Čulkovs eigener sozialer Herkunft und seinen Ansichten zu erkennen.

Die äußere Dimension der Handelspolitik. Als ausländisches Vorbild benannte Čulkov, ähnlich wie Friebe und viele andere, die den Handel befürworteten, England. Dort kämen die Interessen der Kaufleute deutlich stärker durch das parlamentarische System zur Geltung als u. a. in Frankreich[528]. Während die Engländer ihm in der Handelspolitik als Vorbild dienten, nennt er – vielleicht etwas überraschend – die *ital'janskaja buchgalterija* (also die italienische Buchhaltung) die beste der Welt[529].

Übereinstimmend mit der Neigung der russischen und sowjetischen Historiographie, die Ostseeprovinzen noch nicht als Teil Russlands anzusehen, bedauerte schon Čulkov, dass die Zolleinkünfte aus Reval nicht in Narva (das zum Gouvernement St. Petersburg gehörte) oder Pskov eingingen. Daher hielt er es für erstrebenswert, den Handel dorthin umzulenken[530]. Des Weiteren sah er in der Größe des Landes einen Nachteil für den russischen Handel, da es aufgrund der Entfernungen sehr viel schwieriger sei, Vertrauen zwischen den Handelspartnern aufzubauen[531]. Umso wichtiger sei für den russischen Kaufmann die Kenntnis und Erfahrung anderer Kaufleute, weshalb Čulkov nach eigener Aussage die Mühen des Verfassens seiner umfangreichen Studie auf sich genommen habe, um derartige Verluste zu verhindern und auf diese Weise dem Vaterlande zu dienen[532].

Fazit Čulkov. Insbesondere die Verweise auf das Prinzip der Konkurrenz und der Eigenverantwortung als treibende Kraft der Wirtschaft und des Handels rücken Čulkov in die Nähe der Nationalökonomie Adam Smiths, womit er als zukunftsweisender Autor bezeichnet werden kann. Elemente merkantilistischer Ideen, wie die Förderung der eigenen Produktion und das Ziel von Handelsüberschüssen stellen ihn wiederum in die Tradition des ökonomischen Denkens in Russland während des 18. Jahrhunderts. Diese Tradition wird noch verstärkt durch Čulkovs breites Verständnis von Reichtum, welches auch nicht monetäre Aspekte umfasst. Bei Čulkov ist der Begriff allerdings weniger als bei Pososkov von orthodoxen Werten geprägt, sondern ähnlich wie bei Tatiščev auf die Produktion von Fertigwaren konzentriert. Damit scheint er auch von physiokratischen Ideen seiner Zeit beeinflusst worden sein. Diese Förderung der heimischen Manufakturen könne Russland autark und unabhängig vom Ausland

528 »V Anglii narod sam (ili lučše skazat' vybornye ot onago v parlamente) o svoj pol'ze pečetsja« [Aber in England achtet das Volk selbst (oder besser gesagt vom Volk erwählte Vertreter) auf sein Wohl]. Čulkov, Istoričeskoe opisanie VI, 4, S. 32.

529 Čulkov, Istoričeskoe opisanie I, 1, S. 48.

530 Čulkov, Istoričeskoe opisanie V, 2, S. 5.

531 Čulkov, Istoričeskoe opisanie I, 1, S. 32.

532 Ebenda, S. 42 f.

machen, was Čulkov als wünschenswert betrachtete. Auffällig ist die entgegen dem Zeitgeist schwache Rolle der Landwirtschaft, die deutlich nachgeordnet erscheint.

Da Tatiščev Ryčkov beeinflusst hatte und dieser wiederum Čulkov, kann tatsächlich von Traditionslinien des ökonomischen Denkens in Russland gesprochen werden. Diese entfernten sich zugleich auf der einen Seite langsam von merkantilistischen Grundsätzen und nahmen liberalere Ideen mit auf. Auf der anderen Seite führten sie aber auch nicht monetäre Aspekte in ihr Verständnis von Reichtum ein oder übernahmen diese von den Physiokraten. Insgesamt waren sie eher kritisch gegenüber der Idee des freien Handels, wie anhand von protektionistischen Ideen und Empfehlungen erkennbar wurde[533]. Letzteres stand immerhin nicht im Widerspruch zur offiziellen Politik des Russländischen Reiches.

Wilhelm Christian Friebe

Ein mit dem von Čulkov vergleichbares Werk ist die Geschichte des russischen Handels von Wilhelm Christian Friebedie nur wenige Jahre später (1796–1798) erschien. Friebe wurde 1761 in Ballhausen in Thüringen geboren und studierte in Göttingen Theologie, Statistik und Naturwissenschaften. Ab 1784 war er in Livland als Hauslehrer, später als Schulinspektor tätig und verstarb 1811 in Riga. Wie viele sogenannte Literaten der Zeit beschäftige er sich im Geiste der Aufklärung umfassend mit der Frage der Leibeigenschaft und der Landwirtschaft. Wie viele andere Aufklärer der Ostseeprovinzen war er gut in St. Petersburg vernetzt, nicht zuletzt als Mitglied der Kaiserlichen Freien Ökonomischen Gesellschaft, von der er 15 Preise für seine Schriften erhielt[534]. Wilhelm Christian Friebe war ein deutschsprachiger Untertan des Russländischen Reiches, der in den Ostseeprovinzen wohnhaft war – damit spiegelt sein Werk eine besondere Perspektive, da die Handelsstädte Riga und Reval, wir im ersten Kapitel gezeigt, zumindest ambivalent auf die in St. Petersburg beschlossene Handelspolitik schauten.

Friebes Geschichte des russischen Handels fand bisher wenig Beachtung in der Forschung, daher soll das in drei Bänden zwischen 1796 und 1798 in Gotha und St. Petersburg erschienene Werk im Folgenden etwas näher betrachtet werden[535]. Das einige Jahre zuvor erschienene Werk Čulkovsm hat der Au-

533 Zur Idee der Nachfolge dieser drei Personen Bondareva, Social'no-ėkonomičeskie vzgljady, S. 161 f. Zum Einfluss Ryčkovs auf Čulkov Istorija russkoj ėkonomičeskoj mysli, S. 492.

534 Zur Biographie Friebes Baltisches Biographisches Lexikon Digital, Eintrag Wilhelm Christian Friebe, in: https://bbld.de/0000000110259401 (letzter Zugriff 24.9.2019); Vejnberg, Fribe, S. 146 f.

535 Einige skizzenhaften Überlegungen bei Plath, Nördlich, westlich oder östlich?, S. 170–172.

tor offensichtlich aufgrund mangelnder Sprachkenntnis nicht rezipiert. Friebes Literaturliste, die er – im Gegensatz zu Čulkov – zu Beginn ausführlich anführt, besteht ausschließlich aus deutschen, lateinischen und französischen Titeln. Deutlich wird seine enge Verbindung zur Ökonomischen Gesellschaft und zur Akademie der Wissenschaften in St. Petersburg und somit zu Autoren wie August Ludwig von Schlözer, Gerhard Friedrich Müller, Johann Anton Güldenstedt, Hartwig Ludwig Christian Bacmeister, Samuel Gottlieb Gmelin, Anton Friedrich Büsching, August Wilhelm Hupel, Benedikt Franz Hermann, Johann Gottlieb Georgi und Heinrich von Storch; ein sprachlich-kulturelles Milieu, das praktisch keine Berührungspunkte zu Čulkovs Referenzen aufweist, aber sich mit denselben Fragen in derselben Stadt beschäftigte. Der hohe Anteil deutschsprachiger Autoren, häufig aus dem Baltikum, in der Ökonomischen Gesellschaft und in geringerer Anzahl auch an der Akademie der Wissenschaften war typisch für das 18. Jahrhundert[536]. Friebes drei Bände behandeln nach drei Regionen geordnet den Handel und die Ökonomie, also produzierendes Gewerbe und Agrarwesen, in chronologischer Ordnung.

Handelspolitik: die Rolle des Westens im Handel Russlands. Einen besonderen Schwerpunkt in der Darstellung Friebes beansprucht die im 18. Jahrhundert durch die Gründung St. Petersburgs und die Inkorporierung der Ostseeprovinzen ins Russländische Reich intensivierte Verbindung nach Westeuropa. Durch den nun möglich gewordenen Handel mit Westeuropa könne Russland sich modernisieren: »Der dadurch zugleich vergrößerte Handel hat dies Reich so metamorphorirt, dass es Einem aus dem vorigen Jahrhundert Wiederzurückkehrenden nicht mehr kenntlich wäre«[537]. Bemerkenswert dabei ist die besondere Betonung des Handels als Stimulus für den Fortschritt in Russland. Immer wieder kommt Friebes Bewunderung für Peter I. deutlich zum Ausdruck, schließlich habe dieser mit der Gründung St. Petersburgs diese Öffnung erst möglich gemacht. Anders als bei Friedrich Christian Weber, der zwar die positive Sicht auf Peter teilte, kommt bei Friebe das Motiv des Handels als treibende Kraft hinzu. Der große Peter sei nicht nur »erster Stifter einer eigenen Flotte«, sondern auch »eines ausgebreiteten und gesicherten Handels auf der Ostsee« gewesen[538]. Nicht so sehr die Kultur, sondern der Handel spielt für Friebe die zentrale Rolle:

> Von allen menschlichen Unternehmungen ist sicher der Handel die tätigste und anhaltendste. Der Handelsgeist weiß aus großen und kleinen Weltbegebenheiten Folgerungen und Vorteile zu ziehen, an die selbst der geübteste Staatsmann nicht immer denkt. Ebenso

536 Leckey, Patriotism, S. 236.
537 Friebe, Ueber Rußlands Handel, S. 105.
538 Ebenda, S. 96.

> unermüdet ist dieser Geist des Handels, dass er sich durch vorhergegangene Unglücksfälle nicht abschrecken lässt, sondern neue Versuche wagt, sein festgesetztes Ziel des Erwerbes und Gewinnes zu erreichen[539].

Schon im liberalen Sinne tritt der Handel hier gar als eigenständiger, vom Staat sogar unabhängiger Akteur – als »Geist des Handels« – auf, der die Dinge von selbst zum Guten wendet, was an Ideen der Eigeninitiative bei Čulkov erinnert. Im Unterschied zu Čulkov jedoch genießt insbesondere der Außenhandel bei Friebe eine hervorgehobene Wertschätzung: »Die entferntesten Nationen und Länder verbinden sich durch nichts leichter, als durch den Handel«[540].

Die Regierungszeit Katharinas, die der Autor aus eigener Anschauung kannte, wird ganz im Sinne des verbreiteten Stereotyps der Weiterführung und Vollendung der Politik Peters gesehen[541]. Die hier festgestellte Liberalisierung unter Katharina passte ja durchaus zu Friebes Vorstellungen eines selbstständig agierenden Handelsgeistes. Entsprechend sprach er sich auch entschieden gegen die Politik der Monopolvergabe der Herrscherinnen Anna und Elisabeth aus[542]. Der Einführung der liberaleren Tarife durch Katharina II. unterstellte er ein »philosophisches Finanzsystem«, was wohl ganz in ihrem Sinne gewesen sein dürfte[543]. Hier ist anzumerken, dass sein Werk zwar in Deutschland erschien, also nicht der direkten Kontrolle der russischen Zensur unterlag, doch kann auch bei ihm davon ausgegangen werden, dass er als Untertan der Zarin kein Interesse an einer Konfrontation mit den russischen Behörden hatte.

Tatsächlich bleiben Friebes Vorstellungen von einem unabhängigen Handelsgeist weitgehend theoretisch, denn in praktischer Hinsicht empfahl er doch Einschränkungen, die eine starke merkantilistisch-staatliche Sichtweise offenlegen. Dieser relativierte Freiheitsgedanke findet sich auch in seiner Haltung zur Leibeigenschaft, wie folgendes Zitat deutlich werden lässt:

> Freiheit, Eigentum und Unterrichtsanstalten sind die einzigen Mittel, aus welchen Volksveredlung, Volkswohlstand und Volksglückseligkeit entspringen. Freiheit ohne Eigentum ist Nichts; Freiheit und Eigentum ohne Aufklärung ist nichts Gutes; vereint hingegen

539 Ebenda, S. 83.

540 Ebenda, S. 40.

541 Bemerkenswert ist in dem Zusammenhang auch die sprachliche Nähe zu den Vorbildern Weber und Schlözer und deren Verknüpfung von »Verändertem Russland« zu »Neuverändertem Russland«. Beispielsweise: »Gleich bei Antritt der Regierung der jetzigen Monarchin erhielt das ganze Kommerzwesen eine veränderte Gestalt«. Friebe, Ueber Rußlands Handel, S. 111. Zur Rolle der Ostseeprovinzen unter Katharina II. Neuschäffer, Katharina II.

542 Friebe, Ueber Rußlands Handel, S. 111.

543 Ebenda, S. 114. Die Einführung der Bewaffneten Neutralität 1780 bezeichnet Friebe in diesem Sinne im Zeitalter der Aufklärung als »Vernunftgesetz«. Ebenda, S. 115.

> sind sie Alles. Aufklärung muss vorausgehen, ehe Menschen von ihrer Freiheit einen guten Gebrauch machen können. Sie muss die Mittel zeigen, mit der erhaltenen Freiheit auch das Eigentum zu schützen und zu vermehren[544].

So wie die Freiheit der Bauern an ihre Aufklärung konditioniert war, so sollte die Freiheit des Handels an staatliche Kontrolle gebunden sein. Entsprechend blieb Friebe auch im Bereich der Handelspolitik im Kern einem merkantilistisch-protektionistischen Dogma verhaftet und nah an der realen Handelspolitik Katharinas II.: »Überhaupt ist die Zulassung eines fremden Produkts, welches ein Land selbst hervorbringen und erzeugen kann, für die eigene Industrie und den Kunstfleiß, höchst nachteilig. Dadurch entzieht der Staat den eigenen Untertanen auf eine höchst ungerechte Art Nahrung und Gewerbe«[545]. Ganz besonders nachteilhaft ist dieses fremde Produkt Friebe zufolge, wenn es aus Frankreich kommt und ein vermeintliches Luxusprodukt ist. Daher betrachtete Friebe die Handelsbeschränkungen gegenüber dem revolutionären Frankreich von 1793 als außerordentlich positiv: »Russland erspart jetzt durch die aufgehobene Verbindung mit jenem Reiche Millionen Rubel, die vorher nach Frankreich, ohne je wieder zurück zu kehren, strömten«[546]. Statt aus Frankreich oder generell aus dem Ausland Produkte zu kaufen, empfahl Friebe, auch hier ganz auf der Linie merkantilistischen Denkens, durch die eigene Produktion in Manufakturen den Staatsreichtum zu mehren[547]:

> Wo aber schon gute rohe Materialien erzeugt und geliefert, diese aber mehrenteils [sic] roh oder in einer unvollkommenen Bearbeitung den Ausländern mitgeteilt werden, da muss der Staat verlieren, und der Reichtum des Ausländers wächst in demselben Grade, je mehr er von diesen Materialien Gebrauch zu machen weiß, und sie verändert und umgearbeitet dem Mutterlande wieder mit Vorteil zurückführt[548].

Neben dem Aspekt der positiven Handelsbilanz ist noch die Betonung der Bedeutung des Besitzes von Edelmetallen als eindeutig merkantilistisch zu interpretieren. Friebe widmet diesem Thema ein ganzes Unterkapitel[549].

Gerieten Friebes merkantilistische Ansichten in einen gewissen Gegensatz zu einer liberaleren Politik Katharinas, so ist der Kontrast von theoretischem Ideal und reeller Praxis hinsichtlich der Frage der russischen Handelsflotte be-

544 Ebenda, S. 291.
545 Ebenda, S. 114.
546 Ebenda, S. 244.
547 Ebenda, S. 401.
548 Ebenda, S. 404.
549 Ebenda, S. 120–139.

sonders markant. Er lobt zwar die Bemühungen Katharinas II. zur Förderung der russischen Kaufleute im Außenhandel, verschweigt aber die spärlichen Ergebnisse dieser lobenswerten Politik und geht also überhaupt nicht auf die oben genannte Debatte hinsichtlich der Ursachen des Scheiterns russischer Kaufleute im internationalen Handel ein[550].

Die äußere Dimension der Handelspolitik: der protestantische Norden gegen den romanischen Süden. Die Zurückhaltung, die Friebe anhand der Frage nach der Rolle russischer Kaufleute im Außenhandel an den Tag legte, ist symptomatisch, denn er hielt sich insgesamt mit Aussagen zur inneren Verfasstheit des russischen Handels zurück. Er bezieht auch keine Position bezüglich der Stellung russischer Kaufleute innerhalb der russischen Gesellschaft. Ob er sich nicht traute, zu dieser kontroversen innenpolitischen Frage klar Farbe zu bekennen, oder ob er dieses Thema für seine deutsche Leserschaft nicht für hinreichend interessant hielt, kann nicht entschieden werden. Wahrscheinlich bewirkten beide Motive gleichermaßen seine Zurückhaltung in dieser Frage.

Hielt sich Friebe also hinsichtlich der innenpolitischen Debatte über den Handel im Russländischen Reich auffallend zurück, so ist er bei der außenpolitischen Dimension weniger vorsichtig. Hier wird seine klare Positionierung zugunsten einer den Handel in den Mittelpunkt stellenden »protestantischen Ethik«, wie sie Max Weber vielleicht genannt hätte, im Kontrast zu den stärker die Landwirtschaft betonenden französischen Physiokraten – man erinnere sich an seine generelle Ablehnung der Ausbreitung der französischen Kultur in Russland in der zweiten Hälfte des 18. Jahrhunderts – überaus deutlich:

> Wenn sich zugleich mit dieser Veränderung eine falsche Richtung von Kultur und ein verderblicher Luxus mit verpflanzte, so war dies Folge der nachherigen Convenienz, nicht Peters Absicht. Peter suchte die reelle Tätigkeit der Deutschen, Engländer und Holländer in seine Staaten zu verpflanzen; aber die folgenden Generationen verachteten diesen Wink. Man griff nach den schimmernden leichten französischen Auswüchsen von sympathischen Gefühlen geleitet, und es entstand in denen sich nach französischen Sitten bildenden Klassen eine bastartartige Kultur, in der weder das Angeborene noch das Fremde mehr kenntlich war. Dies zweckte weder auf allgemeine Industrie noch auf Patriotismus ab[551].

Friebes Bewunderung für die »reelle Tätigkeit der Deutschen, Engländer und Holländer«[552] verweist zumindest auf eine Wertschätzung der Arbeit bzw. eines tätigen Lebens, die zumindest als anschlussfähig an das Denken der zeitgenössischen Physiokraten erscheint. Dennoch grenzt seine Hervorhebung der

550 Ebenda, S. 118 f.
551 Ebenda, S. 105.
552 FRIEBE, Ueber Rußlands Handel, S. 105.

Handelstätigkeit der protestantischen Länder ihn deutlich von diesen ab. Mit seiner Bewunderung für den merkantilen protestantischen Norden gegenüber dem dekadenten romanischen Süden stand Friebe ohnehin nicht allein – auch der aus Straßburg stammende und selbst in französischen Diensten stehende Johann Benedikt Scherer erklärte die Verdrängung der Portugiesen durch die Holländer mit einem Verweis auf die vermeintlich durch den Luxus hervorgerufene »Weichlichkeit« und »tödliche Schlafsucht« der Portugiesen[553].

Schlimmer als die Franzosen sind nach Meinung Friebes nur noch die Juden, die er als »exotische Nation« und als »Schmarotzerpflanze« bezeichnet, da sie keine eigenen Wirtschaftsgüter produzierten. Der hohen Wertschätzung Friebes gegenüber dem Handel ungeachtet, sah er in der jüdischen Bevölkerung keine Kaufleute, sondern nur »bei den Bauern herumschleichende Trödler«, die »wie Insekten, den Landleuten ihre letzten Kräfte aussaugen«[554]. Bemerkenswerterweise ist dieser scharfe Antisemitismus bei den russischen Autoren nicht zu beobachten, was aber durch den zeitlichen Faktor erklärbar sein könnte. Erst durch die Teilungen Polen-Litauens wurden Juden in großer Zahl Untertanen des Russländischen Reiches und zugleich auch Konkurrenten auf dem Binnenmarkt. Entsprechend sahen Schriften, die vor oder kurz nach den Teilungen erschienen, jüdische Kaufleute noch nicht als Konkurrenten an.

Die innere Dimension der Handelspolitik: die Situation der Ostseeprovinzen. Für Friebe setzten sich im Innern Russlands im Kontrast zu Juden und Franzosen vor allem Deutschbalten positiv ab, also die Bezugsgruppe, in der er sich selbst verortete. Auffällig ist in diesem Zusammenhang die besondere Betonung einer vermeintlichen rigensischen Sparsamkeit im Vergleich zu dem verschwenderischen St. Petersburg. Diese hätte sowohl den deutschbaltischen Kaufleuten in Riga als auch dem Russländischen Reich insgesamt viel Nutzen gebracht[555]. Dank des Einflusses der Deutschbalten hätten somit die auf den Handel gerichteten Reformen Peters weitergeführt werden können[556]. Überhaupt sieht Friebe die Zugehörigkeit zum Russländischen Reich, wie zunächst viele Deutschbalten, im Allgemeinen sehr positiv. Im Besonderen aber sei sie vorteilhaft für die Entwicklung des Handels in Livland und nicht zuletzt in Riga: »Nur seit der Zeit, da Livland mit Russland vereinigt wurde, hat auch der Handel in Riga eine grö-

553 Scherer, Geschichte und gegenwärtiger Zustand, S. 9.

554 Friebe, Ueber Rußlands Handel, S. 294 f.

555 »Geschmack und Geld sind nicht selten zwei entgegengesetzte Dinge«. Ebenda, S. 198.

556 »Der hin und wieder ausgestreute Same trug zwar wenige, aber doch einige Früchte. Die vielen eingewanderten Ausländer, die im Innern des Reiches zerstreuten schwedischen Offizier, noch mehr aber die Bewohner der Ostseeischen [sic], jetzt mit Russland vereinigten Provinzen, vorzüglich die deutschen Liv- und Estländer, trugen zur wachsenden Kultur, zu einer zweckmäßigen Ökonomie und zu einem unternehmendern [sic] und besser geordneten Handel sehr vieles bei«. Ebenda, S. 109.

ßere Beständigkeit erhalten, als unter allen vorhergegangenen Regierungen«[557]. Und es ist erneut der Handel, dem Friebe zufolge die Schlüsselrolle bei dieser positiven Entwicklung zukommt: »Livland, bisher durch schwedische Despotenherrschaft völlig entkräftet, erhielt durch den erneuerten und gesicherteren Handel neues Leben«[558].

Auffällig ist jedoch, dass er keine kritischen Bemerkungen zu der in den Ostseeprovinzen sehr negativ gesehenen Statthalterschaftsverfassung machte oder die bereits im ersten Kapitel thematisierte lokale Kritik an der Rolle St. Petersburgs bei der Zollpolitik in Riga aufnimmt[559]. Dabei ist davon auszugehen, dass er, der seinen Lebensmittelpunkt in Livland hatte, mit dieser Kritik durchaus vertraut war.

Fazit Friebe: Wilhelm Christian Friebe verdient an dieser Stelle vor allem deswegen Beachtung, da bei ihm die Binnen- und Außenperspektive miteinander verschwimmen, wodurch die Lage und auch Funktion der Ostseeprovinzen im russischen Kontext reflektiert wird. Einerseits benutzt er praktisch nur westeuropäische Literatur und war nur in deutschsprachigen Kreisen in St. Petersburg vernetzt. Andererseits war er wie auch zahlreiche andere Deutsche immerhin in St. Petersburg und dort in akademisch elitären Institutionen vertreten und beschäftigte sich mit Russland als Forschungsgegenstand. Somit spiegelt seine Untersuchung im Unterschied zu Scherers Werk, das in Frankreich geschrieben wurde, tatsächlich auch die Binnenperspektive auf den russischen Handel und zumindest einen Teil des hauptstädtischen Diskurses über ökonomische Fragen wider.

Was Friebes Positionen betrifft, so ist eine panegyrische Haltung gegenüber Peter I. und Katharina II. deutlich erkennbar, die, obwohl sein Werk in Deutschland erschien, zum Teil auf die Selbstzensur zurückzuführen ist. Jedenfalls vermisst man kritische Töne z. B. hinsichtlich der mageren Ergebnisse der Förderung einer russischen Handelsflotte, des sozialen Status der russischen Kaufleute oder der Auswirkungen der Statthalterschaftsverfassung auf den Hafen in Riga. Authentisch ist sicher seine Lobpreisung für die Westöffnung des Handels durch Peter I. und generell die Betonung der Bedeutung des Außenhandels für Russland. Doch bleibt hier seine Haltung zum freien Handel ähnlich relativiert wie seine Einstellung zur Freiheit der Leibeigenen, da er im Grunde protektionistische Empfehlungen hinsichtlich der Zollpolitik äußert und damit das »philosophische System« Katharinas II. gutheißt. Zwar schreibt er dem Handel eine eigenständige regulative Kraft zu, was ihn in die Nähe der Lehren Smiths rückt, doch empfiehlt er auf der anderen Seite klar ein protektionistisches Eingreifen des Staates, das ihn eher als klassischen Merkantilisten erscheinen lässt. Zwar

557 Ebenda, S. 197.
558 Ebenda, S. 101.
559 Siehe die Abschnitte zu Riga und Reval (Kap. II.3 und II.4).

spricht er von der »reellen Tätigkeit« als Wertschöpfung, so dass gewisse physiokratische Einflüsse vermutet werden können, doch ist er auf kultureller Ebene ein glühender Anhänger des protestantischen Nordens Europas und der dort gepflegten Handelspraxis, unabhängig davon ob merkantilistisch oder stärker liberaleren Ansichten folgend.

Aleksandr N. Radiščev

Eine besondere Stellung unter denjenigen, die während der Regierungszeit Katharinas II. etwas zum ökonomischen Denken in Russland beigetragen haben, nimmt sicherlich Aleksandr Radiščev ein. Vor allem durch seine »Reise von St. Peterburg nach Moskau« ist er als »Revolutionär« in der russischen Geschichte bekannt geworden[560]. Hier interessiert jedoch weniger seine »revolutionäre« Einstellung oder deren Auswirkung auf die russische Geschichte, sondern vielmehr seine Funktion in der Petersburger Zollbehörde als Angestellter Voroncovs, die ihm – wie auch Čulkov – Einblicke in die Praxis des Außenhandels in der russischen Hauptstadt gewährte und auf die er beim Verfassen seiner einschlägigen Texte zurückgreifen konnte. Seine in diesem Zusammenhang wohl bedeutsamste Schrift ist nicht die »Reise von St. Petersburg nach Moskau«, sondern sein »Brief über den chinesischen Handel« an seinen Vorgesetzten Voroncov, den er indes bereits im sibirischen Exil verfasste[561].

Radiščevs biographischer Hintergrund verband ihn nicht nur hinsichtlich der gemeinsamen Tätigkeit in der Zollbehörde mit Čulkov, denn beide hatten einst als Pagen am Hof in St. Petersburg gedient. Was seinen sozialen Hintergrund betraf, war allerdings die Parallele zu Voroncov größer. Denn Radiščev wurde 1749 in einer adligen Familie mit über 3000 Leibeigenen geboren und konnte von 1766 bis 1771 eine akademische Ausbildung in Form eines Jurastudiums an der Universität Leipzig absolvieren, wo er mit den Ideen der europäischen Aufklärung in Berührung kam. Leipzig war zu dieser Zeit neben Göttingen ein Zentrum für russische Studenten im westlichen Ausland[562]. Ab 1776 war er dann im Kommerz-Kollegium beschäftigt und ab 1780 bei der Zollbehörde von St. Petersburg, deren Leitung er 1790 übernahm – kurz vor seiner Verhaftung[563].

Handels- und Zollpolitik. Ähnlich wie Desnickij und Tret'jakov sah auch Radiščev, wie die beiden vorgenannten von Adam Smith beeinflusst[564], in der Ar-

---

560 ELISEEVA, Radishchev; HOFFMANN, Aleksandr Nikolaevič Radiščev.

561 RADIŠČEV, Pis'mo o Kitajskom torge.

562 SHIROKORAD, Deutsche Einflüsse, S. 18 f.

563 Biographische Daten bei PRIKAZČIKOVA, Ėkonomičeskie vzgljady, S. 25–64; HOFFMANN, Aleksandr Nikolaevič Radiščev.

564 Zum Einfluss Adam Smiths auf Radiščev VOROB'EV/SEMENKOVA, Osobennosti, S. 38.

beit die Hauptquelle des Reichtums eines Staates[565]. Allerdings verschob sich bei ihm der Schwerpunkt vor allem auf die Arbeit im produzierenden Gewerbe, d. h. in großen Manufakturen und in bäuerlichen Werkstätten[566]. Damit im Einklang, trat Radiščev gegen das Prinzip des freien Handels ein und befürwortete sogar ein Verbot ausländischer Manufakturwaren, um die heimische Produktion zu schützen. Anders als die Merkantilisten jedoch betrachtete er den Handel im finanziellen Sinne nicht als mögliche Gefahr oder als Segen für den eigenen Staatshaushalt. Für ihn sei Handel per se immer ein gleichwertiges Tauschgeschäft ohne Gewinner und Verlierer. Der Handel war somit auch nicht die Quelle des Reichtums, weil das ja nur die Arbeit sein könne: »Denn am Ende all dieser Untersuchungen bleibt jeder Handel ein Tausch«[567].

Mit dieser Theorie des Handels als äquivalenter Tausch kritisierte er auch den merkantilistischen Standpunkt der Unterscheidung zwischen Rohstoffen und verfertigten Waren. Sogar die Fokussierung auf Edelmetalle hielt Radiščev für unangebracht und wandte sich damit entschieden von merkantilistischen Ansichten ab[568]. Der Handel diene vielmehr dem Prinzip der Arbeitsteilung und fördere so den Fortschritt[569].

Die Stellung des Außenhandels betrachtete er eher kritisch. Zwar sah er dessen Nutzen als Einkommensquelle des Staates, doch konnte oder sollte er nicht die wichtigste Möglichkeit zur Generierung von Staatseinkünften sein, da Russland in erster Linie von dem Reichtum im Lande, also der Arbeit, profitieren solle, was als eine physiokratische Position zu bezeichnen ist[570].

Um das eigene produzierende Gewerbe zu schützen, unterstützte Radiščev protektionistische Ansätze und stand mit dieser eher merkantilistischen Haltung der tatsächlichen Politik Katharinas II. kritisch gegenüber. In diesem Punkt geriet er auch in Widerspruch zu seiner Theorie des Handels als äquivalentem Austausch. Denn auf der einen Seite kritisierte er die Prinzipien der

565 Ebenda, S. 41.

566 Murav'eva, Razvitie, S. 77.

567 »Ibo po konec vsech izyskanij vsjakoj torg est' menovoj«. Radiščev, Pis'mo o Kitajskom torge, S. 31 f.

568 »Rossija za vino, sachar i pr. daet železo, salo, pen'ku i len. Ispanija serebro i zoloto. I čem v torgu sii metally mogut byt' preimuščestvennee?« [Russland gibt für den Wein, Zucker und anderes sein Eisen, Speck, Flachs und Leinen, Spanien sein Gold und Silber. Aber wer besitzt im Handel mit diesen Metallen die Oberhand?]. Radiščev, Pis'mo o Kitajskom torge, S. 32.

569 Vorob'ev/Semenkova, Osobennosti, S. 42.

570 »Sledovatel'no vnešnjaja torgovlja, chotja i možet byt' edinym ot istočnikov ego bogatstv, no ne možet posemu nikogda počest'sja neobchodimoju Gosudarstvennoj sily i moguščestva oporoju, a potomu kažetsja v pol'ze obščestvennoj možet zamena byt' tem ili drugim« [Folglich kann der Außenhandel, auch wenn er die einzige Quelle des Reichtums sein mag, nicht immer die dem Staat notwendige Stärke und Macht berücksichtigen, daher kann er zum Nutzen der Gesellschaft durch anderes ausgetauscht werden]. Radiščev, Pis'mo o Kitajskom torge, S. 5 f.

Merkantilisten und deren Konzentration auf die Menge der Edelmetallreserven, auf der anderen Seite empfahl er jedoch in der Praxis für Russland eine protektionistische Politik gegenüber der übermächtigen ausländischen Konkurrenz[571].

Die soziale und äußere Dimension der Handelspolitik. Radikaler als seine Zeitgenossen trat Radiščev bekanntermaßen gegen die Leibeigenschaft ein und unterstützte ein Verständnis von Reichtum, das die gesamte Bevölkerung umfasste und nicht nur die Staatskasse[572]. Dass er mit dieser Position zu einer radikalen Minderheit innerhalb des Adels gehörte, ist hinlänglich bekannt. Der wahrscheinlich radikalste Punkt, in dem sich Radiščev von den anderen hier untersuchten Autoren unterscheidet, ist der aus dem Naturrecht stammende universalistische Ansatz, wodurch der merkantilistisch-staatliche Rahmen aufgebrochen wird[573]. Doch erkannte Radiščev auf der anderen Seite bereits nach seinen Studienjahren in Leipzig an, dass es Entwicklungsunterschiede zwischen den Ländern gab, was unterschiedliche Methoden in der Handels- und Wirtschaftspolitik erforderte. Wie viele seiner Zeitgenossen, darunter auch Čulkov und Friebe, betrachtete er England als Vorbild in der Handelspolitik und als eine Art Zentrum des Welthandels. Darin ist sein Denken anschlussfähig an das Konzept der Weltsystemtheorie, was weiter unten nochmals aufgegriffen werden soll[574].

Fazit Radiščev. Zwar ist der Beitrag Radiščevs zum ökonomischen Denken seiner Zeit sicherlich geringer als der von Čulkov. Und das Handelsthema in dessen Œuvre ist nicht vergleichbar zu seinen in der »Reise von St. Petersburg nach Moskau« ausgedrückten politischen sozialrevolutionären Ideen, doch verdient er hier Beachtung aufgrund der Radikalität seiner Ansichten, die sicher auch auf die Tatsache zurückzuführen sind, dass er ohnehin schon im Exil war und anders als Čulkov kein Auftragswerk für den Staat verfasste. Radikal waren seine Ideen hinsichtlich der Universalität seiner Denkweise, die über den engeren, bei den anderen stärker ausgeprägten patriotisch-staatlichen Rahmen hinausgingen, aber auch in Hinblick auf seine radikale Vorstellung von Reichtum, die allein von der Arbeit und dem Wohlergehen der Bevölkerung abhing und weniger von einem fiskalisch berechenbaren Außenhandelsüberschuss oder der Staatskasse.

---

571 Prikazčikova, Ėkonomičeskie vzgljady, S. 116.

572 Ebenda, S. 133 f.

573 Vorob'ev/Semenkova, Osobennosti, S. 38 f.

574 »Anglija s 8 millionami žitelej s takovym učreždenijami postavila sebja v čislo pervostatejnych Gosudarstv v Evrope« [England mit seinen 8 Millionen Einwohnern schaffte es, sich mit seiner Verwaltung in den Kreis der erstklassigen Staaten Europas zu erheben]. Radiščev, Pis'mo o Kitajskom torge, S. 6 f.

3.4.6 Fazit Katharina II.

Die Regierungszeit Katharinas II. ist hinsichtlich ihrer Handelspolitik und dem zeitgenössischen Denken dieser Zeit vor allem durch einige Widersprüche und Ambivalenzen gekennzeichnet, wie folgende Punkte deutlich werden lassen:

1. *Antiproportionales Verhältnis zwischen Maßnahmen und Wirkung.* Die wohl interessanteste Beobachtung im Hinblick auf Katharinas Handelspolitik und ihr Verhältnis zu den vorangegangenen Jahrzehnten ist die relative Liberalisierung, die durch den Wandel des ökonomischen Denkens beeinflusst war. Allerdings veränderten sich nicht so sehr die Ziele der Handelspolitik im Vergleich zur ersten Hälfte des Jahrhunderts. Die partielle Liberalisierung hatte eher Konsequenzen für die Methoden als für die Ziele der Handelspolitik. Ein Beispiel für dieses Phänomen wurde bereits im ersten Kapitel dargelegt: Die Dominanz des Hafens St. Petersburg endete nicht, nachdem seine Sonderstellung hinsichtlich der Zollpolitik aufgehoben worden war. Ein ähnliches Beispiel aus diesem Kapitel ist die Vormachtstellung der Engländer im Außenhandel Russlands, welche mit dem Vertrag von 1734 ihre rechtliche Basis gefunden hatte. Obwohl dieser Sonderstatus im Zuge der Liberalisierung unter Katharina und der damit zusammenhängenden Diversifizierung der Handelskontakte, die sich in dem Abschluss vieler Handelsverträge mit anderen europäischen Mächten zeigte, verloren gegangen war, nahm die Vormachtstellung der Engländer kaum Schaden.
2. *Verbreiterung und Professionalisierung des Diskurses.* Der zweite wichtige Punkt, der für die Herrschaftszeit Katharinas II. charakteristisch war, ist die erhebliche Verbreiterung und Professionalisierung des Diskurses. Außer Čulkov hatten die hier diskutierten Personen einen Universitätsabschluss. Einige, wie Tret'jakov und Desnickij, waren sogar als Professoren an der Moskauer Universität tätig, wenn auch noch nicht im Bereich des ökonomischen Denkens, das als Disziplin noch nicht existierte. Auch gab es mit der Zeitschrift der Ökonomischen Gesellschaft »Trudy« bereits eine Plattform für den Meinungsaustausch einer intellektuellen Elite, die inzwischen für so unterschiedliche Charaktere und Ansichten wie die Ščerbatovs und Radiščevs Platz hatte. Dabei untergliederte sich die Debatte nicht nur in einen progressiven und einen konservativen adligen Standpunkt, denn zusätzlich existierte auch ein deutschsprachiges Milieu, das weitgehend isoliert dieselben Themen diskutierte. Da diese polyphonen Stimmen sich in begrenzter Weise artikulieren konnten, kann auch hier von einer relativen Liberalisierung gesprochen werden. Wie der Wandel des Reichtum-Begriffs zudem verdeutlicht, kann hier von Ansätzen einer »Russischen Schule« des ökonomischen Denkens gesprochen werden. Darüber hinaus waren aber auch zeitgenössische Ein-

flüsse aus Europa omnipräsent, wie neben den Lehren Adam Smiths auch die physiokratische Schule und ihre Schwerpunktsetzung auf die Landwirtschaft, welche in Russland stark ausgeprägt war.

3. *Ambivalenz des Erfolges.* Bei ausschließlicher Betrachtung der Handelspolitik ist festzustellen, dass die Epoche Katharinas von einem enormen Anstieg des Außenhandels insgesamt und des Außenhandelsüberschusses im Besonderen geprägt war, was durchaus als Erfolg ihrer Handelspolitik gewertet werden könnte. Andererseits existieren wegen des weitverbreiteten Schmuggels von Luxuswaren berechtigte Zweifel am tatsächlichen Außenhandelsüberschuss. Darüber hinaus verursachte die zum Ende des Jahrhunderts rasant anwachsende Inflation im Zusammenhang mit den steigenden Kriegskosten eine äußerst problematische Haushaltslage. Zudem gelang es auch Katharina II. nicht, den Außenhandel unter die Kontrolle russischer Kaufleute zu bringen. Die Erfolge, die auf diesem Gebiet zum Ende des Jahrhunderts erzielt wurden, waren eher Ergebnis statistischer Tricks als einer realen Steigerung des Anteils russischer Kaufleute im Außenhandel. Diesem Misserfolg stand auf der anderen Seite paradoxerweise der Aufstieg Russlands zu einer internationalen Seemacht gegenüber, die ihre handelspolitischen Interessen – im Rahmen der Bewaffneten Neutralität – notfalls auch mit militärischer Gewalt durchsetzen konnte. Doch erzeugten diese militärischen Maßnahmen derart hohe Kosten, dass sie ihrerseits den Erfolg zumindest relativierten.
4. *Ambivalenz der Freiheit.* Wie gezeigt, hatte Katharina II. ein sehr ambivalentes Verhältnis zum Begriff der Freiheit. Auf der einen Seite sind ihre Zolltarife und die Aufhebung der Handelsmonopole unzweifelhaft mit dem Begriff der Liberalisierung verbunden. Auf der anderen Seite war sie jedoch nicht bereit, Vorschläge wie den von Dmitrij V. Volkov zur völligen Abschaffung von Zöllen umzusetzen. Stattdessen blieb die Rolle des Staates als Regulator des Handels auch zu ihrer Regierungszeit sehr stark. So ist im Bereich der Handelspolitik eine ähnliche Ambivalenz festzustellen, wie sie allgemein zur Charakterisierung ihrer Herrschaft im Begriff des »aufgeklärten Absolutismus« mitschwingt. Entsprechend wurde hier von einer partiellen Liberalisierung gesprochen.

4. Schlussbetrachtungen

4.1 Zusammenfassung

Das achtzehnte Jahrhundert war das des Handels! (Karl Marx)[1]

4.1.1 Fazit: Handels- und Zollpolitik

Diese Bemerkung von Karl Marx trifft ohne Zweifel auch auf das russische 18. Jahrhundert zu, auch wenn dies in der Historiographie bisher vergleichsweise vernachlässigt wurde. Allein die Wachstumsraten zeigen deutlich das Ausmaß des Erfolges an, den Peters handelspolitische Fensteröffnung nach Europa in Form seiner Hafenstadt St. Petersburg hatte, wie im ersten Kapitel gezeigt werden konnte. St. Petersburg vereinigte einen Großteil des russischen Außenhandels im 18. Jahrhundert auf seinen Hafen, aber auch Riga als zweitrangige Konkurrenzhafenstadt konnte deutliche Wachstumsraten im Export und Import verzeichnen[2].

Ohne die im ersten Kapitel genannten Tabellen zu den einzelnen Hafenstädten zu wiederholen, soll an dieser Stelle ein Blick auf die gesamtrussischen Zolleinnahmen genügen, um den Erfolg des russischen Außenhandels im 18. Jahrhundert zu verdeutlichen und anhand dieser gesamtrussischen Entwicklung die Auswirkungen der behandelten Zolltarife abzulesen (Abb. 10).

Zunächst ist aus dieser Aufstellung ersichtlich, dass, wie bereits erläutert, erst ab 1742 durchgehende Angaben zu den Zolleinkünften vorliegen. Daher lässt sich die Auswirkung des Zolltarifs von 1724 aus dieser Graphik nicht ablesen. Doch sei daran erinnert, dass der russische Außenhandel insgesamt erst nach dem Ende des Großen Nordischen Krieges und der Einführung des Zolltarifs stark zu wachsen begann. Weiter ist klar zu erkennen, dass ein nicht unwesentlicher Teil – sogar weit mehr als die Hälfte – in westlichen Münzen (Albertusthalern) eingenommen wurde, da in Riga alle ausländischen Handelspartner und in St. Petersburg alle außer den Engländern in westlicher Münze zu zahlen hatten.

Das änderte sich massiv, als Elisabeth die Zollsätze in St. Petersburg anhob, was die Einnahmen in Rubel in die Höhe trieb, während die Einnahmen in Albertusthalern bis zur Herrschaft Katharinas II. konstant blieben. Der neue

1 Marx/Engels, Vorgeschichte der Modernen Gesellschaft, S. 59.

2 Siehe die Kap. II.1, II.3 und II.7.

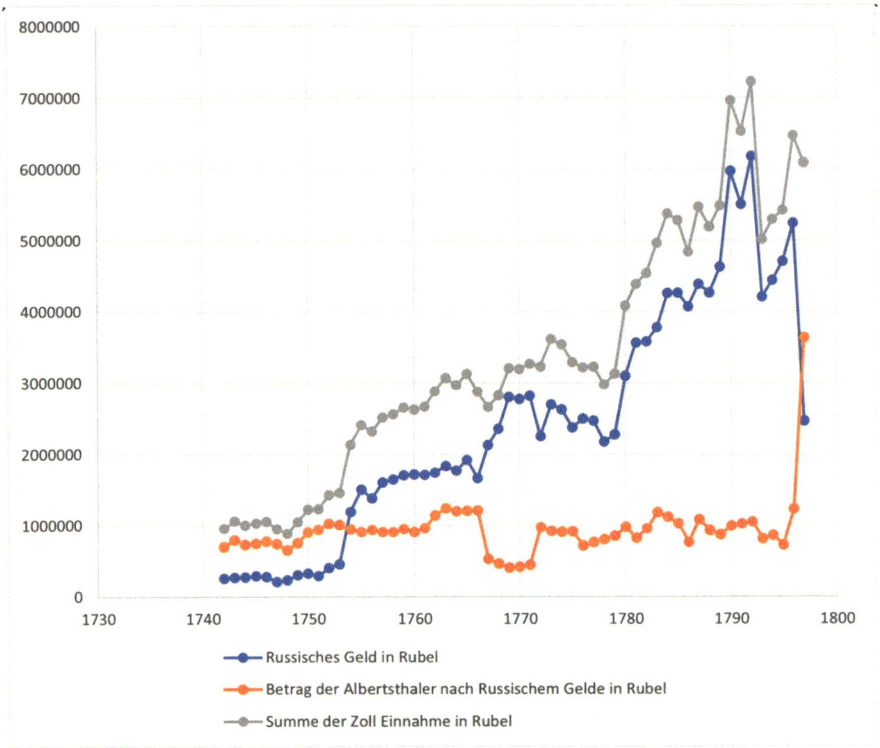

Abb. 10: Gesamtrussische Zolleinnahmen 1741–1797
Quelle: Storch, Supplementband, S. 3.

von 1766 bewirkte erstens hohe Wachstumsraten im Außenhandel insgesamt, zweitens aber einen Rückgang der Einnahmen in Albertusthalern aufgrund der Aufhebung der gesonderten Zollbestimmungen für die Ostseeprovinzen. Nachdem die Wachstumsgeschwindigkeit zurückgegangen war, erfolgte der nächste klare Anstieg durch die Einführung der Bewaffneten Neutralität 1780 und die Einführung des neuen Tarifs von 1782. Da zugleich die Ostseeprovinzen vollständig zollpolitisch in das Reich eingegliedert wurden, stiegen jedoch nicht die Einnahmen in Albertusthalern. Bei den starken Wachstumszahlen in den letzten beiden Jahrzehnten des Jahrhunderts ist jedoch die schon mehrfach erwähnte Inflation stets mit zu berücksichtigen. Im Zuge der Französischen Revolution und der folgenden Handelsbeschränkungen gingen die Zolleinnahmen zunächst drastisch zurück. Kurz darauf machte sich der dramatische Kursverfall des Rubels bemerkbar, indem die Zahlungen mit Albertusthalern aufgrund des höheren Vertrauens in diese Währung entschieden zunahmen. Insgesamt unterstreichen die extremen Kursschwankungen zum Ende des Jahrhunderts schließlich auch, dass hier eine Zäsursetzung sinnvoll erscheint.

Des Weiteren ist mit Blick auf Abb. 10 an das im Zwischenfazit zu Katharina II. festgestellte Phänomen zu erinnern, das auch im Gesamtverlauf des Jahrhunderts erkennbar ist: das antiproportionale Verhältnis zwischen den Maßnahmen der Handelspolitik und deren Wirkung. Je stärker sich liberale Tendenzen in der Tarifpolitik durchsetzten, desto größer wurde das Wachstum. Dies gilt wie erwähnt sowohl für die Gesamtentwicklung als auch für die Dominanz des Haupthafens St. Petersburg gegenüber den anderen Häfen, welche schließlich unter Katharina nicht mehr benachteiligt waren, aber St. Petersburg nicht mehr verdrängen konnten.

Hier spiegelte sich in Russland ein Mechanismus, den der Wirtschaftswissenschaftler Erik Reinert für England in der Frühen Neuzeit beschreibt. England habe so lange eine merkantilistische Politik der Schutzzölle in Form der *Navigation Acts* verfolgt, bis es wirtschaftlich so stark war, dass es sich die liberale Freihandelspolitik von Adam Smith und etwas später von David Ricardo habe leisten können[3]. In ähnlicher Weise kann die Entwicklung des Hafens von St. Petersburg gegenüber den anderen Häfen interpretiert werden. St. Petersburg brauchte so lange staatliche Unterstützung, bis seine Dominanz so unangefochten war, dass zu einem fairen oder besser liberalen Wettbewerb übergegangen werden konnte, ohne die Vormachtstellung der Hauptstadt gefährden zu müssen[4].

Ist die Handelspolitik Russlands im 18. Jahrhundert also als ein Erfolg zu bewerten? Die Antwort auf diese Frage hängt natürlich von den Ansprüchen und Zielen ab, die an diese Politik gestellt wurden, und somit auch von den hier thematisierten ökonomischen Vorstellungen[5]. Ohne Zweifel verdeutlicht Abb. 10, dass das Ziel der Steigerung der Staatseinkünfte durch den Außenhandel zum Ende des Jahrhunderts – unabhängig von der Inflation – erreicht wurde. Dass sich der Staatshaushalt zum Ende der Regierungszeit Katharinas II. dennoch in einer problematischen Lage befand, lag weniger an vermeintlichen Misserfolgen im Außenhandel als an den steigenden Ausgaben, nicht zuletzt auch durch die fortdauernden militärischen Aktivitäten.

Auf dem Feld der Zollpolitik kann also unzweifelhaft eine Art »unsichtbare Hand« Peters I. festgestellt werden. Er wollte den Handel mit Westeuropa zur Erhöhung der Staatseinnahmen intensivieren und unabhängig von den ergriffenen Maßnahmen – ob merkantilistisch wie unter ihm, protektionistisch wie

3 Reinert, How Rich Countries, S. 24. Reinert zitiert hier den zeitgenössischen italienischen Wirtschaftswissenschaftler Antonio Genovesi (1712–1769), der den protektionistischen Charakter der englischen Außenhandelspolitik feststellte, was hier in der Arbeit vor allem im Kontext des Vertrages von 1734 analysiert wurde.

4 Siehe den Abschnitt zu St. Petersburg (Kap. II.7).

5 Siehe zu dieser Frage auch die abschließenden Überlegungen im globalgeschichtlichen Kontext unter Kap. IV.2.2.

zwischen 1725 und 1762 oder liberal-protektionistisch wie unter Katharina – war das Ergebnis stets eine steigende Einnahmekurve der Zolleinkünfte. Der Staat wurde also entsprechend der Ideen der Nationalökonomie im Sinne einer Liberalisierung zunehmend unsichtbarer, das Ziel Peters blieb aber bestehen und wurde auf diesem Gebiet erreicht.

Anders sieht es mit dem merkantilistischen Ziel der Kontrolle des Außenhandels durch eigene Kaufleute aus. Dieses Ziel wurde durchgehend nicht erreicht, obwohl es in allen drei hier behandelten Epochen stets verfolgt wurde. Auch die Maßnahmen ähnelten einander. Eine der Hauptursachen für das Versagen dieses Politikbereichs lag in der sozialen Stellung der russischen Kaufleute, die ihren ausländischen Kollegen nicht auf Augenhöhe begegnen konnten. Um dies tun zu können, hätten sie zunächst einmal einer innerpolitischen Unterstützung bedurft, was zur sozialen Dimension der Handelspolitik überleitet.

4.1.2 Fazit: Soziale Dimension der Handelspolitik

Immer wieder wurde England als Vorbild für die Handelspolitik in den theoretischen Schriften der Zeit genannt. Die Autoren waren sich vor allem darin einig, dass es dort den Kaufleuten gelungen sei, ihren politischen Einfluss im Interesse des nationalen Handels durchzusetzen. Ähnliches gelang in Russland nicht im Geringsten[6]. Zwar hegte Peter einige Sympathien gegenüber den Kaufleuten und einige Maßnahmen kamen ihnen entgegen, aber zum einen verstarb er schon recht bald nach dem Ende des Großen Nordischen Krieges, so dass ein freier Handel sich während seiner Regierungszeit erst zu entwickeln begann. Und zum anderen vertraute auch Peter zu sehr seiner engeren politischen Umgebung, also dem höheren Adel und den wenigen sozialen Aufsteigern wie Menšikov und Šafirov, die beide auch im Handel reich wurden. Eine breite und systematische Unterstützung für die russischen Kaufleute blieb auch unter ihm aus, wie der russische Kaufmann Pososkov kritisch zu berichten wusste[7].

In der nachpetrinischen Zeit wurde es nicht besser. Im Gegenteil, schon die sowjetische Forschung hat darauf hingewiesen, dass sowohl unter Anna (»Deutsche«) als auch unter Elisabeth sich der engere Kreis von Hochadligen am Hofe in St. Petersburg am Handel bereicherte und die russischen Kaufleute gegenüber dieser inneren Konkurrenz zwischen Adligen und handeltreibenden Bauern keine gesicherte Existenz aufbauen konnten. Insbesondere das Mittel der Monopolvergabe an Hochadlige während der Regierungszeit Elisabeths ist schon von Zeitgenossen, darunter auch von Tatiščev, scharf kritisiert worden.

6 Kagarlickij, Periferijnaja imperija, S. 256.

7 Vgl. den Abschnitt zu Pososkov in Kap. III.2.5.

Auf dem sozialen Feld hat der russische Historiker Petruchincev mit Blick auf die 1730er Jahre völlig zu Recht darauf hingewiesen, dass die russische Handelspolitik von einem auffälligen Paradoxon geprägt war: War der Handel auf der einen Seite ein sehr zentrales Thema für die russische Variante des Merkantilismus, so waren die Kaufleute politisch unterrepräsentiert, weshalb ihre Interessen kaum Berücksichtigung in der russischen Handelspolitik fanden. Der politischen Macht stand vor allem der Adel nahe. Diese Beobachtung gilt weit über die 1730er Jahre hinaus für das ganze Jahrhundert. Denn auch unter Katharina wurde die Situation für die russischen Kaufleute nicht wesentlich besser. So brachten zwar die Gilden- und Städtereform von 1775 und 1785 einige rechtliche Sicherheit, aber nicht die gewünschten Privilegien gegenüber dem Adel und seinen handeltreibenden Bauern. Zu sehr war Katharina II. aufgrund ihrer zweifelhaften Legitimität ihrer Herrschaftsübernahme von führenden Kreisen des Adels abhängig, als dass sie grundlegenden sozialen Wandel hätte generieren können.

4.1.3 Fazit: Äußere Dimension der Handelspolitik – die Förderung russischer Kaufleute im Außenhandel

Ohne die staatliche Unterstützung der sozialen Position der Kaufleute innerhalb des Russländischen Reiches war es nur eingeschränkt wirksam, die russischen Kaufleute gegenüber der ausländischen Konkurrenz zu fördern und von ihnen ein aktiveres Auftreten im internationalen Handel zu erwarten. Wiederkehrende Maßnahmen wie Zollvergünstigungen, Hebung des Bildungsniveaus durch Entsendung von Kaufmannssöhnen ins Ausland oder Schulgründungen sowie die Errichtung eines auswärtigen Netzes von Handelskonsuln hatten wenig Aussicht auf Erfolg oder wurden »völlig zu Wasser«[8], da sich das Bündel an Ursachen für den Misserfolg, der »Gordische Knoten«, nicht zerschlagen ließ[9].

Zu diesen Ursachen gehörten die finanzielle Unterlegenheit der russischen Kaufleute und die daraus erwachsene finanzielle Abhängigkeit von ausländischen Kreditgebern, ihre geringe Fachkompetenz einschließlich mangelnder Sprachkenntnisse, ihre fehlende Bereitschaft zu Innovation und Bildung, die fehlende Solidarität innerhalb der russischen Kaufmannschaft, die mangelhafte staatliche Unterstützung sowie die andauernden militärischen Aktivitäten des Staates[10]. Diese Konstellation führte zu der widersprüchlichen Situation, dass

8 Vockerodt, Russland, S. 78.

9 Der Begriff »Gordischer Knoten« bei Kulišer, Očerk istorii, S. 224.

10 Zur Diskussion der Ursachen siehe Kap. III.4.4. Vgl. auch die knappe Diskussion bei Firsov, der allerdings die Ursachen zum einen bei den Kaufleuten und deren Trägheit sieht, zum anderen aber auch auf die kostspieligen Kriegszüge der Regierung verweist, welche eine finanzielle Unterstützung der Kaufleute durch den Staat erschwert haben. Firsov, Pravitel'stvo i obščestvo, S. 334, 344 f.

Russland eine international anerkannte und gefürchtete Seemacht darstellte, wie in den ersten Seeschlachten unter Peter I. oder der Bewaffneten Neutralität unter Katharina II. unter Beweis gestellt, aber zugleich seinen Handel nicht mit eigenen Schiffen abwickeln konnte. Dieses strukturelle Problem war nicht nur ein Phänomen beim Westhandel Russlands, sondern bestimmte auch den quantitativ viel geringeren Handel nach Süden und Osten, der vor allem von Armeniern und Indern durchgeführt wurde[11].

Wenn überhaupt, lassen sich nur geringe Erfolge der russischen Kaufleute im Außenhandel konstatieren. Dazu gehört ein relativer Höhepunkt ihrer Aktivität auf diesem Gebiet unter Elisabeth zur Mitte des Jahrhunderts, wobei an die statistischen Ungenauigkeiten hinsichtlich der Kategorien »russischer« und »ausländischer« Kaufleute zu erinnern ist. Ein weiterer Höhepunkt wurde in der zweiten Hälfte der 1780er Jahre erreicht, doch handelte es sich überwiegend um ausländische Kaufleute, die die russische Staatsbürgerschaft angenommen hatten und zum großen Teil, anders als von Katharina II. erhofft, ihre in Russland gemachten Einkünfte über alte Netzwerke wieder nach Westeuropa transferierten. Immerhin waren russische Schiffe im Handelsverkehr zwischen den russländischen Hafenstädten der Ostsee wie St. Petersburg, Reval und Wiburg und dem nahe gelegenen Ausland unterwegs, wobei es sich dabei häufig um handeltreibende Bauern handelte, was wiederum die prekäre Lage der russischen Kaufleute unterstreicht[12]. Bemerkenswert in diesem Zusammenhang ist des Weiteren, dass es den deutschbaltischen Kaufleuten in Riga und Reval nicht sehr viel anders erging. Trotz der größeren kulturellen Nähe zur ausländischen Konkurrenz gelang es auch hier nicht, die Holländer und Engländer aus der dominanten Position zu verdrängen[13].

4.1.4 Fazit: Theoretische Dimension/Ökonomisches Denken

Die Feststellung der Gleichzeitigkeit eines enormen Wachstums des russischen Außenhandels auf der einen Seite und des Versagens russischer Kaufleute beim Außenhandel auf der anderen Seite führt zu der Frage nach den Zielen und Methoden der russischen Außenhandelspolitik, und wie sich diese im internationalen Vergleich einordnen lassen. Wie Abb. 11 nahelegt, kann die Entwicklung des russischen ökonomischen Denkens im Laufe des 18. Jahrhunderts vereinfacht als etwas dargestellt werden, das, durch Peter I. angestoßen, mit einer merkantilistischen Ausrichtung begann und unter Katharina in einer Strömung endete, die immer noch merkantilistische Elemente enthielt, aber auch vom französischen Physiokratismus sowie der Politischen Nationalökonomie beeinflusst war

11 Jucht, Torgovlja, S. 238.
12 Kulišer, Očerk istorii, S. 188 f.; Nekrasov, Vnešnjaja torgovlja, S. 88.
13 Siehe die Abschnitte zu Riga und Reval (Kap. II.3 und II.4).

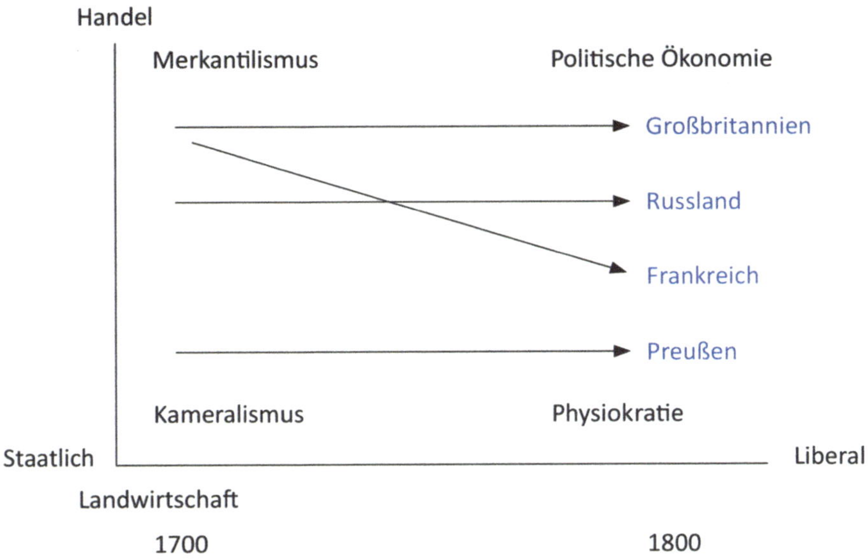

Abb. 11: Schematische Darstellung vorherrschender ökonomischer Theorien in Europa während des 18. Jahrhunderts (eigener Entwurf)

und damit eine mittlere Position zwischen der englischen Entwicklung auf der einen und der französischen bzw. preußischen auf der anderen Seite einnahm.

Wird die Entwicklung des ökonomischen Denkens in Russland anhand der hier behandelten Autoren etwas differenzierter betrachtet, so lassen sich drei Strömungen festmachen: erstens die sogenannte »Russische Schule«, zweitens eine deutschsprachig-merkantilistische Richtung und drittens eine westliche Strömung.

Der Begriff »Russische Schule« wird hier aus der russischen bzw. sowjetischen Forschung übernommen. Im Unterschied zur dortigen Verwendung soll hier aber keine patriotisch-nationale Leistung, die gleich- oder gar höherwertig als das westliche ökonomische Denken gewesen sei, betont werden[14]. Auch die Homogenität, die die Verwendung des Begriffs »Schule« suggeriert, ist infrage zu stellen. Doch wird der Begriff dennoch übernommen, um die relative Verschiedenheit zu anderen heterogenen Gruppen aufzuzeigen. Die beiden weiteren Strömungen, die sich unterscheiden lassen, sind zum einen die Gruppe deutschsprachiger Autoren, die vor allem den Westhandel Peters I. und die Rolle der Deutschen im Außenhandel Russlands hoch wertschätzen, sowie zum anderen russische Autoren am Ende des Jahrhunderts, die unter dem Einfluss der zeitgenössischen Ideen des französischen Physiokratismus oder der politischen Nationalökonomie Adam Smiths standen.

14 In diese Richtung gehend argumentiert u.a. Abalkin, V poiskach.

Die Unterscheidung in diese drei Lager (nicht »Schulen«) scheint bei aller Unschärfe sinnvoll zu sein, wenn drei grundlegende Parameter vergleichend untersucht werden: als Erstes die relativ zueinander unterschiedliche Schwerpunktsetzung hinsichtlich der Rolle des Staates in der Handelspolitik, die zwischen den beiden Extremen Protektionismus und Freihandel (in Tab. 16 mit dem aus dem Englischen übernommenen zeitgenössischen Begriff im Russischen *Fritred* bezeichnet) eingeordnet werden kann. Zweitens ist im Rahmen dieser Arbeit die Rolle des Außenhandels entscheidend, und zwar im Verhältnis zum Binnenhandel. Eine zusätzliche Relation zur Gewichtung des produzierenden Gewerbes oder der Landwirtschaft erschiene zwar zusätzlich reizvoll und sinnvoll, gerade im Hinblick auf das Phänomen des Physiokratismus, doch verkomplizierte eine solche Unterscheidung das Schaubild, ohne die Dreiteilung infrage zu stellen, und unterbleibt daher. Daher ist der dritte und letzte Parameter, der im Laufe der Arbeit immer wieder untersucht wurde, der Reichtum-Begriff, und zwar hier in seiner relativen semantischen Unterschiedlichkeit zwischen den stärker fiskalischen Konnotationen und einem eher wertebasierten normativen Verständnis.

Werden diese drei Parameter zur Unterscheidung herangezogen, ergibt sich folgende Einteilung der drei Richtungen des ökonomischen Denkens in Russland während des 18. Jahrhunderts (Tab. 16).

Tab. 16: Schematische Darstellung unterschiedlicher Richtungen des ökonomischen Denkens in Russland im 18. Jahrhundert

	„RUSSISCHE SCHULE“	DEUTSCHE STRÖMUNG (MERKANTILISMUS)	WESTLICHE STRÖMUNG (PHYSIOKRATISMUS, POLITISCHE ÖKONOMIE)
Rolle des Staates: Protektionismus – *Fritred*[15]	Protektionismus	Protektionismus	*Fritred*
Schwerpunkt: Außenhandel – Binnenhandel	Binnenhandel	Außenhandel	Binnenhandel
Reichtum-Begriff: Fiskal – Normativ	Normativ	Fiskal	Fiskal
Vertreter	Pososkov, Tatiščev, Čulkov	Weber, Friebe, (Storch[16]) (Scherer)	Radiščev, (Ryčkov), (Desnickij), (Tret'jakov), (Volkov)

15 *Fritred* ist ein zeitgenössisches russisches Fremdwort, abgeleitet vom englischen *free trade*.

16 Die Klammersetzung soll deutlich machen, dass diese Personen im Rahmen der vorliegenden Arbeit nicht gesondert in Form eines Exkurses behandelt wurden. Doch auf Grundlage der rezipierten Schriften und der Erwähnungen im Text scheint eine Zuordnung wie erfolgt angemessen zu sein.

Die hier aufgeführten Autoren der »Russischen Schule« eint, dass sie dem Staat als regulative Kraft eine entscheide Rolle zusprachen und hinsichtlich der Handelspolitik auf einen starken Protektionismus vertrauten, was diese Autoren in die Nähe moderner Ideen eines vom Welthandel abgekoppelten Autozentrismus rücken lässt[17]. Dem Handel mit Westeuropa standen sie hingegen eher skeptisch gegenüber. Dies brachte sie in eine bedingt kritische Position gegenüber der tatsächlich verfolgten Handelspolitik Russlands im 18. Jahrhundert. Eine Besonderheit ihrer Ansichten war die Neigung, unter Reichtum nicht nur materielle Dinge zu verstehen, sondern auch spirituelle oder religiös-orthodoxe Werte zu inkludieren, wie das vor allem bei Pososkov und Čulkov der Fall war. Schließlich fällt weiter auf, dass sie nur einen eingeschränkten Einblick in westliche Lehren besaßen, da sie entweder die westsprachige Literatur nicht rezipierten oder über keine akademische Bildung westlichen Standards verfügten, was insbesondere für Pososkov gilt.

Die deutsche Richtung zeichnete sich wiederum dadurch aus, dass Peter I. und die positive Rolle des Westens im Allgemeinen und die Deutschbalten im Besonderen im Vordergrund des positiv konnotierten Wandel Russlands – Webers »Das Veränderte Russland«[18] – standen. Handelspolitisch wurden traditionelle, merkantilistische Rezepte für Russland empfohlen. Diese Empfehlungen waren recht nah an der tatsächlich in St. Petersburg verfolgten Handelspolitik, was durchaus an der gesellschaftlich einflussreichen Position dieser Autoren lag. Zwar war Weber nur ein Diplomat und nur kurz in Russland gewesen, während Friebe die meiste Zeit über in Livland weilte. Doch bildete sich im Laufe des Jahrhunderts ein Netzwerk von Autoren heraus, die bei Friebe im Vorwort genannt werden, welche sich in St. Petersburg in einflussreicher Umgebung wie der Akademie der Wissenschaften und der Ökonomischen Gesellschaft bewegten. Zu diesem Autorenkreis ist auch Heinrich von Storch zu zählen, der hier nur am Rande Erwähnung fand und der mit seinen stark von Adam Smith beeinflussten Arbeiten zum Ende des Jahrhunderts schon eher auf das ökonomische Denken des 19. Jahrhunderts verwies[19]. Zusammen mit anderen deutschsprachigen Autoren wie Christian von Schlözer, dem Sohn von August Ludwig von Schlözer[20], und Gustav Jakob entwickelte sich um die Jahrhundertwende die erste akademisch verankerte Schule der politischen Nationalökonomie[21]. Wegen ihrer

17 Zur Idee des Autozentrismus, der anschlussfähig an »linke« und »rechte« Formen von Protektionismus ist, KAPS/EDER, Kann Protektionismus fortschrittlich sein?, S. 193 f.

18 Zu erinnern ist hier an den programmatischen Titel WEBER, Das Veränderte Russland.

19 Entsprechend findet er auch größere Berücksichtigung bei ZWEYNERT, Eine Geschichte, S. 71–91.

20 Zu August Ludwig von Schlözer in St. Petersburg siehe PETERS/WINKELMANN, Netzwerk aus Kalkül.

21 KINGSTON-MANN, In the Light, S. 92.

Nähe zum Hof und der Übereinstimmung ihrer Ansichten mit der tatsächlichen Politik ist anhand dieses Beispiels über den potentiellen Einfluss einer »protestantischen Ethik« im Russland des 18. Jahrhunderts nachzudenken[22].

Was die westlichen Einflüsse auf das ökonomische Denken in Russland betrifft, so sind die Übergänge zu den beiden oben genannten Richtungen fließend. Vor allem im Bereich des Reichtum-Begriff waren die Grenzen zwischen einem stärker normativen Reichtum-Begriff der Autoren der »Russischen Schule« wie bei Tatiščev und den stark den Begriff der Arbeit in den Mittelpunkt stellenden Konzepten der Physiokraten und Smith-Schülern nicht ganz klar zu trennen. Doch kann nichtsdestotrotz verallgemeinert werden, dass die Idee der Freiheit bei Autoren wie Radiščev, Ryčkov oder auch Volkov von größerer Bedeutung war. Der Handel spielte natürlich bei den Smith-Schülern eine größere Rolle als bei den physiokratisch beeinflussten Autoren. Einig waren sie sich jedoch darin, dass der Außenhandel vergleichsweise nachrangig zu behandeln sei. Einige Autoren zweifelten – sehr im Unterschied zu der deutschsprachigen Strömung – die Zweckmäßigkeit der Westausrichtung des Handels insgesamt an und sahen die Chance Russlands eher als Transitland zwischen Ost- und Westhandel. Zwar war diese Idee schon vor dem 18. Jahrhundert virulent, doch stand sie im augenfälligen Kontrast zur Realität der tatsächlichen Handelspolitik Russlands im 18. Jahrhundert.

Mit der klaren Westausrichtung des Handels standen die deutschsprachigen Autoren der realen Entwicklung am nächsten. Doch wie ist das Verhältnis Russlands zu seinen westlichen Handelspartnern im 18. Jahrhundert zu bewerten?

4.2 Globalgeschichtliche Einordnung: Russland und der Welthandel

4.2.1 Englisch-holländische Konkurrenz

Der internationale Kontext des russischen Außenhandels war vor allem durch zwei miteinander verbundene Prozesse des globalen Handels geprägt. Zum einen durch den Aufstieg Englands zur führenden Welthandelsmacht und die mehrfach erwähnte Dominanz des englischen Handels in Russland, die in dieser Arbeit nur in Form des Handelsvertrages von 1734 eine gesonderte Gewichtung erfahren hat. Die Kehrseite des Siegeszuges der Engländer in Russland lag jedoch zum anderen in dem parallel dazu verlaufenden Rückgang des holländischen Handels, der zugleich auch die globale Konkurrenz dieser beiden Handelsnationen spiegelte[23].

---

22 Während es sich bei diesem Thema um ein Forschungsdesiderat handelt, ist umgekehrt die Rezeption Max Webers in Russland gut erforscht, siehe Oittinen, Max Weber.

23 Faber, Structural Changes, S. 89–91. Zur Konkurrenz der beiden Handelsmächte im Allgemei-

Einer der Faktoren, der den englischen Aufstieg im Russlandhandel begründete, war die Liberalisierung der Mitgliedschaft in der *Russia Company* von 1698. Zuvor hatte die Mitgliedschaft 50 Pfund gekostet, was die Mitgliederzahlen hatte schrumpfen lassen[24]. Außerdem hatte sich im Ostseeraum mit der *Eastland Company* eine Konkurrenzorganisation gebildet, die jedoch 1698 mit der *Russia Company* vereinigt wurde. Von nun an waren nur noch 5 Pfund für die Mitgliedschaft zu entrichten. Somit war die organisatorische Grundlage von englischer Seite für den Aufschwung des englisch-russischen Handels gelegt[25], welche durch den Abschluss des Handelsvertrages von 1734 auch bilateral grundiert wurde[26].

Parallel zur wachsenden Dominanz Englands gegenüber den Niederlanden im Welthandel stieg auch die Vorherrschaft der englischen Kaufleute im Handel mit Russland, was insbesondere für St. Petersburg gilt. Aber auch umgekehrt stieg die Bedeutung Russlands für den englischen Handel kontinuierlich an. So betrug der russische Anteil der Importe Englands in der ersten Hälfte des Jahrhunderts nur 3,3 %, womit Russland im europäischen Vergleich weit abgeschlagen lag. In der zweiten Hälfte des Jahrhunderts aber lag Russland mit bereits 8,1 % des Imports an erster Stelle unter den europäischen Ländern[27].

Dabei war jedoch die Handelsbilanz aus englischer Sicht ausgesprochen ungünstig, da viel mehr Waren aus Russland nach England exportiert als umgekehrt aus England nach Russland importiert wurden, da die Importwaren vor allem aus Frankreich nach Russland gelangten (Tab. 17).

Tab. 17: Englischer Außenhandel mit Russland 1756–1773
(in Tausend Pfund Sterling)

JAHRE	EXPORT AUS RUSSLAND NACH ENGLAND	IMPORT NACH RUSSLAND VON ENGLAND
1756–1760	556	64
1761–1765	816	66
1766–1770	915	132
1771–1773	1043	161

Quelle: HERMANN, Statistische Schilderung, S. 448.

nen ORMROD, The Rise of Commercial Empires.

24 WAGNER, The Russia Company, S. 397.

25 Ebenda.

26 Siehe den entsprechenden Abschnitt zum Handelsvertrag von 1734 in Kap. III.3.4.

27 KAPLAN, Russian Overseas Commerce, S. 9.

Doch gestaltete sich aus englischer Sicht diese negative Handelsbilanz nicht ganz so nachteilig, wie es auf den ersten Blick scheinen mag. Ein nicht unwesentlicher Teil der russischen Produkte wurde von England vor allem nach Südeuropa weiterverkauft, so dass die Engländer einerseits den Bau ihrer überlebenswichtigen Flotte durch den Handel mit Russland sicherstellen und andererseits auch noch am Zwischenhandel mit russischen Waren Gewinn machen konnten[28].

Einer der Gründe für die Überlegenheit der Engländer gegenüber anderen Handelspartnern und insbesondere gegenüber den russischen Kaufleuten bestand nach Ansicht einer Denkschrift von 1786 des Kommerz-Kollegiums darin, dass sie durch ihre weltumspannenden Netzwerke den besten Überblick über örtliche Preisentwicklungen hatten und somit deutlich besser über Preise verhandeln konnten und viel weniger Risiko eingingen, als etwa russische Kaufleute, die kaum über Kontakte oder Kenntnisse außerhalb Russlands verfügten[29]. Noch dazu genossen die großen englischen Firmen, die sich in St. Petersburg als Handelspartner und als Kreditgeber fest etabliert hatten, einen deutlich höheren Vertrauensvorschuss bei den russischen Kaufleuten als die größtenteils als Einzelpersonen auftretenden Kaufleute aus dem norddeutschen Raum oder aus den Niederlanden[30]. Das frustrierte auch die französischen Kaufleute – darunter auch erfahrene – so sehr, dass viele von ihnen kapitulierten und St. Petersburg verließen oder auf staatliche Unterstützung hofften, wie in einem Papier von 1758 beobachtet wurde[31]. Durch den Wegzug der Franzosen verstärkte sich die englische Dominanz weiter, da die englischen Firmen deren Handel direkt übernahmen[32].

Der wichtigste Grund für den Vertrauensvorschuss, den die Engländer bei den russischen Kaufleuten genossen, ging jedoch auf die von ihnen eingeführte Praxis der Vorauszahlung für zu liefernde Waren zurück. Dies kam faktisch der Vergabe von Krediten an russische Kaufleute gleich, deren Rückzahlung in Form der bestellten Waren durchaus bis zu einem Jahr dauern konnte[33]. Vor allem zu Beginn des Jahrhunderts eröffnete dieses Verfahren den russischen Kaufleuten die Möglichkeit, im Folgejahr mit den bestellten Waren andere Personen zurück nach St. Petersburg zu schicken, die als eigenständige Kaufleute gegenüber den Engländern auftraten und so erneut bezahlt wurden. Dies war ein Grund für die Forderung nach Verbesserung der Rechtssicherheit der englischen Kaufleute in Russland, die in den Verhandlungen zum Vertrag von 1734

28 Kulišer, Očerk istorii, S. 193.

29 Donošenie Pastuchova [Eingabe Pastuchovs], 1786, in: ASPBIIRAN, f. 36, op. 1, d. 546, Bl. 214,

30 Storch, Historisch-statistisches Gemälde, Theil 5, S. 230–232.

31 Ob«javlenie [Verlautbarung], 6.3.1758, in: RGIA, f. 796, op. 39, d. 77, Bl. 2.

32 Mémoire sur la situation actuelle, S. 468.

33 Storch, Historisch-statistisches Gemälde, Theil 5, S. 203.

artikuliert wurde[34]. Eine Schlüsselrolle bei dieser Handelspraxis kam den sogenannten Kommissionären zu, die die Handelsinteressen der englischen Firmen vor Ort vertraten und den Kontakt zu den russischen Kaufleuten herstellten und hielten. Sie mussten mit den örtlichen Verhältnissen vertraut sein, um die Wahrscheinlichkeit des Betrugs seitens der russischen Kaufleute zu minimieren. Daher handelte es bei den Vermittlern nicht selten um Deutschbalten aus den Ostseeprovinzen, die für diese Rolle – zumindest theoretisch – bestens geeignet waren[35].

Auch die diplomatischen Repräsentanten der englischen Krone vor Ort unterstützten entschlossener als ihre Kollegen aus anderen Ländern die landeseigenen Handelsinteressen. So wurde der englische Gesandte Baron Wolf (de Volff im franz. Original) vom britischen Staat dafür ausgezeichnet, dass er durch niedrige Kampfpreise die preußische Konkurrenz beim Beliefern der russischen Armee mit Uniformen ausgestochen hatte, nachdem diese sich in den 1720er Jahren gegenüber der englischen Konkurrenz hatten durchsetzen können. Wolf ließ die Preise unter den Marktpreis senken und konnte auf diese Weise den langfristig lukrativen Auftraggeber – den russischen Staat – unter Elisabeth zurückgewinnen. Ein solch entschiedenes Auftreten für die eigenen Handelsinteressen lässt selbst den französischen Autor dieser Anekdote neidlos zu dem Schluss kommen: »Avouons donc qu'une nation, qui montre un pareil caractère, doit avoir l'empire du commerce«[36].

Wenn schon ein französischer Beobachter die Rolle Englands in Russland derart hoch einschätzte, dann ging der Engländer Anthony Brough 1789 noch einen Schritt weiter und schrieb England überhaupt die entscheidende Rolle für die großartigen Veränderungen in Russland selbst zu:

> There is no nation on the records of history that has so rapidly risen from a state of darkness and barbarism, to a great height of splendor and civilization, as the Russians have done during this century. The causes of this rapid and wonderful change have been many; but I would venture to affirm, that her intercourse with Great Britain has been the greatest[37].

Auch wenn der patriotische Habitus dieser Aussage ihre Glaubwürdigkeit etwas schmälert, so sei doch daran erinnert, dass unabhängig von den hier konstatier-

---

34 Čulkov, Istoričeskoe opisanie IV, 2, S. 96. Siehe auch den Abschnitt zum Handelsvertrag von 1734 in Kap. III.3.4.

35 Mémoire sur le commerce de Russie, S. 451; Storch, Historisch-statistisches Gemälde, Theil 8, S. 254 f. Siehe auch den Abschnitt zu Riga (Kap. II.3).

36 [»Lassen Sie uns daher zugeben, dass eine Nation, die einen solchen Charakter zeigt, über ein Handelsimperium verfügen muss«.] aus: Marbault, Essai sur le commerce de Russie, S. 164 f.

37 Zit. n. Cross, By the Banks, S. 2.

ten unterschiedlichen Richtungen des ökonomischen Denkens England immer als großes Vorbild gesehen wurde.

* * *

Obwohl Peter in kultureller Hinsicht eine besondere Nähe zu den Holländern empfand, gewährte er in der Handelspolitik keiner nationalen Kaufmannschaft besondere Vorrechte – anders als seine Nachfolger und Vorgänger –, so dass der holländische Russlandhandel nicht von Peters Sympathien profitieren konnte[38]. Im Gegenteil gestalteten sich die letzten Jahre des Großen Nordischen Krieges sogar besonders schwierig für die holländischen Kaufleute[39]. Und doch benennt Friebe als eines der Motive für die durch Peter angeregte Verlegung des russischen Handels von Archangel'sk nach St. Petersburg die gezielte Schwächung des englischen Handels. Denn »eine gewisse Abneigung gegen die Engländer, welche bisher die Schweden unterschätzt und den vorzüglichen Handel nach Archangel'sk geführt hatten, veranlassten ihn zu dieser Veränderung. Holländer waren die von ihm begünstigte Nation«[40]. Angesichts der rasanten Festigung des englischen Handels in St. Petersburg ist dieser Einschätzung Friebes jedoch zu widersprechen, da Peter den englischen Handel in St. Petersburg nicht behinderte.

Trotz der Dominanz der Engländer in St. Petersburg seit dem Vertrag von 1734 behielten die Holländer in Riga und Archangel'sk bis weit in die zweite Hälfte des Jahrhunderts ihre führende Stellung. Amsterdam blieb bis in die 1780er Jahre Fixpunkt für alle Wechselgeschäfte in Russland, einschließlich derjenigen in St. Petersburg. Erst in den letzten beiden Jahrzehnten spielte auch London als Finanzplatz für den Handel in St. Petersburg eine ebenbürtige Rolle[41]. Ab Mitte des Jahrhunderts wurde etwa die Hälfte des Außenhandelsumsatzes von englischen Schiffen erbracht. Ihr Anteil sank zwischenzeitlich in den 1770er Jahren auf ein Drittel, um zum Ende des Jahrhunderts aber wieder fast die Hälfte des Gesamtumsatzes zu erreichen[42]. Hinsichtlich der Anzahl der Schiffe lagen jedoch die Holländer lange Zeit vor den Engländern, allerdings ist dabei die kleinere Größe ihrer Schiffe zu berücksichtigen. Daher war auch die Anzahl der Schiffsbesuche in Riga bis weit in die zweite Hälfte des Jahrhunderts höher als in St. Petersburg, der Umsatz aber niedriger[43].

---

38 Friebe, Ueber Rußlands Handel, S. 181 f. Zur Dominanz des holländischen Handels in der Frühen Neuzeit im Allgemeinen Israel, Dutch Primacy.

39 van Koningsbrugge, Der Niedergang.

40 Friebe, Ueber Rußlands Handel, S. 107.

41 Kulišer, Očerk istorii, S. 190.

42 Friebe, Ueber Rußlands Handel, S. 185.

43 Kulišer, Očerk istorii, S. 190. Zum allgemeinen Rückgang des holländischen Handels auf der Ostsee North/Snapper, The Baltic Trade; Faber, Structural Changes. Vgl. auch zu Riga

4.2.2 Russlands Verhältnis zu den westlichen Handelspartnern: zwischen »Halbkolonie« und Semiperipherie

Hierarchische Interpretationsmuster

Unabhängig von der Frage, wer unter den westlichen Handelspartnern sich im Laufe des 18. Jahrhunderts durchsetzte, kann vor allem mit Blick auf die Rolle der russischen Kaufleute im internationalen Handel festgestellt werden, dass Russland generell gegenüber den westlichen Handelspartnern ein Problem hatte, das in dieser Studie mehrfach angesprochen wurde und das als hierarchisch angelegt verstanden werden kann. Es führt zu der Frage, welche Rolle Russland im globalen Handel im 18. Jahrhundert überhaupt spielte.

Das angesprochene hierarchische Verhältnis zwischen Russland und seinen westlichen Partnern kann auf zweifache Weise gedeutet werden: Erstens *diachron* im modernisierungstheoretischen Kontext als Interpretation von unterschiedlichen Entwicklungsstufen, welche zum Begriff der potentiellen »Rückständigkeit« führt. Und zweitens *synchron* im marxistisch/postmarxistischen Kontext als Interpretation von ungleichen Abhängigkeiten verschiedener Handelspartner, was zum Kontext der kolonialen Ausbeutung überleitet und im Folgenden kurz im Rahmen der Wallerstein'schen Weltsystemanalyse angesprochen werden soll. Beide Interpretationen lassen sich auch mit Blick auf Russlands Außenhandel im 18. Jahrhundert finden, wie folgende Ausführungen kurz umreißen werden. Die Konzentration auf den Außenhandel ist dabei wichtig, da an dieser Stelle weder ein erschöpfender Überblick zum »Rückständigkeitsdiskurs« in der russischen Geschichte noch eine Diskussion des Feudalismuskonzeptes im 18. Jahrhundert aus marxistischer Sicht geboten werden kann.

Modernisierungstheoretische Interpretation: »Rückständigkeit« – diachron

Dass die Geschichte Russlands im 18. Jahrhundert in einem modernisierungstheoretischen Kontext verstanden werden kann[44], erkannten schon die Zeitgenossen und schauten dabei nicht nur auf die kulturelle Ebene einer vermeintlichen Verwestlichung oder Europäisierung der russischen Kultur, sondern hatten – ganz zum Thema dieser Studie passend – den Handel als Gradmesser im Blick, so z. B. bei Friebe: »Durch den Gang des Handels und des damit verbundenen Geldumlaufs, lässt sich sicher die Stufenfolge der Kultur und Aufklärung in Russland bestimmen«[45]. Russland habe also, um Westeuropa als Modell erreichen zu

---

Kap. II.3 und den vergleichenden Abschnitt in Kap. II.2.

44 Zum allgemeinen Hintergrund Dixon, The Modernisation, vor allem S. 7–27.

45 Friebe, Ueber Rußlands Handel, S. 122.

können, noch ein paar Stufen zu erklimmen. Fast gleichlautend heißt es bei ihm an anderer Stelle: »Russland steht in Rücksicht seiner Handwerker, Fabrikanten und Manufakturen, die es aus seiner eigenen Nation erhält, im Allgemeinen noch, gegen die Ausländer gerechnet, auf einer noch sehr untergeordneten Stufe der Vollkommenheit«[46] oder »auf der untersten Stufe der Handlung«[47].

Doch diese »Vollkommenheit« war immerhin in Reichweite, wie ein weiteres Zitat deutlich machte: »Rußland dagegen besaß so viele Mittel, so mancherley Produkte, um dadurch sich leichter empor zu heben, und doch war es von allen europäischen Ländern auf der untersten Stufe der Handlung und eigener Industrie!«[48] Interessant dabei ist das bis heute immer wieder vernehmbare Motiv des Potentials Russlands, das – einmal genutzt – Russland sogar in eine Position bringen könnte, die dem Westen mindestens ebenbürtig sei. Dieser Ansicht war z. B. schon der Zeitgenosse Peters I. John Perry:

> As I have already mentioned in another place, was but Industry cultivated and encouraged as it is in England and other free Countries, the Product of it might, it is certain, be much further improved, Trade be extended, the People made happy, and the Czars of Muscovy, as the Extent of their Country is very great, might in a short time become equal in Power and Strength to any Monarch on Earth[49].

Wenn also nur Russland es dem großen Vorbild England und den anderen »freien Ländern« gleichtue, dann könnten der Handel erweitert, die Menschen glücklich und Russland mächtig sein. In ähnlicher Weise sind auch die soeben angeführten Friebe-Zitate ein Beispiel dafür, dass auch die deutschsprachige Strömung des ökonomischen Denkens in Russland, die den Westen als Modell für Russland betrachtete und Peter für seine Maßnahmen der Imitation des Westens lobte, in Russland ein großes Potential sah.[50] Nachklänge dieser Sichtweise lassen sich noch bei den sogenannten Westlern des 19. Jahrhunderts finden, sind aber auch bis in die Gegenwart ein häufig anzutreffendes Sujet nicht zuletzt der westlichen Historiographie[51]. Ein Beispiel für diese Interpretation Russlands als »rückständig«, aber zugleich voller Entwicklungspotential unter der Bedingung der Imitation des Westens findet sich u. a. in der während des Untergangs der Sowjetunion entstandenen Studie des amerikanischen Historikers William Blackwell: »Russia was big, Russia was poor, and Russia was

46 Ebenda, S. 404.
47 Friebe, Ueber Rußlands Handel, S. 98
48 Ebenda, S. 98.
49 Perry, The State of Russia, S. 247.
50 Friebe, Ueber Rußlands Handel, S. 98.
51 Überlegungen zum Topos der Rückständigkeit in der Historiographie zur Geschichte Russlands bei Hildermeier, Geschichte Russlands, S. 1315–1346.

weak«[52] bzw. »The Russian state retarded the development of conditions that would have facilitated an early industrialization along capitalist lines«[53]. Auch die Kontrastierung mit Westeuropa als eines vorbildlichen Modells findet sich bei diesem Autor in aller Deutlichkeit: »It was such a backward, impoverished, and despotic Russia that first squarely encountered, by the early eighteenth century, the modern great powers of Europe«[54].

Die Liste an derartigen Beispielen ließe sich an dieser Stelle fortführen, nicht zuletzt, da zur Zeit des Kalten Krieges der Blick auf die Sowjetunion von dem Eindruck eines vermeintlich zurückgebliebenen Gegners geprägt war. Andererseits kann im Gegensatz dazu auf eine Spielart der modernisierungstheoretischen Interpretation verwiesen werden, d. h. die marxistisch inspirierte Sicht auf die »Rückständigkeit« Russlands im 18. Jahrhundert.

Marxistische Interpretation: koloniale Abhängigkeit – synchron

Der Vergleich mit Westeuropa bietet nicht nur die Möglichkeit, Russland als rückständig im diachronen Sinne als »zurückgeblieben« zu betrachten, sondern auch im synchronen Sinne und im hierarchischen Interpretationsmuster als vom Westen abhängige Kolonie[55]. Dies wurde ebenfalls schon von Zeitgenossen des 18. Jahrhunderts so wahrgenommen, wie eine Denkschrift aus dem Kommerz-Kollegium über den Stellenwert russischer Kaufleute gegenüber ihren westlichen Kollegen deutlich macht:

> Dieser Tage sind russische Kaufleute nichts anderes als klassische Lohnarbeiter oder – besser gesagt – Zulieferer ausländischer Kaufleute in Russland. Denn sie verbringen, nachdem sie russische Waren aus dem ganzen Land zusammengesammelt haben, diese zum Hafen, aber transportieren diese nicht weiter, sondern übergeben diese an die ausländischen Kaufleute auf die Schiffe[56].

Diese nachgeordnete Position russischer Kaufleute gegenüber den westlichen Handelspartnern empfanden vor allem die Vertreter der »Russischen Schule« als erniedrigend, wofür die extreme Xenophobie von Pososkov das beste Beispiel

---

52 Blackwell, The Industrialization, S. 1.

53 Ebenda, S. 4.

54 Ebenda.

55 Einführende Gedanken zur Ambivalenz Russlands zwischen potentieller Kolonialmacht und abhängiger Halbkolonie bei Plath, Vnutrennjaja ili vnešnjaja kolonizacija?

56 »Po sie vremja, kupcy rossijskie ne čto inoe kak prjamye naemščiki ili, lučše skazat', izvoščiki čužestrannym kupcam v Rossii prebyvajut« [In der ganzen Zeit waren die russländischen Kaufleute nichts weiter als direkte Angestellte, oder besser gesagt, Zulieferer der ausländischen Kaufleute in Russland]«. Donošenie [Eingabe], 1765, in: ASPBIIRAN, f. 36, op. 1, d. 550, Bl. 8.

ist[57]. Aus demselben Unbehagen gegenüber der Abhängigkeit und Unterlegenheit im Verhältnis zu den westlichen Kaufleuten standen sie dem Außenhandel speziell mit dem Westen kritisch gegenüber und präferierten daher eher den Binnenhandel oder teilweise auch den Handel in Richtung Osten oder Süden[58].

Diese antiwestliche Grundeinstellung fand im 19. Jahrhundert wiederum bei den Slawophilen eine gewisse Fortsetzung. Aber auch darüber hinaus blieb die Interpretation des russischen Außenhandels im 18. Jahrhundert als koloniales Abhängigkeitsverhältnis ein wiederkehrendes Motiv der Geschichtsschreibung. In diesem Sinne stellte der russische Historiker Nikolaj Firsov 1902 fest, dass sich Russland im europäischen Handel des 18. Jahrhunderts in einer beispiellosen Abhängigkeit befunden habe[59].

Diese »koloniale« Deutung der Positionierung Russlands ist anschließend nicht zuletzt von der marxistischen Forschung propagiert worden, wie Serafim Pokrovskij gleich in der Einleitung seiner Studie zur Handelspolitik Russlands deutlich macht. Hier unterstellt er westlichen Handelskompagnien, sie hätten im 18. Jahrhundert den Versuch unternommen, Russland in eine ebensolche Kolonie wie Indien oder Amerika zu verwandeln[60]. Ergebnis dieses Versuchs sei zumindest der Status einer Halbkolonie für Russland gewesen[61], der allerdings auch die Deutung der Rückständigkeit miteinschloss, wie Pokrovskij prägnant formulierte: »Insgesamt stand Russland am Ausgang des 17. Jahrhunderts in ungewöhnlicher Schärfe vor der Frage, ob es sich allmählich in eine Halbkolonie der weiter entwickelten Länder verwandeln sollte, oder mit heldenhaften Maßnahmen seine Rückständigkeit überwinden sollte«[62].

Unzweifelhaft klingt bei dieser 1947 gestellten Frage in der Formulierung der »heldenhaften Maßnahmen« eine affirmative Haltung gegenüber der Industrialisierung unter Stalin mit. Diese Interpretation wird nicht zuletzt auch dadurch gestützt, dass unmittelbar auf diese rhetorische Frage ein Stalin-Zitat folgt, das eine deutliche Parallele zwischen dem Vorgehen Peters und Stalins schafft[63]. Doch ist diese hierarchische Interpretation der Beziehungen Russlands zum Westen als quasi koloniales Verhältnis nicht widerspruchslos akzeptiert worden. Im Gegenteil wurde immer wieder hervorgehoben, dass eigentlich England von Russland abhängig gewesen sei, was in ähnlicher Form schon von den Vertretern

57 Siehe den Abschnitt zu Pososkov in Kap. III.2.5.

58 Vgl. das Fazit bezüglich des ökonomischen Denkens (Kap. IV.1.4).

59 Firsov, Pravitel'stvo i obščestvo, S. 333.

60 Pokrovskij, Vnešnjaja torgovlja, S. 4.

61 Ebenda, S. 7.

62 Ebenda, S. 72.

63 »Popytku ›vyskočit' iz ramok otstalosti‹ (Stalin) i predprinimaet v širokom masštabe Petr Velikij« [Den Versuch, ›aus dem Rahmen der Rückständigkeit zu entkommen‹ (Stalin), unternahm Peter der Große in breitem Maße]. Pokrovskij, Vnešnjaja torgovlja, S. 72.

der »Russischen Schule« geäußert worden war, wie beispielsweise von Pososkov oder Čulkov. Sie hielten insbesondere England als von Russland abhängig, da es ohne die russischen Rohstoffe seine ambitionierten Flottenausbaupläne nicht hätte verfolgen können. In ähnlicher Weise formulierte auch eine anonyme Denkschrift von 1797: »Sie [die Ausländer; T. P.] können sie [russische Waren; T. P.] nicht umgehen, wie Fische ohne Wasser; und günstiger als unsere bekommen sie diese auch nicht aus Nordamerika, obwohl sich der Zufluss von den unseren ähnlichen Waren von dort in letzter Zeit verstärkt hat«[64]. Auch der Präsident des Manufaktur-Kollegiums Volkov sah England in der unüberwindbaren Abhängigkeit von russischen Exportwaren: »Vergeblich versuchten die Engländer sie [die Abhängigkeit von russischen Waren; T. P.] zu überwinden. Doch der Preisvorteil hiesiger Segel- und Tuchwaren und ihre gute Qualität zwang sie, die hiesigen Waren zu bevorzugen«[65].

Vor dem russischen Angriff auf die Zentralukraine 2022 war eine koloniale Interpretation der Situation Russlands im Verhältnis zum Westen aus der Mode geraten. Auch der modernisierungstheoretische Ansatz eines »rückständigen« Russlands war praktisch nicht mehr zu finden, was wohl in erster Linie mit dem Cultural Turn und den Post-Colonial Studies und der damit verbundenen grundsätzlich eurozentrischen Selbstkritik zusammenhing, die eine Interpretation Russlands als Kolonie des Westens oder »zurückgebliebene« Version des vorbildhaften Westens zunächst ausschloss[66]. Wie sich gegenwärtige Forderungen nach einer Dekolonisierung der russischen Geschichte oder die Sichtweise Russlands als eigene Kolonialmacht auf diesen Diskurs auswirken wird, muss zunächst offenbleiben. Eine Rückkehr zu einer defizitären Sichtweise auf Russland, das westliche Modelle nicht schnell genug übernommen habe, scheint möglich. Im postsowjetischen Russland selbst wiederum verbietet sich vor dem Hintergrund einer patriotisch gestimmten Geschichtswissenschaft die marxistisch inspirierte Selbstdarstellung als »Halbkolonie« von selbst[67].

Jedenfalls liefert die vermeintlich altmodische Wirtschaftsgeschichte Argumente gegen eine hierarchisch koloniale Sichtweise auf die wirtschaftliche Entwicklung Russlands im 18. Jahrhundert. Ein Argument für eine abnehmende Abhängigkeit zwischen Ost und West bzw. stärkere Angleichung im Laufe des Jahrhunderts ist die von dem estnischen Historiker Hannes Vinnal herausgearbeitete Preiskonvergenz zwischen Ost und West, in seinem Fall beim Roggen.

---

64 O pooščrenii izobretenij [Über die Förderung von Erfindungen], 1794, in: RGADA, f. 16, d. 6.

65 Volkov, Dmitrij, O nynešnem i želaemom sostojanii manufaktur [Über den tatsächlichen und den erstrebenswerten Zustand der Manufakturen], undatiert, in: RGADA, f. 16, d. 33.

66 »Die Rückständigkeit war schlicht kein Thema mehr«. Hildermeier, Geschichte Russlands, S. 1321 f.

67 Dazu im Allgemeinen Weiss-Wendt, Putin's Russia.

Während zu Beginn des Jahrhunderts das Preisgefälle noch erheblich war, flachte der Unterschied im Laufe des Jahrhunderts ab, so dass sich die Profitabilität zunehmend verminderte und somit ein kolonial gedachtes Ausbeutungsverhältnis zwischen Ost und West der Realität nicht entsprach[68].

Weltsystemtheorie: Russland als Semiperipherie

Wie sind nun diese verschiedenen Interpretationsmuster vor dem Hintergrund des russischen Außenhandels im 18. Jahrhundert im Rahmen der vorliegenden Arbeit zu bewerten? Auch wenn modernisierungstheoretische Ansätze oder marxistische Modelle zur Erklärung vermeintlich hierarchischer Strukturen in der gegenwärtigen Historiographie keine große Rolle mehr spielen, so kann eine hierarchische Interpretation der Handelsbeziehungen zwischen Russland und dem Westen nicht vollkommen außer Acht gelassen werden. Deutlich wurde dies anhand des Handelsvertrags von 1734 und mehr noch beim Thema, welche Rolle russische Kaufleute im internationalen Handel spielten.

Ein mögliches Interpretationsschema stellt die von Immanuel Wallerstein und anderen entwickelte Weltsystemanalyse dar. Ein Weltsystem nach Wallerstein besteht aus dem Zentrum, einer Semiperipherie und der Peripherie. Jenseits des Weltsystems existiert unter Umständen noch eine Außenwelt, die nicht Teil des Systems ist[69]. Wo war Russland während des 18. Jahrhunderts zu verorten?

Russland und seine Bewohner standen im 18. Jahrhundert vor einem Problem, das auch zu anderen Zeiten den Welthandel immer wieder beschäftigt hat, nämlich das strategische Dilemma der wirtschaftlich schwächeren Region (Peripherie/Semiperipherie) gegenüber der wirtschaftlich stärkeren Region (Zentrum). Wie kann die schwächere Region von dem Kontakt mit der stärkeren Region lernen und profitieren, ohne aufgrund ihrer Unterlegenheit in Abhängigkeit zu geraten, aus der sie mit eigener Kraft nicht mehr herauskommt? Es ist daher auch kein Zufall, dass nahezu identische Fragen über Jahrhunderte hinweg in verschiedenen Kontexten praktisch wortgleich wiederholt worden sind. So rät der Wirtschaftswissenschaftler Erik Reinert den Politikern armer Länder: »If you want to understand the causes of American and European prosperity, study the politics of those who created it, not the advice of their forgetful successors!«[70] In ähnlicher Weise existierte im Amerika des frühen 19. Jahrhunderts mit Blick auf die liberalen Wirtschaftstheorien von David Ricardo das Sprichwort: »Don't do as the English tell you to do, do as the English did!«[71]

68 Vinnal, Der baltische Getreidehandel, S. 120.

69 Einführend zu seinem Konzept Wallerstein, The Modern World-System.

70 Reinert, How Rich Countries, S. XXIX.

71 Ebenda, S. 23.

Und auch im Kontext dieser Arbeit findet sich zu Beginn des 18. Jahrhunderts bei Posoškov eine frappierend sinngemäße Empfehlung mit Blick auf die Ausländer (die Deutschen):

> Die Deutschen werden uns niemals beibringen, wie wir achtsam leben und nichts umsonst ausgeben, sie lobpreisen nur das, wovon ein Vorteil für sie und nicht für uns abfällt. Sie bereichern nicht nur sich, sondern auch ihre Brüder mit allen möglichen Tricks, und uns stoßen sie immer weiter in die Armut[72].

Tatsache ist, dass durch die Gründung St. Petersburgs und die Forcierung des Handels in den nordwestlichen Hafenstädten des Reiches durch Peter I. der Kontakt zum Welthandel hergestellt war, jener aber vor genau der soeben skizzierten Frage stand. Wie konnte er Russland zum Teil des Weltsystems machen, ohne dass es auf einem peripheren Status verbleiben musste? Der deutsche Historiker Hans Heinrich Nolte und später der russische Wirtschaftswissenschaftler Georgij D. Gloveli argumentieren überzeugend, dass Russland nach dem Modell Wallersteins die Funktion einer Semiperipherie zukomme, da es sich seit Beginn des 18.Jahrhunderts mit der Gründung St. Petersburgs in einem engen wirtschaftlichen Austausch mit dem wirtschaftlichen Zentrum, also England und anfangs noch Holland, befunden habe, dieser Austausch allerdings aufgrund der eigenen Warenstruktur nicht gleichwertig gewesen sei. Für die Kategorisierung Russlands als Semiperipherie spricht auch die gesellschaftliche Teilhabe am Handel[73]. Nach Wallerstein zeichnen sich Semiperipherien dadurch aus, dass sie zwar im Gegensatz zur Peripherie politisch vom Zentrum unabhängig sind, sich allerdings nur eine kleine Elite der Region am Handel beteiligt bzw. von diesem profitiert. Daher sind im Schema Wallersteins die Länder dieser Region häufig autoritär geführt, was auf Russland ja ebenfalls zutrifft[74].

In genau diesem Zusammenwirken von einer hierarchisch geprägten Handelsbeziehung einerseits und einer statischen gesellschaftlichen Ordnung andererseits, die nur die politische Elite des Landes an den Gewinnen des Handels teilhaben lässt, liegt das Erklärungspotential dieses Ansatzes dafür, dass es schier

72 »Nemcy nikogda nas ne poučat na to, čtoby my berežno žili i ničego b naprasno ne tratili, tolko to vychvaljajut, ot čego by požitok kakoj im pripal, a ne nam. Oni ne tokmo sebja, no i pročich svoju brat'ju vsjakimi vymysli bogatjat, a nas bolši k skudosti prigonjajut«. Posoškov, Kniga o skudosti i bogatstve, S. 764.

73 Nolte, Zur Stellung Osteuropas, S. 164 f.; Gloveli, Merkantilistskaja geokul'tura. Eine affirmative Replik Wallersteins auf Nolte bei Wallerstein/Mayer, Die große Expansion, S. 192. Mit gleichen Ergebnissen am Beispiel des Leder- und Talghandels auch bei Harder-Gersdorff eine kurze und kritische Diskussion Wallersteins: Harder-Gersdorff, Avoiding Sound Traffic, S. 258–260.

74 Wallerstein, The Modern World-System, S. 57.

unmöglich war, den »Gordischen Knoten« in Hinblick auf die Partizipation russischer Kaufleute am Außenhandel durchschlagen zu können. Und dies, obgleich der Außenhandel mit seinen stetig wachsenden Zahlen an sich häufig als Erfolg beschrieben wird.

Zwar ist Wallersteins Theorie erst im 20. Jahrhundert entwickelt worden, doch intuitiv lässt sich ein ähnlich hierarchisch strukturiertes Denken schon bei Zeitgenossen im 18. Jahrhundert feststellen. So erkannte ja beispielsweise Radiščev, dass in handelspolitischer Hinsicht England zu seiner Zeit eine Art Zentrum war[75]. Kritisch müsste zu diesem Modell im Hinblick auf Russland jedoch angemerkt werden, dass sicher nicht das gesamte Russländische Reich des 18. Jahrhunderts in gleicher Weise modellhaft die Funktion einer Semiperipherie erfüllt hat[76]. Stattdessen ist auf regionale Unterschiede innerhalb des ausgedehnten Imperiums zu verweisen. Eine Sonderrolle innerhalb Russlands kam sicherlich den nordwestlichen Hafenstädten als Schnittstelle zwischen verschiedenen Handelswelten zu, die immer wieder nach einem hierarchischen Modell klassifiziert wurden. So sah Handrack- beispielsweise das Riga des 18. Jahrhunderts irgendwo zwischen westlichem Zentrum und einer »tiefer stehenden« östlichen Peripherie und fragte nach dem dadurch evozierten Potential für Riga: »Die Fragen, ob die Zugehörigkeit zum großräumigen Russischen Reiche, ob die politische Gemeinschaft mit einem wirtschaftlich und kulturell tiefer stehenden Mehrheitsvolke im Handelsleben der Stadt zu Tage trat, soll uns hier in erster Linie interessieren«[77].

Ohne Frage waren die nordwestlichen Hafenstädte einschließlich St. Petersburg und Archangel'sk im Allgemeinen und die Ostseeprovinzen im Besonderen die Orte, wo Russland Teil des Welthandels war und wo hierarchisch angelegte Beziehungen zwischen russischen bzw. deutschbaltischen und westlichen Kaufleuten im 18. Jahrhundert verhandelt wurden. Um den stufenweisen Übergang zwischen Ost und West anhand der Hafenstädte zu veranschaulichen, kann auf eine aus dem 19. Jahrhundert stammende Metapher für die Ostseeprovinzen zurückgegriffen werden: Wenn St. Petersburg das »Fenster« zwischen dem Innern Russlands und der Außenwelt war, dann waren die Ostseeprovinzen der »Balkon« des Reiches, noch zugehörig, aber zugleich auch schon außerhalb gelegen[78]. Nicht nur die Hafenstädte der Ostseeprovinzen selbst hatten die Funktion einer Schnittstelle zwischen Russland und dem Westen inne, auch

75 Radiščev, Pis'mo o Kitajskom torge, S. 6 f.

76 Wallerstein selbst rechnet nur den europäischen Teil, und den erst ab 1750, als zum Weltsystem gehörig. Wallerstein/Mayer, Die große Expansion, S. 196.

77 Handrack, Der Handel, S. 1.

78 Die Balkonmetapher entlehnt von Konstantin I. Arsen'ev (1848), hier zit. n. Brüggemann/Woodworth, Entangled Pasts, S. 10.

die Kaufleute traten in einer Vermittlerrolle aufgrund ihrer kulturellen Nähe zu den holländischen und englischen Kaufleuten auf, und zwar nicht nur in den Ostseeprovinzen. Auch in St. Petersburg waren insbesondere die sogenannten Kommissionäre, also die lokalen Vertreter der englischen Firmen, häufig Deutschbalten. Und schließlich erfüllten die Ostseeprovinzen auch auf institutioneller Ebene eine Vermittlerfunktion zwischen Ost und West, indem Handelspraktiken ins Innere Russland transferiert wurden bzw. Praktiken aus den Hafenstädten, wie etwa die Rigenser Bracke oder die Praxis des Wechsels, für St. Petersburg Modellcharakter besaßen[79].

Somit wiederholte sich auf dem Gebiet der Handelspraxis ein Phänomen, das auch in anderen Bereichen wie etwa der Lokalverwaltung zu beobachten war. So hatte die lokale Selbstverwaltung der Ritterschaften Einflüsse auf die Reformen der Lokalverwaltung unter Peter I. und Katharina II. Da aber auf der anderen Seite insbesondere Katharina II. bestrebt war, die Heterogenität des Reiches zu verringern, kam es während ihrer Regierungszeit zu einem Annäherungsprozess zwischen den Ostseeprovinzen und dem Reich[80]. Auch im Bereich des Handels ging der rein »deutsche« Charakter der Hafenstädte in Riga und Reval während ihrer Regierungszeit verloren. Zumindest kam es zu einer handelspolitisch-funktionalen Angleichung, wenn auch der kulturell deutsche Charakter dieser Städte bis ins 19. Jahrhundert hinein präsent blieb. Diese Angleichung der Handelspraxis spricht somit für eine zunehmende Integration des »Balkons« in das Reich. Innerhalb des Konzepts des Weltsystems lässt dies eine gemeinsame Klassifizierung der nordwestlichen Hafenstädte des Russländischen Reiches als Semiperipherie plausibel erscheinen.

Wie die Öffnung dieser »Fenster nach Westen« und die damit verbundene Integration Russlands in den Welthandel zu bewerten ist, führt zu der theoretischen Frage, welche Handlungsspielräume eine Semiperipherie im Weltsystem überhaupt erlangen kann. Auffällig ist, dass weder Peters merkantilistische Politik zu Beginn des Jahrhunderts noch die liberale Handelspolitik unter Katharina II. zum Ende des Jahrhunderts an dem grundlegenden Problem eines hierarchisch strukturierten Handelsverhältnisses etwas ändern konnten.

---

79 Siehe die Abschnitte zu Riga und Reval (Kap. II.3 und II.4).

80 Zur wechselseitigen Beeinflussung und sukzessiven Annäherung des deutschbaltischen Adels und seiner Institutionen mit dem russischen Adel im Laufe des 18. Jahrhunderts Bartlett, The Russian and the Baltic German Nobility.

4.3 Peters »unsichtbare Hand«? Russlands Rolle im Welthandel im 18. Jahrhundert

> Welche glückliche Zukunft musste Peter nicht für seine Staaten ahnen, da er die bisherige Isolation an der Ostsee aufgehoben hatte und mit dem Wachstume St. Petersburgs den Handel und den Schiffbau erweitert zu sehen! Das achtzehnte Jahrhundert hat schon zum Teil das erfüllt, was sein prophetischer Genius vielleicht noch weiter hinaussetzte (Wilhelm Christian Friebe)[81].

Auch der »prophetische Geist« Peters I. konnte zwar als »unsichtbare Hand« im 18. Jahrhundert für ein enormes Wachstum St. Petersburgs sorgen, einige Ziele aber nur »zum Teil« erfüllen – was eine recht euphemistische Umschreibung für das Versagen der russischen Kaufleute sein dürfte. In Konsequenz der obigen Ergebnisse sind die Hauptursachen für das Versagen der Kaufleute darin zu sehen, dass einerseits eine beharrliche protektionistische Politik nicht lange genug praktiziert wurde, um eine eigenständige konkurrenzfähige Produktion zu generieren. Zu schnell beförderten Lockerungen der Zolltarife einen Aufschwung des Handels und bescherten dem Staat eine positive Handelsbilanz. Dabei blieb jedoch die Qualität des Warenaustausches stets zum Nachteil Russlands und verhinderte oder bremste zumindest eine Modernisierung der Produktion im Lande selbst[82]. Andererseits wurde eine soziale Mobilisierung, die den Gewinn aus dem Handel auf breitere gesellschaftliche Gruppen jenseits des Adels verteilt und so womöglich eine im Hinblick auf den Westen konkurrenzfähige Gesellschaft hätte erzeugen können, weder unter Peter I. noch unter seinen Nachfolgerinnen und Nachfolger zugelassen. Da aber keine russische Herrscherin und kein Herrscher des 18. Jahrhunderts ohne Berücksichtigung der wirtschaftlichen Interessen des Hochadels regieren konnte, darf ernsthaft angezweifelt werden, ob eine gesellschaftliche Mobilisierung von oben hätte verordnet werden können[83] (und dies umso weniger im Zeitalter des aufkommenden Liberalismus in der Handelspolitik während der zweiten Hälfte des Jahrhunderts).

Die »unsichtbare Hand« als Metapher für die Kollektivkraft der individuellen Eigeninteressen, die den Markt zum Positiven reguliert, lässt sich schlechterdings nicht durch die »unsichtbare Hand« eines autokratischen Herrschers von oben

81 Friebe, Ueber Rußlands Handel, S. 101.

82 Etwas verkürzt, aber mit ähnlichem Gedankengang auch bei Wallerstein/Mayer, Die große Expansion, S. 218.

83 Ebenda, S. 223; Kagarlickij, Periferijnaja imperija, S. 242 f.

implementieren[84]. Insbesondere die Lehren des Liberalismus erforderten eine freiheitliche Gesellschaft, weshalb die amerikanische Historikerin Esther Kingston-Mann von einer »repressive modernization« hinsichtlich des Verhältnisses aufklärerischer Eliten zur staatlichen Macht in Russland spricht[85]. Der französische Historiker Bertram Binoche wiederum benutzt in diesem Zusammenhang den Begriff des »aufgeklärten Despotismus«[86]. Anders gesagt: Wenn der Staat eine selbstbewusste und selbstständige Kaufmannschaft wollte, dann hätte er die Machtvertikale verflachen und gesellschaftliche Verantwortung an andere Gruppen, in diesem Fall die Kaufleute abgeben müssen. In diesem Sinne formuliert der Schweizer Historiker Francois Allisson die Situation, in der sich die russische Regierung hinsichtlich ihrer ökonomischen Strategie um 1800 befand, folgendermaßen: »The Tsars wanted at the same time to maintain the autocracy, which implied status quo policies, and to fight on equal terms with the other European powers, which implied major reforms of the economy and consequently of the whole society«[87]. Auch der russische Wirtschaftshistoriker Leonid Shirokorad spricht in diesem Zusammenhang von einem »deadlock«, in den die Bemühungen Peters Russland in wirtschaftspolitischer Hinsicht geführt hätten[88].

Neben dem Bezug zur Politischen Nationalökonomie verweist die Metapher der »unsichtbaren Hand« auch auf die Durchsetzbarkeit der staatlichen Intention. Insbesondere in Verbindung mit dem Begriffsfeld des Merkantilismus ist im Verlauf dieser Studie deutlich geworden, dass die staatliche dirigistische Wirtschaftspolitik in einer Vielzahl von Fällen das Durchsetzungsvermögen vermissen ließ, die verordnete Politik auch umzusetzen. Das enorme Ausmaß an Schmuggeltätigkeit in den Häfen ist genauso ein Beispiel dafür wie das Unbehagen in den übrigen Häfen hinsichtlich der Bevorzugung St. Petersburgs. Regionaler Widerstand gegen merkantilistisch staatliche Wirtschaftspolitik stellt, wie die amerikanische Historikerin Junko Takeda und der deutsche Historiker Jochen Hoock am Beispiel von Rouen und Marseille feststellen, ein noch nahezu unerforschtes Phänomen der Merkan-

---

84 Dass es leichter war, eine ruhmhafte Flotte zu bauen, als einen umfassenden gesellschaftlichen Wandel von oben zu verordnen, erkannte auch Friebe im aufklärerischen Duktus: »Selbst mit der Schöpfung einer Marine suchte Peter zugleich den Keim von Sitten, Kultur und Wissenschaften seiner Nation einzuimpfen. Das Erstere gelang ihm besser als das Letztere. Da aber das Letztere selbst nichts Mechanisches ist, das sich wie ein Stamm zum Schiffskiele zuhauen ließe, so gehört hierzu auch eine längere Zeit, als das Leben eines Menschen ist, um Wissenschaften und Kultur so allgemein zu verbreiten, dass sie selbst in den mittleren Volksklassen einheimisch werden. Sogar die Dauer eines Jahrhunderts wird hierzu nicht hinreichend sein«. Friebe, Ueber Rußlands Handel, S. 103.

85 Kingston-Mann, In the Light, S. 87. Zum Verhältnis zwischen Aufklärung und staatlicher Disziplinierung in Russland im 18. Jahrhundert siehe Živov, Disciplinirovat' i prosveščat'.

86 Binoche, Novaja evropejskaja triada, S. 165.

87 Allisson, Russia and Ukraine, S. 105.

88 Shirokorad, Russian Economic Thought, S. 25.

tilismus-Forschung dar, deren Ergebnisse Analogien zu der Situation in Riga oder Archangel'sk aufweisen. Die neuere Erforschung der Grenzen staatlich-merkantilistischer Politik auf regionaler Ebene auf dem Feld der Wirtschaftspolitik findet ihre Entsprechung in der vorangegangenen historiographischen Entzauberung des Absolutismus-Begriffs auf dem politischen Feld[89]. Beide Begriffe etablierten sich in der Forschung zur Frühen Neuzeit zur Kennzeichnung der Herausbildung des frühneuzeitlichen Staates, treffen aber auf ihre epistemologischen Grenzen bei genauerer Betrachtung der Verhältnisse auf regionaler Ebene.

Es bleibt also bei der ernüchternden Feststellung, dass eine Semiperipherie kaum Chancen hat, aus ihrer Position heraus zum wirtschaftlichen Zentrum aufzuschließen, zumal im russischen Fall die lokalen Eliten in Zusammenarbeit mit diesem Zentrum einen sozialen Wandel im Land selbst verhinderten[90]. Es war für sie vorteilhafter, Agrarprodukte zu exportieren, als eine langfristige innere technisch-gesellschaftliche Modernisierung zu forcieren. In diesem Sinne ist das Phänomen der feudalen Gesellschaft Russlands im 18. Jahrhundert nicht Ausdruck einer in der *moyenne durée* vermeintlich bestätigten essentialistischen Neigung des Russen an sich nach autoritärer Herrschaft von Ivan IV. bis Putin. Es ist eher Ergebnis des Umstandes, dass das Land zu einem ungeeigneten Zeitpunkt Teil eines von England dominierten Weltsystems geworden war, das gesellschaftlichen Wandel sehr erschwerte. Anders gesagt besteht nach dieser Logik ein enger kausaler Zusammenhang zwischen der Situation der Leibeigenen in Russland und den Bedürfnissen der Industrialisierung in England.

Nur durch eine Fortführung der von Peter I. begonnenen protektionistischen Politik bei gleichzeitiger innenpolitischer Förderung der Kaufleute und der Stadtbevölkerung hätte ein gesellschaftlicher Wandel im Innern erzeugt werden können, der am Ende zu einer gleichwertigen Teilnahme am Weltsystem geführt hätte[91].

Dass das russische ökonomische Denken begann, ausgerechnet dann westlichen Denkschulen wie der der Physiokraten oder der von Adam Smith zu folgen, als eine Fortführung der protektionistischen Politik zielführender gewesen wäre[92], hat eine gewisse Tragik. Das Land wurde damit zwar, wie von Katharina propagiert, geistesgeschichtlich ein Teil Europas, doch geriet es handelspolitisch genau dadurch in eine verstärkte hierarchische Abhängigkeit und verlor somit wirtschaftlich und gesellschaftlich den Anschluss. Erinnert sei hier nochmals

89 Hoock, Le monde marchand; Takeda, Silk.

90 Kagarlickij, Periferijnaja imperija, S. 243.

91 Zu weitgehend übereinstimmenden Ergebnissen kommt auch Gloveli mit besonderer Berücksichtigung der beiden protektionistisch argumentierenden Autoren der »Russischen Schule«, Križanič und Posoškov. Gloveli, Merkantilistskaja geokul'tura, S. 255–258.

92 Ein differenzierter Blick auf verschiedene Formen von Protektionismus in historischer Perspektive, der die hier vorliegende Argumentation durchaus stützt, findet sich bei Kaps/Eder, Kann Protektionismus fortschrittlich sein?.

an den Hinweis des Wirtschaftswissenschaftlers Erik Reinert »Don't do as the English tell you to do, do as the English did!«[93] Wie gesehen, hatte Pososkov eine ähnliche Warnung formuliert.

Die Russen übernahmen also die richtige Wirtschaftslehre, die Politische Nationalökonomie, zum falschen Zeitpunkt. Oder anders ausgedrückt, folgten sie der Diskurshoheit, ohne zu berücksichtigen, dass in Russland andere sozialökonomische Voraussetzungen galten als in Westeuropa, wo der Diskurs geführt wurde. Hans Heinrich Nolte spricht in seinem erwähnten Beitrag zur Weltsystemtheorie in Osteuropa von einer nachholenden bzw. konkurrierenden Imitation, welche in Russland zu beobachten gewesen sei[94]. Dieser Ansatz steht ohne Zweifel in der Tradition der modernisierungstheoretischen Interpretation der russischen Geschichte, wonach Russland das Modell Westeuropa nachholend imitiert habe. Hildermeier geht noch weiter und referiert den ebenfalls modernisierungstheoretisch motivierten Gedanken der »relativen Rückständigkeit als Privileg«, wonach Russland einzelne Schritte der modellhaften westlichen Entwicklung habe überspringen können, worin eine genuine Chance bestanden habe[95]. Doch steht dieser Gedankengang der hier angeführten Argumentation diametral entgegen. Entscheidend ist, dass es nicht ausreicht zu erklären, ein westliches Modell sei nachholend imitiert worden, weil die interregionalen und transnationalen Beziehungssysteme mitberücksichtigt werden müssen. Russland konnte nicht einfach ein Modell nachholend imitieren, da seine Voraussetzungen aufgrund seiner anderen Position im Weltsystem völlig andere waren. In den Worten des russischen Soziologen Boris Kagarlickij: »Je rückständiger das Russländische Imperium wurde, desto erfolgreicher integrierte es sich in das Weltsystem![96]«

Es war diese wirtschaftliche Unterlegenheit, die trotz kulturellen Wandels in den nordwestlichen Hafenstädten einen gesellschaftlichen Fortschritt behinderte und zugleich in starkem Kontrast zur außenpolitischen Macht des Landes stand. An dieser Situation vermochten auch die russischen militärischen Ressourcen nichts zu verändern, noch nicht einmal die Ostseeflotte, die zum Ende der Regierungszeit Katharinas II. die Ostsee bereits als ihr Eigentum betrachtete[97]. Im Gegenteil verschlechterten die vielen Kriege die Haushaltslage und wirkten sich somit trotz der zahlreichen Siege eher negativ auf die handelspo-

93 Reinert, How Rich Countries, S. 23.

94 Nolte, Zur Stellung Osteuropas, S. 164.

95 Hildermeier, Geschichte Russlands, S. 1319.

96 Kagarlickij, Periferijnaja imperija, S. 246.

97 So hieß es in einem Gutachten von 1788 zum Flottenrüstungsprogramm: »Zur Bewahrung des russischen Charakters der Ostsee und seiner Küsten« (*dlja ochranenija Baltijskogo morja i beregov Rossijskich*). Zit. n. Bagger, Die Bedeutung des Ostseeraumes, S. 391.

litische Position des Landes aus. Daher sei zum Abschluss noch einmal Johann Benedikt Scherer mit seinem beängstigend zeitlosen Hinweis zitiert:

> Niemals wird Russland die Früchte von Peters Bemühungen ernten, die die Waagschale des Handels auf seine Seite bringen, nie aufgeklärt und blühend werden, bis es der Eroberungssucht entsagt hat [...]. Noch einmal: Will Russland an seinem Glücke tätig arbeiten, so nehme es Peters System wieder an, und befolge es durchaus, doch mit Ausnahme seines Hanges zum Kriege, welches ihm umso leichter sein wird, da keiner seiner Nachbarn es dazu zwingen, oder an seiner Wirksamkeit hindern kann[98].

98 SCHERER, Geschichte und gegenwärtiger Zustand, S. 49, 70 f.

Quellen- und Literaturverzeichnis

1. Quellen

Archivalien

Archiv der St. Petersburger Abteilung des Historischen Instituts der Akademie der Wissenschaften (Archiv S.-Peterburgskogo otdelenija Instituta istorii Rossijskoj akademii nauk), St. Petersburg

Fond 36 – Voroncovy [Die Voroncovs]

Fond 115 – Kollekcija rukopisnych knig [Sammlung der handschriftlichen Bücher]

Fond 270 – Komissija po izdaniju pisem i bumag Petra Velikogo [Kommission für die Herausgabe der Briefe und Schriften Peters des Großen]

Russländisches Staatsarchiv der Alten Akten (Rossijskij gosudarstvennyj archiv drevnych aktov), Moskau

Fond 9 – Kabinet Petra I [Kabinett Peters I.]

Fond 16 – Vnutrennee upravlenie [Innere Verwaltung]

Fond 19 – Financy [Finanzen]

Fond 276 – Kommerc Kollegija [Kommerz-Kollegium]

Fond 397 – Komissii o kommercii [Kommerz-Kommission]

Russländisches Staatsarchiv der Marine (Rossijskij gosudarstvennyj archiv voenno-morskogo flota), St. Petersburg

Fond 330 – Glavnyj komandir archangel'skogo porta [Hauptkommandant des Hafens Archangel'sk]

Russländisches Historisches Staatsarchiv (Rossijskij gosudarstvennyj istoričeskij archiv), St. Petersburg

Fond 138 – Petrogradskaja portovaja tamožnja [Petrograder Hafenzoll]

Fond 796 – Kaneljarija sinoda [Synodskanzlei]

Fond 1329 – Imennye ukazy i vysočajšie povelenija senatu [Persönliche Erlasse und höchste Befehle an den Senat]

Online-Ressourcen

Baltisches Biografisches Lexikon digital (BBLd). URL: https://bbld.de (letzter Zugriff 10.10.2024).

Erik-Amburger-Datenbank. Ausländer im vorrevolutionären Russland. URL: https://

amburger.ios-regensburg.de/index.php?id=41524&mode=1 (letzter Zugriff 10.10.2024).

Polnoe Sobranie Zakonov Rossijskoj Imperii [Vollständige Sammlung der Gesetze des Russländischen Reiches]. URL: https://nlr.ru/e-res/law_r/search.php (letzter Zugriff 10.10.2024).

Soundtoll Registers online, https://www.soundtoll.nl/ (letzter Zugriff 10.10.2024).

Gedruckte Quellen

Algarotti, Francesco, Russische Reise (1739), hg. und übersetzt von Hans W. Schuhmacher, einsehbar unter dem URL: http://www.algarotti.de/wp-content/uploads/2018/09/Francesco-Algarotti_Russische-Reise.pdf (03.09.2024).

Bruce, Peter Henry, Des Herrn Peter Heinrich Bruce, eines ehemaligen Officiers in Preußischen, Russischen und Großbritannischen Diensten, Nachrichten von seinen Reisen in Deutschland, Rußland, die Tartarey, Türkey, Westindien u. s. f., Leipzig 1784.

Büsching, Anton Friedrich, Magazin für die neue Historie und Geographie, Halle 1775.

– Magazin für die neue Historiographie und Geographie, Hamburg 1769.

– Neue Erdbeschreibung, Hamburg 1777.

Cary, John, An Essay Towards Regulating the Trade and Employing the Poor of this Kingdom, London 1719.

Čulkov, Michail Dmitrievič, Istoričeskoe opisanie rossijskoj kommercii pri vsech portach i granicach ot drevnich vremjan do nyne nastojaščago [Historische Beschreibung des russländischen Kommerzes an allen Häfen und Grenzen von den ältesten Zeiten bis in die Gegenwart], Band 1, Teil 1, Sankt Peterburg 1781.

– Istoričeskoe opisanie rossijskoj kommercii pri vsech portach i granicach ot drevnich vremjan do nyne nastojaščago [Historische Beschreibung des russländischen Kommerzes an allen Häfen und Grenzen von den ältesten Zeiten bis in die Gegenwart], Band 2, Buch 1, Sankt-Peterburg 1785.

– Istoričeskoe opisanie rossijskoj kommercii pri vsech portach i granicach ot drevnich vremjan do nyne nastojaščago [Historische Beschreibung des russländischen Kommerzes an allen Häfen und Grenzen von den ältesten Zeiten bis in die Gegenwart], Band 4, Buch 1, Moskva 1785a.

– Istoričeskoe opisanie rossijskoj kommercii pri vsech portach i granicach ot drevnich vremjan do nyne nastojaščago [Historische Beschreibung des russländischen Kommerzes an allen Häfen und Grenzen von den ältesten Zeiten bis in die Gegenwart], Band 4, Buch 2–6, Moskva 1785–1786.

– Istoričeskoe opisanie rossijskoj kommercii pri vsech portach i granicach ot drevnich vremjan do nyne nastojaščago [Historische Beschreibung des russländischen Kommerzes an allen Häfen und Grenzen von den ältesten Zeiten bis in die Gegenwart], Band 5, Buch 1–2, Moskva 1786a.

– Istoričeskoe opisanie rossijskoj kommercii pri vsech portach i granicach ot drevnich

vremjan do nyne nastojaščago [Historische Beschreibung des russländischen Kommerzes an allen Häfen und Grenzen von den ältesten Zeiten bis in die Gegenwart], Band 6, Buch 3–4, Moskva 1786.
– Istorija kratkaja rossijskoj torgovli [Kurze Geschichte des russländischen Handels], Moskva 1788.
FRIEBE, Wilhelm Christian, Ueber Rußlands Handel, landwirtschaftliche Kultur, Industrie und Produkte, Gotha u.a. 1797.
GEORGI, Johann Gottlieb, Versuch einer Beschreibung der Rußisch Kayserlichen Residenzstadt St. Petersburg und der Merkwürdigkeiten der Gegend, St. Petersburg 1790.
HALEM, Gerhard Anton von, Lebensbeschreibung des Russisch-Kaiserlichen General-Feldmarschalls B. C. Grafen von Münnich, Oldenburg 1803.
HERMANN, Benedikt Franz Johann, Statistische Schilderung von Rußland, St. Petersburg und Leipzig 1790.
KARAMZIN, Nikolaj Michajlovič, Zapiska o drevnej i novoj Rossii v ee političeskom i graždanskom otnošenijach [Schriften über das alte und neue Russland in seinen politischen und bürgerlichen Beziehungen], Moskva 1991.
KRIŽANIĆ, Juraj, Politika [Politik], Moskva 1997.
Lord Mal'msbjuri o Rossii – Razgovor s Ekaterinoju [Lord Malmsbury über Russland – Gespräch mit Katharina], in: Russkij Archiv 12 (1874), Nr. 2, S. 419–438.
MARBAULT, Essai sur le commerce de Russie [Essai über den Kommerz in Russland], Amsterdam 1777.
MARTENS, Fedor [Friedrich] Fedorovič, Sobranie traktatov i konvencij zaključennych Rossieju s inostrannymi deržavami [Sammlung aller Verträge und Abkommen, die zwischen Russland und ausländischen Mächten abgeschlossen wurden], 15 Bde., S.-Peterburg 1874–1909 (Nachdruck: Nendeln 1969).
Mémoire sur la situation actuelle du commerce de France en Russie [Memorandum über die aktuelle Situation des Kommerzes in Frankreich und Russland], 1758, in: Magazin für die neue Historie und Geographie, hg. v. Anton Friedrich BÜSCHING, Halle 1777, S. 465–470.
Mémoire sur le commerce de Russie le 26 Juin 1762 [Memorandum über den Kommerz Russlands vom 26 Juni 1762], in: Magazin für die neue Historie und Geographie, hg. v. Anton Friedrich BÜSCHING, Halle 1777, S. 437–465.
Nakaz Ekateriny II Komissii o sostavlenii projekta novogo Uloženija [Anordnung Katharina II. für die Kommission zur Errichtung eines Projekts über eine neue Gesetzesordnung], 30.07.1767, in: https://www.prlib.ru/item/428545? (Zugriff 3.9.2024).
PERRY, John, The State of Russia under the Present Czar, London 1716.
POSOSHKOV, Ivan Tikhonovich: The Book of Poverty and Wealth, hg. von Lucjan R. LEWITTER, London 1987.
POSOŠKOV, Ivan T., Kniga o skudosti i bogatstve [Buch über Armut und Reichtum], Moskva 1951.
RADIŠČEV, Aleksandr Nikolaevič, Pis'mo o Kitajskom torge [Brief über den chinesischen Handel], in: DERS.: Polnoe sobranie sočinenij [Gesammelte Werke], Moskva 1941, S. 5–35.

Ryčkov, Petr Ivanovič, Perepiska meždu dvumja prijateljami o kommercii [Schriftwechsel zweier Freunde über den Handel], Sankt Peterburg 1755.

Ščerbatov, Michail Michajlovič, O povreždenii nravov v Rossii [Über den Niedergang der Sitten in Russland], Moskva 1983.

Scherer, Johann Benedikt von, Geschichte und gegenwärtiger Zustand des russischen Handels, Leipzig 1789.

Schlözer, August Ludwig, August Ludwig Schlözer's öffentliches und Privat-Leben / von ihm selbst beschrieben, Göttingen 1802.

– Münz-, Geld- und Bergwerks-Geschichte des russischen Kaiserthums vom J. 1700 bis 1789, Göttingen 1791.

– Neuverändertes Rußland oder Leben Catharinä der Zweyten Kayserinn von Rußland. Aus authentischen Nachrichten beschrieben, Riga 1767–1772.

Smith, Adam, An Inquiry into the Nature and Causes of the Wealth of Nations, London 1843.

Snell, Karl Philipp Michael, Beschreibung der russischen Provinzen an der Ostsee, Jena 1794.

Storch, Heinrich Friedrich von, Gemaehlde von St. Petersburg, 2 Bde., Riga 1794.

– Historisch-statistisches Gemälde des russischen Reichs am Ende des achtzehnten Jahrhunderts und unter der Regierung Katharinas der Zweyten, Theil 3, Riga 1799.

– Historisch-statistisches Gemälde des russischen Reichs am Ende des achtzehnten Jahrhunderts und unter der Regierung Katharinas der Zweyten, Theil 5, Leipzig 1802.

– Historisch-statistisches Gemälde des russischen Reichs am Ende des achtzehnten Jahrhunderts und unter der Regierung Katharinas der Zweyten, Theil 6, Leipzig 1801.

– Historisch-statistisches Gemälde des russischen Reichs am Ende des achtzehnten Jahrhunderts und unter der Regierung Katharinas der Zweyten, Theil 8, Riga 1803.

– Supplementband zum fünften, sechsten und siebenten Theil des Historisch-statistischen Gemäldes des Russischen Reichs, Leipzig 1803.

Tatiščev, Vasilij Nikitič, Predstavlenie o kupečestve i remeslach [Vorstellungen über die Kaufmannschaft und das Handwerk], in: Izbrannye proizvedenija [Ausgewählte Schriften], Leningrad 1979, S. 392–401.

Tret'jakov, Ivan, Rassuždenie o pričinach izobilija i medlitel'nago obogaščenija gosudarstv, kak u drevnich, tak i u nynešnich narodov [Gedanken über die Gründe von Armut und langsamer Bereicherung der Staaten, sowohl unter den alten wie auch unter den jetzigen Völkern], Moskva 1772.

Vockerodt, Johann Gotthilf, Russland unter Peter dem Grossen, Leipzig 1872.

Weber, Friedrich Christian, Das Veränderte Russland, Frankfurt 1721.

Wuerst [Virst], Fedor Ch. , Razsuždenija o nekotorych predmetach zakonodatel'stva i upravlenija finansami i kommercieju Rossijskoj Imperii [Gedanken über einige Dinge der Gesetzgebung und der Regulierung der Finanzen und des Kommerzes des Russländischen Imperiums], Sankt Peterburg 1807.

2. Literatur

ABALKIN, Leonid Ivanovič, Očerki istorii rossijskoj social'no-ėkonomičeskoj mysli [Anmerkungen zur Geschichte des russländischen sozialökonomischen Denkens], Moskva 2003.

– V poiskach samoopredelenija Rossijskoj školy ekonomočeskoj mysli [Auf der Suche nach der Selbstbestimmung der russischen ökonomischen Schule], in: DERS.: Očerki istorii rossijskoj social'no-ėkonomičeskoj mysli [Anmerkungen zur Geschichte des russländischen sozialökonomischen Denkens], Moskva 2003, S. 8–32.

ALLISSON, Francois, Russia and Ukraine, in: Routledge Handbook of the History of Global Economic Thought, hg. v. Vincent BARNETT, Abingdon/Oxon/New York 2015, S. 102–109.

AMBURGER, Erik, Ingermanland – eine junge Provinz Rußlands im Wirkungsbereich der Residenz und Weltstadt St. Petersburg-Leningrad (Beiträge zur Geschichte Osteuropas 13), 2 Bde., Köln u.a. 1980.

– Das neuzeitliche Narva als Wirtschaftsfaktor zwischen Rußland und Estland, in: DERS., Fremde und Einheimische im Wirtschafts- und Kulturleben des neuzeitlichen Rußland. Ausgewählte Aufsätze, hg. v. Klaus ZERNACK, Wiesbaden 1982 (Quellen und Studien zur Geschichte des östlichen Europa 17), S. 41–52.

ANGERMANN, Norbert, Hamburg und Rußland in der Frühen Neuzeit (Die Ost-Reihe 17), Hamburg 1972.

ANISIMOV, Evgenij Vikotorivič, Anna Ioannovna. Ot gercogini k imperatrice [Anna Ivanovna. Von der Herzogin zur Herrscherin], Moskva 2017.

– Imperatrica Ekaterina Velikaja [Die Herrscherin Katharina die Große], Sankt-Peterburg 2007.

– Petr Pervyj [Peter der Erste], Moskva 2017.

– Rossija bez Petra [Russland ohne Peter], Sankt-Peterburg 1994.

ANISIMOV, Maksim Jur'evič, Rossiija v sisteme velikich deržav v carstvovanie Elizavety Petrovny (1741–1761 gg.) [Russland im System der großen Mächte während der Herrschaft von Elisabeth Petrovnas (1741–1761)], Moskva 2020.

AREL, Maria Salomon, English Trade and Adventure to Russia in the Early Modern Era, Lanham 2019.

ASBACH, Olaf, Der moderne Staat und ›le doux commerce‹, Baden-Baden 2014.

BAGGER, Hans, Die Bedeutung des Ostseeraumes für die russische Aussenpolitik, in: Russland zur Zeit Katharinas II., hg. v. Eckhard HÜBNER / Jan KUSBER / Peter NITSCHE (Beiträge zur Geschichte Osteuropas 26), Köln 1998, S. 361–396.

BAK, Isaj Solomonovič, Ėkonomičeskie vozzrenija M. V. Lomonosova [Die ökonomischen Ansichten M. V. Lomonosovs], Moskva 1946.

BARNETT, Vincent, A History of Russian Economic Thought, London/New York 2005.

BARTLETT, Roger P., A History of Russia, Basingstoke 2005.

– Cameralism in Russia: Empress Catherine II. and Population Policy, in: Cameralism in Practice. State Administration and Economy in Early Modern Europe, hg. v. Keith TRIBE / Marten SEPPEL (People, Markets, Goods 10), Suffolk 2017, S. 65–90.

– Human Capital. The Settlement of Foreigners in Russia 1762–1804, Cambridge 1979.

– The Russian and the Baltic German Nobility in the Eighteenth Century, in: Cahiers du monde russe et soviétique 34 (1993), Nr. 1–2, S. 233–243.

Bazarova, Tat'jana Anatol'evna, Russkie diplomaty pri osmanskom dvore [Russische Diplomaten am Osmanischen Hof], Sankt-Peterburg 2016.

– Pervyj rossijskij vice-kancler P. P. Šafirov. Puti integracii v rossijskuju političeskuju elitu [Der erste russländische Vizekanzler P. P. Šafirov. Wege der Integration in die russländische politische Elite], in: Pravjaščie ėlity i dvorjanstvo Rossii vo vremja i posle petrovskich reform (1682–1750) [Die regierenden Eliten und der Adel Russlands zur Zeit und nach den Petrinischen Reformen], hg. v. Nikolaj N. Petruchincev / Lorenz Erren / Andrej Doronin, Moskva 2013, S. 122–148.

Belge, Boris, (Dis)Connected: Railway, Steamships and Trade in the Port of Odessa, 1865–1888, in: Journal of Balkan and Black Sea Studies 3 (2020), Nr. 5, S. 49–69.

Belinskij, Vissarion Grigor'evič, Peterburg i Moskva [Petersburg und Moskau] 1844, in: Ders.: Polnoe sobranie sočinenij [Gesammelte Werke], Bd. 8, Moskva 1955, S. 385–413.

Berg, Brigitta, Burchard Christoph Reichsgraf von Münnich (1683–1767). Ein Oldenburger in Zarendiensten (Oldenburger Studien 71), Oldenburg 2011.

Bespjatych, Jurij Nikolaevič, Archangel'sk nakanune i v gody Severnoj Vojny 1700–1721 [Archangel'sk am Vorabend und während des Nordischen Krieges 1700–1721], Sankt-Peterburg 2010.

– Peterburg Petra I v inostrannych opisanijach [Das Petersburg Peters I. in ausländischen Beschreibungen], Leningrad 1991.

Bičevskis, Raivis/Aija Taimiņa, Johann Georg Hamanns kameralwissenschaftliche Studien und Johann Christoph Berens' Vision von Riga: ein utopisches Projekt aus der zweiten Hälfte des 18. Jahrhunderts, in: Forschungen zur baltischen Geschichte 8 (2013), S. 127–144.

Binoche, Bertram, Novaja evropejskaja triada: Rim, Pariž, Peterburg [Die neue europäische Triade. Rom, Paris, St. Petersburg], in: Centry i periferii evropejskogo miroustrojstva [Zentren und Peripherien der europäischen Weltordnung], hg. v. Andrej Doronin, Moskva 2014, S. 165–177.

Bitter, Michael, George Forbes's ›Account of Russia‹, 1733–1734, in: The Slavonic and East European Review 82 (2004), Nr. 4, S. 886–920.

– Ministers and Favorites in the 1730s: An Analysis of the Dynamic Relationship Between Osterman and Biron through the Eyes of British Diplomats, in: A Century Mad and Wise. Russia in the Age of the Enlightenment. Papers from the IX International Conference of the Study Group on Eighteenth-Century Russia, Leuven 2014, hg. v. Emmanuel Waegemans / Hans van Konigsbrugge, Groningen 2015, S. 201–220.

– St. Petersburg during the Reign of Anna Ivanovna, in: St. Petersburg, 1703–1825, hg. v. Anthony Cross, Houndmills 2003, S. 30–49.

Blackwell, William L., The Industrialization of Russia. A Historical Perspective, Arlington Heights, Ill. 1994.

Blome, Astrid, Das deutsche Rußlandbild im frühen 18. Jahrhundert. Untersuchungen zur zeitgenössischen Presseberichterstattung über Rußland unter Peter I. (Forschungen zur osteuropäischen Geschichte 57), Wiesbaden 2000.

BLUMBERGS, Andrew James, The Nationalization of Latvians and the Issue of Serfdom, Amherst, NY 2008.

BOGATYREV, Eduard D., Eksportoorientirovannaja kazennaja promyšlennost' Rossii vo vtoroj polovine XVII–XVIII vv. [Die Exportorientierung der staatlichen Industrie Russlands in der zweiten Hälfte des 17. Jahrunderts – 18. Jahrhundert], Saransk 2010.

BOGOMAZOV, Gennadij Grigor'evič, Istorija rossijskoj ėkonomičeskoj nauki v licach [Geschichte der russländischen Wirtschaftswissenschaften in Personen], Moskva 2014.

BONDAREVA, Elena Anatol'neva, Istočniki »Istoričeskogo Opisanija Rossijskoj Kommercii« M. D. Čulkova [Die Quellen der »Historischen Beschreibung des russländischen Kommerzes« von M. D. Čulkov], in: Istorija SSSR [Geschichte der UdSSR], Moskva 1982, S. 94–103.

– Social'no-ėkonomičeskie vzgljady i prosvetitel'skaja dejatel'nost' M. D. Čulkova [Die sozialökonomischen Vorstellungen und die aufklärerische Tätigkeit M. D. Čulkovs], Moskva 1983.

BRANDENBERGER, David, Politics Projected into the Past: What Precipitated the Anti-Pokrovskii Campaign? in: Reinterpreting Revolutionary Russia. Essays in Honor of James D. White, hg. v. Ian D. THATCHER, New York 2006, S. 202–214.

BRÜGGEMANN, Karsten, The Baltic Provinces and Russian Perceptions in Late Imperial Russia, in: Russland an der Ostsee. Imperiale Strategien der Macht und kulturelle Wahrnehmungsmuster (16. bis 20. Jahrhundert) / Russia On the Baltic. Imperial Strategies of Power and Cultural Patterns of Perception (16th – 20th Centuries), hg. v. DEMS. / Bradley D. WOODWORTH (Quellen und Studien zur baltischen Geschichte 22), Wien 2012, S. 111–142.

– Licht und Luft des Imperiums. Legitimations- und Repräsentationsstrategien russischer Herrschaft in den Ostseeprovinzen im 19. und frühen 20. Jahrhundert (Veröffentlichungen des Nordost-Instituts 21), Wiesbaden 2018.

– / TUCHTENHAGEN, Ralph, Tallinn. Kleine Geschichte der Stadt, Köln 2011.

– / WOODWORTH, Bradley D., Entangled Pasts – Russia and the Baltic Region, in: Russland an der Ostsee. Imperiale Strategien der Macht und kulturelle Wahrnehmungsmuster (16. bis 20. Jahrhundert) / Russia On the Baltic. Imperial Strategies of Power and Cultural Patterns of Perception (16th – 20th Centuries), hg. v. DEMS. / Bradley D. WOODWORTH (Quellen und Studien zur baltischen Geschichte 22), S. 3–28.

BRÜNE, Peter, Johann Gotthilf Vockerodt und sein Einfluss auf das Russlandbild Friedrichs des Großen und Voltaires, Berlin 2018.

BUCHHOLTZ, Anton, Geschichte der Juden in Riga bis zur Begründung der Rigischen Hebräergemeinde im J. 1842, Riga 1899.

BUCHHOLTZ, Arend, Geschichte der Rigaischen Familie Schwartz, Berlin 1921.

BUROVSKIJ, Andrej Michajlovič, Peterburg kak geografičeskij fenomen [Petersburg als geographisches Phänomen], Sankt-Peterburg 2003.

BUSHKOVITCH, Paul, Peter the Great, Cambridge 2001.

Cameralism in Practice. State Administration and Economy in Early Modern Europe, hg. v. Keith TRIBE / Marten SEPPEL (People, Markets, Goods 10), Suffolk 2017.

CARRAS, Iannis, Community for Commerce. An Introduction to the Nezhin Greek Brotherhood focusing on its Establishment as a Formal Institution in the Years between

1692 and 1710, in: Merchant Colonies in the Early Modern Period, hg. v. Viktor Zakharov / Gelina Harlaftis / Olga Katsiardi-Hering (Perspectives in Economic and Social History 19), London 2012, S. 141–156.

Čečulin, Nikolaj Dmitrievič, Očerki po istorii russkich finansov v carstvovanie Ekateriny II [Anmerkungen zur Geschichte der russischen Finanzen während der Herrschaft Katharinas II.], S.-Peterburg 1906.

Čerpinska, Anita, Attempts by non-Germans to Obtain Burgher Rights in Riga in the Eighteenth and Early Nineteenth Centuries, in: Journal of Baltic Studies 51 (2020), Nr. 4, S. 569–586.

Chorośkevič, Anna Leonidovna, Torgovlja Velikogo Novgoroda s Pribaltikoj i Zapadnoj Evropoj v XIV–XV vekach [Der Handel Novgorods mit dem Baltikum und Westeuropa im 14. und 15. Jahrhundert], Moskva 1963.

Clendenning, Phillip H., The Anglo-Russian Trade Treaty of 1766, in: The Journal of European Economic History 19 (1990), Nr. 3, S. 475–520.

Cross, Anthony, By the Banks of the Neva. Chapters from the Lives and Careers of the British in Eighteenth Century Russia, Cambridge 2007.

Čumakov, Valerij, Demidovy: pjat' pokolenij metallurgov v Rossii [Die Demidovy. Fünf Generationen Metallunternehmer in Russland], Moskva 2017.

Curtiss, Mina, A Forgotten Empress. Anna Ivanovna and her era 1730–1740, New York 1974.

Demkin, Andrej Vladimirovič, Britanskoe kupečestvo v Rossii XVIII veka [Die britische Kaufmannschaft in Russland im 18. Jahrhundert], Moskva 1998.

Desjatskov, Kirill. S., Anglo-Russkoe sopernіčestvo na Baltike 1716/1717 godov v kontekste stanovlenija dvuch imperij [Die englisch-russische Konkurrenz auf der Ostsee 1716/1717 im Kontext der Errichtung zweier Imperien], in: Strany Baltii i russkij severo-zapad: Istoričeskij opyt vzaimodejstvija [Die Länder der Ostsee und der russische Nordwesten: Historische Erfahrung der Beziehungen], hg. v. Marina B. Bessudnova, Velikij Novgorod 2018, S. 193–203.

Deutsche und russische Ökonomen im Dialog. Wissenstransfer in historischer Perspektive, hg. v. Heinz Rieter / Leonid D. Širokorad / Joachim Zweynert (Beiträge zur Geschichte der deutschsprachigen Ökonomie 21), Marburg 2005.

Dixon, Simon, Catherine the Great, London 2009.

– The Modernisation of Russia, 1676–1825, Cambridge, New York 1999.

Dorošenko, Vasilij Vasil'evič, Quellen zur Geschichte des Rigaer Handels im 17.–18. Jahrhundert und Probleme ihrer Erforschung. in: Seehandel und Wirtschaftswege Nordeuropas im 17. und 18. Jahrhundert, hg. v. Klaus Friedland / Franz Irsigler, Ostfildern 1981, S. 3–37.

– Torgovlja i kupečestvo Rigi v XVII veke [Handel und Kaufmannschaft Rigas im 17. Jahrhundert], Riga 1985.

Driesner, Jörg, Bürgerliche Wohnkultur im Ostseeraum. Stralsund, Kopenhagen und Riga in der Frühen Neuzeit (Wirtschafts- und sozialhistorische Studien 18), Köln 2012.

Dunsdorfs, Edgars, Latvijas vēsture [Geschichte Lettlands], Sundbyberg 1973.

Early Modern Shipping and Trade. Novel Approaches Using Sound Toll Registers Online, hg. v. Jan W. Veluwenkamp / Werner Scheltjens, Leiden 2018.

Eckardt, Julius von, Livland im achtzehnten Jahrhundert, Umrisse zu einer livländischen Geschichte von Julius Eckardt. Erster Band, Leipzig 1876.

Economics in Russia. Studies in Intellectual History, hg. von Vincent Barnett / Joachim Zweynert, Aldershot 2008.

Eliseeva, O'lga Igorevna, Radiščev, Moskva 2015.

Etzold, Gottfried, Seehandel und Kaufleute in Reval nach dem Frieden von Nystad bis zur Mitte des 18. Jahrhunderts (Wissenschaftliche Beiträge zur Geschichte und Landeskunde Ost-Mitteleuropas 99), Marburg/Lahn 1975.

Evans, Chris / Rydén, Göran, Baltic Iron in the Atlantic World in the Eighteenth Century (The Atlantic world 13), Boston 2007.

Faber, Joop A., The Economic Decline of the Dutch Republic in the Second Half of the Eighteenth Century and the International Terms of Trade, in: From Dunkirk to Danzig. Shipping and Trade in the North Sea and the Baltic, 1350–1850. Essays in Honour of J. A. Faber on the Occasion of his Retirement as Professor of Economic and Social History at the University of Amsterdam, hg. v. Willem Gerrit. Heeres, Hilversum 1988, S. 107–115.

– Structural Changes in the European Economy during the Eighteenth Century as Reflected in the Baltic Trade, in: From Dunkirk to Danzig. Shipping and Trade in the North Sea and the Baltic, 1350–1850. Essays in Honour of J. A. Faber on the Occasion of his Retirement as Professor of Economic and Social History at the University of Amsterdam, hg. v. Willem Gerrit. Heeres, Hilversum 1988, S. 83–94.

Fenster, Aristide, Das Erbe Peters I. in der russischen Innenpolitik in der ersten Hälfte des 18. Jahrhunderts und der Beitrag deutscher Staatsmänner, in: Ein Deutscher am Zarenhof. Heinrich Graf Ostermann und seine Zeit, 1687–1747, hg. v. Johannes Volker Wagner / Bernd Bonwetsch / Wolfram Eggeling, Essen 2001, S. 175–184.

Feodālā Rīga [Das feudale Riga], hg. v. Teodors Zeids, Rīga 1978.

Firsov, Nikolaj Nikolaevič, Pravitel'stvo i obščestvo v ich otnošenijach k vněšnej torgovle Rossii v carstvovanie Imperatricy Ekateriny II [Regierung und Gesellschfat in ihren Beziehungen zum Außenhandel Russlands während der Herrschaft Katharinas II], Moskva 1902.

Föste, Wilga, Das Geld im ökonomischen Denken des Merkantilismus, Marburg 2015.

Fülberth, Andreas, Riga. Kleine Geschichte der Stadt, Köln [u.a.] 2014.

Gavrilov, Sergej L., Ostzejskie nemcy v Sankt-Peterburge. Rossijskaja imperija meždu Šlezvigom i Gol'štejnom 1710–1918 [Die Deutschen der Ostseeprovinzen in St. Petersburg. Das Russländische Reich zwischen Schleswig und Holstein 1710–1918], Moskva 2011.

Gefke, Nikolai A., Istorja soljanogo dela v zapadnoj Sibiri v trudach G. F. Millera i ego posledovatelej v XVIII v. [Geschichte der Salzgewinnung im westlichen Sibirien in den Arbeiten G. F. Müllers und seiner Nachfoger im 18. Jahrhundert], in: Vestnik RUDN Serija Istorija Rossii (2014), Nr. 1, S. 5–13.

Geier, Wolfgang, Russische Kulturgeschichte in diplomatischen Reiseberichten aus vier Jahrhunderten (Studien der Forschungsstelle Ostmitteleuropa an der Universität Dortmund 37), Wiesbaden 2004.

Gercen, Aleksandr Ivanovič, Sočinenija [Schriften], Moskva 1958.

Gerhard, Dietrich, England und der Aufstieg Rußlands. Zur Frage des Zusammenhanges der europäischen Staaten und ihres Ausgreifens in die außereuropäische Welt in Politik und Wirtschaft des 18. Jahrhunderts, München 1933.

Gerschenkron, Alexander, Europe in the Russian Mirror. Four Lectures in Economic History, London 1970.

Gestwa, Klaus, Proto-Industrialisierung in Rußland. Wirtschaft, Herrschaft und Kultur in Ivanovo und Pavlovo, 1741–1932 (Veröffentlichungen des Max-Planck-Instituts für Geschichte 149), Göttingen 1999.

Gidion, Maksim Jakovlevič, Sankt-Peterburg kak vnešnetorgovyj centr v 1725–1762 gg. [St. Petersburg als Außenhandelszentrum in den Jahren 1725–1762], Moskva 2008.

Gloveli, Georgij Džemalovič, Merkantilistskaja geokul'tura i »prozel'naja gorjačest'«: Nasledie Ju. Križaniča i I. Pososkova v kontekste mir-sistemnogo podchoda [Merkantilistische Geokultur und prosaische Gier: Das Erbe Križaničs und Pososkovs im Kontext der Weltsystemtheorie], in: Istoriko-ekonomičeskie issledovanija 15 (2014), Nr. 2, S. 239–269.

Gollandcy na Russkom Severe v XVI–XX vekach. Biobibliografičeskij spravočnik [Holländer im russischen Norden im 16.–20. Jahrhundert. Biobibliographisches Nachschlagewerk], hg. v. Jan W. Veluwenkamp [Jan V. Veluvenkamp] / Ljudmila D. Popova, Archangel'sk 2007.

Gorbatenko, Sergej, Novyj Amsterdam. Sankt-Peterburg i architekturnye obrazy Niderlandov / New Amsterdam. St. Petersburg and Architectural Images of the Netherlands, Sankt-Peterburg 2003.

Griese, Olivia, Der Weg in die Ostsee: Die Stadt und ihr Hafen, in: Sankt Petersburg. Schauplätze einer Stadtgeschichte, hg. v. Karl Schlögel / Frithjof Benjamin Schenk / Markus Ackeret, Frankfurt 2007, S. 125–140.

Groth, Andrzej, Żegluga i handel morski Kłajpedy w latach 1664–1722 [Schifffahrt und Seehandel in Memel in den Jahren 1664–1722], Gdańsk 1996.

Handrack, Udo, Der Handel der Stadt Riga im 18. Jahrhundert, Riga 1932.

Harder-Gersdorff, Elisabeth, Avoiding Sound Traffic and Sound Toll: Russian Leather and Tallow going West via Archangel and Narva-Lübeck (1650–1710), in: From Dunkirk to Danzig. Shipping and Trade in the North Sea and the Baltic, 1350–1850. Essays in Honour of J. A. Faber on the Occasion of his Retirement as Professor of Economic and Social History at the University of Amsterdam, hg. v. Willem Gerrit. Heeres, Hilversum 1988, S. 237–261.

– »Bullion Flow« and Rates of Exchange between Amsterdam and Riga (1783–1785), in: Baltic Affairs. Relations between the Netherlands and North-Eastern Europe, 1500–1800. Essays, hg. v. Jacques P. Lemmink, Nijmegen 1990, S. 97–120.

– »... habe die Ehre vom Passierenden im Handel zu berichten ...«, in: Zwischen Lübeck und Novgorod. Wirtschaft, Politik und Kultur im Ostseeraum vom frühen

Mittelalter bis ins 20. Jahrhundert. Norbert Angermann zum 60. Geburtstag, hg. v. Ortwin Pelc / Gertrud Pickhan, Lüneburg 1996, S. 339–351.

– Mitteleuropäische Gewerbezonen und ostbaltischer Handel im 18. Jahrhundert, in: Seehandel und Wirtschaftswege Nordeuropas im 17. und 18. Jahrhundert. hg. v. Klaus Friedland / Franz Irsigler, Ostfildern 1981, S. 26–39.

– Western Trade and Merchant Banking in Eighteenth-Century Riga, in: Eighteenth-Century Russia. Society, Culture, Economy. Papers from the VII International Conference of the Study Group on Eighteenth-Century Russia, hg. v. Roger P. Bartlett / Gabriela Lehmann-Carli, Berlin 2008, S. 499–506.

Hartenstein, Eva-Maria, Michail M. Ščerbatov (1733–1790) als politischer Ideologe des russischen Adels und seine utopische Staatsschrift »Reise ins Land Ophir«. Ein Beitrag zur Erforschung des gesellschaftlichen Denkens in Rußland in der zweiten Hälfte des 18. Jahrhunderts, Halle 1988.

Hartley, Janet M., A Social History of the Russian Empire 1650–1825, London 1999.

Hartmann, Stefan, Zur Struktur des Revaler Magistrats und der Großen Gilde zwischen dem Nordischen und dem Siebenjährigen Krieg (1722–1755), in: Reval. Handel und Wandel vom 13. bis zum 20. Jahrhundert (Schriften der Baltischen Historischen Kommission 8), hg. v. Norbert Angermann / Wilhelm Lenz, Lüneburg 1997, S. 297–324.

Hellebust, Rolf, The Real St. Petersburg, in: The Russian Review 62 (2003), Nr. 4, S. 495–507.

Heller, Klaus, Die Geld- und Kreditpolitik des Russischen Reiches in der Zeit der Assignaten (1768–1839/43) (Quellen und Studien zur Geschichte des östlichen Europa 19), Wiesbaden 1983.

– Rechtliche Rahmenbedingungen für gewerbliche Tätigkeit in Rußland von Peter dem Großen bis zu Paul I. (1689–1801). Mit einer Auswahl der wichtigsten Gesetze (Osteuropastudien der Hochschulen des Landes Hessen. Reihe 1, 222), Berlin 1998.

– Der wirtschaftliche Beitrag der Deutschbalten und der städtischen Rußlanddeutschen zur Modernisierug und Europäisierung Rußlands im 18. und in der ersten Hälfte des 19. Jahrhunderts, in: Der Beitrag der Deutschbalten und der städtischen Rußlanddeutschen zur Modernisierung und Europäisierung des Russischen Reiches im 18. und in der ersten Hälfte des 19. Jahrhunderts (Veröffentlichung des Göttinger Arbeitskreises 452), hg. v. Boris Meissner / Alfred Eisfeld, Köln 1996, S. 77–94.

Hennings, Jan, Russia and Courtly Europe. Ritual and the Culture of Diplomacy, 1648–1725, Cambridge 2016.

Henze, Charlotte, The Russo-Finnish Border in the Eighteenth Century, in: Newsletter of the Study-Group on Eighteenth Century Russia 1 (2013), einsehbar unter dem URL: https://www.sgecr.co.uk/newsletter/newsletter2013/henze.html (letzter Zugriff 10.10.2024).

Merchants and Trade Networks in the Atlantic and the Mediterranean, 1550–1800. Connectors of Commercial Maritime Systems (Perspectives in Economic and Social History 47), hg. v. Manuel Herrero Sánchez / Klemens Kaps, London/New York 2017.

HILDERMEIER, Manfred, Bürgertum und Stadt in Russland 1760–1870 (Beiträge zur Geschichte Osteuropas 16), Köln/Wien 1986.

– Geschichte Russlands. Vom Mittelalter bis zur Oktoberrevolution, München 2016.

HIRSCHHAUSEN, Ulrike von, Die Grenzen der Gemeinsamkeit. Deutsche, Letten, Russen und Juden in Riga 1860–1914 (Kritische Studien zur Geschichtswissenschaft 172), Göttingen 2006.

HOFFMANN, Peter, Aleksandr Nikolaevič Radiščev (1749–1802). Leben und Werk, Frankfurt am Main 2015.

– Einführung in Literatur, Quellen und Hilfsmittel (Handbuch der Geschichte Russlands, Band 6, hg. v. Manfred HELLMANN), Stuttgart 2004.

– Probleme der deutsch-russischen Wirtschafts- und Handelsbeziehungen des 18. Jahrhunderts, in: Deutsch-russische Beziehungen. Ihre welthistorischen Dimensionen vom 18. Jahrhundert bis 1917, hg. v. Ludmila THOMAS / Dietmar WULFF, Berlin 1992, S. 101–114.

– Sankt Petersburg – Stadt und Hafen im 18. Jahrhundert, Berlin 2003.

HOOCK, Jochen, Le monde marchand face au defi colbertien [Die Welt des Handels steht vor der Herausforderung Colberts], in: Merkantilismus. Wiederaufnahme einer Debatte (Vierteljahrschrift für Sozial- und Wirtschaftsgeschichte. Beihefte 228), hg. v. Moritz ISENMANN, Stuttgart 2014, S. 221–240.

HUGHES, Lindsey, Russia in the Age of Peter the Great, New Haven 1998.

ISENMANN, Moritz, Einleitung, in: Merkantilismus. Wiederaufnahme einer Debatte (Vierteljahrschrift für Sozial- und Wirtschaftsgeschichte. Beihefte 228), hg. v. DEMS., Stuttgart 2014, S. 9–18.

ISRAEL, Jonathan I., Dutch Primacy in World Trade, 1585–1740, Oxford 2002.

ISTOMINA, Ėnessa Georgievna, Vodnye puti Rossii vo vtoroj polovine XVIII – načale XIX veka [Wasserstraßen Russlands in der zweiten Hälfte des 18. bis zu Beginn des 19. Jahrhunderts], Moskva 1982.

Istorija russkoj ėkonomičeskoj mysli. T. 1: Ėpocha feodalizma, č. 1: IX–XVIII vv [Geschichte des russischen ökonomischen Denkens. Bd. 1: Die Epoche des Feudalismus, Teil 1: 9.–18. Jh.], hg. v. Anatolij Ignat'evič PAŠKOV, Moskva 1955.

Istorija Vyborga XVIII – načala XIX veka v dokumentach i materialach [Geschichte Wiburgs vom Beginn des 18. Jahrunderts bis zum 19. Jahrhundert in Dokumenten und Materialien], hg. v. Sergej G. KAŠČENKO / Tat'jana M. TELEGINA, Vyborg 2009.

JAKOVĻEVA, Mārīte, Mythos und Realität: Zur Flotte und zum Schiffbau im Herzogtum Kurland, in: Forschungen zur baltischen Geschichte 8 (2013), S. 81–102.

JONES, Robert E., Bread Upon the Waters. The St. Petersburg Grain Trade and the Russian Economy, 1703–1811, Pittsburgh 2013.

– Commercial Capital and Credit, in: A Century Mad and Wise. Russia in the Age of the Enlightenment. Papers from the IX International Conference of the Study Group on Eighteenth-Century Russia, Leuven 2014, hg. v. Emmanuel WAEGEMANS / Hans VAN KONIGSBRUGGE, Groningen 2015, S. 117–126.

– Getting the Goods to St. Petersburg: Water Transport from the Interior 1703–1811, in: Slavic Review 43 (1984), Nr. 3, S. 413–433.

– Provincial Development in Russia. Catherine II and Jacob Sievers, New Brunswick 1984.
– Why St.Petersburg? in: Peter the Great and the West. New Perspectives, hg. v. Lindsey HUGHES, Basingstoke 2001, S. 189–205.
JUCHT, Aleksandr Isaevič, Čulkov, Michail Dmitrievič, in: Istoriki Rossii [Historiker Russlands], hg. v. Anatolij A. CHERNOBAEV, Moskva 2001, S. 75–81.
– Torgovlja s vostočnymi stranami i vnutrennij rynok Rossii [Der Handel mit den östlichen Ländern und der Binnenmarkt Russlands], Moskva 1994.
– Učastie rossijskogo kupečestva v torgovle Rossii s Zakavkaz'em i Iranom v 1725–1750 gg. [Die Teilnahme russländischer Kaufleute am Handel Russlands mit dem Kaukasus und Iran 1725–1750], in: Torgovlja i predprinimatel'stvo v feodal'noj Rossii [Handel und Unternehmertum im feudalen Russland], hg. v. Ljudmila A. TIMOŠINA, Moskva 1994, S. 230–251.
KAFENGAUZ, Berngard Borisovič, Očerki vnutrennego rynka Rossii pervoj poloviny XVIII veka [Bemerkungen zum Binnenmarkt Russlands in der ersten Hälfte des 18. Jahrhunderts], Moskva 1958.
KAGARLICKIJ, Boris Jul'evič, Periferijnaja imperija. Rossija i Mirosistema [Das periphere Imperium. Rusland und das Weltsystem], Moskva 2003.
KAHAN, Arcadius, Continuity in Economic Activity and Policy during the Post-Petrine Period in Russia, in: The Journal of Economic History 25 (1965), Nr. 1, S. 61–85.
– The Costs of »Westernization« in Russia: The Gentry and the Economy in the Eighteenth Century, in: Slavic Review 25 (1966), Nr. 1, S. 40–66.
– Entrepreneurship in the Early Development of Iron Manufacturing in Russia, in: Economic Development and Cultural Change 10 (1962), Nr. 4, S. 395–422.
– The Plow, the Hammer, and the Knout. An Economic History of Eighteenth Century Russia, Chicago 1985.
KAMENSKII, Aleksandr B., The Russian Empire in the Eighteenth Century. Searching for a Place in the World, Armonk, N.Y. 1997.
KAPLAN, Herbert H., Russian Overseas Commerce with Great Britain during the Reign of Catherine II, Philadelphia 1995.
KAPS, Klemens / EDER, Julia, Kann Protektionismus fortschritlich sein?, in: Wirtschaft und Gesellschaft 46 (2020), Nr. 2, S. 175–208.
KARAMOVA, Ol'ga Vladimirovna, Istorija russkoj ėkonomičeskoj mysli [Geschichte des russischen ökonomischen Denkens], Moskva 2000.
KEENAN, Paul, St Petersburg and the Russian court, 1703–1761, Houndmills 2013.
KELLER, Elena Ėrvinovna / KELLER, Aleksandr Ėrvinovnič, Peterburg: morskaja stolica Rossii. 300-letie Sankt-Peterburga [Petersburg: Die Seehauptstadt Russlands. 30 Jahre St. Petersburg], Sankt-Peterburg 2003.
KINGSTON-MANN, Esther, In the Light and Shadow of the West: The Impact of Western Economics in Pre-Emancipation Russia, in: Comparative Studies in Society and History 33 (1991), Nr. 1, S. 86–105.
KIRBY, David G., Peter the Great and the Baltic, in: Peter the Great and the West. New Perspectives, hg. v. Lindsey HUGHES, Basingstoke 2001, S. 177–188.

KIRCHNER, Walter, Commercial Relations between Russia and Europe 1400 to 1800. Collected Essays (Russian and East European Series 33), Bloomington 1966.

KLJUČEVSKIJ, Vasilij Osipovič, Russkaja istorija. Polnyj kurs lekcij v 2-ch knigach [Russische Geschichte. Der vollständige Vorlesungszyklus in zwei Bänden], Moskva 2002.

KLONOWSKI, Martin, Im Dienst des Hauses Hannover. Friedrich Christian Weber als Gesandter im Russischen Reich und in Schweden 1714–1739 (Historische Studien 485), Husum 2005.

KLUETING, Harm, Ausländer in Russland im 17. und 18. Jahrhundert, Der Fall Ostermann, in: Ein Deutscher am Zarenhof. Heinrich Graf Ostermann und seine Zeit, 1687–1747, hg. v. Johannes Volker WAGNER / Bernd BONWETSCH / Wolfram EGGELING, Essen 2001, S. 248–271.

KORŠUNOVA, Nadežda Vladimirovna, Vostočnyj vektor geopolitiki Ekateriny II: »Grečeskij proekt« [Der östliche Vektor der Geopolitik Katharinas II. Das Griechische Projekt], in: Vestnik Čeljabinskogo gosudarstvennogo universiteta (2003), Nr. 1, S. 62–68.

KOTILAINE, Jarmo T., Rigas Trade with its Muscovite Hinterland in the Seventeenth Century, in: Journal of Baltic Studies 30 (1999), Nr. 2, S. 129–161.

– Entrepreneurship in the Early Development of Iron Manufacturing in Russia, in: Economic Development and Cultural Change 10 (1962), Nr. 4, S. 395–422.

– Russia's Foreign Trade and Economic Expansion in the Seventeenth Century. Windows on the World, Leiden und Boston 2005.

KOVAL'ČUK, Aleksej Viktorovič, Ėkonomičeskaja politika pravitel'stva Ekateriny II vo vtoroj polovine XVIII v.: idei i praktika [Die Wirtschaftspolitik der Regierung Katharinas II. in der zweiten Hälfte des 18. Jahrhunderts: Ideen und Praxis], Moskva/ Sankt Peterburg 2017.

KOZLOVA, Natal'ja Vadimovna, Gil'dejskoe kupečestvo v Rossii i nekotorye čerty ego samosoznanija v XVIII v. (20-e – načalo 60-ch godov) [Die Gildenkaufmannschaft in Russland und einige Eigenschaften ihrer Identität im 18. Jahrhundert (1720er – 1760er Jahre)], in: Torgovlja i predprinimatel'stvo v feodal'noj Rossii [Handel und Unternehmertum im feudalen Russland], hg. v. Ljudmila A. TIMOŠINA, Moskva 1994, S. 214–229.

– Rossijskij absoljutizm i kupečestvo v XVIII veke [Russischer Absolutismus und Kaufmannschaft im 18. Jahrhundert], Moskva 1999.

KOZLOVSKIJ, Ivan Pavlovič, Kratkij očerk istorii russkoj torgovli [Kurzer Überblick zur Geschichte des russischen Handels], Kiev 1898.

KROTOV, Pavel Aleksandrovič, Peterburgskij port pri Petre I. [Der Petersburger Hafen unter Peter I.], in: Fenomen Peterburga [Das Phänomen Petersburgs]. hg. v. Jurij N. BESPJATYCH, Sankt-Peterburg 2001, S. 423–433.

KULIŠER, Iosif Michajlovič, Očerk istorii russkoj torgovli [Anmerkungen zur Geschichte des russischen Handels], Peterburg 1923.

KUSBER, Jan, Eliten- und Volksbildung im Zarenreich während des 18. und in der ersten Hälfte des 19. Jahrhunderts. Studien zu Diskurs, Gesetzgebung und Umsetzung (Quellen und Studien zur Geschichte des östlichen Europa 65), Stuttgart 2004.

Kuuskemaa, Jüri, Petr I i Ekaterina I v Tallinne [Peter I. und Katharina I. in Tallinn], Tallinn 2009.

Kuz'mina, M. P., Ėkonomičeskie vozzrenija V. N. Tatiščeva [Die ökonomischen Ansichten V. N. Tatiščevs], Dissertationsschrift, Sverdlovsk 1966.

Land, Isaac, Doing Urban History in the Coastal Zone, in: Port Towns and Urban Cultures. International Histories of the Waterfront, hg. von Brad Beaven / Karl Bell / Robert James, London 2016, S. 265–282.

Leckey, Colum, Orenburg and the Central Asian Trade, 1730s–1770s, in: A Century Mad and Wise. Russia in the Age of the Enlightenment. Papers from the IX International Conference of the Study Group on Eighteenth-Century Russia, Leuven 2014, hg. v. Emmanuel Waegemans / Hans van Konigsbrugge, Groningen 2015, S. 261–274.

– Patriotism, Agronomy and the Peasant Question: The Free Economic Society in Eighteenth-Century Russia, in: The Rise of Economic Societies in the Eighteenth Century. Patriotic Reform in Europe and North America, hg. v. Koen Stapelbroek / Jani Marjanen, Houndmills 2012, S. 232–256.

– Patrons of Enlightenment. The Free Economic Society in Eighteenth-Century Russia, Newark, Del. 2011.

Leikin, Julia, Across the Seven Seas: Is Russian Maritime History More Than Regional History? in: Kritika. Explorations in Russian and Eurasian History 17 (2006), S. 631–646.

Leng, Thomas, Fellowship and Freedom. The Merchant Adventurers and the Restructuring of English Commerce, 1582–1700, Oxford 2020.

Letiche, John M. / Dmytryshyn, Basil, Russian Statecraft. The Politika of Iurii Krizhanich. An Analysis and Translation of Jurii Krizhanich's Politika, Oxford/New York 1985.

Lewitter, Lucjan R., Introduction, in: Pososhkov, Ivan Tikhonovich: The Book of Poverty and Wealth, hg. v. Dems., London 1987, S. 3–149.

Lieven, Dominic C. B., Empire. The Russian Empire and its Rivals, London 2000.

Lipski, Alexander A., Re-Examination of the »Dark Era« of Anna Ioannovna, in: The American Slavic and East European Review 15 (1956), Nr. 4, S. 477–488.

Ljubimenko, Inna Ivanovna, Torgovlja v Peterburge [Handel in St. Petersburg], in: Peterburg Petrovskogo vremeni: očerki [Petersburg zu Peters Zeiten: Abhandlungen], hg. v. Anatolij V. Predtečeneko, Leningrad 1948, S. 73–92.

Madariaga, Isabel de, Russia in the Age of Catherine the Great, London 2002.

Magnusson, Lars, Is Mercantilism a Useful Concept Still? in: Merkantilismus. Wiederaufnahme einer Debatte (Vierteljahrschrift für Sozial- und Wirtschaftsgeschichte. Beihefte 228), hg. v. Moritz Isenmann, Stuttgart 2014, S. 19–38.

Mamikov, Valerij N., Vo vremja tamožennogo dosmotra obnaruženy [Während der Zollkontrolle entdeckt], S.-Peterburg 2006.

Marasinova, Elena Nigmetovna, »Granždanin« v Rossijskoj Imperii [»Bürger« im Russländischen Imperium], in: History and Literature in Eighteenth-Century Russia, hg. v. Sergei Bogatyrev, London 2013, S. 160–178.

– »Zakon« i »graždanin« v Rossii vtoroj poloviny XVIII veka. Očerki istorii obščestvennogo soznanija [»Gesetz« und »Bürger« in Russland während der zweiten Hälfte des 18. Jahrhunderts. Grundzüge des gesellschaftlichen Bewusstseins], Moskva 2017.

Marx, Karl, Die Geschichte der Geheimdiplomatie des 18. Jahrhunderts. Über den asiatischen Ursprung der russischen Despotie, Berlin 1977.

Marx, Karl/Engels, Friedrich, Vorgeschichte der modernen Gesellschaft, in: Deutsche Ideologie, Gesammelte Werke, Band 3, Berlin 1969, S. 50–61.

Matley, Ian M., Defense Manufactures of St. Petersburg 1703–1730, in: Geographical Review 71 (1981), Nr. 4, S. 411–426.

Matthes, Eckhard, Das veränderte Russland. Studien zum deutschen Russlandverständnis im 18. Jahrhundert zwischen 1725 und 1762 (Europäische Hochschulschriften, Reihe 3, 135), Frankfurt am Main 1981.

Max Weber and Russia, hg. von Vesa Oittinen, Helsinki 2010.

Mediger, Walther, Rußland und die Ostsee im 18. Jahrhundert, in: Jahrbücher für die Geschichte Osteuropas 16 (1968), S. 85–103.

Menke, Christoph Friedrich, Die wirtschaftlichen und politischen Beziehungen der Hansestädte zu Rußland im 18. und frühen 19. Jahrhundert, Göttingen 1959.

Merkantilismus. Wiederaufnahme einer Debatte (Vierteljahrschrift für Sozial- und Wirtschaftsgeschichte. Beihefte 228), hg. v. Moritz Isenmann, Stuttgart 2014.

Mettig, Constantin, Geschichte der Stadt Riga: mit Ansichten und Plänen, sowie Abbildungen im Text, Riga 1897.

Meyer, Klaus, Riga und St. Petersburg. Zwei Ostseemetropolen im Vergleich, in: Ders., Russland – vertraute Fremde. Neues und Bleibendes in historischer Perspektive. Ausgewählte Beiträge, hg. v. Dittmar Schorkowitz, Frankfurt am Main/Bern 2008, S. 265–281.

– St. Petersburg: Die Metropole an der Peripherie – Ein Versuch, in: Ders., Russland – vertraute Fremde. Neues und Bleibendes in historischer Perspektive. Ausgewählte Beiträge, hg. v. Dittmar Schorkowitz, Frankfurt am Main/Bern 2008, S. 245–261.

Minaeva, Tat'jana Stanislavovna, Torgovaja konkurencija i tamožennaja politika Rossii i Švecii v XVIII v. [Handelskonkurrenz und Zollpolitik Russlands und Schwedens im 18. Jahrhundert], Dissertationsschrift, Archangel'sk 2010.

Mironov, Boris Nikolaevič, K voprosu o roli russkogo kupečestva vo vnešnej torgovle Peterburga i Archangel'ska vo vtoroj polovine XVIII – načale XIX veka [Zur Frage der Rolle der russischen Kaufmannschaft im Außenhandel Petersburgs und Archangel'sks in der zweiten Hälfte des 18. Jahrhunderts bis zum Beginn des 19. Jahrhunderts], in: Istorija SSSR (1973), Nr. 6, S. 129–140.

– Russkij gorod v 1740–1860-e gody. Demografičeskoe, social'noe i ėkonomičeskoe razvitie [Die russische Stadt von den 1740ern bis in die 1860er Jahre. Demographische, soziale und wirtschaftliche Entwicklung], Leningrad 1990.

– The Social History of Imperial Russia, 1700–1917, 2 Bde., Boulder, CO 2000.

Mittermaier, Karl, The Hand Behind the Invisible Hand. Dogmatic and Pragmatic Views on Free Markets and the State of Economic Theory. Foreword by Isabella Mittermaier, Bristol 2020.

Monahan, Erika, The Merchants of Siberia. Trade in Early Modern Eurasia, Ithaca 2016.

Müller, Matthias, Das Entstehen neuer Freiräume. Vergnügen und Geselligkeit in Stralsund und Reval im 18. Jahrhundert (Veröffentlichungen der Historischen Kommission für Pommern 5), Köln 2019.

Müller, Steven, Eine Aristokratie für Russland? Bewertungen des Regierungsantritts Zarin Annas 1730 durch den Wiener Kaiserhof, in: Konstruierte (Fremd-?)Bilder. Das östliche Europa im Diskurs des 18. Jahrhunderts, hg. v. Christoph Augustynowicz / Agnieszka Pufelska, Berlin und Boston 2017, S. 71–93.

Munro, George, The Law and the Profits: P. H. Dilthey, the Fundamentals of Veksel' Law and Merchant Practices, in: A Century Mad and Wise. Russia in the Age of the Enlightenment. Papers from the IX International Conference of the Study Group on Eighteenth-Century Russia, Leuven 2014, hg. v. Emmanuel Waegemans / Hans van Konigsbrugge, Groningen 2015, S. 153–162.

Munro, George E., Finance and Credit in the Eighteenth-Century Russian Economy, in: Jahrbücher für Geschichte Osteuropas 45 (1997), Nr. 4, S. 552–560.

– The Most Intentional City. St. Petersburg in the Reign of Catherine the Great, Madiso 2008.

Murav'eva, Lidija A., Ėkonomičeskie vzgljady V. N. Tatiščeva [Ökonomische Vorstellungen V. N. Tatiščevs], in: Finansy i kredit (2007), Nr. 4 (244), S. 77–84.

– Razvitie Rossijskoj ėkonomičeskoj mysli vo vtoroj polovine XVIII veka [Die Entwicklung des russländischen ökonomischen Denkens in der zweiten Hälfte des 18. Jahrhunderts], in: Finansy i kredit (2009), Nr. 19 (355), S. 70–79.

Nekrasov, Georgij Aleksandrovič, Russko-švedskie otnošenija i politika velikich deržav v 1721–1726 gg. [Russisch-Schwedische Beziehungen und die Politik der Großmächte von 1721 bis 1726], Moskva 1964.

– Vnešnjaja torgovlja Rossii čerez Revel'skij port v 1721–1756 gg [Der Außenhandel Russlands durch den Revaler Hafen 1721–1756], hg. v. Aleksandr A. Preobraženskij, Moskva 1984.

Nenovski, Nikolay, Ikonomičeskata sociologija na Ivan Pososkov (1652–1726) [Ökonomische Soziologie bei Ivan Pososkov], in: Ikonomičeska mis'l (2010), Nr. 2, S. 84–98.

Neuschäffer, Hubertus, Katharina II. und die baltischen Provinzen (Beiträge zur baltischen Geschichte 2), Hannover-Döhren 1975.

Newman, Jennifer, The Russian Grain Trade 1700–1779, in: The Baltic Grain Trade. Five Essays, hg. v. Walter Minchinton, Exeter 1985, S. 47–59.

Nikolozi, Rikkardo [Nicolosi, Riccardo], Peterburgskij panegirik XVIII veka. Mir, ideologija, ritorika [Die Petersburger Panegyrik des 18. Jahrhunderts. Welt, Ideologie, Rhetorik], Moskva 2009.

Nolte, Hans-Heinrich, Zur Stellung Osteuropas im System der Frühen Neuzeit. Außenhandel und Sozialgeschichte bei der Bestimmung der Regionen, in: Jahrbücher für Geschichte Osteuropas 28 (1980), Nr. 2, S. 161–197.

North, Michael, Geschichte der Ostsee. Handel und Kulturen, München 2011.

– / Snapper, Frits, The Baltic Trade and the Decline of the Dutch Economy in the 18th Century, in: Baltic Affairs. Relations between the Netherlands and North-Eastern Europe, 1500–1800. Essays, hg. v. Jacques P. Lemmink, Nijmegen 1990, S. 263–286.

Očerki istorii Leningrada. T. 1: Period feodalizma (1703–1861 gg.) [Skizzen zur Geschichte Leningrads. Bd. 1: Die Periode des Feudalismus (1703–1861)], hg. von Michail P. Vjatkin, Moskva 1955.

Ogorodnikov, Stepan Fedorovič, Istorija Archangel'skogo porta [Geschichte des Archangel'sker Hafens], Sankt Peterburg 1875.

Ormrod, David, The Rise of Commercial Empires. England and the Netherlands in the Age of Mercantilism, 1650–1770, Cambridge 2008.

Ostrouchov, Petr Aleksandrovič, Anglo-Russkij torgovyj dogovor 1734 g. [Der Englisch-Russische Handelsvertrag von 1734], S.-Peterburg 1914.

Ostsee. Kriegsschauplatz und Handelsregion. Festschrift für Robert Bohn, hg. v. Thomas Wegener Friis (Gotland University Press 20), Visby 2013.

Ovsjanikov, Oleg V. / Jasinskij, Michail E., Gollandcy. »Nemeckaja sloboda« v Archangel'ske XVII–XVIII vv. [Die Holländer. Die deutsche Vorstadt in Archangel'sk im 17. und 18. Jahrhundert], in: Archangel'sk v XVIII veke [Archangel'sk im 18. Jahrhundert]. hg. v. Jurij N. Bespjatych, Sankt-Peterburg 1997, S. 108–180.

Palmer, Alan Warwick, Northern Shores. A History of the Baltic Sea and its Peoples, London 2005.

Pavlenko, Nikolaj Ivanovič, Aleksandr Danilovič Menšikov, Moskva 1981.

– Anna Ioannovna, Moskva 2002.

– Ekaterina Velikaja [Katharina die Große], Moskva 1999.

– Petr I, Moskva 2003.

– Strasti u trona [Leidenschaft am Thron], Moskva 1996.

Peters, Martin / Winkelmann, Dirk, Netzwerk aus Kalkül. Die Karriere August Ludwig Schlözers in St. Petersburg, in: Die Kenntnis Rußlands im deutschsprachigen Raum im 18. Jahrhundert. Wissenschaft und Publizistik über das Russische Reich, hg. v. Dittmar Dahlmann (Internationale Beziehungen 2), Göttingen/Bonn 2006, S. 125–138.

Petrov, Petr Nikolaevič, Istorija Sankt-Peterburga. S osnovanija goroda do vvedenija v dejstvie Vybornogo gorodskogo upravlenija po učreždenijam o gubernijach 1703–1782 [Geschichte St. Petersburgs. Von der Gründung der Stadt bis zur Einfühung der gewählten Stadtverwaltung durch die Verordnungen über die Gouvernements 1703–1782], S.-Peterburg 2004 [1884].

Petruchincev, Nikolaj Nikolaevič, Carstvovanie Anny Ioannovny [Die Herrschaft Anna Ivanovnas], Sankt-Peterburg 2001.

– Vnutrennjaja politika Anny Ioannovny [Die Innenpolitik Anna Ivanovnas], Moskva 2014.

– [Petrukhintsev], The Baltic Strategy of Peter the Great, in: Russland an der Ostsee. Imperiale Strategien der Macht und kulturelle Wahrnehmungsmuster (16. bis 20. Jahrhundert) / Russia On the Baltic. Imperial Strategies of Power and Cultural Patterns of Perception (16th – 20th Centuries), hg. v. Karsten Brüggemann / Bradley D. Woodworth (Quellen und Studien zur baltischen Geschichte 22), Wien 2012, S. 169–190.

Pistohlkors, Gert von, Die Ostseeprovinzen unter russischer Herrschaft (1710/1795–1914), in: Baltische Länder, hg. v. Dems., Berlin 1994, S. 266–450.

Plath, Tilman, Naval Strength and Mercantile Weakness, in: Beyond the Sea: Reviewing the Manifold Dimensions of Water as Barrier and Bridge, hg. v. Marta Grzechnik, Köln [u.a.] 2015, S. 117–127.

– Nördlich, westlich oder östlich? – St. Petersburg als Forschungsobjekt und Wisenschaftsstandort deutschsprachiger Wirtschaftswissenschaftler Ende des 18. Jahrhunderts, in: Konstruierte (Fremd-?)Bilder. Das östliche Europa im Diskurs des 18. Jahrhunderts, hg. v. Christoph Augustynowicz / Agnieszka Pufelska, Berlin/Boston 2017, S. 164–178.

– Vnutrennjaja ili vnešnjaja kolonizacija? Celi i sredstva torgovoj politiki Rossii v XVIII v. [Innere oder äußere Kolonisation? Ziele und Methoden der Handelspolitik Russlands im 18. Jahrhundert], in: Peterburgskij istoričeskij žurnal (2015), Nr. 1, 2015, S. 5–16.

Poettering, Jorun, Migrating Merchants. Trade, Nation, and Religion in Seventeenth-Century Hamburg and Portugal, Berlin/Boston 2019.

Pod flagom Rossii. Istorija zaroždenija i razvitija morskogo torgovogo flota [Unter der Flagge Russlands. Die Geschichte der Geburt und der Entwicklung der russischen Handelsflotte], hg. v. Viktor P. Puzyrev u.a., Moskva 1995.

Pokrovskij, Serafim Aleksandrovič, Vnešnjaja torgovlja i vnešnjaja torgovaja politika Rossii [Außenhandel und Außenhandelspolitik Russlands], Moskva 1947.

Pokrovskij, Vasilij Ivanovič, Sbornik svěděnij po istorii i statistikě vněšnej torgovli Rossii [Sammlung von Informationen zur Geschichte und Statistik des Außenhandel Russlands], S.-Peterburg 1902.

Značenie S.-Peterburga vo vnešnej torgovle Rossii [Die Bedeutung St. Petersburgs im Außenhandel Russlands], S.-Peterburg 1899.

Popova, Ljudmila D., Archangel'sk. Očerk istorii stroitel'stva [Archangel'sk: Skizze der Baugeschichte], Archangel'sk 1994.

Port Towns and Urban Cultures. International Histories of the Waterfront, hg. von Brad Beaven / Karl Bell / Robert James, London 2016.

Pravjaščie ėlity i dvorjanstvo Rossii vo vremja i posle petrovskich reform (1682–1750) [Die regierenden Eliten und der Adel Russlands zur Zeit und nach den Petrinischen Reformen], hg. v. Nikolaj N. Petruchincev / Lorenz Erren / Andrej Doronin, Moskva 2013.

Prikazčikova, Elena Valer'evna, Ėkonomičeskie vzgljady A. N. Radiščeva [Ökonomische Ansichten A. N. Radiščevs], Moskva 1947.

Prokopenko, Jana Igorevna, Političeskij inžener Genrich fon Fik i fenomen reform Petra I. [Der Politingenieur Heinrich von Fick und die Reform Peters I.], in: Fenomen reform na zapade i vostoke Evropy v načale Novogo vremeni (XVI–XVIII vv.). Sbornik statej [Das Phänomen der Reform in West- und Osteuropas zu Beginn der Neuzeit (16.–18. Jh.). Sammelband], hg. v. Michail M. Krom / Ljudmila A. Pimenova, Sankt Peterburg 2013, S. 323–337.

Prokop'ev, Andrej Jur'evič, Pogrebenie Petra Velikogo: Protestanskij standart v pravoslavnoj Rossii [Die Beerdigung Peters des Großen: Protestantischer Standart im orthodoxen Russland], in: Severnaja vojna, Sankt-Peterburg i Evropa v pervoj četverti XVIII v. Materialy meždunarodnoj konferencii [Der Nordische Krieg, St. Petersburg und Europa im ersten Viertel des 18. Jahrhunderts. Material einer internationalen Konferenz], hg. v. Valerij E. Vozgrin, Sankt Peterburg 2007, S. 78–112.

Pullat, Raimo, History of Old Tallinn, hg. von Tõnis Liibek / Risto Pullat, Tallinn 2009.

Raeff, Marc, The Well-Ordered Police State. Social and Institutional Change Through Law in the Germanies and Russia, 1600–1800, New Haven 1983.

Rapoport, Semen, Review: The Anglo-Russian Commercial Treaty of 1734, by P. A. Ostroukhov and P. B. Struve, in: The Economic Journal 27 (1917), Nr. 105, S. 93–95.

Reading, Douglas Kugler, The Anglo-Russian Commercial Treaty of 1734, Oxford 1939.

Reinert, Erik S., How Rich Countries Got Rich … and Why Poor Countries Stay Poor, London 2008.

Repin, Nikolaj Nikolaevič, Torgovlja Rossii s evropejskimi stranami na otečestvennych sudach (konec XVII – seredina 60ch godov XVIII v.) [Der Handel Russlands mit europäischen Ländern auf vaterländischen Schiffen (Ende des 17. Jahrhunderts bis Mitte der 60er des 18. Jahrhunderts)], in: Istoričeskie Zapiski 112 (1985), S. 141–176.

– Ot diskriminacii k fritrederstvu: Pravitel'stvennaja reglamentacija torgovli čerez Archangel'sk v 20–60e gody XVIII v. i ee resultat [Von der Diskriminierung zum Freetrade: Die Regierungsreglementierung des Handels durch Archangel'sk in den 1720er bis 1760er Jahren und ihr Resultat], in: Archangel'sk v XVIII veke [Archangel'sk im 18. Jahrhundert], hg. v. Jurij N. Bespjatych. Sankt-Peterburg 1997, S. 228–249.

– Učastie »raznočincev« vo vnešnej torgovle Rossii XVIII veka [Die Teilnahme der *raznočincy* im Außenhandel Russlands im 18. Jahrhundert], in: Torgovlja i predprinimatel'stvo v feodal'noj Rossii [Handel und Unternehmertum im feudalen Russland], hg. v. Ljudmila A. Timošina, Moskva 1994, S. 252–272.

– Vnešnjaja torgovlja i social'no-ekonomičeskoe razvitie Rossii v XVIII v. [Außenhandel und sozialökonomische Entwicklung Russlands im 18. Jahrhundert], Omsk 1989.

– Vnešnjaja torgovlja Rossii čerez Archangel'sk i Peterburg v 1700 – načale 60-ch gg. XVIII v [Der Außenhandel Russlands durch Archangel'sk und St. Petersburg von 1700 bis zum Anfang der 1760er Jahre], Leningrad 1986.

Ressel, Magnus, The Impact of the Partitions of Poland on the Structure of Baltic Trade, in: Early Modern Shipping and Trade. Novel Approaches Using Sound Toll Registers online, hg. v. Jan W. Veluwenkamp / Werner Scheltjens (Brill's Studies in Maritime History 5), Leiden 2018, S. 21–40.

Rice, Tamara Talbot, Elisabeth von Rußland. Die letzte Romanow auf dem Zarenthron, München 1973.

Rogačevskaja, Maja Antnovna, Pervyj russkij ėkonomist Ivan Tichonovič Pososkov [Der erste russische Wirtschaftswissenschaftler Ivan T. Pososkov], in: Ėko – vserossijskij ekonomičeskij žurnal (2000), Nr. 4, S. 116–137.

Romaniello, Matthew P., Enterprising Empires: Russia and Britain in Eighteenth-Century Eurasia, Cambridge 2019.

– Popytka Velikobritanii organizovat' torgovlju s Iranom čerez Astrachan' v 1734–1747 [Versuche Großbritanniens, den Handel mit Iran über Astrachan' zu organisieren 1734–1747], in: Astrachanskie Petrovskie čtenija: Rossija – Astrachan' – Vostok

[Astrachaner Petrinische Lesungen: Russland – Astrachan' – Osten], hg. v. Anna P. Romanova / Elena G. Timofeeva, Astrachan' 2018, S. 160–164.

– Through the Filter of Tobacco: The Limits of Global Trade in the Early Modern World, in: Comparative Studies in Society and History 49 (2007), Nr. 4, S. 914–937.

Routledge Handbook of the History of Global Economic Thought, hg. von Vincent Barnett, Abingdon, Oxon/New York 2015.

Russian Empire. Space, People, Power 1700–1930, hg. von Jane Burbank / Mark von Hagen / Anatolyi V. Remnev, Bloomington 2007.

Russland zur Zeit Katharinas II., hg. v. Eckhard Hübner / Jan Kusber / Peter Nitsche (Beiträge zur Geschichte Osteuropas 26), Köln 1998.

Šaskol'skij, Igor' Pavlovič, Russkaja morskaja torgovlja na Baltike v XVII v [Der russische Seehandel auf der Ostsee im 17. Jahrhundert], Sankt-Peterburg 1994.

Scheltjens, Werner, The Impact of a New Port on the Organization of Maritime Shipping: An Attempt to Generalize the Results of a Case-Study on the Foundation of St. Petersburg and its Influence on Dutch Maritime Shipping in the Gulf of Finland and Archangel (1703–1740) (2008), einsehbar unter dem URL: http://mpra.ub.uni-muenchen.de/9054/ (letzter Zugriff 3.9.2024).

Schippan, Michael, Die Aufklärung in Russland im 18. Jahrhundert (Wolfenbütteler Forschungen 131), Wiesbaden 2012.

Schönle, Andreas / Zorin, Andrej Leonidovič, On the Periphery of Europe. The Self-Invention of the Russian Elite, 1762–1825, DeKalb 2018.

Schulte Beerbühl, Margrit, The Forgotten Majority. German Merchants in London, Naturalization, and Global Trade, 1660–1815, New York 2015.

Schulze Wessel, Martin, Zur Frage der Rationalität von Ostermanns Außenpolitik, in: Ein Deutscher am Zarenhof. Heinrich Graf Ostermann und seine Zeit, 1687–1747, hg. v. Johannes Volker Wagner / Bernd Bonwetsch / Wolfram Eggeling, Essen 2001, S. 165–170.

Semenkova, Tat'jana Georgievna, Finansovye innovacii v Rossii v XVIII v. i rešenie problemy – čto sčitat' dochodom, i čto vzjatkoj? [Finanzinnovationen in Russland im 18. Jahrhundert und die Lösung des Problems – Was gilt als Einnahme, was als Korruption?], in: Vestnik Južno-Ural'skogo gosudarstvennogo universiteta (2012), Nr. 22, S. 84–89.

Semenova, Lidija Nikolaevna, Byt i naselenie Sankt-Peterburga (XVIII vek) [Leben und Bevölkerung St. Petersburgs (18. Jahrhundert)], Moskva/Sankt-Peterburg 1998.

Šejnin, Leonid Borisovič, Peterburg i rossijskij merkantilizm [Petersburg und der russländische Merkantilismus], Moskva 1997.

Širokorad, Leonid Dmitrievič, Deutsche Einflüsse auf die russische Wirtschaftswissenschaft im Kontext der russischen Bildungspolitik im 18. und frühen 19. Jahrhundert, in: Deutsche und russische Ökonomen im Dialog. Wissenstransfer in historischer Perspektive, hg. v. Heinz Rieter / Dems. / Joachim Zweynert (Beiträge zur Geschichte der deutschsprachigen Ökonomie 21), Marburg 2005, S. 11–40.

– [Shirokorad], Russian Economic Thought in the Age of Enlightenment, in: Economics in Russia. Studies in Intellectual History, hg. v. Vincent Barnett / Joachim Zweynert, Aldershot 2008, S. 25–39.

SNAPPER, Frits, Commerce, Ships and War in the Baltic from the Rise of the Hanseatic League till the French Revolution, in: From Dunkirk to Danzig. Shipping and Trade in the North Sea and the Baltic, 1350–1850. Essays in Honour of J. A. Faber on the Occasion of his Retirement as Professor of Economic and Social History at the University of Amsterdam, hg. v. Willem Gerrit. HEERES, Hilversum 1988, S. 405–428.

SOOM, Arnold, Die merkantilistische Wirtschaftspolitik Schwedens und die baltischen Städte im 17. Jahrhundert, in: Jahrbücher für Geschichte Osteuropas 11 (1963), Nr. 2, S. 183–222.

STAPELBROEK, Koen / MARJANEN, Jani, Political Economy, Patriotism and the Rise of Societies, in: The Rise of Economic Societies in the Eighteenth Century. Patriotic Reform in Europe and North America, hg. v. DENS., Houndmills 2012, S. 1–25.

STRAUBEL, Rolf, Die Handelsstädte Königsberg und Memel in friderizianischer Zeit. Ein Beitrag zur Geschichte des ost- und gesamtpreußischen »Commerciums« sowie seiner sozialen Träger (1763–1806/15) (Bibliothek der brandenburgischen und preußischen Geschichte 10), Berlin 2003.

STRUVE, Petr Berngardovič, Torgovaja politika Rossii [Die Handelspolitik Russlands] (Klassika politėkonomičeskoj mysli 71), Moskva 2018.

STUBER, Regina, Die multiplen Strategien Zar Peters I. und seines Wiener Gesandten Johann Christoph von Urbich hinsichtlich der Krone Polen-Litauens 1707–1709, in: Zeitschrift für Ostmitteleuropa-Forschung 69 (2020), Nr. 3, S. 301–326.

SVJATKOVSKI, Vadim, Vene valitsuse tollipoliitika 18. sajandi esimesel poolel ja selle rakendamine Narvas [Die Zollpolitik der russischen Regierung in der ersten Hälfte des 18. Jahrhunderts und ihre Umsetzung in Narva], in: Ajalooline Ajakiri (2019), Nr. 1 (167), S. 37–68.

TAKEDA, Junko Therese, Silk, Calico and Immigration in Marseille. French Mercantilism and the Early Modern Mediterranean, in: Merkantilismus. Wiederaufnahme einer Debatte (Vierteljahrschrift für Sozial- und Wirtschaftsgeschichte, Beihefte 228), hg. v. Moritz ISENMANN, Stuttgart 2014, S. 241–264.

TARLOVSKAJA, Viktorija Rudol'fovna / ŠANSKIJ, Dmitrij Nikolaevič, K voprosu o ponjatii »kommercija« v Rossii XVIII veka [Zur Frage des Begriffs Kommerz im Russland des 18. Jahrhunderts], in: Torgovlja i predprinimatel'stvo v feodal'noj Rossii [Handel und Unternehmertum im feudalen Russland], hg. v. Ljudmila A. TIMOŠINA, Moskva 1994, S. 291–304.

TRIBE, Keith, Baltic Cameralism? in: Cameralism in Practice. State Administration and Economy in Early Modern Europe, hg. v. Keith TRIBE / Marten SEPPEL (People, Markets, Goods 10), Suffolk 2017, S. 39–64.

TROEBST, Stefan, Narva, Libau oder Danzig? Die Kaspi-Volga-Ostseeroute im Außenhandel des frühneuzeitlichen Ostmitteleuropa, in: Fernhandel und Handelspolitik der baltischen Städte in der Hansezeit. Beiträge zur Erforschung mittelalterlicher und frühneuzeitlicher Handelsbeziehungen und -wege im europäischen Rahmen, hg. v. Norbert ANGERMANN (Schriften der Baltischen Historischen Kommission 11), Lüneburg 2001, S. 339–353.

VAN KONINGSBRUGGE, Hans, Der Niedergang des niederländischen Handels mit Rußland und dem Baltikum in den Jahren 1710–1721, in: Around Peter the Great.

Three Centuries of Russian-Dutch Relations, hg. v. Carel HORSTMEIER (Baltic Studies 4), Groningen 1997, S. 88–91.

VEJNBERG, Leonid Borisovič, Fribe, Vil'gelm-Christian, in: Russkij Biografičeskij slovar' [Russisches Biographisches Lexikon], Band 21, Moskva 1901, S. 229.

VELUWENKAMP, Jan W. [VELUVENKAMP, Jan V.], Archangel'sk. Niderlandskie predprinimateli v Rossii 1550–1785 [Archangel'sk. Niederländische Unternehmer in Russland 1550–1785], Moskva 2006.

– Gollanskie kupcy i ich rol' v torgovle s Archangel'skom v XVII–XVIII vekach [Holländische Kaufleute und ihre Rolle im Handel mit Archangel'sk im 17. und 18. Jahrhundert], in: Archangel'sk v XVIII veke [Archangel'sk im 18. Jahrhundert], hg. v. Jurij N. BESPJATYCH, Sankt-Peterburg 1997, S. 99–107.

VINNAL, Hannes, Der baltische Getreidehandel und das internationale Preisniveau: Der Roggenpreis in Reval im 18. Jahrhundert, in: Forschungen zur baltischen Geschichte 8 (2013), S. 103–126.

Vnešnjaja torgovlja Rossii čerez Peterburgskij port vo vtoroj polovine XVIII – načale XIX v. Vedomosti o sostave kupcov i ich torgovych oborotach [Der Außenhandel Russlands durch den Petersburger Hafen in der zweiten Hälfte des 18. Jahrhunderts bis zu Beginn des 19. Jahrhunderts. Nachrichten über die Zusammensetzung der Kaufleute und ihre Handelspraktiken], hg. v. Ekaterina I. INDOVA / Jurij A. TICHONOV, Moskva 1981.

VOROB'EV, Jurij Fedorovič / SEMENKOVA, Tat'jana Georgievna, Osobennosti stanovlenija i charakternye čerty »russkoj školy« ėkonomičeskoj mysli [Besonderheiten der Gründung und Charakterzüge der russischen Schule im ökonomischen Denken], Moskva 2000.

VULPIUS, Ricarda, Die Geburt des Russländischen Imperiums. Herrschaftskonzepte und -praktiken im 18. Jahrhundert (Beiträge zur Geschichte Osteuropas 53), Wien/Köln/Weimar 2020.

WAGNER, Johannes Volker, Ein Deutscher am Zarenhof. Heinrich Graf Ostermann und seine Zeit, in: Ein Deutscher am Zarenhof. Heinrich Graf Ostermann und seine Zeit, 1687–1747, hg. v. DEMS. / Bernd BONWETSCH / Wolfram EGGELING, Essen 2001, S. 19–46.

WAGNER, Michael, The English Chartered Trading Companies, 1688–1763, Milton 2018.

– The Russia Company in the Eighteenth Century, in: Russian History 41 (2014), Nr. 3, S. 393–422.

WALLERSTEIN, Immanuel, Die große Expansion. Die Konsolidierung der Weltwirtschaft im langen 18. Jahrhundert, Wien 2004.

– The Modern World-System as a Capitalist World-Economy, in: The Globalization Reader, hg. v. Frank J. LECHNER / John BOLI, Hoboken, NJ 2019, S. 52–58.

WEISS-WENDT, Anton, Putin's Russia and the Falsification of History. Reasserting Control over the Past, London 2021.

WEZEL, Katja, Projekt: Die kosmopolitische Stadt. Riga als globaler Hafen und internationale Handelsmetropole (1861–1939), einsehbar unter dem URL: https://www.uni-goettingen.de/de/624919.html (letzter Zugriff 10.9.2024).

WIRTSCHAFTER, Elise Kimerling, Russia's Age of Serfdom 1649–1861, Malden, MA 2008.

ZABOZLAEVA, Tat'jana Borisovna, Vnutrennjaja politika imperatricy Elizavety Petrovny (1741–1761) [Die Innenpolitik der Herrscherin Elisabeth Petrovnas (1741–1761)], Sankt-Peterburg 2012.

ZACHAROV, Viktor Nikolaevič, Der Außenhandel St. Petersburgs zu Beginn der 20er Jahre des 18. Jahrhunderts im Spiegel der Registrierungen von Handelsschiffen, in: Zwischen Lübeck und Novgorod. Wirtschaft, Politik und Kultur im Ostseeraum vom frühen Mittelalter bis ins 20. Jahrhundert. Norbert Angermann zum 60. Geburtstag, hg. v. Ortwin PELC / Gertrud PICKHAN, Lüneburg 1996, S. 329–337.

– Zapadnoevropejskie kupcy v rossijskom torgovle XVIII veka [Westeuropäische Kaufleute im russländischen Handel des 18. Jahrhunderts], Moskva 2005.

ZAJCEVA, Ljubov' Ivanovna, Pervyj russkij ėkonomist i myslitel' – Ivan Tichonovič Pososkov [Der erste russische Wirtschaftswissenschaftler und Denker – Ivan T. Pososkov], Moskva 1995.

ZAOZERSKAJA, Elizaveta Ivanovna, Torgovlja i kupečestvo Rossii vo vtoroj četverti XVIII v. [Handel und Kaufmannschaft Russlands im zweiten Viertel des 18. Jahrhunderts], in: Očerki istorii SSSR [Skizzen der Geschichte der UdSSR], hg. v. Oleksij I. BARANOVYČ / Nikolaj M. DRUŽININ, Moskva 1957, S. 160–182.

ZAUERS, Alvils, Šteinhaueri un viņu laiks [Die Steinhauers und ihre Zeit], Riga 2014.

ZERNACK, Klaus, Zu den regionalgeschichtlichen Voraussetzungen der Anfänge Petersburgs, in: Forschungen zur osteuropäischen Geschichte 25 (1978), S. 389–402.

ŽIVOV, Viktor, Disciplinirovat' i prosveščat': dve modernizacionnye strategii i prostranstvo meždu nimi [Disziplinieren und Aufklären: Zwei Modernisierungsstrategien und der Raum zwischen ihnen], in: Centry i periferii evropejskogo miroustrojstva [Zentren und Peripherien der europäischen Weltordnung], hg. v. Andrej V. DORONIN, Moskva 2014, S. 144–164.

ZUTIS, Janis, Ostzejskij vopros v XVIII veke [Die Ostseefrage im 18. Jahrhundert], Riga 1946.

ZWEYNERT, Joachim, Eine Geschichte des ökonomischen Denkens in Russland 1805–1905, Marburg 2002.

Personenregister